西安交通大学研究生教育系列教材

医学实验动物学

刘恩岐　尹海林　顾为望　主编

科 学 出 版 社

北 京

内 容 简 介

实验动物学是生物医学研究的基础和前沿学科。在西安交通大学“985”工程项目资助下，作者结合在国内外学习和工作的经验，并参照发达国家相关学科教学和培训的内容，组织一线教师编写了这本教材。

本书以学生利用实验动物进行生物医学研究为出发点，系统介绍了实验动物基础知识、动物实验基本技术及详细麻醉方法等；注重理论讲授、实验操作和技术训练三结合；强调了动物伦理、福利和3R理论；突出了动物实验设计、组织、管理和实施；阐述了实验动物学的新理论、新方法。

本书读者对象为高等院校医药、生物、农业相关专业的科研工作者及硕士、博士研究生。

图书在版编目（CIP）数据

医学实验动物学/刘恩岐，尹海林，顾为望主编．—北京：科学出版社，2008

（西安交通大学研究生教育系列教材）

ISBN 978-7-03-021351-8

Ⅰ．医… Ⅱ．①刘…②尹…③顾… Ⅲ．医药学：实验动物学 Ⅳ．R-332

中国版本图书馆CIP数据核字（2008）第032470号

责任编辑：李秀伟 沈晓晶 李 锋/责任校对：赵燕珍
责任印制：吴兆东/封面设计：王 浩

科学出版社 出版
北京东黄城根北街16号
邮政编码：100717
http://www.sciencep.com

北京建宏印刷有限公司 印刷
科学出版社发行 各地新华书店经销

*

2008年5月第 一 版 开本：B5（720×1000）
2022年8月第十次印刷 印张：19 1/4
字数：375 000

定价：38.00元

（如有印装质量问题，我社负责调换）

《医学实验动物学》编委会

主　编：刘恩岐　尹海林　顾为望

副主编：薛智谋　杨卫东　杨鹏辉　刘田福

编　委：（以姓氏笔画为序）

孔利佳　　华中科技大学
尹海林　　四川大学
王忠东　　青海省实验动物中心
北嶋修司　日本佐贺大学
刘田福　　山西医科大学
刘恩岐　　西安交通大学
师长宏　　第四军医大学
朱德生　　北京大学
杨　萍　　复旦大学
杨卫东　　宁夏医学院
杨鹏辉　　西安交通大学
赵四海　　西安交通大学
夏　洋　　陕西省实验动物管理委员会
顾为望　　南方医科大学
薛智谋　　苏州大学

前　言

生物医学研究中大约70%的课题要用到实验动物，动物实验增加了人类的科学知识，极大地改善了人类和动物的健康状况。如从1900年到现在，来自动物实验取得的成果，使美国人的平均寿命增加了25岁。但是，国际社会也有一部分人认为动物实验不但成本太高，而且会给动物带来痛苦和伤害，因而对动物实验研究有异议。如何看待和有效地实施动物实验研究、遵循以“减少、替代、优化”为主要内容的3R原则、保障动物福利，是即将从事生物医学研究的学生必须要面对的问题。

我国绝大多数高等医药院校、农业院校给硕士研究生开设实验动物学课程，但缺乏相应的教材。2004年，我们在卫生部教材办公室和全国高等医药教材建设研究会的支持下，编写了全国第一本面向高等医药院校硕士研究生使用的《医学实验动物学》教材，产生了一定的影响。最近，在西安交通大学“985”工程研究生教材建设项目和科学出版社的支持下，我们重新组织在实验动物学教学一线的老师，吸收前本教材的优点、摈弃其缺陷，编写了这本《医学实验动物学》教材。在编写过程中，我们结合部分编委在国内外学习和工作的经验，吸收了发达国家相关学科教学和培训内容，以学生使用实验动物进行生物医学研究为出发点，淡化了实验动物科技工作者本身研究的内容，较系统地介绍了实验动物基础知识和动物实验基本技术，包括：实验动物质量控制、常用实验动物特性、动物实验技术、人类疾病动物模型、实验动物福利、动物实验设计、动物实验组织和管理。该书注重理论讲授、实验操作、技术培训三结合。

全书8章、39节、37.5万字。教材主要章节和编写分工如下：第一章由刘恩岐、尹海林、夏洋、朱德生编写；第二章由刘恩岐、顾为望、杨鹏辉、王忠东、杨萍、薛智谋编写；第三章由刘恩岐、孔利佳编写；第四章由刘恩岐、尹海林、师长宏、北嶋修司编写；第五章由尹海林、刘田福、赵四海编写；第六章由尹海林、杨卫东编写；第七章由尹海林、刘恩岐、杨鹏辉编写；第八章由顾为望、刘恩岐、尹海林编写。初稿完成后，由副主编负责初审、互审，然后经编委会讨论后由主编统稿、征求编委意见后定稿。

各位编委都是多年从事实验动物学教学一线的老师，力求把实验动物学的精髓写进这本教材。科学出版社极其认真、负责的精神，一直贯穿在组稿、内容确定、文字推敲、校对等教材出版的各个环节。西安交通大学“985”工程研究生教材建设项目给予了一定的经济支持。以上的工作基础，使该教材的质量得到了保障。

因各院校开设的实验动物学课程重点有所不同，教师可以结合自己的教学实践，取舍所需内容。

最后，我们认为教材中仍有一些内容需要推敲和完善，敬请使用这本教材的老师和同学及时将你们的意见和建议反馈给我们，以便再版时补充、完善。

编 者

二〇〇八年五月

目 录

第一章　导　论

实验动物学是研究实验动物和动物实验的学科，是生物医学实验研究的基础和条件。本章简要介绍了实验动物的基本概念和动物实验的基本知识、实验动物和生物医学研究的关系以及动物实验伦理、动物实验管理等内容。

第一节　实验动物学概论

一、实验动物学

20 世纪 50 年代后期，生物医学（biomedicine）实验研究迫切需要高质量的实验动物（laboratory animal）和准确的动物实验（animal experimentation）结果，于是就诞生了一门独立的专门研究实验动物和动物实验的科学——实验动物学（laboratory animal science）。实验动物是研究实验动物的遗传、育种、质量控制、疾病防治以及动物福利等内容；动物实验指以科学实验研究为目的，在动物福利得到保障的前提下，对动物进行各种处理，获得新的、科学的实验数据。

实验动物学的主要任务是提供实验动物用于生物医学研究，以便收集信息，获得准确的、可重复性资料。

动物实验主要应用于医学、生物学、兽医学和农学等生物医学研究领域。从实验动物使用数量来讲，医学领域使用动物的数量最大，主要应用在教学培训、医学研究、药品、生物制品、食品等功能及安全性检测中。专门研究医学实验动物和医学动物实验的科学就叫医学实验动物学。

实验动物学作为一门独立的新兴学科，是在孟德尔定律被重新发现以来，得到了迅速发展的。1944 年，美国科学院首次把实验动物标准化的问题提上了议事日程，人们通常把这一事件看作是现代实验动物学的起点。1966 年，“实验动物科学”的名字第一次出现在科学文献中，标志这门新学科的诞生。

相对来讲，实验动物学还是一门比较年轻的科学，但它已经建立起自身完整的理论体系，也派生出相关分支学科，如实验动物育种学（laboratory animal breeding）、实验动物微生物学（laboratory animal microbiology）、实验动物环境生态学（laboratory animal environmental ecology）、实验动物营养学（laboratory animal nutrition）、实验动物医学（laboratory animal medicine）、比较医学（comparative medicine）、动物实验、实验动物饲养管理（laboratory animal husbandry）等。

实验动物科学的重要性在于：一方面它是医学生物学研究的重要手段和支撑条件，直接影响着许多生物医学研究课题的确立、实施和结果的可靠性；另一方面，它的提高和发展又把许多领域课题的研究引入新的境地，推动了医学生物学的发展。

二、实验动物

（一）实验动物的种类

自然界动物种类繁多，到目前为止已知的约有 150 万种以上。采用物种的自然分类法，以动物的外部性状、内部构造、生活方式、生物的发生和彼此间的血缘关系等为依据，可以将所有动物以门（phylum）、纲（class）、目（order）、科（family）、属（genus）、种（species）进行分类，除此之外，还可用亚门、亚纲、亚目、亚科、亚属、亚种等来表示更细的分类等级。

种（species）就是物种，是存在于自然界中的一个特定种群的生殖群体，与其他种群的生殖群体之间存在着生殖隔离。物种是生物分类的基本单位，它的形成是自然选择的结果。如现代生物医学研究中最常用的“标准”近交系（inbred strain）小鼠 C57BL/6，在物种分类上属于脊椎动物门（Vertebrata）、哺乳纲（Mammalia）、真兽亚纲（Eutheria）、啮齿目（Rodentia）、鼠型亚目（Myomorpha）、鼠科（Muridae）、小家鼠属（*Mus*）、小家鼠种（*Mus musculus*）。目前，全世界在生物医学研究中广泛使用的实验小鼠主要来源于 *M. m. domesticus*、*M. m. musculus*、*M. m. molossinus*、*M. m. castaneus* 4 个亚种。

自然界所有动物中，只有很少一部分用于科研，进行动物实验研究。生物医学研究中使用的实验动物，除了少量的无脊椎动物外，绝大多数是脊椎动物门的哺乳纲动物。其中，啮齿目动物的使用量占整个脊椎动物的 80％以上，而小鼠又占整个啮齿目实验动物的 70％以上。

（二）实验动物和实验用动物

为了将真正用于科学研究的动物和其他类型的动物区分开来，可以将自然界所有动物按照其存在状态分为实验动物、经济动物（economical animal）和野生动物（wild animal）。

1. 实验动物

狭义上的实验动物是指专门培育供生物医学实验研究使用的动物。主要指以生物医学研究、教学、医疗、鉴定、诊断、生物制品制造等需要为目的，通过人工培育、繁殖而来的标准化动物品种或品系。按照这个定义，成为真正的实验动物必须具备以下 3 个特点：

（1）从遗传控制角度来讲，实验动物必须是来源清楚、人工培育的、遗传背景明确的动物。所以，实验动物是遗传限定的动物（genetically defined animal）。按遗传背景不同，可以简单分为为同基因型动物和不同基因型动物两大类。同基因型动物指近交系和杂交一代（F_1 hybrid）动物；不同基因型动物主要指远交系（outbred strain）和杂交二代（F_2 hybrid）动物等。近交系动物又包括普通近交系、同源导入近交系（congenic inbred strain）、同源突变近交系（coisogenic inbred strain）、重组近交系（recombinant inbred strain）和分离近交系（separate inbred strain）等。

（2）从微生物控制角度，所有实验动物携带的微生物、寄生虫都是在人工严格控制之下的。为了保证动物实验的准确性、敏感性和可重复性，实验动物的微生物学和寄生虫学控制除必须控制动物疾病外，还要控制动物的无症状性感染以及对动物虽不致病，但可能干扰动物实验结果的病原体。据此，我国将实验动物分为四个等级：普通动物（conventional animal，CV）、清洁动物（clean animal，CL）、无特异病原体动物（specific pathogen free animal，SPF）、无菌动物（germ free animal，GF），其中包括悉生动物（gnotobiotic animal，GN）。对 SPF 和无菌动物携带的微生物、寄生虫不仅实行人工监控，而且动物本身必须是经人工剖腹产或胚胎移植生产的。

（3）从应用角度，所有实验动物最终目的都是用于科学实验。目前，在生物医学、制药、化工、农业、畜牧、环保、商检、外贸、军工、宇航等领域，实验动物总是作为前沿哨兵，在不能用人进行科学实验的最低伦理要求线上，代替人类本身，验证了一个又一个生命科学真理。生命现象如此复杂多变，到目前为止没有其他方法能完全代替实验动物进行实验研究。

按照以上狭义的实验动物概念，对小鼠、大鼠、地鼠、豚鼠、兔子等进行了多年人工饲养，已经完全成为合格的实验动物。而其他一些哺乳类、鸟类、鱼类以及非人灵长类等动物的实验动物化工作正在进行中，从严格意义上讲还不是真正的实验动物。

经济动物也称家畜（domestic animal），是以人类社会生活需要为目标，以经济性状（肉、乳、蛋、皮毛等）作为人工选择指标，定向驯养、培育、繁殖的动物。很多经济动物也用在生物医学研究中，如猪、马、牛、绵羊、山羊、鸡、鸭、鹅、鸽、鱼类等，其中一部分经济动物已经十分接近作为实验动物苛刻的标准，但与小鼠、大鼠之类“标准”动物相比，还需要进一步的标准化。

野生动物是指在自然状态下生存的动物。为了研究的需要，人类有时从自然界捕获的这些动物进行动物实验研究，而没有进行人工繁殖、饲养。如生物医学教学中大量使用的青蛙、蟾蜍、蝾螈等，科学研究中使用的野生鱼类、无脊椎动物、鸟类、非人灵长类等，除少数外，一般均没有进行人工繁殖生产。

2. 实验动物标准化含义

指实验动物生产条件（环境和设施）标准化、实验动物质量标准化（微生物学和寄生虫学控制，以及遗传质量控制）、动物实验条件标准化。要达到这几个“标准化”，必须对实验动物进行遗传控制、微生物学控制、寄生虫学控制、营养控制、环境和设施控制。

3. 遗传修饰实验动物

Gordon 等（1980）采用显微注射技术将外源 DNA 注入到小鼠受精卵的原核期细胞的雄性原核，用这种方式成功地获得了带有外源基因并能稳定遗传的转基因动物（transgenic animal）。与此同时，建立的携带外源基因的胚胎干细胞（embryonic stem cell，ES）被注入正常囊胚，发育成为嵌合体小鼠（chimera mouse）。随后，内源性的基因被敲除（基因失活）后培育的工程化小鼠基因敲除（knock-out）小鼠，以及与某种生理现象相关的两个基因中的一个基因被另一个基因所替代后（基因功能改变）培育的工程化小鼠基因敲入（knock-in）小鼠相继培育成功。如采用核移植培育的克隆动物（clone animal），以及近几年开始的 *N*-乙基-*N*-亚硝基脲（*N*-ethyl-*N*-nitrosourea，ENU）诱发突变模型动物、利用 RNAi（RNA interference）原理培育成功的基因敲低（knock-down）动物。目前，动物遗传工程技术日益成熟，这些技术经过迅速扩展，培育了大量的遗传修饰动物（genetically modified animal），大大丰富了实验动物的资源，为生物医学研究提供了一个强有力的工具。

三、动物实验

1. 动物实验含义

生物医学研究领域内许多里程碑式的研究成果，都来自于实验动物，这一点已被许多事实所证实。根据前美国国会技术评估办公室（Congress Office of Technology Assessment）和美国国家生物医学协会（National Association for Biomedical Research）统计：美国政府资助的所有生物医学研究项目中，70%以上课题要使用实验动物；历年来三分之二的诺贝尔生理学或医学奖获得者所取得的研究成果，都是从动物实验中得来的。

生物医学实验研究中使用了动物，并且实验过程会给动物带来疼痛或伤害的实验类型，是本教材中特指的动物实验类型。如果利用动物的器官、组织和细胞进行的体外实验研究，不属于动物实验研究的范畴。

大多数实验动物的生命周期比较短，如小鼠的寿命只有2～3年，一个繁殖周期只有70d。用做动物实验，可以在很短的一段时间内研究、观察到一个动物的整个繁育和生命过程。人类各种疾病的发展过程十分复杂，要深入探讨其疾病的发病及防治机制是不能也不应该在病人身上进行的，但可以通过对动物相关疾病和生命现象的研究来理解人类相关疾病的发生发展。实验动物容易感染类似人类的一些疾病，对动物这些疾病研究的结果，可以应用于人类的类似疾病的防治和其他动物类似疾病的预防和治疗。所以，动物实验对人类和动物本身都是有益的。

脊髓灰质炎（俗称小儿麻痹症）是一种古老而可怕的疾病。第二次世界大战后，在欧美国家流行。1948～1952年，美国有11 000名患者死于脊髓灰质炎，200 000人因为脊髓灰质炎造成瘫痪或肢体萎缩畸形。今天，几乎人人都知道，儿童服用脊髓灰质炎糖丸疫苗后，终生不再受脊髓灰质炎的威胁。除了脊髓灰质炎外，儿童注射了伤寒、白喉、百日咳、天花、破伤风疫苗后，同样可以有效预防这些疾病的感染。现在绝大多数的成年人能够健康地生活，也得益于疫苗的贡献，但很少有人知道，这些疫苗是经过无数次的动物实验才取得成功的。

另外，开展动物实验研究也有利于改善动物的福利。如犬瘟热（canine distemper）是由病毒引起极易传播的一种犬的传染病，过去英国就有80%的幼犬因为感染犬瘟热而死亡。20世纪20～30年代，科学家利用动物实验研究犬瘟热疫苗时，遭到了反对动物实验组织的强烈反对，他们甚至向英国国会下议院提出了“犬保护议案”（*Dog Protection Bill*），企图说服下议院医学研究使用犬是非法的。幸运的是英国医学研究组织，说服了政府，使得反对动物实验组织的提案未能通过。科学家们研究出了犬瘟热疫苗，使英国每年有20万只幼犬获得了新生。再如猫免疫缺陷病毒（FIV）和猫白血病病毒（FeLV）是导致猫死亡的主要原因，大约有15%的猫感染FIV或FeLV。动物实验研制成功FIV和FeLV疫苗后，使猫避免了感染这些疾病。

2. 动物实验原理

目前使用的大多数种类的实验动物，虽然在进化史上与人类的血缘关系比较远，但仍然是非常有用的实验动物。因为实验动物身体的组织、器官、生理代谢特征与人类及其他动物有相似之处，动物的生理学、解剖学、药学及外科学的基本原理对于所有动物，包括人，都是适用的。

基因组和后基因组时代的发现证明：任何动物（即使无脊椎动物）都可能成为研究人类疾病极具吸引力的模型动物。如看起来与人类毫无关系的、生活在土壤中的长度不到1mm秀丽隐杆线虫，基因组序列也有40%与人类同源，蛋白质中平均49%的氨基酸与人类相同。人类就是通过秀丽隐杆线虫发现了与机体器官发育和很多疾病的发生相关的细胞凋亡（apoptosis）现象，并发现了参与这一生命现象的关键基因，同时证明这些基因也存在于高等动物中（包括人类）。这一发现开启了探究人体细胞分化和演变的大门，并对人类很多疾病发病机制的研究产生深远的影响。

在生物进化史上，7500万年前就与人类分道扬镳的小鼠，基因组序列研究表明其有27 000～30 500个蛋白编码基因（protein-coding gene），其中99%的基因在人类基因组中可以找到匹配的序列。通过研究小鼠每一个基因及其功能，将对我们认识人类本身和人类的疾病产生最深远的影响。

实验动物和人类相比，对药物和某些化学物质反应不同。通过现代生物技术可以改造动物的基因组，使动物“人源化”（humanized），减少与人类在某些方面的差异性，以便更适合作为人类的模型。如利用转基因技术，可以将人类的药物代谢相关的基因转入小鼠体内，用于人类的药物研究开发。

在生物医学许多研究领域内，动物实验在目前和今后相当长的一段时间内仍旧是有效的研究手段之一。如果采用其他方法取代常规（routine）的动物实验，我们相对称之为动物实验替代法（animal experiment alternative method）。

不是所有的生物医学研究都要使用实验动物，受伦理、道德和法律、法规的约束，也不是所有的动物都能应用于生物医学研究。

3. 动物实验结果

在动物实验研究中，动物的反应（动物实验的结果）可以简单归纳为以下公式：

$$R=(A+B+C)\times(D+E)+F$$

式中，R是动物的反应，也就是动物实验处理的结果；A代表动物（非植物）的反应；B代表动物种（species）不同对实验结果影响不同，通过基因操作（gene manipulation）技术可以改造动物种，从而达到影响动物实验结果的目的；C代表个体的反应，对动物遗传质量进行控制，可以减少动物个体之间的差异；D表示环境因素和动物种、动物个体相互作用后对实验结果的影响；E代表应激（stress）反应，通过改善动物的福利，减轻动物疼痛（pain）或痛苦（distress）可以获得更准确实验结果；F代表环境误差。

第二节 实验动物研究的历史和应用

一、实验动物的研究历史

动物实验研究中最常用的小鼠起源于非洲，大鼠起源于中亚。据史料记载，人类饲养小鼠的历史至少有3000年了。早在公元前1100年，中国古籍中就有饲养花斑小鼠的记载。实验小鼠的一个主要来源是，18世纪中国和日本饲养的宠物小鼠传到了欧洲，与当地的小鼠进行杂交，成为现代实验小鼠的鼻祖。

科学研究中使用小鼠的历史也已经很久远了。早在1664年，Robert Hooke就用小鼠研究空气的特性。记录小鼠毛色遗传的书籍于18世纪在欧洲出版。但总的来说，20世纪以前，人们使用实验动物进行科学研究是不系统和不连续的。

1902年，美国哈佛大学的William Castle揭开了近代生物医学研究领域中饲养和使用小鼠的序幕。当时，科研中使用的小鼠主要来源于Abbie Lathrop在马萨诸塞州一个农场里专门饲养的小鼠，Lathrop不但出售小鼠给科研机构，而且还进行了小鼠繁殖和育种研究，培育成功自发形成肿瘤小鼠品系。现代生物医学研究中许多最常用的近交系小鼠，均来自Castle和Lathrop饲养的小鼠。

Castle和他的学生Clarence C. Little最初对小鼠进行近亲交配，采用连续高度近亲交配（兄妹交配）的育种方式，1909年培育成功世界上第一个近交系小鼠品系DBA。在随后的10年内，Little和Strong、Dune、Furth等人又陆续培育成功A、C57BL，C3H，CBA、BALB/c、101、129、AKR等著名近交系小鼠。目前生物医学研究中广泛应用的小鼠近交系大多是在1920～1930年完成的。同样，最常用的大鼠近交系也是在这个时期培育成的。如F344、M520、Z61、A732等。1906年美国农业部畜牧局的Rommel也开始进行豚鼠近交实验，他培育的近交系豚鼠2、13现在仍在广泛地使用。

根据“小鼠、大鼠国际标准命名委员会”（International Committee on Standardized Nomenclature for Mice and the Rat）最新统计，全世界已经培育成功近交系小鼠品系478个、近交系大鼠品系234个（Festing：University of Leicester，UK，1998)，其中TA1、615、LIBP/1、NJS、T739这5个近交系小鼠是由中国培育成功的。目前，世界上陆续还有一些新的近交系小鼠、大鼠培育成功，也有一些品系逐渐被淘汰。

虽然有这么多小鼠和大鼠品系，但在生物医学研究中常用的也只有A、AKR、BALB/c、CBA、C3H、C57BL/6、DBA/2、129、SJL等10多个小鼠品系。小鼠基因组序列的测定使用的就是C57BL/6小鼠，该品系小鼠是世界公认的“标准”近交系实验动物。大鼠常用的品系有F344、LEW、LOW、SHR、SD等五六个品系。很多近交系动物因为缺乏特殊的生物学特性，在研究中使用的机会较少。访问http://www. informatics. jax. org/external/festing，可以查阅目前全世界培育成功的近交系小鼠和大鼠的资料。

除了小鼠、大鼠外，近交系地鼠、豚鼠、家兔、鸡等实验动物也先后培育成功，用于生物医学研究。

1918年，我国也开始饲养繁殖小鼠进行实验研究，并陆续从国外引进小鼠、大鼠、兔和金黄地鼠等饲养繁殖。其中，1947年从印度引进白化小鼠到昆明，后来该种群遍布全国，成为今天国内应用最多的远交系小鼠——昆明小鼠。目前，在长爪沙鼠、黑线仓鼠、树鼩、旱獭、鼠兔、东方田鼠、剑尾鱼、小型猪等中国特色品种实验动物开发方面，我国科技工作者做了大量工作，为生物医学研究提供了更多的选择。

二、动物实验和生物医学研究

实验动物作为研究人类疾病的替代者或模型，是伴随着生物医学一起成长、一起发展起来的。在现代生物医学研究的领域里，进行实验研究的条件可以概括为 AEIR 四个基本要素，A 代表 animal（动物）、E 代表 equipment（设备）、I 代表 information（信息）、R 代表 reagent（试剂）。其中动物是作为第一要素出现的。

西方医学主要起源于古希腊。公元前 400 年，第一本医学手册《希波克拉底文集》(*Corpus Hippocraticum*）就有使用动物的例子。古罗马的物理和医学家 Galen（公元 130～201），使用猪、犬和猴子进行医学生理学研究。从那时起，医学研究使用动物一直持续了好几个世纪。基督教出现并统治罗马以后，实验科学研究几乎完全停止了，直到文艺复兴时期，重新开始实验医学研究，但当时流行的是解剖学。在这一时期，也出现了法国 Rene（1596～1650）这样的哲学家，用纯粹的机械原理来解释生命，认为动物和人的区别在于动物没有灵魂，所以没有意识，人能够思考并感受疼痛，动物的行为就像没有感觉的机器，从理论上支持了使用动物进行实验研究。到了 18 世纪，人们才逐渐认识到实验医学研究对于改善人类的生活方式和健康的重要性，开始了比较深入的实验医学研究。可以看出，从实验医学发展到现代医学只有 300 多年的历史。

通过下面一个简单的事例，可以很清楚地看出实验医学对现代医学的贡献。美国现在有糖尿病患者 1570 万，占总人口的 5.9%，另外，每年新增患者 80 万人。如果不注射胰岛素，胰岛素依赖型糖尿病（Ⅰ型）患者会很快病情恶化死亡。20 世纪初，加拿大的 Fredrick Banting 和 Charles Best 等许多科学家使用犬和兔子反复实验，分离、提纯、鉴定了胰岛素，确定了胰岛素的功能。目前，全世界有 3000 多万糖尿病患者通过注射胰岛素来治疗糖尿病，延长了寿命。动物实验研究对于高血压（仅美国就有 5000 多万）患者来说，也受益匪浅。科学家通过动物实验，发明了许多治疗和预防高血压及由高血压引起的中风、心脏病的药物。犬的心脏手术和移植实验的成功，使得人类进行类似的手术成为可能。今天，治疗癌症所采用的杀死癌细胞的放射线疗法和化学疗法（药物），是用鸡、大鼠、小鼠和兔子反复实验发展起来的。过去，治疗癌症一个严重的副作用是患者出现恶心、呕吐反应，现在，通过白鼬（ferret）进行研究，人们发明了一种新的药物来防止恶心和呕吐。如果不进行动物实验，现在治疗癌症的方案就不可能出现。

当然，人们对疾病的认识还很有限，很多动物实验还在继续进行中。随着人类寿命的不断增加，很多人可能患诸如帕金森病（Parkinson's disease）一类的老年病和某些癌症。对于艾滋病以及其他许多折磨人的目前不能治愈的疾病、遗传病等，还需要更深入地研究。注射胰岛素不是理想的治疗糖尿病的办法，科学家正在进行动物实验研究，寻找理想的治愈糖尿病的方法。如通过胰岛素缓释释放技术代替注射法、通过干细胞技术，组织工程等方法有望彻底治愈糖尿病。

在生物医学研究中，实验动物既是实验研究的载体，又是人类疾病的模型，同时还可以用来生产生物制品和进行生物学检测。实验动物也是军事、航天等诸多领域的"功臣"。在未来，实验动物不但可能成为人体器官移植的供体，而且是进行功能基因组和疾病基因组学研究的核心模型。

三、实验动物使用现状

据粗略估计，1960 年，全世界科学研究中使用的脊椎动物大约 3000 万只，到了 1970 年，这个数字翻了几番，估计为 1 亿～2 亿只。

以英国为例，1940 年，科学研究只使用了 100 万只实验动物，而到了 1960 年则增长为 350 万，1970 年达到了 550 万只，随后几年一直保持 550 万只左右，1980 年以后使用数量开始明显减少，2000 年下降到 265 万只左右，这不到 1970 年的一半（图 1-1）。美国在过去的 25 年内，科研中使用动物的总数下降了将近 40%。加拿大使用实验动物方面，1992 年和 1975 年相比，科研中使用动物的比例也大幅度减少。日本在 1975 年小鼠和大鼠使用量为 11 281 680 只，1989 年下降到 7 041 578 只。欧洲大多数国家也存在类似情况。

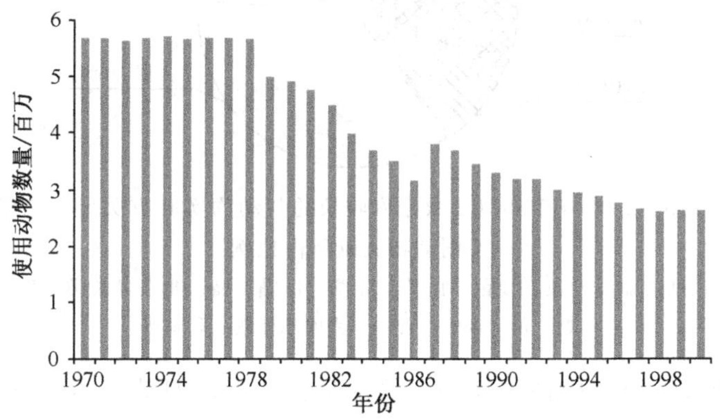

图 1-1　1970～2000 年英国科学研究中使用的动物的数量

图中 1987 年后动物使用量略有增加，原因为从 1986 年起，英国政府对有关统计动物数量法律进行了修正，把以前没有计算在内的生产治疗和研究使用的天然产品（natural product）的动物包括在内，所以图中统计数据略有增加，并不反映动物使用量上升

总体上，从 20 纪初到 70 年代初期，实验动物的使用量急剧上升，70 年代中后期处于稳定时期。从 80 年代以后，逐步下降，目前又处在比较平稳的时期。

从科学研究中使用的动物的种类来看，80%以上是啮齿类实验动物。2000年，英国全年使用实验动物2 714 726只，使用数量最多的前五种动物依次是：小鼠、大鼠、鱼类、鸟类和豚鼠，分别占到动物使用总数量的59.2%、19.7%、9.0%、4.6%和2.6%。2001年，英国使用的各种动物中，啮齿类占82%，鱼类、两栖类、爬行类、鸟类占14%，小型哺乳类（啮齿类除外）占2.3%，大型哺乳类占1.3%，犬和猫占0.4%，非人灵长类占0.1%。

通过查阅世界上最大的生物数据库PubMed，我们发现，在1995～2005年发表的与动物实验有关的所有文献中，36%使用大鼠、25%使用了小鼠，家兔、犬、猪分别占9%、7%、4%，其他动物占20%（图1-2）。

几十年来，生物医学研究中使用动物的数量不但逐步减少，而且使用实验动物的种类也在明显地发生变化。和1975年相比，1992年加拿大在其他动物使用量大幅度减少的情况下，鱼类使用量增加了近4倍，而且在很多研究领域（如毒理学）鱼类代替了哺乳动物。2000年，英国动物科学研究鱼类的使用比1999年增加了98%，从122 438只增加到243 019只，鸟类（包括受精蛋）、白鼬使用量也有较大幅度增长，灵长类、家畜、犬的使用量减少。

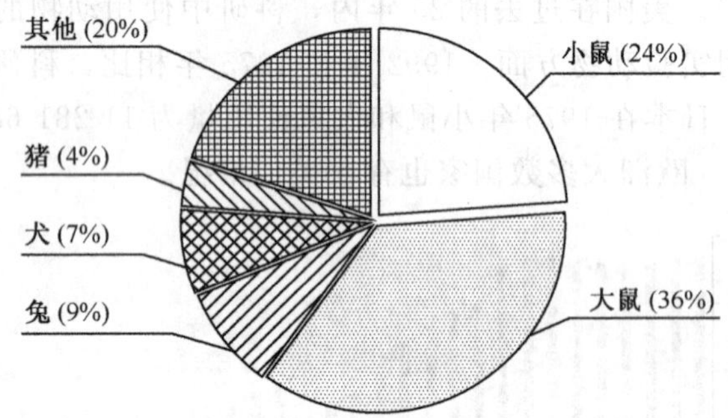

图1-2 1995～2005年PubMed数据库收录的与动物实验有关所有文献中使用不同动物文献所占比例

其他动物包括豚鼠、地鼠、沙鼠、山羊、绵羊、白鼬、猫、非人灵长类、牛、马、驴、鸡、鱼、蟾蜍、青蛙、秀丽隐杆线虫和果蝇

虽然生物医学研究中使用动物总的数量在减少，但动物实验研究的力度却在不断深入。其中，一个明显的特征是，转基因动物的用量急剧增加。从1990年到1999年，英国科研动物总使用量由3 207 094只降到2 656 753只，减少了17%，而转基因动物的使用量从48 255只急剧上升到511 607只，增长了10倍多。2000年又比1999年增加了14%，使用总数达到581 740只，占到英国2000年全年动物使用量的21.4%，而且使用转基因动物的种类也极大的丰富。从图1-3可以看出，从1987年以来PubMed数据库收录的与转基因动物有关的文献

数量急剧增加。

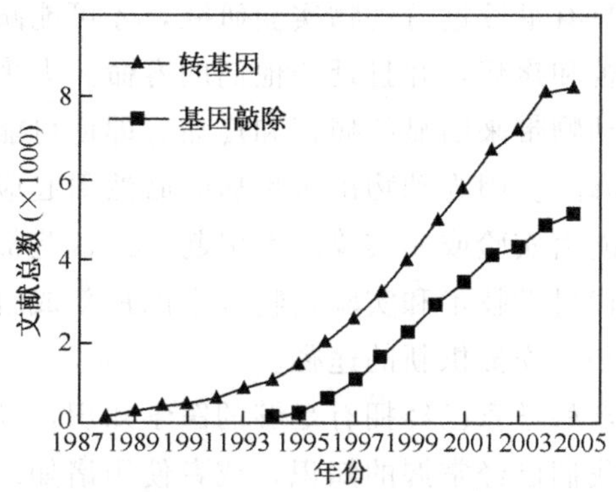

图 1-3 1988～2005 年 PubMed 数据库收录的与转基因动物有关的文献总数

动物实验在生物医学研究中主要有以下几个方面基础研究，提高人们对复杂的生命系统认识水平，研究疾病发生的原因，使人类和动物生活得更好；寻找新的疾病诊断的方法；寻找新的疾病治疗方法，包括药物和手术；生产对人类和动物有用的生物产品如疫苗、胰岛素，预防和治疗疾病；产品安全性检测，包括药品、疫苗、家庭用品、化妆品、食品添加剂等。

从世界范围来看，生物医学研究中使用动物的数量经过 20 世纪早、中期大幅度增加以后，逐渐回落，目前处于相对稳定的时期。但总的趋势是：高等动物使用量下降、低等动物使用量增加；传统动物使用量下降，遗传修饰动物使用量增加；使用动物的种类越来越多。

第三节 实验动物的管理

一、动物实验引发的争议

动物实验永远是政治家感兴趣的话题之一，也是动物福利争论的焦点。目前，在发达国家，真正的争论发生在想方设法减轻科学研究中实验动物痛苦和疼痛的科学家和那些企图取缔动物实验、动物源食品、甚至宠物的所谓的“动物权利组织”、“动物解放阵线”等极端的动物保护主义者之间。近年来，这些组织威胁进行动物实验的科学家、暴力捣毁实验设备、破坏实验数据、释放、偷窃实验动物。他们无视动物实验给人和动物本身带来的革命性的进步，并且固执地认为，由“疯狂科学家”在缺乏正义性和公正性情况下进行动物实验，获得的实验数据不可靠。

在世界范围内，也有比较温和的反对动物实验的组织和个人，他们认为使用动物进行研究会给动物带来额外的痛苦和疼痛，应该停止动物实验研究。其实，反对动物实验的人，忽视了很多人和动物正在遭受疾病的折磨，并且可能因此而缩短寿命。事实上，只有继续进行动物实验研究，才可能减轻由于疾病给绝大多数人和动物带来的痛苦和疼痛，并且延长他们的寿命。大多数涉及动物实验的科学研究项目并不会给动物带来明显的痛苦和疼痛，即使可能给动物带来疼痛，事先也会给动物止痛或麻醉。因为动物出现疼痛时必然引起应激，会严重干扰实验结果。疼痛和不安可能由实验或非实验因素引起，而这些都可通过良好的实验方案设计得以解决。近代科学技术和实验动物医学的最新成就可为进一步降低和避免给动物造成的疼痛和不安提供新的途径。

还有一些人认为，科学家已经拥有足够的医学知识，没有必要再进行动物实验研究，只需要利用我们已经掌握的知识，或者使用诸如细胞培养、计算机模型等技术代替动物实验就可以了。事实是我们对诸如癌症、心脏病、新生儿猝死综合征等还了解很少，全世界每年有成千上万的人死于这些疾病；人类和动物的身体非常复杂，除了动物模型外，没有一个模型能够描述疾病如何作用于人体，非动物模型只能部分地反映疾病的特征。

所以，我们认为只有使用实验动物才可能继续进行生物医学研究和开发安全有效的药物，确保人类和动物的健康。同时，在动物实验研究中，我们也强调要重视保障动物福利。

二、动物福利和动物实验的替代

1. 实验动物福利

随着人类生命伦理学的发展，对动物地位的哲学的、宗教的和文化的思考，使得人们重新反思。动物不再是缺乏感觉的“自动机器”，作为一种生命形式，同人类一样有着基本的生存需要和高层次的心理需要。动物具有各种感觉能力，也有丰富的情绪和才能。如情爱和爱心、记忆、专注和好奇、模仿以及推理等，有的功能十分发达。作为与人类共存于一个相互依赖的生态系统里的动物，应该受到人类的关心和尊重，它们的利益也应该受到平等的考虑，即动物福利。

人类对于动物的利用和动物福利是对立统一的两个方面。就生物医学研究而言，如果动物福利要求过高，不但会给科学研究带来沉重的经济负担，而且由于受到限制，许多动物实验研究不得不终止。相反，如果让动物遭受疼痛和痛苦，又与人类的伦理观背道而驰。所以，真正的动物福利不是片面地保护动物，而是在兼顾对动物利用的同时，考虑动物的福利状况，并反对那些使用极端手段和方式进行动物实验。

在动物实验研究中，动物福利更加强调保证动物健康、舒适生存的外部条件。当外界条件无法满足动物的基本生理需求时，就标志着动物福利恶化。

2. 3R 理论

20 世纪 50 年代初，生物科学研究领域中实验动物的使用量猛增，从而引起了社会公众对动物保护和实验动物的关注。动物学家 Russell 和微生物学家 Burch 第一次全面系统地提出了 3R 的理论。

3R 是 Reduction（减少）、Replacement（替代）和 Refinement（优化）的简称，具体地讲 3R 是指在科学研究中，使用较少量的动物获取同样多的实验数据或使用一定数量的动物能获得更多的实验数据的方法；使用其他方法而不用动物进行实验或其他研究方法，达到与动物实验相同的结果；通过改进和完善实验程序，减轻或减少给动物造成的疼痛和不安，改善动物福利。

生物医学工作者应把 3R 作为生物科学的一个分支去研究，对 3R 技术要有一个比较深入的了解，把 3R 技术的研究和应用看作一次机会，而不是一种威胁。3R 研究的深入可以为生命科学和其他领域的研究提供有力的研究手段，使生命科学研究更加科学化，实验结果更加准确、可靠。

三、实验动物的管理

管理实验动物的目的在于生物医学教学、研究、测试等活动中能够人道地对待实验动物，使动物的福利得到保障，提高生物医学研究的质量。

实验动物管理可以简单地分为两个层次：

第一个层次是国家或地方政府颁布的强制性法律、法规。如美国联邦政府制订的《动物福利法》（*The Animal Welfare Act*）、美国公共卫生署（The Public Health Service，PHS）制订的《人道的管理和使用实验动物条例》（*Policy on Humane Care and Use of Laboratory Animals*）、食品和药品管理局（The Food and Drug Administration，FDA）颁布的药物非临床研究质量管理规范（Good Laboratory Practice，GLP）等。我国政府颁布的《实验动物管理条例》、《实验动物质量管理办法》以及《实验动物寄生虫学等级及监测》等 5 个与实验动物有关的国家标准，一些省市制订的“实验动物管理条例（办法）”等均属于强制执行的法规，实验动物生产和动物实验研究的相关单位和个人必须无条件执行。

第二个层次是一些学术团体、基金组织、科研单位（研究所、大学）制订的管理办法以及动物实验研究者自愿遵守的规章制度。如实验动物管理评估和认证协会（Association for Assessment and Accreditation of Laboratory Animal Care，AAALAC）的认证，是动物实验研究单位自愿遵守参加的。我国《实验动物沙门菌检测方法》（GB/T 14926.1—2001）等 68 个国家推荐标准，只是推荐给科研单位参考。另外，研究人员申请科研基金时，基金代理机构也可能对实验动物的管理有一些特殊要求，必须遵守。

美国国家研究委员会（National Research Council）领导下的实验动物资源研究所（Institute of Laboratory Animal Resources，ILAR）编辑出版了《实验动物管理及使用指南》（*Guide for the Care and Use of Laboratory Animals*），申请（美国）国家卫生研究院（National Institute of Health，NIH）相关基金开展生物医学研究时，只要涉及脊椎动物，NIH要求必须遵守该《实验动物管理及使用指南》。AAALAC对研究单位的认证和评估也以《实验动物管理及使用指南》为标准。许多国家也是参照《实验动物管理及使用指南》来管理本国的实验动物工作的。

对动物实验的管理主要依靠专门的组织、协会，情节特别严重的案件，如严重违反动物福利法等，则直接由法院按司法程序处理。

四、实验动物管理的法律体系

英国第一个制定法律来保护科学研究中的动物，1876年颁布了全世界第一部与动物实验有关的法律《防止虐待动物法》（*Prevention of Cruelty to Animals Act*）。

美国联邦政府最早制订的保护实验动物的法律是1960年颁布《动物福利法》，1970、1976、1985、1990年重新修订。最初法律主要涉及非人灵长类、犬、猫、兔子、豚鼠、地鼠等动物的非法运输问题。1985年，修订《动物福利法》并颁布了《改善实验动物标准法》（*Improved Standard for the Laboratory Animals Act*），将非人灵长类、犬、猫的麻醉、止痛和饲养环境包括进去。《动物福利法》1985年修订版，将马、家畜、家禽纳入保护范围。在不久的将来，小鼠、大鼠和鸟类也有可能受到《动物福利法》的保护。另外，美国1985年还颁布《卫生研究扩展法》（*Health Research Extension Act*），规定科研单位申请美国相关卫生基金时，必须遵守PHS制订的《人道的管理和使用实验动物条例》。PHS对实验动物的管理主要采用ILAR的《实验动物管理和使用指南》。《人道的管理和使用实验动物条例》和《实验动物管理和使用指南》所涉及的动物包括所有的脊椎动物。

PHS和《动物福利法》要求进行动物实验研究的相关单位要成立由兽医、进行动物实验的科学家、非科研工作者（如伦理学家、律师）、本单位以外的人员组成的“实验动物管理和使用委员会”（The Institutional Animal Care and Use Committee，IACUC），这个委员会能够代表部分联邦政府的职能，按照IACUC指南，指导、监督、检查本单位实验动物的管理和使用。另外，IACUC每年要向国家实验动物福利办公室（the Office of Laboratory Animal Welfare，OLAW）提交年度总结、评估报告。

经过多年的讨论和酝酿，1986年，欧共体（European community）外长会议通过了各成员国必须执行的《动物实验和其他科学研究中使用的脊椎动物保护条例》(*Directive for the Protection of Vertebrate Animals used for Experimental and other Scientific Purpose*)，对实验动物的设施、管理、替代、麻醉、安乐死、检测、伦理、培训等方面都有详细的要求。

从立法角度讲，我国还没有一部专门的、完整的生物医学研究中有关动物保护或动物福利的法规，现行的《野生动物保护法》、《动物防疫法》等几部单行法中，几乎没有涉及实验动物，因此，我国实验动物管理的法律体系亟待完善。

五、动物实验的申请

按照正常管理程序，任何人进行动物实验研究时，都应该到本单位或主管部门的IACUC领取“动物实验申请书”，认真填写、签名、盖章后，再送到IACUC，等IACUC正式批准后，才能开始实验。

动物实验申请书的内容除了申请日期、申请者单位、姓名、职务、联系方式外，主要是关于动物实验研究计划，包括研究题目、动物实验内容、动物实验的理由、动物实验的方法、动物实验过程中动物是否疼痛或痛苦，如果有，用什么方法排除、采取何种麻醉方法、实验结束时对动物的处置。此外，还包括实验预定日期，使用动物的种类，实验动物品种或品系名称，动物规格，动物级别，饲养环境，动物供应商名称，动物实验场所，动物实验经费预算、来源，申请日期、IACUC批准日期等，不同国家、地区略有不同。

一般来讲，使用常用实验动物进行普通动物实验的项目，都能获得IACUC通过，但如果有涉及野生动物、灵长类动物等特殊项目时，IACUC要认真讨论，并可能报请上一级IACUC甚至是国家主管部门批准。如在英国，科学研究中使用的所有活的脊椎动物和章鱼（octopus）受英国《科学程序法》（*Scientific Procedures Act*）保护，无脊椎动物（如果蝇、线虫等）不受保护。同时在英国除非得到内政部同意（但内政部只批准很特殊的项目），法律禁止使用任何野生动物进行生物医学研究。

动物实验研究反映的是生命活动的复杂性。因此，从科学研究角度出发，动物实验研究中使用的作为人类模型的动物与人类越相似，得出正确研究结论的可能性就越高，但这类动物恰恰正是被公众关注、并被一些人强烈反对用于动物实验研究的动物。

六、实验动物科学组织

世界上许多国家成立了实验动物学协会、学会或其他科学组织，有些已经发展成为比较卓越和有影响的国际组织。

比较著名的实验动物科学组织有：美国实验动物科学协会（The American

Association for Laboratory Animal Science，AALAS）（http://www.aalas.org），该协会主要致力于人道管理和对待实验动物、美国联邦政府认可的实验动物科学技术人员的培训、资格认定等。欧洲实验动物科学联盟（Federation of European Laboratory Animal Science Associations，FELASA）（http://www.felasa.org），代表英国、法国、意大利等12个成员国利益，交流实验动物科学信息，优化动物实验条件，保证人道、合适地对待动物，推动欧洲实验动物科学的发展。实验动物管理评估和认证协会（AAALAC）（http://www.aaalac.org），是一个非营利的私人组织，主要是通过自愿接受该组织的认证，推动科学研究中人道地对待实验动物。到目前为止，全世界已有包括美国NIH、美国红十字会等著名研究所和组织在内的700多家公司、大学、医院、研究所和政府有关单位通过了AAALAC认证。国际实验动物科学管理委员会（International Council for Laboratory Animal Science，ICLAS）（http://www.iclas.org/）是1956年由联合国教科文组织（UNESCO）主办成立的一个国际科学组织，通过在全球科学研究范围内人道的管理和使用实验动物，来推动动物实验中动物福利的推进。医学实验中动物替代基金会（The Fund for the Replacement of Animals in Medical Experiments，FRAME）（http://www.frame.org.uk），致力于通过3R解决目前动物实验中存在的问题。中国实验动物学会成立于1987年4月，是实验动物科学工作者组成的全国性的学术性法人社会团体，主要致力于我国实验动物科学的繁荣和发展。

最后，我们介绍一下美国杰克逊实验室（The Jackson Laboratory）（http://www.jax.org/），该实验室是由Clarence C. Little在1929年发起并成立的一个非营利的私立生物医学研究所。目前，该实验室是世界上最大的哺乳类动物遗传学研究基地，保存了2256种小鼠的种鼠、胚胎或DNA样品以及2000多种诱发突变小鼠（包括转基因小鼠），拥有全世界97%的小鼠遗传资源。在小鼠基因组信息学（mouse genome informatics）和比较基因组学（comparative genomics）研究方面居世界领先水平。2002年，这个实验室向全世界56个国家提供了JAX小鼠190万只，仅美国就有12 000多家实验室使用了JAX小鼠。

七、实验动物技术培训

许多国家将实验动物技术培训和从业资格的认可，分为动物饲养和动物实验技术两大类。

欧洲议会（Council of Europe，Convention ETS 123，Article 26）和欧盟（European Union，Council Directive 86/609 EEC，Article 14）要求科学研究中涉及动物实验的从业人员，都应该受到正规实验动物学专业知识的教育和培训。

按照欧洲议会和欧盟的要求，FELASA设计了详细的实验动物学知识培训方案，根据每个人从事研究领域的不同，将培训内容和从业资格分为 A、B、C、D 四大类。A 类，针对从事实验动物管理的人员（person taking care of animal）。根据实验动物技术掌握的程度和从业时间，将 A 类又细分为四级，A 类一级、A 类二级、A 类三级、A 类四级。B 类，主要针对于进行动物实验的人员（person carrying out animal experiment）。C 类，针对负责指导动物实验的人员（person responsible for directing animal experiment）。D 类，实验动物学专家（laboratory animal science specialist），真正地设计和实施动物实验，掌握足够的知识，提高动物实验研究水平，人道、科学地使用动物。取得 D 类资格，必须经过课时数不少于 80 学时实验动物学的专门培训。

美国的 AALAS 将实验动物技术人员资格分为三类：实验动物助理技师（Assistant Laboratory Animal Technician，ALAT）、实验动物技师（Laboratory Animal Technician，LAT）、实验动物技术专家（Laboratory Animal Technologist，LATG）。只有经过脱产理论学习和技术培训，参加考试成绩合格后，才可以获得相应的资格证书。

我国政府在《实验动物管理条理》、《实验动物质量管理办法》中也明确要求从事实验动物生产和动物实验研究的专业人员必须经过省（直辖市）一级实验动物管理委员会组织培训、考试合格、取得相应的资格证书后，才能从事相应的工作。

不管哪种类型的实验动物学教育和培训，目的只有两个。其一，通过培训，使相关人员接受以下观点：动物实验是生物医学研究必需的，目前没有其他方法能够完全替代动物实验；动物实验带来的益处相对于动物所遭受的痛苦来说是超值的；动物实验的设计和实施必须最大限度地保障动物的福利。其二，学习实验动物学基础理论知识、掌握实验动物饲养管理和动物实验的基本技能。

本教材正是基于以上两个基本思想，选编教材内容，学生通过系统学习和培训，能够掌握实验动物学基础理论知识和基本动物实验技能，可以达到 FELASA 的 B、C 类水平，AALAS 的 LATG 水平，获得我国政府认可的从事动物实验研究的资格。

第二章　实验动物质量控制

实验动物的遗传背景、携带的微生物状况以及营养、环境和设施等，是影响实验动物生产、繁殖和动物实验结果极其重要的因素，本章重点介绍如何对这些因素进行控制，以实现实验动物和动物实验标准化（standardization of animal experimentation）。

第一节　遗传控制标准化

实验动物的遗传背景是影响动物实验结果发生变异的主要因素之一。根据遗传的背景不同，可将实验动物分为同基因型动物和不同基因型动物。同基因型动物是指该品系内所有个体的遗传背景相同或相近；而不同基因类动物指品系所有个体的遗传背景具有较大的差异。采用高质量的标准化实验动物进行生物医学实验研究，能剔除实验动物本身对实验研究的影响，得到准确、可靠、重复性好的实验结果。

一、动物的几种交配方式

1. 近亲交配

近亲交配（inbreeding）简称近交，指有血缘关系的个体之间的交配。习惯上，人们将最近7代以内有亲缘关系的两个个体之间的交配称为近交。实验动物常用的近交方式有：表兄妹交配、兄妹交配、父女交配、母子交配等。在群体中由于实际存在的繁殖群体比理想群体要小、动物在局部地区使用、雌雄留种比例不同或选种等因素均可造成不同程度的近交。

近交对动物的影响是多方面的。从遗传上看，近交主要有以下作用：①减少杂合率、增加纯合度。②通过连续近交可以建立纯合度不等的各类近交系。③降低缓冲和自动调节能力。④近交衰退（inbreeding depression），主要表现在适应性差、生活力下降、繁殖力降低、有害基因暴露、遗传病增加、发育生长受阻等。

2. 近交系数

近交系数（coefficient of inbreeding）是衡量动物近交程度的一个指数，有个体和群体之分。个体的近交系数指“个体的两个相同基因源于同一祖先的概率”。对于群体来说，假定一个大的随机交配群体，某一个后代在亲代中随机取得一对同源等位基因的概率就是群体的近交系数。图 2-1 显示了不同交配和留种制度下近交系数的变化。

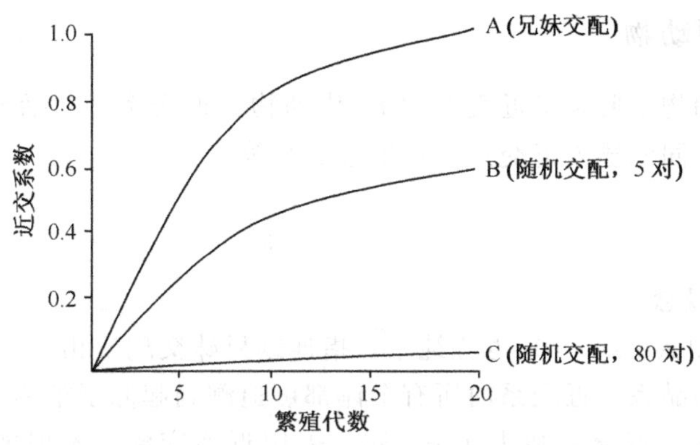

图 2-1 不同交配和留种制度下的近交系数

3. 杂交

对高等动物来说，有两种含义的杂交：一是指同一品系或同一品种内没有亲缘关系的个体之间的交配（outcross）；另一种指不同品种或品系个体间的交配（crossbreed）。育种中的杂交通常指后一类杂交，分简单杂交（二元杂交）、回交、三元杂交、轮回杂交、四元杂交、终端杂交等。实验动物多应用二元杂交培育 F_1 代动物。

杂交的后代具有杂种优势（hybrid vigor），主要是由于优良显性基因的互补和群体中杂合子频率的增加，从而抑制或减弱了更多的不良基因的作用，提高了整个群体的平均显性和上位效应，表现为生活力、繁殖力提高，畸形、致死现象减少。

4. 远缘交配

指不同物种间、不同属间或更远关系间的个体交配。该交配方法在经济动物育种中应用较多。如家牛和美洲野牛交配，F_1 代呈现杂种优势，F_1 代雌性个体有生育能力，雄性个体无生育能力；马和驴正反交均可进行，后代基本无繁育能力。

5. 随机交配

随机交配（random mating）是指所有的雌性动物与雄性动物完全不作选择的交配。随机交配时可依照随机表，无选择地作雌雄配对进行繁殖。

随机交配方式不同，群体基因组成可能发生不同变化：如果实验动物群体内个体数较多，则可以认为近似地遵从哈迪—温伯格定律，忽略不计群体基因组成的变化；如果群体内个体数量少时，即使进行随机交配，少数配子选择所产生的误差（漂变）也会对子代的基因组成有很大影响。下列情况被认为是不完全随机交配；繁殖时使用的个体未能随机选择，尤其是对产仔数多的动物留种交配；繁殖群体中雌雄个体数不同；交配的组合一经决定，即进行雌雄交配。

二、同基因型动物

同基因型动物主要是指近交系和 F_1 代动物。近交系又包括普通近交系、同源突变近交系、同源导入近交系、重组近交系等。

（一）近交系

1. 近交系概念

近交系（inbred strain）也称纯系，指连续兄妹交配或相当于兄妹交配 20 代以上培育的动物品系。近交系内所有个体都可追溯到起源于第 20 代或 20 代以上的一对共同祖先，近交系数大于 0.986。采用近亲交配，不但能提高基因纯合率，而且能固定优良性状。

2. 亚系和支系

培育近交系动物时由于残余杂合性和突变而导致部分遗传组成的改变，形成一些亚系（substrain）或支系（subline）。亚系是指近交系内各个分支的动物之间，已经发现或十分可能存在遗传差异。下述三种情况会通常发生亚系分化：兄妹交配 40 代以前形成的分支（分支发生于 F_{20}～F_{40}之间）；一个分支与其他分支分开繁殖超过 100 代；已发现一个分支与其他分支之间存在遗传差异，产生这种差异的原因可能是残留基因杂合、突变或遗传污染（genetic contamination）。由于遗传污染形成的亚系，通常与原品系之间遗传差异较大，因此而形成的亚系应重新命名。

产生支系的具体情况有：经人为技术处置形成（如卵子移植、人工喂养、代乳、卵巢移植或胚胎冷冻等）、种群转移到新的单位保种繁殖等。

3. 近交系动物的培育和维持

近交系动物一般从一个基本繁殖群（非近交群或野生动物）开始，采用近亲交配方式培育。选择近交系动物繁殖方法的原则是，保持近交系动物的同基因性（isogeneity）及基因纯合性。作为繁殖用原种的近交系动物必须遗传背景明确、来源清楚、有较完整的背景资料（如品系名称、近交代数、遗传、生物学特征）等。

近交系动物生产繁殖系统，通常分为祖先（ancestor）、基础群（foundation stock）、血缘扩展群（pedigree expansion stock）和生产群（production stock）（图 2-2），生产群繁殖的动物用于实验研究。

4. 近交系动物的表型特性

因为近交系内所有个体具有相同基因型，而近交系之间不具有同基因型的特征，很多近交系动物有特殊的表型。如快速衰老型小鼠（senescence-accelerated mice）衰老速度快；C57BL/6 对酒精和麻醉品不敏感；有些近交系小鼠在转基因和胚胎干细胞（embryonic stem cell，ES）技术研究中有优势：FVB 小鼠受精卵雄原核比较大，适宜 DNA 显微注射；129 小鼠 ES 细胞在配子传递中最容易成功。BALB/c 和 C3H 小鼠在 *N*-乙基-*N*-亚硝基脲（*N*-ethyl-*N*-nitrosourea，ENU）作用下容易发生突变。有关近交系小鼠资料可在网上查阅（Mouse mutagenesis consortium，http://www.mgu.har.mrc.ac.uk/mutabase/；German Human Genome Project，http://www.gsf.de/isg/groups/enu-mouse.html）。

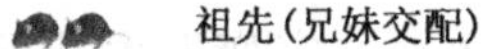

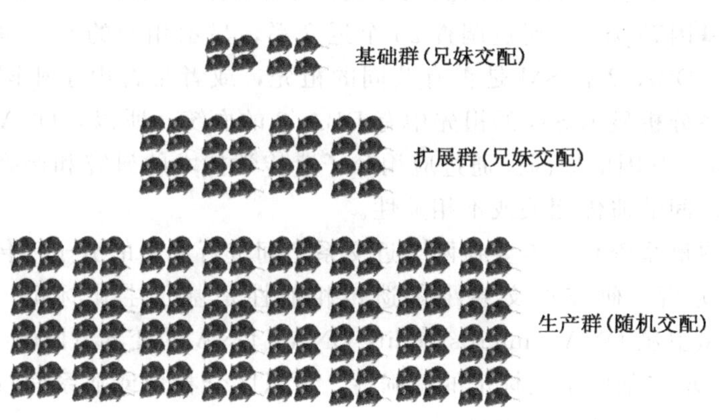

图 2-2 近交系动物繁殖模式图

不同近交系实验动物表型不同，动物实验设计时应该予以重视。近交系动物特征变化与实验研究中动物的表型可能不相关，影响实验结果。如 C3H 小鼠有遗传缺陷，可以导致视网膜病变，成年期失明，应用其研究与视力有关的实验是不合适的。因此，动物实验研究之前应该了解近交系动物的背景特征。

近交系动物产仔数少、繁殖困难。杂交时双亲近交系的遗传差异越大，后代杂交优势越明显。如选择 *Mus spretus* 种小鼠最理想，因为该种在进化过程中，大约在 100 万年以前与现有实验小鼠分开。如果与现有实验小鼠杂交，F_1 代的雄鼠是没有生育能力的，只有雌鼠能够传种接代。

不同表型的近交系动物之间的杂交，能够对数量或质量基因位点定位。对于 F_1 代复杂性状的分析，其亲代两个近交系须有明显不同的表型、基因型，因为绘制遗传图谱依靠的是两个亲本多态性差异。但是，95%以上近交系小鼠很少被使用，被选双亲的潜力不明显。

5. 近交系起源

任何两个相关近交系的基因型和表型的相似性，取决于在什么时候这两个近交系从亲本分离，而与其他近交系对它的亲本的贡献无关。访问、查阅 http://www.informatics.jax.org/external/festing/和 http://genetics.nature.com/mouse/网站，可以得到每个近交系小鼠起源的信息。

了解近交系小鼠的系谱知识，对于生物医学实验研究选择合适的品系很重要。全面回顾近交系的谱系，能够了解两个近交系小鼠之间的亲缘关系，比较表型差异，有利于分析实验结果。

6. 近交系动物的遗传

近交系动物的遗传谱系分析与分子遗传分析结合，可以揭示等位基因的分离本质。如果一些稀有的、相同的基因存在于不同的近交系中，那么，这个基因可能起源于单一突变或意味着多次独立突变发生活跃位点上。如近交系 DBA/2 有一罕见等位基因*Trp53*，通过调查 25 个近交系，显示相同的变异也发生在近交系 SM 身上。DBA/2 和 SM 是否有共同的祖先，或者是否由于相同的突变发生了两次？谱系分析显示 SM 的祖先中有 DBA/2 的血统。所以，DBA/2 的变异是 SM 带有*Trp53* 基因的原因。通过应用分子遗传学技术的研究和调查，可以分析近交系小鼠之间的遗传相关或不相关性。

为了获取谱系资料，需要在两个近交系之间进行大量的分子遗传学研究和遗传变异资料分析。研究近交系小鼠遗传相似性是基于生化标记（biochemical marker）和微卫星 DNA（microsatellite DNA）DNA 的变异（http://www.resgen.com/）。增加基因定位标记的精确性，可以区分相似或亚系间近交系的基因位点，如 C57BL/6 和 C57BL/10 。

7. 近交系小鼠谱系数据的电子资源

微卫星 DNA 变异至少在 10%的近交系小鼠中进行过研究，还有少量信息是关于 DNA 多态性的。如单核苷酸多态性（single-nucleotide polymorphism, SNP）或随机扩增多态性 DNA（random-amplified polymorphic DNA，RAPD）标记。访问小鼠基因组数据库（http://www.informatics.jax.org）、小鼠资源数据库（http://www.jax.org/pub-cgi/imsrlist 或 http://imsr.har.mrc.ac.uk/），以对近交系小鼠作全面了解。

实验动物作为生物医学研究的重要性体现在近交系小鼠上。用标准近交系小鼠取得的数据在不同的实验研究中能够比较。进行近交系小鼠基因型、表型调查研究、获取有用的信息、充分认识和保持近交系小鼠多样性，是生物医学研究所需要的。

（二）同源突变近交系、同源导入近交系、分离近交系

1. 同源突变近交系

同源突变近交系（coisogenic inbred strain）简称突变近交系，是指一个近

交系的某一基因位点上发生突变而分离出来的近交系亚系，它和原来近交系的差异只是发生突变的基因位点上带有不同的基因，而其他位点上的基因完全相同。

保持突变基因可行的方法取决于突变基因的显隐性以及突变基因对动物生育和生存的影响。如果突变基因影响动物生育生存，必须选用纯合体和杂合体的兄妹交配的后代，才可能保持同源突变近交系。如无胸腺裸小鼠隐性裸基因（*nu*）纯合子的雌性小鼠缺乏泌乳能力，且保持该品系十分困难。采用裸基因杂合的雌鼠（+/*nu*）与裸基因纯合的具有繁殖能力的雄鼠（*nu*/*nu*）交配，就能保持裸基因突变系。通过这种方法，一方面能够维持裸小鼠突变系，另一方面能把生产的裸小鼠供给生物医学研究使用。

2. 同源导入近交系

同源导入近交系（congenic inbred strain）就是通过回交（back crossing）或回交兼互交（back intercross）等育种方法将一个基因导入到近交系中，由此形成一个新的近交系，该近交系与原来的近交系只是在一个很小的染色体片段上的基因不同，称为同源导入近交系，简称同源近交系。

图 2-3 显示了通过“杂交—互交—回交”方式培育同源导入近交系方法。

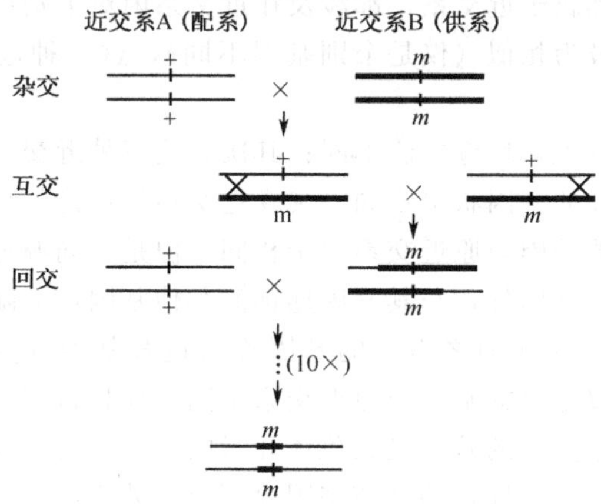

图 2-3 通过杂交—互交—回交方式培育同源导入近交系示意图

采用此法可以将 B 近交系的 *m* 基因导入到 A 近交系的基因组中

1948 年，Snell 进行组织相容性（histocompatibility）基因的研究时首次培育成功同源近交系。育成同源近交系的要领是把一个遗传基因连带一段染色体，从近交系 B（或非近交系）导入到近交系 A，把近交系 A 的等位基因和连带的一段染色体换下来，这样育成一个近交系，对近交系 A 来说叫做同源近交系（图 2-3）。把提供目的基因的品系 B 称为供系（doner strain），为目的基因提供背景的近交系称 A 为配系（partner strain），配系必须是近交系，而供系可以是带有目的基因的任何一种基因类型动物。

同源近交系的特征：①同源近交系本身是近交系，除目的基因以外的其他基因与配系相同；②同源近交系基因导入过程中与目的基因紧密连锁的其他基因可能随目的基因一起导入到近交系的基因组中，所以同源近交系不仅是目的基因与原近交系的等位基因不同，而且带有目的基因的一小段染色体也不同；③同源近交系的培育目的用于在同一遗传背景下某基因位点上不同等位基因的遗传效应及其特性的研究。

3. 分离近交系

在近交培育的过程中，采用特定的交配方法，迫使一个或多个已知位点上的基因处于杂合状态，从而培育成分离近交系（segregating inbred strain）。它能分离出该基因位点上带有不同等位基因的两个近交系亚系。

分离近交系用于正常和突变基因行为方式比较研究时，可减少因其他不确定分离基因造成的实验误差。分离近交体系的两个或两个以上连锁位点上的等位基因，并保持分离，可为基因重组提供依据。分离近交系可用于研究致死、不育和有害行为隐性突变等。

4. 同源近交系、突变近交系和分离近交系的异同

（1）相同点：都属于近交系，都涉及在近交系内对个别位点上的基因进行控制，遗传组成特征极为相似（仅是个别基因不同），这三种近交系多用于对个别基因的研究。

（2）不同点：首先，培育方法不同；其次，这三种近交系与原近交系的差异以及与差异基因连锁的基因状况不同，突变近交系仅仅是某个位点上的基因与原近交系不同，而其他基因与原近交系完全相同，但是，同源近交系，在培育过程中导入的基因除目的基因外，与其紧密连锁的其他基因可能随目的基因一起导入近交系的基因组中，这些随之带入的基因称为过客基因（passenger gene）。因此，同源近交系不仅是目的基因与原近交系不同，而且带有目的基因的一小段染色体也不同，与原近交系的差异是染色体片段的差异。而分离近交系的差异基因呈杂合状态，与差异基因连锁的其他基因也不容易处于纯合状态。

5. 重组近交系

两个近交系杂交后的子二代，再兄妹交配连续交配 20 代以上育成的一系列近交系。重组近交系的培育是两个近交系杂交生育的 F_1 代，F_1 代再互交生育出杂交二代，从杂交二代随机选择个体配对，连续进行 20 代以上的兄妹交配，平行培育出的一系列或一组近交系叫重组近交系（recombinant inbred strain）（图 2-4）。

为重组近交系提供亲代的两个近交系称为祖系（progenitor strain），一系列重组近交系的遗传组成只限于来自祖系。育成重组近交系过程中，没有连锁的基因随机分离和重组，连锁的基因亦因连锁的远近（若在祖代连锁的情况）随近亲交配有固定的趋势。

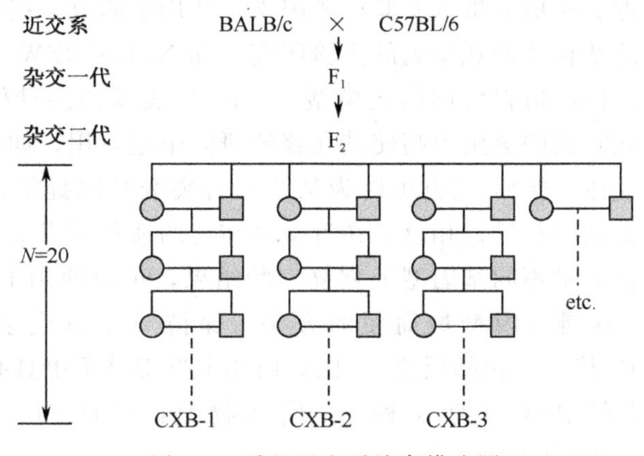

图 2-4　重组近交系培育模式图

重组近交系是由两个近交系杂交后培育产生的，但与 F_1 代的遗传组成极不相同：①重组近交系的遗传成分虽然仅限于两个亲代近交系，但是存在自由组合和染色体交换，重组近交系的遗传组成并不均等；②重组近交系和普通近交系一样，具有极高的纯合性；③重组近交系由于各染色体上基因的自由组合、同一染色体上的基因交换而发生基因重组。

重组近交系动物既具有其双亲品系的特性，又具有重组后一组内和每个重组近交系的特征，并具有新的多态性基因位点。因此，重组近交系已广泛应用于新的多态性基因位点和新的组织相容性位点的鉴定、多态性位点的多效性和连锁关系的研究和探测以及临界特性的遗传分析等方面的研究。

（三）杂交一代

杂交一代又称为 F_1 代（F_1 hybrid），是指根据需要在两个品系动物之间有计划地进行交配所获得的第一代动物。用于生产 F_1 代的两个近交系为父系（paternal strain）和母系（maternal strain）。父系和母系的生物学特性必须有差异。

F_1 代特性：①同基因性。像近交系的所有个体一样，F_1 代所有个体遗传上是相同的，通过检查一个动物就能测定所有个体的基因型。②长期遗传稳定性。F_1 代至少像近交系一样稳定，如果积累起来的突变是隐性的会更加稳定。因为如果在两个亲本发生相同的突变时 F_1 代才会发生变化。因此，一般地说，F_1 代比它们的亲本近交系变化更慢。③F_1 代跟近交系一样具有表型一致性。

F_1 代与近交系的差别：①F_1 代所有个体基因型都是杂合型的而不是纯合型的，意味着 F_1 代不会真实遗传，因此每次需要时必须通过亲本品系杂交而生产。②F_1 代有杂种优势，更能适应环境变化。

F_1 代应用：①作为一般的生物研究，F_1 代是有活力、遗传均一和同基因型的实验动物，比近交系更能抵抗实验应激因素。②用于研究一些性状的遗传方式或只在某一特定的杂种才能观察到的实验研究。如 NZB×NZW 杂种被广泛地用作系统性自身免疫性红斑狼疮的研究模型。③F_1 代表现的杂种优势在有些研究项目中很有用。如它们的繁殖力高使其在繁殖研究中很有用，如用作代母、受精卵或卵巢移植的受体。④F_1 代也可以为某些有害突变基因提供遗传背景。杂种优势可能足以保持动物存活。相反，在近交系纯合的遗传背景上它们会致死或早死。⑤如果需要在大量不同基因型上重复实验结果，可以使用 F_1 代，因为生产 F_1 代是生产多种不同基因型最简便的方法。保持 n 个近交系动物能生产出 n（n−1）/2 个 F_1 代（不包括反交），比只用几个近交品系更具有广泛性。

生物医学研究中常用的 5 种 F_1 代动物是：B6D2F1、BDF1、NZB×NZWF1、B6CF1、C3D2F1。

（四）小鼠的命名

普通近交系：近交系一般以大写英文字母命名，亦可以用大写英文字母加阿拉伯数字命名，符号应尽量简短。如 A、C57BL/6 等。

同源突变近交系：由发生突变的近交系名称后加突变基因符号组成，二者之间以连接号分开。如 DBA/Ha-*D*。当突变基因必须以杂合子形式保持时，用“+”号代表野生型基因。如 A/Fa−+/*c*。

同源导入近交系：同源导入系名称由以下三部分组成：①配系名称；②供系名称缩写，并与配系之间用英文句号分开；③导入基因的符号（用英文斜体），与供系之间以连字符分开。如 B10.129-$H\text{-}12^b$，表示该同源导入近交系的遗传背景为 C57BL/10sn（B10），导入 B10 的基因为 $H\text{-}12^b$，基因提供者为 129/J 近交系。

分离近交系：分离近交系的命名是在品系名称后加连字号和杂合基因的符号。如 DW-*dw*/*t* 表示 DW 品系在 *dw* 位点上是杂合子。

重组近交系：由两个亲代近交系的缩写名称中间加大写英文字母 X 命名。由相同双亲交配育成的一组近交系用阿拉伯数字予以区分。如由 BALB/c 与 C57BL 两个近交系杂交育成的一组重组近交系，分别命名为 CXB1、CXB2 等。

F_1 代：一般采用简称，先写母系（简称），再写父系。如，B6D2F1 表示 C57BL/6 雌鼠（简称 B6）和 DBA/2 雄鼠（简称 D2）交配所生。

三、不同基因型动物

在生物的进化过程中，单个生物个体是无法遗传进化的，生物只有以群体的方式生存，这个物种才能存在和发展。生物个体之间遗传差异来源于等位基因的不同。群体由一群可以相互交配繁殖的个体构成，群体之间的遗传差异则取决于其基因位点上各等位基因频率不同。

（一）远交系

1. 远交系

远交系（outbred strain）是以非近亲交配方式进行繁殖生产的一个实验动物种群，是在不从其外部引入新个体的条件下，至少连续繁殖 4 代以上的群体。远交系动物不引入任何外来血缘，在封闭条件下交配繁殖，从而保持了群体的一般遗传特征，又具有杂合性。来源于近交系的远交系是停止同胞交配的繁殖群，来源于非近交系的远交系是在一定的群体内连续繁殖 5 年以上的动物群体。远交系是与外界隔离的动物群体，为了避免近亲交配，不让群内基因丢失，封闭状态和随机交配使群体内基因频率能够保持稳定不变，从而使群体在一定范围内保持相对稳定的遗传特征。

选择远交系动物保种、繁殖方法的原则是尽量保持远交系的动物的基因杂合性及多态性，避免近交系数随繁殖代数增加而过快上升，保持上下代之间基因频率和基因型频率相对固定。作为繁殖用原种的远交系动物必须遗传背景明确、来源清楚、有较完整的资料。为了保持远交系动物基因杂合性及多态性，引种动物数量要足够多。引种时首先应该确定远交系动物繁殖一代引起的近交“增量”，推算群体有效大小，然后，根据留种和交配方式，计算出远交系动物保种、繁殖种群的最小数量，即最小引种数量。一般来说，远交系动物繁殖时，每一世代近交“增量”应控制在 1%以下为宜。要想减少每一世代的近交“增量”，应尽量增加没有亲缘关系的雌、雄个体参加交配，随机交配的雌雄对数越多、雌雄比例越接近 1∶1，近交系数增长越缓慢。一雄多雌的交配方式，近交系数增长加快。理论上讲，远交系采用随机交配的繁殖对数越多越好，但考虑到生产规模和生产成本，雌雄动物繁殖对数需根据实际情况而定，因为是小群体，每一代近交“增量”不可避免。一般来说，对于 1∶1 雌雄随机交配的远交系小群体动物而言，引种数目一般不能少于 25 对。

2. 远交系动物的繁殖

远交系动物保种和繁殖时采用的交配方式有随机交配和非近交的循环交配（rotation system for non-inbred）两种。

对于动物数量较多的远交系，可以采用随机交配方法，但不允许与其他品系杂交，只能在同一群体内完全被封闭的条件下进行交配。按照随机化（randomization）原则，应用随机数字表或其他客观试验所允许的方法进行，不能按个人随意认可的方式进行。随机交配时雌、雄性个体应保持在 25 对以上，否则，很难控制近交系数的上升。随机交配的动物群能够贮藏存在于原始动物群的遗传差异，掩藏着大量的突变基因。由于基因处于杂合状态，远交系动物具有生活力强、产仔率高、胎间隔短、仔鼠离乳率高、抗病力强、易于饲养等优势。

远交系中每代交配的雄性种用动物数目小于 25 对时，宜采用非近交的循环交配方式，对远交系内参与交配的雌、雄个体的交配方式进行人为限制：将繁殖用雌、雄个体分别搭配若干组进行交配。

3. 远交系动物的特点

（1）杂合性。远交系动物不从外部引进任何新的基因，实行随机交配，群体内基因既不丢失、也不增加，保持一定杂合性。

（2）相对稳定性。封闭状态和随机交配使远交系动物群体基因和基因型频率基本保持不变，达到哈迪—温伯格平衡，从而使群体在一定范围内保持相对稳定的遗传特征。

（3）繁殖力、抗病力强。远交系动物采用随机交配，呈现杂种优势，繁殖力和抗病力均会优于近交系。

远交系动物遗传组成具有很高的杂合性，具有类似于人类群体遗传杂合性的遗传特性。因此，在人类遗传学、药物筛选和毒理研究等方面有重要价值，远交系动物群体保持相对稳定的遗传特征，其群体平均反应性稳定，故适宜于观察筛选药物的疗效等。远交系具有较强的繁殖力和生活力，容易生产，饲养成本低，可大量供应，因而广泛应用于预试验、学生教学和一般实验中。远交系动物所携带的突变基因通常导致动物在某些方面的异常，从而可成为生理学，胚胎学和生物医学研究的模型。

远交系小鼠的命名通常由 2～ 4 个大写英文组成，保持者与种群名称之间用冒号分开。如 N：NIH 表示由美国国立卫生研究院（N）保持的 NIH 远交系小鼠。Lac：LACA 表示由英国实验动物中心（Lac）保持的 LACA 远交系小鼠。

（二）杂交群

由不同品系或种群之间杂交产生的后代称为杂交群（hybrid strain）。两个品系杂交称为二元杂交，两个以上品系之间杂交称为多元杂交。杂交群动物的遗传特征具有两个亲本的特点。如果这两个亲本是近交系，那么杂交群（F_1 代）具有遗传和表型上的均质性、同基因性。如果两个亲本不是近交系、是远交系或其他类型种群，那么杂交群的遗传背景就不具备均一性。

四、几种不同类型实验动物特性比较

以下简要比较近交系、F_1 代和远交系动物的特性。

1. 基因纯合性

近交系是用品系内个体的基因纯合性（homozygosity）来定义的，如果该位点是中性选择的话，在全兄妹交配 20 代后个体在任何一个位点上的纯合性至少是 98.6%。然而，在近交系内通常也有少量“残留杂合性”，当某一个位点对动物的活力是超显性时会发生残留杂合。

F_1 代所有动物在亲本品系不同的所有位点上都是杂合的。F_2 代杂种在许多位点上也是杂合型的，而且也不是等基因的。

远交系动物基因纯合性的程度取决于动物群过去的历史。普遍认为遗传上可变的远交系群体，实质上在它们的历史上曾有一定程度的近交。如 Swiss 小鼠在被广泛地传播前可能有 12 代全兄妹交配的历史。远交系的基因纯合程度通常是未知的，变化范围从低到很高。

2. 同基因性

近交系动物所有的位点都是纯合型的，它们产生的所有后代遗传上是相同的，即同基因性。同基因性有 3 个重要的效应：能接受同一品系的皮肤移植；监测一个个体就能决定整个近交系的基因型；能建立遗传上相同的子群。F_1 代所有动物在遗传上是相同的，具有同基因性。

3. 长期遗传稳定性

近交系最重要的特征之一是它们的长期遗传稳定性（stability）。如 C57BL 品系是 1921 年培育成的，甚至经过 86 年后它还是与原始品系十分相似。在近交系内选择不会引起遗传变异，而在远交系内选择可能变化很快，这点在许多实验中得到了证实。动物品系不会绝对保持不变，由于突变、残留杂合和遗传污染会发生遗传变异。理论上，F_1 代甚至比近交系更一致。如果突变不是发生在两个品系的相同位点上，亲本的任何突变在 F_1 代不表现，甚至在多基因位点上的突变，在 F_1 代上的效应也有所降低。

4. 可识别性

许多品系都具有特别的或独一无二的基因型组成，可以通过毛色、皮肤移植、生物化学位点、免疫学位点及数量性状测试等方法揭示近交系的遗传组成，准确地识别（identifiability）它们属于哪个品系。迄今为止，远交系还没有一套完整的遗传监测方法。如没有一套性状能用来可靠地区分常用的 Sprague-Dawley 和 Wistar 远交系。如有人调查了 6 个来源不同的 Sprague-Dawley 大鼠肿瘤发病率，得出结论是不同供应商来源的大鼠之间的变化之大就像来自不同的“品系”。

5. 表型一致性

近交系动物是同基因型动物，因而具有表型一致性（uniformity）。近交系内皮肤移植不发生排斥反应是这种一致性的一个表现。对于数量性状，理论上讲近交系比远交系更一致。有人测定了近交系、远交系、F_1 代和 F_2 代小鼠下颌骨的表型变异，发现近交系和 F_1 代群之间表型变异没有明显差异，虽然远交系变异比 F_2 代小，但是它们都有明显的差异。

有证据表明近交可以导致动物发育稳定性降低，使动物对环境影响的敏感性增加，因此，在有些情况下近交导致表型变异的增加而不是降低。如果近交系对环境变化更敏感的话，有时会增加表型变异，但在一定程度上可能会使它们对实验处理敏感而抵消。一般而言，F_1 代比近交系更一致，但是在比较近交系与远交系时没有得出一般的结论。

6. 个体性

每个近交系是一个独一无二的遗传物质的组合，因此产生独一无二的表型，即个体性（individuality）。近交系许多表型特征在生物医学研究中很有用，成为人类疾病实验动物模型（表 2-1）。

表 2-1　近交系小鼠的一些重要疾病模型

特　性	品　系
嗜酒精（10%）	C57BL、C57BR/cd
侵犯、好斗	SJL、NZW
听觉性癫痫	DBA/2
自身免疫性贫血	NZB
淀粉样病变症	YBR、SJL
高血压和（或）心脏病	BALB/c、DBA/1、DBA/2
高血脯氨酸和脯氨酸尿	PRO
肥胖症和（或）糖尿病	NZO、PBB、KK、AY
膝关节骨关节病	STR/1
肿瘤：	
白血病	AKR、C58、PL、RF
内皮细胞肉瘤	SJL
肺肿瘤	A
肝癌	C3Hf
乳腺瘤	C3H、C3H-A^{VY}、GRS/A
卵巢畸胎瘤	LT
诱发性浆细胞瘤	BALB/c、NZB
睾丸畸胎瘤	129/terSv
完全无自发性肿瘤	X/Gf

虽然近交系有它自己一套独特的性状，但是许多实验仅仅利用近交系作为一般的、标准的和可重复的实验材料。如近交系小鼠 C57BL、CBA、BALB/c 和 C3H，近交系大鼠 F344、LEW 和 PVG 是这样理想的实验动物。远交系也代表

一个独一无二的基因型，没有任何证据表明远交系比近交系更能代表整个物种，因此，不可能使用远交系来增加实验结果的一般性，但是远交系的变异可能会极大地降低实验的统计学精确度。

7. 活力

近交系动物比大多数 F_1 代或远交系动物生活力（vigor）差、繁殖能力低。近交衰退导致动物的一般性能降低。如小鼠近交系数增加 10% 导致每窝产量平均下降 0.6 仔和雌性 6 周龄时体重下降 0.58g。远交系不同群之间活力有很大的差异，主要取决于它们的近交程度和纯合型基因对动物活力的影响。近交衰退的反面是杂种优势，通常杂交后代的生活力强。

8. 国际分布性

许多近交系在国际上广泛分布（distribution），从而可能在世界各国之间进行比较研究。这从理论上意味着不同地区和国家的研究者有可能饲养和使用在遗传上几乎相同的标准近交系动物，重复和验证已取得的数据。近交系动物个体具备品系的全能性，所有个体均携带该品系的全部基因。

各种类型实验动物特性总结比较如表 2-2 所示。

表 2-2　几种类型实验动物的特性比较

特性	近交系	远交系	F_1 代
基因纯合性	很高	低	低
遗传同一性	高	低	高
长期稳定性	高	低	高
可鉴定性	高	低	高
表型一致性	中等→高	中等	很高
独特性	高	低	未知
生活力	低	不同	很高
国际分布性	高	中等	高
背景资料	高	中等	高

五、遗传质量控制

实验动物的遗传质量控制主要包括两个方面内容，一是科学地进行引种、繁殖和生产，即对生产过程进行控制；二是建立定期的遗传监测制度，对实验动物的质量进行控制。近交系遗传监测方法很多，直接或间接监测动物个体某些基因的变化。

1. 遗传变异

在实验动物生产繁殖过程中，近交系实验动物遗传物质不断发生变化，其主要原因有遗传污染、遗传漂变和突变等。遗传污染是最常见的实验动物管理事故，通常是由于其他品系动物与本品系动物发生交配所致。遗传漂变是指一个品系动物基因型在饲养过程中可能发生的随机改变，这种改变多由于近交系动物残留杂合基因分离，造成了亚系的形成。突变是由于动物基因组中某个核苷酸残基的置换、缺失或插入，引起一个等位基因的改变。因此，定期进行遗传监测对于了解实验动物的遗传背景情况具有十分重要的意义。

2. 常规遗传质量监测技术

实验动物遗传监测方法很多，常规的方法有生化标记基因监测、免疫标记监测法、形态学标记监测法和细胞遗传学标记监测法等方法。单一监测方法并不能反映遗传组成的概貌，应采用多种不同的遗传监测方法来全面监测。

1）生化标记监测法

在动物体内存在着同种异构蛋白（如同工酶），他们在同一个遗传基因位点上由不同的等位基因控制，表现出不同的表型。同种异构蛋白经过电泳分离、显色后，根据泳动速度不同加以区分。该方法能监测多个位点上的基因，涉及十多条染色体。国家标准（GB14923—2001）规定对近交系小鼠 13 个生化位点、大鼠 9 个生化位点必须监测。

2）免疫遗传学标记

在免疫系统中起主要作用的 T 细胞及 B 细胞膜上有许多糖蛋白，血清中也含有补体成分和免疫球蛋白，它们具有遗传多态性，可用血清学方法作为遗传标志加以应用。除血清学方法外，皮肤移植法也可作为鉴别组织相容性抗原异同的一种遗传监测方法。

3）细胞遗传学遗传标志

每个动物种都有固定的细胞核内染色体数和形态叫做核型。小鼠染色体数是 $2N=40$，由 19 对常染色体和 1 对性染色体组成，这些染色体用吉姆萨和奎纳克林染色后，不仅用于形态学检查也用于异染色质（C 带）的观察。近交系小鼠 C 带也具有遗传多态性。

3. 分子遗传标记技术

分子遗传标记（molecular genetic marker）一般指 DNA 水平的遗传标记，因而也叫 DNA 标记。分子遗传标记具有：标记数量大，对某一动物个体而言，其数目可达 10^8～10^{10} 个；大多数呈中性突变；遗传极为稳定，不受生理期和环境等因素的影响，而且呈等显性或完全显性遗传等特点。几种主要的 DNA 标记包括：

1）限制性片段长度多态性

限制性片段长度多态性（restricted fragment length polymorphism，RFLP）是指用限制性内切酶切割不同个体基因组 DNA 后，含同源序列的酶切片段在长度上的差异。限制性内切酶识别并切割基因组DNA分子中特定的位点，一旦这些位点的碱基序列发生变化则不再被其相应的酶所识别，同时非酶切位点也许由于碱基的变化而产生出一个新的识别序列。这样，不同的DNA分子由于酶切位点分布的不同而导致了基因型间限制性片段长度的差异，这些DNA片段可以用Southern杂交的方法进行监测。

2）随机扩增多态性DNA

随机扩增多态性DNA（RAPD）技术的基本原理是以人工合成的较短的单个随机排列碱基顺序的核酸单链为引物，在DNA多聚酶的作用下，对所有动物基因组DNA进行PCR扩增，获得一组不连续的DNA片段，其中每个扩增产物代表一个基因位点。

3）DNA指纹图谱

DNA指纹图谱（DNA fingerprint）是由DNA指纹探针产生的、多个RFLP图带组成的、具有高度变异性和个体专一性的、并能稳定遗传的限制性片段长度多态性图谱。DNA指纹图谱具有多位点性、高变异性和简单而稳定的遗传性三个特点。DNA指纹图谱所监测的位点是基因组中有很高变异性的位点，由多个这种位点上的等位基因所组成的图谱就必然具有更高的变异性。DNA指纹图谱中的图谱还可以稳定遗传，即亲代中的可分辨杂合子可独立地分配给子代，亲代的各图带平均传递给50%的子代。DNA指纹图谱还具有体细胞稳定性，用同一个体的不同组织（如血液、精液、肌肉、脏器等）的DNA做出的DNA指纹图谱具有一致性。

4）小卫星DNA标记

小卫星DNA（minisatellite DNA）指基因组中由一种很小的重复单位（10～60bp）头尾相连而构成的序列。每一个重复单位均含有一个相同或相似的10～15bp核心序列。由于基因组中存在着上千个小卫星位点，某些位点的重复单位含相同或相似的核心序列，所以在一定的条件下，一个小卫星探针可以同时与多个小卫星位点上的等位基因杂交，形成高度的变异性和多态性。

5）微卫星DNA标记

微卫星DNA（microsatellite DNA）是基因组中由一种很小的重复单位（2～6bp）头尾相连而构成的序列。利用微卫星DNA在不同品系间和物种间重复性的不同来研究群体间及个体间的多态性。

第二节 微生物控制标准化

实验动物微生物质量控制的目的是要求生产的实验动物达到预定的微生物质量标准，而且动物实验过程也要执行同样的微生物质量标准。

一、实验动物微生物质量控制的原因

1. 引起实验动物的疾病和死亡

传染病是引起实验动物疾病和死亡、影响实验动物质量的主要原因。实验动物传染病的病原体包括病毒、支原体、细菌和寄生虫。由于动物的遗传背景不同，在接触到某种病原体后，不同实验动物对某种疾病易感性不同。如某些品系小鼠感染鼠痘（mousepox）病毒是致命性的，其他品系则能抵抗鼠痘病毒感染；与F344大鼠相比，Lewis大鼠容易感染肺支原体（*Mycoplasma pulmonis*）；C57BL/6小鼠比其他品系小鼠更容易感染念珠链杆菌（*Streptobacillus moniliformis*）。

表2-3给出了可能感染实验动物的几种主要病原体数量。实验动物被病原体感染后并不一定出现临床症状（潜在或亚临床感染）。以往研究显示细菌或病毒常常引起动物呼吸道和胃肠道感染，动物混合感染病毒和细菌后，必然会导致细菌或病毒单独感染的临床症状出现或加重。如啮齿类动物可终生携带肺支原体而不出现任何临床症状，但是仙台（Sendai）病毒继发感染动物后，啮齿类动物会出现致命性肺炎。呼吸道病毒影响肺巨噬细胞功能，抑制巨噬细胞清除呼吸道中细菌的功能，形成肺炎。非呼吸道病毒也能诱发呼吸道感染继发性细菌性肺炎。如Reo 3病毒感染不但能引起啮齿类动物肝炎，而且也损害动物肺部免疫功能。非病原体因素也在动物疾病发生发展中起重要作用。如高浓度的氨气能抑制呼吸道纤毛的摆动，从而限制了病原微生物从呼吸道清除。

表2-3 与啮齿类实验动物、家兔疾病相关的病原体数量（估计值）

病原体	小鼠	大鼠	豚鼠	家兔
病毒	25	20	15	10
支原体	3	3	2	2
细菌	25	20	15	15
寄生虫	25	35	20	25

鉴于以上原因，建议生物医学实验研究使用SPF动物。

2. 干扰动物实验结果

大多情况下，病原微生物感染动物后并不出现临床症状。然而，这些潜在的感染却能严重影响动物实验结果。如仙台病毒感染后，能造成动物B、T淋巴细胞对抗原刺激的应答反应减弱，增加干扰素（interferon）产量，减少血清第三补体因子（3rd complement factor，C3）水平。感染小鼠肝炎病毒（mouse hepatitis virus，MHV）后，网状内皮系统的吞噬细胞活性、淋巴细胞的细胞毒活性被抑制，诱导动物血清天冬氨酸转氨酶、丙氨酸转氨酶等许多肝酶水平升高。再如乳酸脱氢酶病毒（lactic dehydrogenase-elevating virus，LDHV）是实验动物移植瘤（transplantable tumour）实验经常感染的之一，能引发动物血浆乳酸脱氢酶和皮质类固醇急剧增高，延迟移植排异反应的发生。这些事例充分说明病原体潜在感染能严重影响动物实验结果。所以，充分了解动物携带微生物状况，可以推测他们对实验动物结果的影响程度。

3. 人兽共患病

既能感染动物也能感染人类引起疾病叫做人兽共患病（zoonoses）。人兽共患病可能源自所有种类的病原微生物，它也能导致感染范围从亚临床状态到致命性疾病的全部阶段。普通环境繁殖和野外被捕捉的动物都可能携带危害动物和人类健康的病原体，SPF 动物被感染的几率很小。然而，有些病原体可以从剖腹产或子宫切除术获得的动物体内检测到，如念珠链杆菌（*S. moniliformis*）是一种在健康大鼠鼻咽中常见的细菌。人一旦被携带念珠链杆菌的大鼠咬伤，可能引起鼠咬热（rat-bite fever），饮用被念珠链杆菌污染的水和牛奶可能会得哈佛希尔热（Haverhill fever），得了这两种疾病如果不及时治疗可能危及生命。

毛癣菌病（trichophytosis）也是一个很容易传播的真菌类人兽共患病，主要由发癣菌（*Trichophyton* sp.）和小胞孢子菌（*Microsporum* sp.）感染引起，这类感染往往呈现亚临床症状，人患毛癣菌病后出现圆环状的皮肤损伤症状。

大鼠经常潜伏性感染汉坦（Hantaan）病毒，这种病毒通过呼吸道、肠道分泌物、排泄物、尿液来传播。人可直接或间接接触被病毒污染的动物、生物制品及材料和设备，很容易被感染上汉坦病毒，出现严重的急性间质性肾炎，即出血热肾病综合征（Hemorrhagic fever with renal syndrome，HFRS），肾脏功能完全丧失，严重时导致死亡。

由于生物医学研究的需要，有时给实验动物人为地接种人兽共患病微生物，这是一个确定的人类病原微生物的传染源，必须使用预防性的保护措施限制病原微生物的传播。

4. 影响生物制品的质量

使用在人身上的血清、疫苗和别的生物制品（biological product）必须是安全的、无污染的。所以，对用来生产生物制品的实验动物最低要求是不携带人兽共患病微生物。如果人用活的或衰减的病毒疫苗是用被污染的动物细胞生产的，就可能导致使用者感染人兽共患病。所以，疫苗制品和别的生物制品需要严格的预防制度来监管。"药品生产质量管理规范"（Good Manufacture Practice，GMP），其目标是控制药品所有生产阶段，最后得到一个安全的、高品质的产品。如果实验动物是用于生产生物制品的目的，其来源必须摆脱大量的能引发人类潜在人兽共患病的、带有特别病原体的动物群体。

SPF 动物可以用来评估给定产品的效能和安全性。如在病毒疫苗众多监测项目中有一个是为了排除无关病毒存在的实验，通过给实验动物注射疫苗，监测动物血清中抗体来判定疫苗中是否携带其他病原微生物。

二、污染源和传播途径

实验动物能通过污染源和不同的传播途径被病原体所污染。最重要的污染源是其他动物、源于动物制作的生物材料、宠物、职工、材料和设备等，在实验动物饲养和动物实验过程中造成的污染。

1. 实验动物

被污染的实验动物是一个重要的微生物污染源。虽然花费很大力气进行实验动物微生物质量控制，但是经常从外面购买的实验动物有可能将病原微生物带到实验室。一般地讲，对于动物实验饲养的动物采取的预防性卫生保健措施比实验动物生产繁殖要松懈，这些动物也不被太重视。进行动物实验时，不同来源的实验动物经常被集中饲养在一个房间，不同时间段的动物实验互相重叠，这就意味着实验研究中动物有可能持续感染好几种病原微生物。因此，从实验室外引入动物时要承担引入污染源的危险。

2. 生物材料

在现代生物医学的研究中，实验动物的血清、腹水、细胞、组织和器官等经常被当作生物材料的来源，实验动物本身也能被用作“培养基”、培养那些不能在体外培养的微生物。当然，实验动物也可能被来自污染动物的生物材料所污染。

一般来说，病毒（也有支原体和细菌）是主要存在于活体细胞内的病原微生物，常污染生物材料。美国一项调查显示，超过90%的移植瘤和超过70%病毒相关试剂中监测到一种或多种病毒。污染物中一些具有传染性的微生物是由生物材料在动物体内连续传代时被感染的。如一个肿瘤细胞系在动物腹水中传代时可能被动物本身携带的微生物所污染。再如利用家兔传代梅毒螺旋体（*Treponema pallidum*）时可能被冠状病毒（*Coronavirus*）感染，后果是导致40%以上家兔死亡。受污染的生物材料的使用是目前最重要的小鼠痘病毒感染爆发的原因。

3. 宠物

宠物也能对实验动物的健康构成严重威胁。实验动物饲养和动物实验技术人员及他们的家庭应该禁止饲养宠物。

4. 工作人员

人是两组动物间传播污染源最重要的因素。人能成为在接触被污染动物后的媒介和病原微生物的临时宿主。

正确的做法是：把在不同级别实验动物区域工作的人员隔离。如动物饲养人员不能进入实验室。尽管有些员工并没有接触被污染的实验动物，但也可能是一个污染源。如结核病（tuberculosis）几乎能在所有哺乳动物种类中传播。工作人员如果出现腹泻、皮疹、慢性呼吸道疾病等症状，显示有可能增加（潜在）病原微生物传播机会，那么实验动物被污染的风险增大。

一个可能的假设是多种作用于人的病原微生物因为种属的不同，并不能使实验动物致病。然而，这些微生物的污染却能引起一小部分实验动物临时产生针对这些微生物的抗体。

5. 材料和设备

材料和设备能成为实验污染的一个媒介。饲料和垫料在生产、收获和储藏过程中，有可能被野生啮齿类动物所污染。饮水也是实验动物的一个污染源，当动物抵抗力降低时，水中的绿脓杆菌（*Pseudomonas aeruginosa*）可造成动物感染。动物饲养笼具和外科设备的使用，也是形成污染的媒介，应该经过严格灭菌或消毒处理。进入动物房的空气应该经过过滤，以便除去空气中的病原体。

三、微生物学分级

根据实验动物所携带的微生物情况，可将实验动物分为不同的等级。我国按微生物学和寄生虫学控制标准（国标 GB 14922.2—2001），将实验动物分为 4 个等级：①普通动物；②清洁动物；③无特定病原体动物（SPF）；④无菌动物。

1. 普通动物

普通动物（conventional animal，CV）指饲养在开放系统中，在微生物控制上要求最低，不携带人兽共患病和动物烈性传染病病原的动物。

普通动物仍然被广泛应用于生物医学研究中。它们适用于特殊类型的实验研究、教学或科研预实验。如果动物的微生物学情况未知或可疑时，应被视为普通动物。普通动物饲养时没有采取预防性卫生保健措施。通常，普通动物使用前需要经过一段时间的检疫期。检疫期的长短取决于排除传染性所需的最长潜伏期。

2. 清洁动物

清洁动物（clean animal，CL）是除不带有普通动物应排除的病原外，不携带对动物危害大和对科学研究干扰大的病原。清洁动物是根据我国国情自行设定的等级动物。清洁动物必须来源于 SPF 动物或无菌动物，应饲养在半屏障系统中。

清洁动物仅适合于短期或部分科研实验。它较普通动物健康，又较 SPF 动物容易达到质量标准，在动物实验中可少受动物疾病的干扰，是在我国现实情况下的一种过渡型动物级别。

3. SPF 动物

无特定病原体动物（specific pathogen free animal，SPF）是指动物机体内无特定的（潜在）病原微生物和寄生虫存在的动物。除不具有普通动物、清洁动物应排除的病原外，不携带主要潜在的感染和对科学实验干扰大的病原。SPF 动物必须来源于无菌动物或悉生动物。

SPF 动物被认为是标准的实验动物。通过对动物（潜在）病原微生物的监测，可以推测哪些种类的微生物在 SPF 动物种群中不存在。

SPF 动物被广泛用于生物医学研究中，主要原因包括：药物安全评价和动物实验免于感染干扰等；实验能否持续很大程度上取决于污染的可能性，长期实验的风险远较短期实验大；老年病学研究也应用 SPF 动物，SPF 动物的寿命普遍超过同类普通动物；大鼠的平均存活期以及随后动物肿瘤的发生率，都会受到介入性感染的影响，SPF 动物可以避免感染；同样，SPF 动物也用于免疫学的研究，动物的免疫能力由于遗传因素或免疫抑制剂的应用而下降，像 T 细胞缺陷裸鼠和 T 细胞、B 细胞缺陷的重度联合免疫缺陷综合征（severe combined immunodeficiency，SCID）小鼠，只有 SPF 或以上级别动物才能保种、繁殖。

4. 无菌动物和悉生动物

无菌动物（germ free animal，GF）和悉生动物（gnotobiotic animal，GN）属四级动物。无菌动物是指用现有的监测技术在动物体内外的任何部位，均检测不出任何活的微生物和寄生虫的动物。这些微生物包括指病毒、立克次氏体、细菌（包括螺旋体、支原体）、真菌和原虫。悉生动物又称已知菌动物或已知菌丛动物，是在无菌动物体内植入已知微生物的动物。根据植入无菌动物体内菌种数目的不同，可将其分为单菌、双菌、三菌和多菌动物。

给普通动物施行子宫切除术（hysterectomy）、剖腹产术（caesarean section）、胚胎移植等可以获得无菌动物和悉生动物。该技术的核心是，动物排除（潜在的）致病微生物的菌群。实施子宫切除术的时间应早于正常分娩的时间，运用无菌子宫切除术，把密闭的子宫从供体动物体内取出，通过一个浸泡消毒溶液的灭菌槽被引入隔离器，子代动物从打开的子宫中取出，由人工饲养或者由泌乳动物喂养。

通过子宫切除术或者剖腹产术都可以获得大部分无菌动物。然而，偶尔其子代会被发现与一种或几种微生物存在，这些微生物也是经过胎盘或者经由其他的途径（垂直感染）在妊娠中传给子代的。垂直传播，即母亲将微生物传递给下一代。由于母亲在妊娠过程中感染活动性传染疾病、伴有血液中微生物存在和并发胎盘屏障的渗透传播而产生。

普通动物的皮肤、口腔黏膜、呼吸道、泌尿生殖道、胃肠道定居的正常微生物被称为原籍菌（autochthonous flora）。这个菌群能够使动物抵抗（潜在的）致病微生物的感染。原籍菌的细菌种类和数量是未知的，据初步统计，小鼠肠道内的菌群种类达500种以上，肠道内每克肠内容物细菌数量达10^{10}～10^{11}个。肠道内定居的菌群与宿主之间紧密联系，使得宿主和菌群都能够从这个关系中相互受益（共生）。

与普通动物相比较，通过子宫切除术获得的无菌动物，其所有原籍菌群丢失，表现出了多样的形态学和生理学“异常”。如无菌动物有明显增大的盲肠，肠壁比普通动物更薄弱。对于小鼠和大鼠，如果给予它们肠道原籍菌群，可以使无菌动物“正常化”：盲肠明显缩小、肠壁增厚。

悉生动物可以用作病毒疫苗的制备。从动物体内获取的细胞可用于制备人类疫苗，这种动物要从没有外来菌感染的动物种群中获得，悉生动物要符合这个要求。悉生动物还可被用来研究细菌或细菌种在经口途径化合物的转化方面的作用(生物转化)，悉生动物与简单或复杂的肠道菌相关。另一个例子是在癌症研究中所使用的非致死量照射或其他免疫抑制剂影响的研究，由于频繁感染，这种研究几乎是不可能使用普通动物甚至是SPF动物完成。在肠道生态研究方面，包括感染发病机理、肠道免疫系统和正常菌群的作用等，没有悉生动物，这些研究几乎是不可能的。

表2-4和表2-5给出了各种实验动物饲养的环境设施和特性比较。

表2-4　实验动物微生物质量和它们的屏障系统之间的关系

微生物等级	饲养设施
普通动物	开放系统
清洁动物	半屏障系统（净化级别十万级）
SPF动物	屏障系统（净化级别一万级）
无菌动物、悉生动物	隔离器

表2-5　各种级别实验动物的特性比较

类别	无菌动物	SPF动物	清洁动物	普通动物
传染病	无	无	无	有或可能有
寄生虫	无	无	无	有或可能有
实验结果	明确	明确	基本明确	有疑问
应用动物数	少	少	较少	多
统计价值	高	高	较高	不准确
长期实验	可能好	可能好	可能好	困难
死亡率	很低	低	较低	高
长期实验成活率	约100%	约90%	约80%	约40%
实验标准设计	可能	可能	可能	不可能
实验结果讨论价值	很高	高	较高	有疑问

四、实验动物微生物质量监测

微生物学质量控制可被分成屏障系统的控制和实验动物的控制。实验动物微生物控制要坚持预防为主的原则，从动物流行病学的三个基本环节——传染源、传播途径和易感动物着手，制定切实可行的控制方式。此外，定期对实验动物进行微生物学、寄生虫学质量监测。

(一) 监测方法

根据监测的对象不同，可分为实验动物病毒学监测，实验动物细菌学监测，实验动物真菌学监测和实验动物寄生虫学监测四种类型，监测工作更应该由专业人员完成。

(1) 实验动物病毒常用监测方法有：血清学检查和病原学检查。

血清学检查适用于各级各类实验动物的经常性检查和疫情普查。常用方法包括血球凝集试验（hemagglutination test，HA）与血球凝集抑制试验（inhibition-hemagglutination test，HI）、免疫荧光试验（immunofluorescence assay，IFA）、免疫酶染色试验（immunoenzymatic assay，IEA）和酶联免疫吸附试验（enzyme linked immunosorbent assay，ELISA）。

病原学检查适用于动物群中有疾病流行、需要检出病毒或确诊病毒存在的情况。包括：病毒分离培养与鉴定；病毒颗粒、抗原或核酸的检出；潜在病毒的激活；抗体产生试验等。

(2) 实验动物细菌学常用的监测方法是进行病原菌的分离与培养。部分病原菌，如鼠伤寒沙门氏菌、鼠棒状杆菌、泰泽氏菌和霉形体等，已有采用血清学方法进行诊断的报道，但仍需结合分离培养结果最后做出诊断。也有一些病原菌，如泰泽氏菌，由于不能在人工培养基上生长，因此，宜采用病变组织压片、镜检的方法进行检查，并结合病理检查结果最后做出诊断。

(3) 实验动物真菌学监测目前主要采用分离培养法，所用培养基为沙氏培养基。皮肤真菌一般在25℃培养，深部真菌在37℃培养。不同的真菌具有一定的菌落特征。结合菌落特点和镜下染色检查可进行种属鉴定，有时还需借助于生化反应结果和免疫学方法进行，最终做出诊断。

(4) 实验动物寄生虫学监测：体外寄生虫可肉眼观察体表有无体外寄生虫，也可用透明胶纸粘取毛样，检查体外寄生虫及其虫卵；肠道寄生虫要采集动物粪便，肉眼观察有无可见虫体；血液寄生虫监测需采集末梢血液，制成厚、薄涂片，染色后镜检；监测组织内寄生虫需对疑为寄生虫感染的部位做组织压片、切片检查。

实验动物和动物实验质量的保证主要建立在对具有不同微生物学性质的动物

隔离饲养的基础上，必须全面了解实验动物种群携带病原微生物学状况。

实验动物的监测应在兽医微生物学家的指导下实施，因为传染性微生物或者被污染的生物材料的传入对其他实验动物或人的感染概率很高。

（二）悉生动物和SPF动物

1. 悉生动物

悉生动物是带有已知菌群的动物，所谓已知菌群完全取决于监测的方法。也就是说，如果所采用的方法没有监测到病原微生物的存在，或只监测到植入到动物体内的微生物，那么该动物就被认为是无菌动物或悉生动物。如果悉生动物种源是从不带有特异微生物的SPF种群中得到，那么通过垂直传播微生物的可能性就低。但是，如果种源动物是普通级动物，那么监测范围就必须更广以监测更多种类的微生物，因为它们带有的很多种微生物是可以垂直传播的。如果没有证据表明存在垂直感染，那么更进一步的检查就可以只限于那些由于屏障破坏而侵入的微生物（如有芽孢的细菌）。

通过子宫切除术获得动物的血清中，存在有来自于它们母亲体内多种微生物的抗体，这些抗体在出生后2～3月内可以被监测到。

2. SPF动物生产群

SPF动物必须被定期监测以确定是否存在病原微生物。监测频率每年2～12次不等。每次监测所用动物数量不等，一般在5～25只之间。平均起来，10只动物或10份血清就可以了。随机抽取样本的数量基本上决定了如果有污染会被监测出来的可能性大小。如果实际有50%的SPF动物被污染，抽取5只动物（样本量）监测，监测水平（准确率）大约只有50%。这就意味着患病率低于50%的感染有95%的可能性不能被监测出来。在经典SPF条件下饲养的动物种群，大多数病原微生物绝不会出现。在健康SPF动物身上，许多微生物监测起来也非常困。很多病原微生物不是在健康动物身上、只在尸检中被监测出来。

SPF动物健康监测数据的解释非常的复杂。当要分析这些数据时，必须考虑到用于饲养种群的屏障措施、饲养记录等，因为微生物感染可能是偶发的，感染也可能发生于浸泡过程中［浸泡过程指由开放区域向洁净区域传递物品经过渡槽（盛消毒液）浸泡，杀灭物品表面微生物］。

3. 实验中的SPF动物

一般来说，与动物生产相比，动物实验遵循的管理制度相对松懈一些，因此，实验过程中动物感染发生的概率比动物生产、育种群要大。较长期的动物实验中，SPF动物的使用往往“普通化”（conventionalization），用管理普通动物的模式管理SPF动物。这种普通化会对动物的生理等诸多方面产生影响，进而影响动物实验结果。再如在（免疫）毒理学是研究中，经常测定SPF动物白细胞总数和种类、免疫球蛋白水平（IgM 和 IgG）、淋巴器官（胸腺和脾脏）的相对重量等，如果这些参数值在对照组动物中变异很大，那可能说明 SPF 受到了感染。

（三）接种与治疗

通常，实验动物的接种（vaccination）限于体积较大的实验动物，如猫和犬。针对啮齿类和家兔少量病毒性疾病（如鼠痘、仙台病和黏液瘤病）的接种也是可能的，但效果值得怀疑，尽管接种过但临床疾病还是会发生。而且接种可以产生抗体，这样会严重干扰血清学指标的监测。因为很难区分抗体是由于接种引起的还是感染所致。

一旦动物疾病爆发，应给予抗生素以保护有价值的实验。但使用抗生素是存在一定风险的。一些啮齿类动物（如豚鼠）和家兔，抗生素会干扰这些实验动物的正常肠道菌群的平衡，而导致严重的肠道病变。预防性药物可以通过饲料或饮用水给予，但任何药物治疗都会影响实验结果。不提倡对患传染病的动物采取治疗措施。还有一个情况是，如仙台病毒感染，能够在动物种群中引起破坏性后果，这样的动物群应该被处死并彻底消毒，因为保护整个设施系统比保护其他任何个体研究结果更重要。

五、动物实验中的生物危害及其防制

生物危害（biohazard）是指在生物医学实验研究中，由于工作人员的错误操作，而使有害病原体散播到外界，污染外界环境，造成周围人及动物感染发病。

使用普通实验动物、野生动物进行实验研究时，这些动物很可能成为传染源。如 Features 曾报道，由于接触地鼠，15 位实验者感染流感样淋巴脉络丛脑膜炎，病人表现腮腺炎，脑膜炎和单侧睾丸炎的症状；1970～1984 年，日本 22 所生物医学研究单位的 126 名实验人员因与实验大鼠接触而感染肾综合征出血热，1 人死亡。再如日本一个研究小组曾经用猴进行心理学研究时，很多猴因腹泻、淋巴结肿大、脓肿、消瘦症状而死去。经检测发现实验用猴感染结核菌，后来发现实验研究人员结核菌素反应也呈阳性。

实验人员是实验的主体，在整个实验过程中，由于实验人员对病原微生物、实验动物及仪器设备缺乏全面的了解或技术不熟练造成失误，从而会发生感染事故。感染途径包括：创伤感染、经口感染、气溶胶引起的经呼吸道感染、昆虫媒介等，动物实验饲养设施、隔离和消毒设施不完善也可以增加生物危害的发生几率。

预防动物实验中生物危害的发生，主要应从加强实验动物的管理、使用合格实验动物、规范操作等方面入手。

第三节　实验动物的环境和设施

根据 Russell 及 Burch 演出型学说，来自双亲的生殖细胞的遗传背景确定了其遗传结构，受精卵在胚胎发育时期受发育环境（母体内环境及出生后哺乳期）的影响呈现为表现型，幼儿在其成长所处环境的作用下，不断发生变化而呈现演出型。动物实验就是在动物的基因型和发育环境已确定的前提下，实验处理和周围环境因素共同作用于动物使其显露出综合反应。很明显，在实验处理因素确定后，外界环境的因素对动物反应的影响是巨大的。所以，要强调实验动物的环境条件和动物实验条件设施的标准化。

一、环境因素对实验动物的影响

1. 温度和湿度

哺乳类实验动物体温是恒定的，但是环境温度的变化也会引起动物体温波动，从而影响实验动物生理功能。

1）环境温度对实验动物繁殖及生长的影响

当温度过低时，会导致动物性周期的推迟。而当温度超过 30℃时，雄性动物出现睾丸萎缩或形成精子的能力下降，雌性动物出现性周期的紊乱，泌乳能力降低或拒绝哺乳等。如当温度低于 18℃时，金黄地鼠可发生吃仔现象；低于 13℃时，可引起幼鼠死亡；临近 4℃时，经短时间即可进入冬眠。此外，温度过高或过低不但影响动物的产仔率、离乳率、初生动物的存活率，而且会导致机体抵抗力降低而患病。

2）湿度对实验动物的影响

湿度（humidity）是指大气中的水分含量，按每立方米空气中实际含水量（g）表示时称为绝对湿度；空气中实有含水量占同等温度下饱和含水量的百分比值则称为相对湿度（relative humidity）。

相对湿度过高，微生物易于繁殖，饲料和垫料易霉变，动物室空气中的细菌数与氨浓度也明显增加，容易引起动物的呼吸系统疾病。湿度过低，可导致尘土飞扬，对动物健康不利。如在温度为 27℃，湿度在 40%以下时，大鼠可发生尾部的环状坏死症。一般认为这是由于在低湿条件下，随着尾部水分的散发，尾血管缩小而引起血液循环障碍所致。

3）温、湿度对动物实验结果的影响

在低温环境下，动物的新陈代谢旺盛，这对动物的脏器重量会产生很大的影响，小鼠的心脏、肝脏、肾脏在低温下较大，在高温下较小，表明它们与环境温度间有着显著的负相关，大鼠也有同样的现象。

众所周知，在对小鼠，大鼠的药物急性毒性试验中，因环境温度的不同，其半数致死量（LD_{50}）有着显著的差异。温度与毒性的关系，从药物方面可分为A、B、C三种类型。A类（如乙酰胆碱、地高辛、士的宁、甲醇、对流磷、水杨酸盐、麻黄素）在高温或低温时毒性变强；B类（如乙酰甲胆碱、戊巴比妥、氯丙嗪、甲哌啶嗪）在低温下毒性最强，随环境温度的上升毒性减弱；C类（如普鲁卡因）在高温和常温下都显示同样的毒性，但在低温下明显地增强。

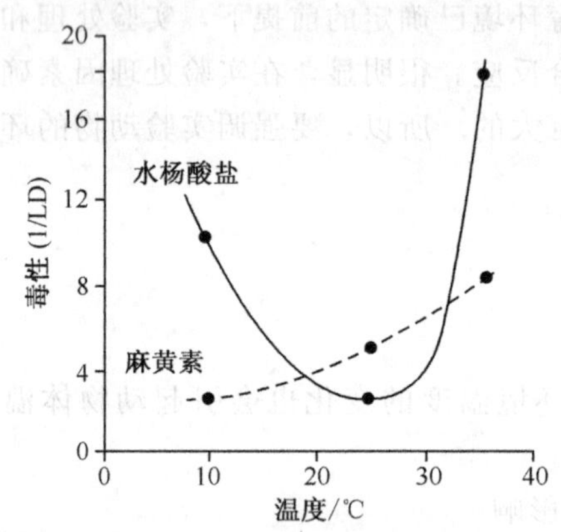

图 2-5 温度与水杨酸盐、麻黄素毒性的关系

LD，lethal dose（致死量）

图 2-5 展示了水杨酸盐（salicylate）、麻黄素（ephedra）的毒性和环境温度的关系。图中LD（lethal dose）指致死量，单位是：g/kg体重。水杨酸盐的毒性同室内温度之间呈“U”形曲线的关系，很值得注意。麻黄素的毒性随室内温度的增长而增长。因此，为了减少实验间药物毒性度量值之间的变异，实验室温度应该保持一个适宜的恒定温度。

湿度对动物实验结果也有重要影响。如大鼠的摄食量在21℃、35%湿度的环境下比21℃、75%湿度环境下要增加5%左右；小鼠的活动量在低湿情况下要比高湿条件下大。表明即使在相同温度下，由于低湿时散热量大而动物产热量增加，从而使摄食量和活动量增加。

表 2-6 显示在15℃、25℃、30℃、35℃时的低湿、常湿、高湿环境下将小鼠固定放置60min后的心跳数、呼吸次数与体温。

表 2-6 小鼠暴露在各种温度、湿度环境下60min后的心跳数、呼吸数、体温

环境温度/℃	相对湿度/%	心跳/(次/min)	呼吸/(次/min)	体温/℃
15	40～50	563.3±78.0	207.1±31.5	30.0±1.4
	60～70	602.2±77.4	206.4±22.0	30.9±2.0
	85～95	950.6±62.0	222.0±16.1	30.2±1.5
25	40～50	731.4±53.4	180.8±31.3	35.7±1.0
	60～70	695.3±47.6	188.3±29.0	35.1±1.1
	85～95	697.5±42.6	195.6±18.7	35.4±0.9

续表

环境温度/℃	相对湿度/%	心跳/(次/min)	呼吸/(次/min)	体温/℃
30	40～50	701.4±41.3	171.0±21.3	36.9±0.7
	60～70	668.7±40.2	185.2±14.8	37.1±0.7
	85～95	646.3±48.2	187.3±22.5	37.5±0.7
35	40～50	650.6±49.0	205.3±30.4	38.6±0.7
	60～70	687.8±49.0	189.8±32.0	38.5±0.5
	85～95	777.6±7.50	227.9±43.9	40.4±0.5

注：使用ICR雄性小鼠，9～10周龄，平均值±标准偏差。

在15℃及25℃的环境中，无论哪个项目的不同湿度之间均未见有显著差异。而心跳数在30℃、35℃环境中，体温在35℃环境下，不同的湿度条件之间均有显著差异，特别是高温下湿度的影响更加明显。

小鼠的仙台病毒在高湿环境下感染率高，脊髓灰质炎病毒、腺病毒4型、腺病毒7型均在高湿条件下大量增殖。但是流感、副流感3型、牛痘、委内瑞拉马脑炎等病毒在低湿条件下的增殖较大。另外，动物室的空气中变态反应原的量，亦是随着湿度的上升而下降的。由此可以想像，动物在所置身环境下的生理性变化与各种微生物的特性，这些因素综合作用共同影响动物实验的结果。

4）实验动物室的温、湿度标准

温度对实验动物的繁殖及实验结果有很大的影响。因此，为了获得可靠性、重复性高的实验结果，就必须对实验室的温度加以控制。然而，由于不同国家学者的经验和实践不同，所处的地理环境不同，提出动物室的温度标准也不相同。

有人建议，应当利用最佳值、目标值、推荐值、允许范围来作为动物室的标准。所谓最佳值是动物处于最佳状态的温度范围，但就个体水平来说，不可能找到适合不同种、品种品系、性别、年龄以及饲养密度下共同的动物室最适温度；所谓目标值即为空调设计时的目标温度条件，如小鼠和大鼠可定为（23±2)℃；所谓推荐值即为设施管理上通常应当被认可的温度条件，小鼠和大鼠可定为（23±3)℃；所谓允许范围是从确保动物安全，维持动物健康的观点所不希望逾越的最低和最高条件，一般认为在18～28℃之间。国家标准（GB14925—2001）规定实验动物环境控制温度在19～26℃、相对湿度40%～70%范围内为宜。

2. 气流、速度及换气次数

人类一般可感觉的气流速度为0.2～0.25m/s，而实验动物的气流以0.13～0.18m/s为最佳。实验动物设施中气流分布普遍采用乱流式，目的是为了既保证新鲜空气的均匀分布，同时又可降低造价和运营费。在饲养室内保持一定的气流和速度，不仅可使温度、湿度及化学物质组成保持一致，而且有利于将污浊气体排出室外。

气流的速度与动物体热的扩散有很大关系。气流、速度、温度、湿度均不是各自以单一的因素对动物产生影响，而是在互相关联状态下影响动物。当室内气温较高时，气流有利于对流散热，对动物有良好作用。当室温较低时，气流使动物的散热量增加，加剧寒冷的影响。由于大多数实验动物体型较小，体重与体表面积的比值较大，因此对气流和风速更加敏感。气流速度过小，空气流通不畅，动物缺氧，室内臭气充斥，散热困难，造成不舒适感，甚至发生疾病和窒息。气流速度过大，动物体表散热量大，动物摄食量增加。

适当的换气次数可以为动物提供充足的新鲜空气。但换气次数过多，则会让动物大量消耗体能以弥补因空气快速流动引起的热量损失。国家标准（GB14925—2001）规定换气次数在10～20次/h。

病原微生物随空气流动而四处散播。动物设施内各区域的静压状况决定了空气流动的方向。在屏障系统中，因静压不同，空气流动方向是从清洁区（清洁走廊、动物室）向污染区流动，动物室内处于正压、高于室外；而在污染或放射性实验室，为了不让室内微生物或放射性物质扩散出去，室内处于负压、低于室外。

3. 物理、化学因素

1）粉尘

空气中浮游的微粒称为空气溶胶，分别按其状态、物理化学形成过程以及大小分为粉尘（dust）、烟尘（fume）、薄雾（mist）、浓雾（fog）、烟（smoke）。其中对动物室有影响的是从外界带入的粉尘和室内发生的动物被毛、皮屑、饲料渣、铺垫物等。空气中生存的细菌、病毒、立克次氏体等，在物理上作粉尘处理，但在生物学上作为空气微生物具有重要意义，一般微生物均附着在5μm以上的微粒上，飘浮在空气中。

关于粉尘的影响，在与劳动环境的关系上，以人为对象研究得比较深入，主要可以使人产生变态反应。变态反应中，像小鼠、大鼠、豚鼠、家兔的血清、皮毛、皮屑及尿均具有抗原性。因此，作为动物室的粉尘应同人兽共患病一样，加以重视。

2）臭气

据报道，具有气味的物质有40万种以上，其中有4000种左右是人的嗅觉可以感觉到的。化学物质中包含氮、硫在内的有机化合物，具有代表性的有胺类、硫醇类、丁烷类及蛋白质的分解物。另外，酚类、甲酚、丁酚、戊酚及高级脂肪酸等也属此类。

对不同的恶臭物质加以观察，发现氨在所有动物室的浓度最高。氨浓度与饲养环境的温度、湿度，以及饲养密度有关。动物室内氨的生成，主要是由动物粪便中的尿素经细菌分解后所产生，这可以通过无菌动物设施中氨浓度极低加以验证。

多数研究者认为，氨可以引起呼吸器官黏膜异常，出现呼吸道疾病。此外，还可以发生严重的鼻炎、中耳炎、支气管炎和支原体性肺炎等。

3）噪声

所谓噪声是噪杂声、不受欢迎声音的总称。一般是指频率高、声压大、带冲击性、具有复杂波形的声音。

小鼠的听觉器官一般认为在出生后 14d 左右形成。人对 20～20 000Hz 范围内的频率都有感觉，其最佳值为 20 000Hz 前后。小鼠、大鼠、仓鼠、狗、猫等都能听到人类听不到的超声波。

噪声可以对动物产生许多影响，主要可使其产仔率下降、咬杀率增加、泌乳量减少，并且有些品系动物还会出现听原性痉挛。

此外，噪声还可以影响动物实验的重复性，影响动物的心率、呼吸及血压。

4）照明

动物体内的许多生理现象具有周期性，如，心跳、呼吸、体温、神经活动、DNA 复制，以及发情、排卵、产仔等。有的表现为月节律，有的表现为昼夜节律，有的表现为季节性或周年性的节律。动物的这些节律，一般都随环境的改变而改变。比较常见的是心跳、呼吸、体温等。在因迁徙而出现时差时，动物经过一个时期的体内调整，仍然可以保持固有的节律，但峰值和低潮的出现时间随新环境而改变，年节律也是如此。

许多环境因素可以影响动物的生理节律，其中最主要的是光照。

在自然条件下饲养金黄地鼠时，冬季血浆促性腺激素减少，生殖器退化；为防止金黄地鼠睾丸萎缩，维持正常精子的产生，每天至少要有 12.5h 的照明(illumination)。根据我们观察，金黄地鼠光照明暗比值为 1.4 时繁殖生长最佳；SD 大鼠发情以12 h明亮、12h 黑暗，呈最稳定的 4 日性周期，而 16h 明亮，8h 黑暗则呈 5d 或更长的性周期。如果采用 22h 明亮、2h 黑暗，则性周期的长短不稳定。

4. 居住与生物因素

1）饲养方式

屏障设施内实验动物饲养方式基本上采用笼具上架。但细分起来有以下几种方式：饲养盒式，此方式一般多用于饲养繁殖种鼠（图 2-6）；吊架托盘式，此方式一般用于饲养待发鼠、育成鼠；水洗式，此种方式不需要更换垫料，实验动物粪尿可直接用水冲洗掉，但需要注意控制动物房内湿度。若从控制微生物角度分，有面板开放式层流架（有正压和负压之分）方式、屏障式层流方式和隔离器方式。

图 2-6 大鼠饲养盒及饲养笼架

2) 笼具

笼具的材质和构造对大、小鼠的实验结果是有影响的。如在四氯化碳毒性的实验中，铁网笼具组动物体重要比玻璃笼具组大，而肝功能检查、组织学检查的变化较少。

3) 垫料

垫料（bedding）的作用有为动物保温、使动物舒适以及保持笼内的清洁。我国一般使用刨花及锯木丝，国外使用刨花、玉米芯、纸质垫料。在使用刨花等木质垫料时应注意木质的化学特性，对含有芳香烃化学物质的木质垫料（如松树或雪松）应进行充分的安全评估。

4) 生物因素

生物因素包括同种生物因素与异种生物因素。所谓异种生物因素，主要是指空气中的细菌与其他动物之间的关系，前文已经讨论，这里只简单介绍一下同种生物因素问题。

有两种以上的动物在一起，就形成了动物社会，产生了个体间的优劣关系。动物的社会地位大致可分为直线型（line type）与专制型（despotic type）。

直线型是以直线表示优劣关系的类型。第一位的为首领，可统治第二位以下的；第二位可以统治第三位以下的，依此类推。猴、兔、犬、鸡、猪均属此类型。专制型是首领处于比其他所有动物都优先的地位，一般在首领以下的动物之间不发生争斗现象，这种类型存在于大鼠、小鼠、猫等动物中，在这类社会地位形成过程中，要发生激烈的争斗，在同一笼内饲养数只雄小鼠时，经常能看到这种争霸现象。

动物的争斗和社会地位也影响到内分泌系统的功能。来源于野生的雄小鼠中，处于劣势地位的个体的副肾上腺重量要比优势地位的个体要大，由于动物社会有这些特征，故我们在考虑饲养密度时，应充分注意这些因素。

二、实验动物设施

按微生物控制程度可将实验动物设施分为：①开放设施（图 2-7A），适合饲养普通实验动物。该设施与外界相通、一般只有一个进出口，设施内环境，特别是温度、湿度、大气尘埃等重要因素受外界环境的影响。②屏障设施(图 2-7B)，是一个封闭的、用来饲养 SPF 级实验动物或进行 SPF 级动物实验的场所。③半屏障设施，介于开放设施和屏障设施之间的过渡状态。实际上该设施的平面工艺要求和基本装备与屏障设施并无本质的差别，只是在管理上相对宽松些。④隔离设施（图 2-7C)，能维持动物生存环境完全无菌，并且饲养人员和实验人员均不能与实验动物接触，实验动物处于隔离器中。

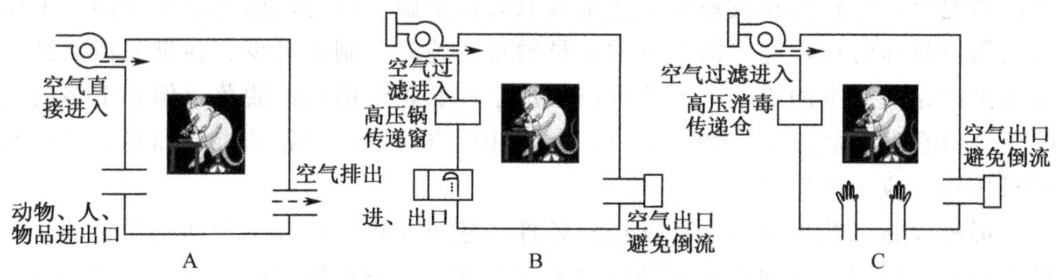

图 2-7 开放设施（A)、屏障设施（B）和隔离器（C）结构示意图

1. 亚屏障设施和屏障设施

屏障设施（barrier facility）是实验动物质量控制中的一项基本要求。屏障由较大或较小范围的预防措施组成，范围的大小取决于对动物微生物学的要求。

（1）亚屏障设施

适于饲养清洁实验动物和进行清洁动物实验。环境设施指标除了净化级别（10 万级）与屏障设施（SPF 级）不同外，还有落下菌数［12.2 个/(皿 · h)］低于 SPF 级，其他各项指标与 SPF 级完全相同。

净化级别 10 万级指空气中大于 0.5μm 灰尘粒子数小于 10 万颗/ft^3[①]（353 万颗/m^3），大于 5μm 灰尘离子数小于 700 颗/ft^3(24 700 颗/m^3)。净化级别标准

① $1ft^3=2.831\,685\times10^{-2}m^3$。

最初来源于“美国联邦标准”(Fed-Sta-209E)，目前，该标准已被废除，全世界等效使用 ISO14644－1 洁净室等级的国际标准。

在国际上除少数国家外，一般都不用清洁级这个概念。

由于清洁级设施要求洁净度仅为 10 万级，所以空气经初效和中效过滤后，再经过亚高效过滤即可。如果把终端亚高效过滤器更换为高效过滤装置，并加强管理，亚屏障系统就可以成为全屏障系统。

(2) 屏障设施

实验动物生活在与外界隔离的系统内，所有进入的空气都必须经过严格的净化处理，其洁净级达到万级。凡是进入该设施内的物品均需经过消毒灭菌处理，人员经过专门培训，并且要经过淋浴、穿灭菌工作服、戴灭菌过的口罩帽子后方可进入（图 2-7B)，进入后有一整套必须遵循的、严格的操作规程和管理制度，以防止病原微生物进入屏障设施。

发达国家有不经过淋浴而直接更衣进入动物实验室的，国内也有学者对淋浴后经风淋室风淋的效果提出质疑，认为可以不设风淋室。但我们认为：保护 SPF 动物所采取的预防措施不如悉生动物要求那么严格，目的只是阻止（潜在）病原微生物的侵入。因此，理论上讲，材料和设备只消毒就足够了而不需要灭菌。但实际情况是，对材料和设备通常还是采取灭菌措施。因为这样是最安全的。工作人员需要特殊管理，进入饲养室的人员数量要绝对限制在最少。在进入清洁区工作前淋浴是最基本的要求。虽然淋浴增加了皮肤正常菌群的脱落，但它更多的去除了（潜在的）病原微生物。所以，淋浴和风淋对屏障设施的维持和管理还是有积极作用，应予以保留。

屏障设施工艺平面布局依据场地条件、建筑面积，饲养实验动物的目的、品种和数量，投资、管理水平等条件的不同而变动，不可能提出一个统一的平面工艺布局模式。根据屏障动物生产设施的饲养流程要求，可将动物房分成两个部分：一部分为动物饲养区，另一部分为管理区。

动物饲养区按功能可分为 3 个操作单元：饲养单元，包括一般准备室、清洗室、人员隔离处理设施（淋浴、更衣)、清洁准备室、洁净走廊、饲养室前室（缓冲间)、动物饲养室、饲养室后室（缓冲间)、非清洁走廊（污物走廊)、空调机房；隔离器单元，包括清洁准备室、隔离器室、隔离器清洗室；实验单元，包括一般准备室、清洁室、实验操作室。

管理区包括值班室、休息室、控制室、动力室、数据处理室、文献资料室、卫生间、维修室、库房。

上述两区内及其功能单元（室、房间）在平面布置时，要构成一个总体布局，可以有很多方案，如单层、双层或多层，而且有些单元可以合并使用，减少建设投资。设计中应根据具体要求和情况进行布置。

(3) 改良的屏障设施

在动物实验过程中对保护 SPF 动物所采取的预防措施源于经典的屏障系统，具体措施的采用取决于对污染风险的认识和屏障破坏后的结果。对长期的毒物学实验来说，屏障系统可能模仿经典的 SPF 屏障系统。但对短期的药理学实验来讲，不需要采取严格的预防措施。针对以上情况，20 世纪 90 年代人们研制出一种独立供气动物笼系统（independent ventilation cage，IVC）（图 2-8），动物可以被饲养在有保护盖的笼子里（过滤顶，图 2-8），只有当动物需要管理的时候才被拿去，这些笼子只在层流架中打开。

IVC 是一种特殊的低成本、高效率的改良 SPF 屏障系统，每个动物饲养笼配备不间断的真正的高效空气过滤器（high-efficiency particulate air，HEPA），99.999%的空气是经过过滤的。

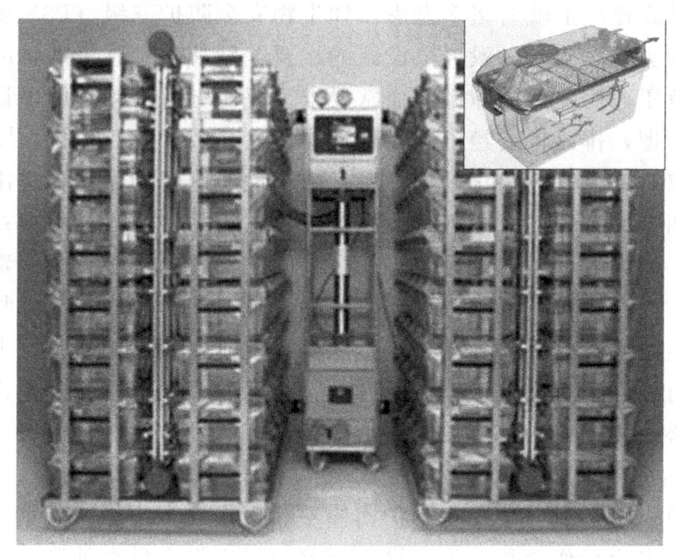

图 2-8　IVC

有人认为，IVC 系统的问世是实验动物屏障设施建设中的一项革命，其优越性有：IVC 是较理想的持续性的预防屏障，为啮齿类动物提供了高级别的无菌环境和绝对可靠的分隔预防屏障，防止交叉感染；通过笼架上配置的设备将动物饲养笼内的气体以侧流形式排出饲养笼外；各种实验动物可以分隔饲养，但又可以在同一工作区内管理；减少运行饲养笼的更换、灭菌频度；防止含有害物质或被污染的气体在动物饲养笼间传播、扩散；即使在设备简陋的工作间，IVC 动物饲养笼完全可以胜任一般的科研、实验等工作需要；对饲养免疫缺陷动物、遗传学研究用动物及 SPF 级等短期动物实验特别适用。

需要指出的是：IVC 系统并不适宜大规模实验动物的繁殖和生产，而只适合于使用啮齿类动物进行动物实验研究；应用 IVC 系统最好是在洁净动物实验室内，其更换笼内垫料应在特殊封闭罩内进行。

2. 感染动物实验屏障设施

生物医学研究中有时需要特殊的感染动物实验，需要保护环境以免被动物所带的病原微生物污染。饲养这类动物的屏障系统（污染单元）实际上是经典屏障系统的反向转换，即要避免对人类的污染。如离开该区域前，废物要被净化，工作人员要淋浴，从该设施内流出的空气必须经过无害化处理。

感染动物实验设施是一种特殊的屏障设施，其建造和管理的指导思想和出发点完全不同于一般的屏障设施。一般的屏障设施设计建造和运行管理时，主要考虑如何避免人和外界环境对实验动物和设施内部造成污染。而感染动物实验设施主要是考虑如何防止感染动物携带的病原微生物泄漏出设施对人和外界造成灾害，因而在设施建设上就有诸多考虑。如生物安全防护三级（P3）实验室。

感染动物实验设施与一般屏障设施的主要差别如下：感染动物屏障设施相对外界而言是负压，而一般屏障设施通常要求为正压；感染动物屏障设施不仅送风要经过净化处理，排风也要经过净化处理，通过高效过滤后再排出室外，而一般屏障设施则仅对送风进行净化处理即可；感染设施内的物品无论进出都必须进行严格的灭菌消毒处理，而一般屏障设施只有进入物品才需消毒灭菌；感染动物屏障设施内的一切废弃物，无论是液态的还是固态的都必须经灭菌消毒处理后才能排入污水污物处理系统。感染动物实验室的设计存在对人和其他动物危害较大的病原体；有生物危害的物品和动物在进入实验室时要有标记，在门上要装有玻璃窗，从外面可以看到里面的工作实景和动物；实验室要有特殊的操作规程，所有工作人员都必须遵守；内外应设有通话设备，一旦发生问题，可以随时向上级主管领导汇报；安装监控、报警系统等。

下面简单介绍一下生物安全防护实验室。生物安全防护实验室是指实验室的结构和设施、安全操作规程、安全设备能够确保工作人员在处理含有致病微生物及其毒素时，不受实验对象侵染，周围环境也不受污染。根据微生物及其毒素的危害程度不同，一般的将其分为四级，一级最低，四级最高。

生物安全防护一级实验室（P1）一般适用于对健康成年人无致病作用的微生物；二级（P2）适用于对人和环境有中等潜在危害的微生物；三级（P3）适用于主要通过呼吸途径使人传染上严重的甚至是致死疾病的致病微生物及其毒素；四级（P4）适用于对人体具有高度的危险性，通过气溶胶途径传播或传播途径不明、目前尚无有效疫苗或治疗方法的致病微生物及其毒素。如传染性非典型性肺炎（severe acute respiratory syndrome，SARS，严重急性呼吸系统综合征）是一种严重的传染性疾病。为确保生物安全，防止实验人员感染和污染环境，从事 SARS 病毒研究必须在 P3 实验室进行。

3. 绝对屏障系统——隔离器

悉生动物和无菌动物只有在与外界环境完全隔离的情况下才能得以生存，饲养这类动物的设施叫隔离器（isolator）。常用的隔离器有塑料制品（图 2-9）、不锈钢制品等。一个完整的隔离器包括支撑架、包体、手套、灭菌罐、内外盖帽、垃圾袋、过滤器、橡皮筋等。进入隔离器的所有物品，如笼子、材料、饲料和垫料都已被彻底浸泡或经过氧乙酸蒸气灭菌过。

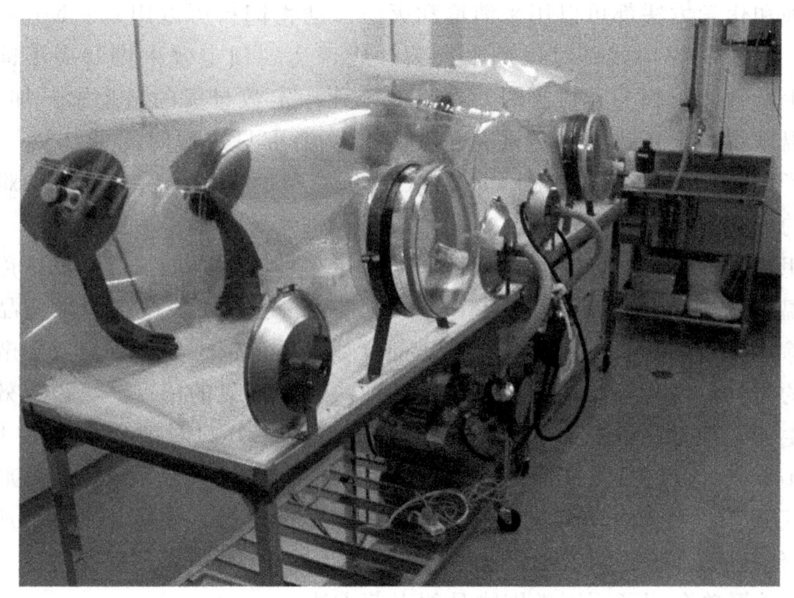

图 2-9 隔离器

隔离器是培育无菌和悉生动物的重要设备，也是临床医学、实验医学等领域科学研究中不可缺少的设备之一。正确地组装、合理地监测、科学地使用隔离器是维持其无菌隔离性能的关键。

三、实验动物设施的管理

实验动物设施管理的核心是尽可能通过减少与工作人员、材料和设备的接触、从而减少将病原微生物传染给实验动物的机会。采取的具体措施包括清洗、消毒和灭菌等。

1. 清洗

动物房、笼子、饮水瓶等都应该定期清洗（clean）。动物房应该用大量热水冲洗，有条件的可辅以高压设备，先把笼子内的污物垫料去除，然后放在特制的洗涤机中或手工清洗。洗涤方法是用热水和去污剂除去动物笼子、饮水瓶任何残留的污物。饮水瓶要彻底漂洗，里面的水垢会因机械作用被去除掉。

清洗最重要的目的是减少微生物的数量，从而使消毒和灭菌更加有效。

2. 消毒和灭菌方法

去除（潜在）病原微生物的过程叫消毒（disinfection）；去除所有活的微生物过程叫灭菌（sterilization）。消毒和灭菌都是同样有效的方法。与灭菌相比，消毒处理强度低一些。如果有条件实施这两种方法的话，灭菌法更好。消毒方法不能保证杀死所有（潜在）病原微生物。

物理和化学方法都可以用来消毒和灭菌。动物饲料可以用 0.9 Mrad① γ 射线消毒，2.5 Mrad γ 射线则可以用来灭菌。能否达到预定效果将取决于饲料中所含的微生物数量。因为，特定的处理只能杀死一定数量级的微生物。加热强度、时间、温度将决定是达到消毒还是灭菌效果。消毒只需短时间的加热，如 70℃就可以了，而灭菌则需要在正压下 121℃或更高温度。微生物被杀死的难易程度因不同的处理方法而异。

采用化学消毒法时，能否杀死细菌取决于多种因素。如消毒剂的浓度，处理过程中温度、pH 和有机物是否存在等。消毒剂的选择要根据被消毒物品的性质和被去除微生物的种类而定。各种消毒剂（如乙醇溶液、卤素、酚类、醛类和双胍类）的杀菌范围是不同的。卤素的活性取决于游离氯的浓度，可以有效地抑制多种微生物。但是，双胍类（如 chlorhexidin 洗必泰）只对细菌繁殖体（vegetative bacteria）有效。过氧乙酸是非常有效的抗菌剂，可被认为是杀菌剂。过氧乙酸蒸气被广泛用于灭菌。化学消毒剂和灭菌剂的使用必须保证它们的所有成分（当然也包括它们的浓度）对哺乳动物包括人类在内无害。

表 2-7 简单介绍了不同类别物品的灭菌方法。

表 2-7 不同类别物品灭菌方法

灭菌方法	灭菌物品种类、方法
预真空高压灭菌法	一般物品 121℃、20min，饲料 121℃、15min，液体和动物尸体 121℃、30min
过氧乙酸灭菌法	建筑空间和一般物品 2%～3%喷雾，0.05%～0.2%洗刷，pH=2.5～3.0
环氧乙烷灭菌法	一般物品 880～1500mg/L、4h，聚酯薄膜袋法，26～32℃。主要用于电子仪器、精密仪器、纸张等
甲醛灭菌法	建筑空间 10～12ml/m³，一般物品 15～20ml/m³，饲料 8%、6h 以上
^{60}Co 辐射灭菌法	一般物品 2.5～3.0Mrad、1h 以上，饲料 3.0～4.0Mrad、1h 以上
紫外线灭菌法	30W/10～15m²、40～120min，无人、动物在场

清洁和消毒的效果可以用琼脂糖平板来监测，经过适当的培养后在可以平板上对菌落计数。高温灭菌法可以通过记录使用过程中的温度、压力和湿度来监

① 1rad=10^{-2}Gy。

测。这个过程也可以同时用高压灭菌温度依赖性颜色变化试纸来监测。处理过的芽孢试纸孵育后也可被使用。

四、实验动物设施的控制

一系列的预防措施构成的屏障设施，可以用微生物学和物理学两种方法来监测。通过测试细菌在处理中和未处理中能否被杀死，或者通过记录时间、温度、湿度和压力来检查高温灭菌法。动物饲料、空气和物体表面微生物的数量同样被测定、评估。

动物房内的压力、气流、洁净度、照明等可以被记录并且可根据预先设定的偏差警报或自动调正。

第四节　营养和动物实验

实验动物通过摄取饲料获得营养，而营养则是动物机体摄取饲料、进行消化、吸收和利用以满足自身生理需要的生物学过程。生物为维持生命而从外界以饲料形式摄入的必需物质称之为营养素（nutriment），包括：蛋白质、脂类、碳水化合物、矿物质、维生素和水六大类。

实验动物所需的六大营养物质来源于饲料。饲料内含有动物所需的各种营养素，但因这些物质含量不同，其营养价值也不尽相同（图 2-10）。

一、实验动物所需营养素

1. 蛋白质

蛋白质（protein）是构成动物组织、细胞的基本原料，是维持动物生命、生长、繁殖不可缺少的物质，必须不断从供给的饲料中获得。

蛋白质是由氨基酸（amino acid）组成的，构成动物体蛋白质的氨基酸约 20 种，其中有 8 种氨基酸是动物体内不能合成或合成数量满足不了动物的需要，必须由饲料供给，称为必需氨基酸（essential amino acid）。那些可以由动物自身合成足够数量的、一般不会缺乏的氨基酸称为非必需氨基酸（nonessential amino acid）。

饲料蛋白质中氨基酸的组成和比例（尤其是必需氨基酸的数量和比例）越接近于动物体蛋白质，则动物对它的利用率越高；反之，利用率越低。

2. 脂类

脂类（lipid）是脂肪（fat）和类脂（lipoid）的总称。脂肪是指脂肪酸（fatty acid）与甘油（glycerin）组成的甘油三酯（triglyceride）。类脂包括磷脂、糖脂、固醇和蜡，是由脂肪酸、甘油及其他含氮物质结合而成。饲料中脂肪酸分为饱和脂肪酸（saturated fatty acid）和不饱和脂肪酸（unsaturated fatty acid）。不饱和脂肪酸中的亚油酸、α-亚麻酸是动物体不可缺少而自身又不能合成的脂肪酸，必须通过饲料供给，称为必需脂肪酸（essential fatty acid）。植物脂肪中不饱和脂肪酸含量较多，必需脂肪酸含量也较动物脂肪中多。

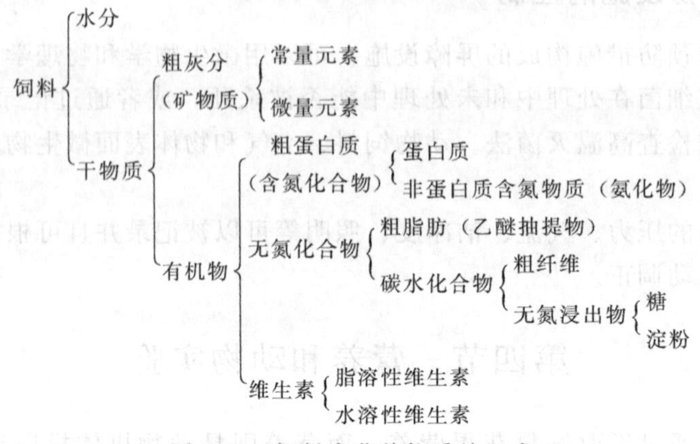

图 2-10　饲料中营养物质的组成

脂肪可提供动物所需的能量。当能量超出动物所需时，多余的部分则以脂肪的形式储存在体内，故脂肪是动物体储存能量的最主要方式。

3. 碳水化合物

碳水化合物（carbohydrate）也称糖类，植物性饲料中含量最多的一种营养物质，是动物饲料的重要组成部分。

4. 矿物质

动物体组织中几乎含有自然界存在的各种元素，在这些元素中除碳、氢、氧和氮主要以有机化合物形式存在外，其余的统称为矿物质（mineral）。根据其在动物体内的含量可分为常量元素（macroelement）和微量元素（microelement）。矿物质虽不能提供能量，对于维持复杂的生命活动却必不可少。

5. 维生素

维生素（vitamin）分为脂溶性维生素（lipidsoluble vitamin）和水溶性维生素（water soluble vitamin）。维生素在体内既不提供能量，也不构成机体成分，但却担负着调节动物生理功能的重要作用。除几种维生素可于动物体内自行合成外，一般均由饲料供给。

6. 水

水（water）也是动物最重要的营养素，动物体内需要的水主要来自三个途径，即饮水、饲料中的水和代谢水。

二、能量

能量（energy）是营养学的基础，动物的一切活动都与能量代谢分不开。如果体内能量代谢停止，生命也就停止。饲料中所含碳水化物、脂肪和蛋白质是三大热能营养素，是实验动物维持生命及各种生理活动所需能量的主要来源。

能量单位过去一直使用卡（calorie，cal）或千卡（kilocalorie，kcal），现在通用焦耳（joule，J）、千焦耳（kilojoule，kJ）、兆焦耳（megajoule，MJ）作为能量单位。其换算关系如下：1cal＝4.184J、1J＝0.239cal。饲料中生热营养素的产热多少，可按下列换算关系进行。1g碳水化物→16.7kJ（4.0kcal），1g脂肪→36.7kJ（9.0kcal），1g蛋白质→16.7kJ（4.0kcal）。如计算某饲料热量时，假设在该饲料中蛋白质为23%、脂肪5%、灰分6%、粗纤维4.0%、水分7%、可溶性无氮浸出物55.0%，那么100g该种饲料中的热量就是：

$$100\times 23\%\times 4+100\times 5\%\times 9+100\times 55\%\times 4=357\text{kcal}=1.493\text{MJ}$$

动物饲料中的能量可分成：总能、消化能、代谢能和净能。

总能（gross energy）指饲料完全燃烧后所释放的热量。消化能（digestible energy）指从动物食入饲料的总发热量中减去粪便中所含的能后剩余的能。消化能是一种评价有效能值的初级指标。从饲料总能中减去粪能、尿能及甲烷能后剩余的能量称为代谢能（metabolic energy）。从饲料的代谢能中减去热增耗后的能值是净能（net energy）。

从营养价值方面来看热量，由于不同种类的动物对饲料的摄取量是有差异的，并且，同种动物也可因品系、性别、年龄、妊娠等生理状态不同而对热量的需求不同。表2-8给出了大鼠在不同生理条件下的能量需要。如生长期和哺乳期需要更多的能量。由于能量需要与代谢体重（体重 $\text{kg}^{0.75}$）有关，动物能量需要估计值按以下方式计算（Clarke，1977）：

基础代谢需要＝0.45×体重 $\text{kg}^{0.75}$

生长需要＝1.20×体重 $\text{kg}^{0.75}$

妊娠期需要＝0.60×体重 $\text{kg}^{0.75}$

哺乳期需要＝1.30×体重 $\text{kg}^{0.75}$

所有能量以每日摄取的代谢能（单位，MJ）表示、体重单位是kg。以上估计值包括动物活动所需的最低能量消耗，但对于任何长时间、大负荷运动的动物不适用。

表2-8　大鼠所需代谢能以及日消耗饲料估计值

生理学状态	体重/g	能量需要/(MJ/d)	自由摄取饲料/(g/d)
生长发育	100	0.21	15
生长发育	200	0.36	25
维持生命	400	0.23	16
妊娠	400	0.30	21
哺乳	400	0.65	46

注：饲料的能量密度：14.5kJ/g。

一般天然动物饲料大约包括以下能源量（以体重百分比来说明）：碳水化合物 50％、蛋白质 25％、脂肪 5％。这种饲料的能量密度（energy density）是 14.5 kJ/g。纤维素对能量的贡献可以忽略不计。根据动物的能量需要和饲料的能量密度，可以计算出预期的自由摄食量（表 2-8）。

伴随体重和生理学状态，当考虑摄食量时必须考虑动物的状态。如瘦弱的动物一般消耗的饲料少。饲料的能量密度是饲料摄取的一个很重要的决定因素。影响味道的饲料特征可能也决定饲料的摄取。

三、实验动物的营养需要

实验动物营养需要是指为满足动物维持正常生长和繁殖所需的各种营养素的需要量。具体地说，指每只动物每天对能量、蛋白质、矿物质和维生素等的需要量。

动物因其种类、品种、年龄、性别以及生长发育、妊娠、泌乳等生理状态的不同而有所不同。因此，研究实验动物的营养需要，目的是探讨实验动物在不同生理活动时对各种营养物质的需要量及需要量变化的规律等，并可以此作为制订饲养标准、合理配合日粮的依据。即对实验动物进行科学饲养，以满足动物生理和生产的需要，既做到最经济合理地利用饲料，又能发挥动物最大生产效能。

实验动物的营养需要包括：维持需要（maintenance requirement），即维持动物正常体温、呼吸、心跳、基础代谢等各项基本生命活动及满足动物随意活动的需要；生产需要（production requirement），就是供给动物生长、妊娠、泌乳、产肉、产蛋等生产活动的需要。事实上，用于维持和用于生产的营养需要很难截然分开，二者在营养代谢过程中和营养需要方面是彼此联系、相互影响的。维持所需的各种营养素较生产所需的营养素要低。

测定动物各种营养物质的需要量相当复杂。目前主要有两种途径：一是综合法，是通过动物饲养试验、物质代谢试验和氮、碳平衡试验、能量平衡试验、屠宰试验等笼统地测定动物对各种营养物质的需要。二是析因法，即将动物各营养需要的机能组分进行剖分，从而可以准确了解用于动物各种机能活动的营养需要，其总和即为动物总营养需要量。

根据实验动物的不同种类、性别、年龄、体重和生理阶段等特点，结合能量与其他各种营养物质代谢实验和饲养实验结果，科学地规定每只动物每天应给予的能量及各种营养物质的数量，使饲养在科学的基础上进行，通常将这种规定的标准称之为饲养标准。饲养标准的数值是营养素的供给量，是根据实验动物最低需要量并在此基础上考虑增加一定的安全系数而确定的。关于实验动物的营养需要及其饲养标准，以美国为代表的实验动物科学发达国家都已进行了大量系统而深入的研究，并在此基础上提出了各自的有关标准指导其实验动物生产实践。在一定范围内实现了实验动物营养标准化，提高了实验动物质量，有力地推动了相关科学研究的发展。我国政府 1994 年制定、2001 年重新修订并颁布了我国实验动物配合饲料国家标准（GB14924—2001）。

实验动物种类较多，对营养物质的需要也有较大差异，而各国制定的标准也不一致。表 2-9 是根据美国科学院国家研究理事会（National Research Council，NRC）制订的“实验动物营养需要”（Nutrient Requirements of Laboratory Animal）（1978，1995）和“家兔营养需要”（Nutrient Requirements of Laboratory Rabbit）（1977）总结而来的常见实验动物的营养需要。

表 2-9　自由采食动物生长所需营养素的推荐供给量

营养成分	小鼠	大鼠	地鼠	豚鼠	兔
能量					
消化能/(kJ/g)	16.8	16.0	17.6	12.6	10.5
脂肪/(g/kg)	50	50	50	su.	20
纤维/(g/kg)	ru.	ru.	su.	150	110
蛋白质/(g/kg)	180	150	150	180	160
氨基酸					
精氨酸/(g/kg)	3	4.3	7.6	12	6
天冬酰胺/(g/kg)	su.	4	su.	su.	su.
谷氨酸/ (g/kg)	su.	40	su.	su.	su.
组氨酸/(g/kg)	2	2.8	4	3.6	3
异亮氨酸/(g/kg)	4	6.2	8.9	6	6
亮氨酸/(g/kg)	7	10.7	13.9	10.8	11
赖氨酸/(g/kg)	4	9.2	12	8.4	6.5
甲硫氨酸+胱氨酸/(g/kg)	5	9.8	3.2	6	6
苯丙氨酸+酪氨酸/(g/kg)	7.6	10.2	14	10.8	11
脯氨酸/(g/kg)	su.	4	su.	su.	su.
苏氨酸/(g/kg)	4	6.2	7	6	6
色氨酸/(g/kg)	1	2.0	3.4	1.8	2
缬氨酸/(g/kg)	5	7.4	9.1	8.4	7
甘氨酸/(g/kg)	su.	su.	su.	su.	su.
矿物质和微量元素					
钙/(g/kg)	5	5	5.9	8	4
氯/(g/kg)	0.5	0.5	su.	0.5	3
镁/(g/kg)	0.5	0.5	0.6	1	0.35

续表

营养成分	小鼠	大鼠	地鼠	豚鼠	兔
矿物质和微量元素					
磷/(g/kg)	3	3	3	4	2.2
钾/(g/kg)	2	3.6	6.1	5	6
钠/(g/kg)	0.5	0.5	1.5	0.5	2
硫/(g/kg)	su.	ru.	su.	su.	su.
铬/(mg/kg)	2	ru.	su.	0.6	su.
铜/(mg/kg)	6	5	1.6	6	3
氟/(mg/kg)	su.	ru.	0.024	su.	su.
碘/(mg/kg)	0.15	0.15	1.6	0.15	0.2
铁/(mg/kg)	35	35	140	50	ru.
锰/(mg/kg)	10	10	3.65	40	8.5
硒/(mg/kg)	0.15	0.15	0.1	0.15	su.
锌/(mg/kg)	10	12	9.2	20	ru.
维生素					
维生素 A/(mg/kg)	0.15	1.2	1.1	7.0	0.17
维生素 D/(mg/kg)	4	25	62	25	ru.
生育酚/(mg/kg)	32	27	3	40	40
维生素 K/(mg/kg)	1	1	4	5	ru.
维生素 B_1/(mg/kg)	5	4	20	2	ru.
维生素 B_2/(mg/kg)	7	3	15	3	su.
维生素 B_6/(mg/kg)	8	6	6	3	39
维生素 B_{12}/(μg/kg)	10	50	10	10	nr.
烟碱酸/(mg/kg)	15	15	90	10	180
叶酸/(mg/kg)	0.5	1	2	4	su.
生物素/(mg/kg)	0.2	0.2	0.6	0.2	ru.
泛酸/(mg/kg)	16	10	40	20	su.
胆碱/(mg/kg)	2000	750	2000	1800	1200
肌醇/(mg/kg)	ru.	nr.	100	nr.	su.
维生素 C/(mg/kg)	nr.	nr.	nr.	200	nr.

注：ru. 要求、但不清楚需要量（required，but requirement unknown)；su. 不清楚（status unknown)；nr. 不要求（not requirement)。

四、实验动物饲料

饲料是实验动物饲养的物质基础，约占整个实验动物生产费用的70%左右。因此，了解饲料的类型和营养特点，合理利用饲料资源，对实验动物的饲养具有重要意义。

1. 配合饲料

目前在世界各国饲料尚未完全统一。美国学者哈理斯（Harris，1956）根据饲料的营养特性，提出了饲料原料分类（classification of feed）方法，被大多数国家接受，他将饲料分成八大类：粗饲料（forage roughage）、青绿饲料（pasturage plant and feed green）、青贮饲料（silage）、能量饲料（energy feed）、蛋白质补充料（protein supplement）、矿物质（mineral）、维生素（vitamin）、饲料添加剂（feed additive）。

单一的饲料常不能满足动物的营养需要，应按各种动物的营养要求，选取若干种饲料按一定比例互相搭配，制定出营养价值全面的饲料配方（feed formula），使其所提供的各种营养素均符合饲养标准的规定。根据配方将多种饲料按一定比例混合而成的饲料称作配合饲料（compound feed）。常用实验动物生产和动物实验过程中一般使用的是全价营养配合饲料，该饲料营养物质均衡全面，能够满足动物的各种营养需要，无须额外添加任何其他营养成分，直接饲喂即能获得满意的饲养效果。

实验动物饲料的主要成分应该以天然动植物为原料（如谷物、牧草、水果、蔬菜、鱼粉、骨粉等），根据实验动物饲养标准，制定配方，加工生产。正常情况下，繁育、生产各种实验动物都使用这类饲料。天然原料日粮一种配方公开，成分明确；另一种则配方保密、成分公开。商业饲料多属于后者。选择时要考虑有标识成分与真实营养成分是否一致，特别是饲料中矿物质等微量成分，常因原料产地不同，土壤不同而明显不同。

实验动物饲料成分中除了天然原料外，往往添加提纯成分和化学合成成分。如提纯的酪蛋白作为蛋白质来源，植物油或动物脂肪作为脂肪来源，化学提纯的无机盐和维生素；用化学方法合成的氨基酸、糖、脂肪酸或甘油、矿物质和维生素等。这种饲料成分可靠，能够使研究变异及可能的污染降至最低限度，但价格昂贵。另外，合成成分中有可能含有对动物有害的其他化学物质。特别要注意天然成分以外原料的生产厂商、品质和保质期等。

目前，国内外实验动物的饲养标准并不完全相同，如 NRC 标准和我国“实验动物全价营养饲料”国家标准（GB14924—2001）有一定差异，同一物种、不同品种或品系营养需要也有差异。因此，选用合适的动物饲养标准时应结合本单位或本地区的具体情况全面分析确定。

在中国，实验动物生产社会化、商品化和专业化趋势已经初步形成，建议一般的实验动物生产和动物实验研究人员，使用合格的商品化实验动物饲料，保证实验动物的标准化，使动物实验结果不受营养因素的干扰，提高实验结果的可靠性。

2. 饲料类型

一般来讲，颗粒饲料（pellet feed）是最适合啮齿类实验动物的饲料形状。因为颗粒饲料容易管理、储存以及饲喂，极少被动物浪费。在颗粒饲料加工完成之后，不能再添加其他饲料成分或药物，除非将这些颗粒饲料重新磨碎、再加工。

粉料（powder feed）饲喂动物效果不好。因为这种形式的饲料容易被大量浪费，以粉料类型储存饲料时容易结块，并且需要特殊的设备来饲喂。但是，在制作成粉料之后，如果需要添加饲料其他成分或药物，将可以采取粉料类型进行饲喂。

动物实验类型决定饲料类型（物理形状）。如当剧毒成分被添加到饲料中时，应该选择产生最小量粉尘的饲料类型；当要添加粉状或剧毒的化学物质时，采用半潮湿或黏状饲料类型比较合适。因为，这类饲料通常比干饲料更加可口，但是这种类型饲料利于细菌繁殖，需要频繁的喂食添料，工作强度大、难以管理。

3. 饲料的消毒

饲料消毒的目的主要考虑到原料来源比较复杂，在收获、储存、运输及饲喂前的加工调制等各个环节中都有可能被病原微生物污染。因此，可通过消毒使饲料符合卫生标准，供给实验动物完全符合营养和灭菌的饲料是十分必要的。国家标准（GB14924—2001）要求对一级动物所用饲料都应经过消毒，以杀灭病原菌，对二级以上动物的饲料则必须彻底灭菌。

用于饲料消毒的常用方法有多种，应按饲养动物的不同要求和饲料种类以及所具备的条件来选择。但饲料经消毒处理后可使某些营养成分有所损失，在饲喂时应给予重视。

（1）干热灭菌法，一般使饲料在80～100℃的条件下烘烤。此法设备比较简单，但温度不好掌握，时间长、灭菌不够彻底，且营养成分损失较多，还可能使饲料炭化而造成浪费。

（2）高温高压灭菌法，指将饲料置于121℃、1.0kg/cm^2、15min以上进行灭菌。一般115℃、30min；121℃、20min；125℃、15min。此法灭菌时间短而效果好，营养成分损失较干热法少，但维生素C、维生素B_1、维生素B_6、维生素A等容易受到破坏。

（3）药物熏蒸灭菌法，是指利用化学药品的汽雾剂对饲料进行消毒的方法。如用氧化乙烯进行灭菌，熏蒸后必须在不低于20℃的自然空气中将残余气体挥发。实验证明，即使这样处理，最后在饲料中还残存一些对动物代谢有损害的化合物。

（4）射线照射灭菌法，采用^{60}Co放射线对谷物类饲料消毒。此法营养成分破坏较少，灭菌效果最好，缺点是费用太高。

五、饲料和动物实验

1. 实验动物饲喂方式

实验动物饲养方式的选择将取决于实验研究目的和饲喂方式的可操作性。实验动物常用的饲养方式有：

(1) 自由采食 (ad libitum feeding)，这种采食制度是动物不管是在白天还是晚上的任意时间都可以自由进食。自由采食时，啮齿类动物和家兔所消耗的饲料绝大部分都是在晚上。如大鼠每天大约进食 12 次，其中 8 次都是在晚上。

(2) 定时饲喂 (meal feeding)，在固定的时间内，每天的一个或更多的时间阶段，允许动物消耗尽可能多的饲料。定时饲喂可以采用一种提供饲料的装置来控制。这种饲养方式通常被严格控制营养状态的实验研究所采用。如固定的餐后数小时给食。

(3) 限制饲喂 (restricted feeding)，包括限制性采食或喂养不足 (under feeding)，但与营养不良或诱导的营养缺乏形式不同。限制饲喂通常既涉及营养素的限制又涉及能量的限制。这种摄食方式通常用来均衡不同动物的饲料摄取，如对照组和实验组。

(4) 配对饲喂 (pair feeding)，是限制饲喂的一种特殊形式，通过测定实验组动物 (如接受实验处理) 的饲料消耗量，在给对照组动物 (未接受实验处理) 相同的饲料量，即迫使对照组和实验组动物的摄食量相同。当采取这种饲喂方式时，实验组的每个动物必须有一个与之相对应的自身对照组动物。实际操作时，可以将实验组动物所消耗的饲料量在第二天等量提供给对照组。

在自由条件下，每两天到四天给动物提供一次饲料。当动物实行限制饲喂时，必须每日用手或自动机械装置给动物提供饲料，并且动物必须各自分笼喂养。如果动物是群养的，优势个体可能几乎是自由摄食。结果就是限制饲喂降低了它的饲养效果。

当采取配对饲喂或限制饲喂方式进行实验研究时，应该有一组动物采用自由采食作为一个额外的对照组。研究人员应该考虑到配对饲喂条件下对照组动物通常进食不足，因此它们消耗饲料比无限制性采食的动物要快。可以采用不同的实验技术来部分弥补这种差异。如分批给对照组动物提供它们每日所需的定量的饲料。总之，任何动物实验研究项目都应该有动物饲料消耗的详细记录，以便分析实验结果。

2. 动物实验与饲料能量密度

相同品系、相同性别以及体重、年龄、健康状态相近的动物，不管饲料配方如何，在自由采食的情况下，它们消耗的能量几乎是相等的。这是因为实验动物一般通过调整它们的采食量来满足它们的能量需要，能量满足后将不再采食。因此，如果饲料的能量密度增加，动物饲料的消耗量将减少，反之亦然。这就要求：当某个动物实验中所选用的饲料包含不同的成分时，与能量有关成分的比例在各实验组中必须是相同的而不能有差异。否则，在自由采食的条件下，实验组和对照组动物之间某些资料成分的吸收量将不相同。因此，在制作含有不同成分的饲料时，必须考虑能量密度。

有时候，研究者希望某一个动物实验采用的饲料中某一营养成分的含量发生变化，这种变化可能导致饲料中其他营养成分的消耗亦发生改变。制作配合饲料时，通过大量添加一种成分（如脂肪或糖）可以满足恒定能量密度的需要。但这显然是错误的做法。由于对照组动物使用全价营养配合饲料，实验组动物饲料中添加了需要研究的成分，将会导致实验和对照饲料中的所有营养素的浓度各不相同，进而可能影响饲料能量密度，造成实验组和对照组动物所消耗的饲料量不等。所观察到的动物反应（结果）的不同可能取决于实验和对照饲料中某种成分的不同。所以，这种研究所收集的数据是不可靠的。如果给动物全价营养配合饲料添加极少量的成分，就可以将饲料中由于添加新的成分影响饲料能量密度、进而影响动物实验结果的问题控制在绝对的最小值。

对照组和实验组饲料都可以在商业全价营养配合饲料中添加某些成分来制作。然而，由此要承担必需营养素摄入量减少的风险。商业的全价营养配合饲料中通常包括足量的必需营养素，允许适当稀释、不会造成严重的动物营养平衡失调。一般来说，可以在全价营养配合饲料中添加10%～20%的其他物质，但研究人员必须对这种“稀释”可能出现的效果给予认真评价。

表2-10描述了在大鼠实验研究中，低脂和高脂饲料成分的不同对动物实验结果的影响。表中低脂饲料（饲料1）包含10%脂肪、20%蛋白质、60%碳水化合物、维生素和矿物质的混合物以及实验成分。高脂饲料（饲料2）是添加20%脂肪制成，除去等量的碳水化合物，同时其他组分含量与饲料1水平相同。表中饲料组成下面描述了营养摄入的预期效果。高脂饲料的能量密度比低脂饲料高24%。在自由采食条件下大鼠对热量摄取基本相同（大鼠将消耗恒量的能量）。因此，可以推测饲喂高脂饲料（饲料2）的大鼠所消耗的饲料量将比饲喂低脂饲料（饲料1）的大鼠消耗的饲料量要低得多。除了脂肪和碳水化合物的摄入量有变化外，饲喂高脂饲料的大鼠，蛋白质、矿物质预混料、维生素预混料、纤维素和实验化合物的摄入都将随之降低。因此，当实验化合物添加到饲料中时，饲料摄入的变化也是非常重要的。在所给的事例中，实验成分的摄入将出现20%的差异。

表 2-10　低脂和高脂饲料喂养大鼠预期结果

营养成分	饲料 1	饲料 2	饲料 3	饲料 4
	低脂	高脂	校正过的高脂	校正过的高脂
饲料成分				
蛋白质/g	20	20	20	20
碳水化合物/g	60	40	15	15
脂肪/g	10	30	30	30
纤维素/g	4	4	4	4
矿物质预混料/g	4	4	4	4
维生素预混料/g	1	1	1	1
实验化合物/g	1	1	1	1
“无活性”化合物/g	—	—	—	25
合计/g	100	100	75	100
能量值/(kcal/g)	4.10	5.10	5.47	4.10
预期饲料摄入量				
能量/(kcal/g)	82	82	82	82
饲料/(g/d)	20	16	15	20
蛋白质/(g/d)	4	3.2	4	4
碳水化合物/(g/d)	12	6.4	3	3
脂肪/(g/d)	2	4.8	6	6
纤维素/(g/d)	0.8	0.64	0.8	0.8
矿物质预混料/(g/d)	0.8	0.64	0.8	0.8
维生素预混料/(g/d)	0.2	0.16	0.2	0.2
实验化合物/(g/d)	0.2	0.16	0.2	0.2
“无活性”化合物/(g/d)	—	—	—	5

注：“—”表示未添加此种物质。

其中一个可以排除这些问题的方法在饲料 3 中有说明。脂肪和碳水化合物进行交换：减少一些碳水化合物来补偿额外脂肪的添加将会导致的热量增加。这种调整的高脂饲料确保了蛋白质、维生素、矿物质和纤维素的摄取与饲料 1 相当。虽然饲料 3 的组分没有增加到 100g，预期的饲料摄取比饲料 1 低，但是实验化合物的摄取以及除了脂肪和碳水化合物之外的其他所有营养素的摄取将与饮食 1 相同。

除了脂肪和碳水化合物的摄取之外，饲喂饲料 1 和饲料 3 的大鼠也将表现出不同的实际饲料摄取，如摄取的量。仅此就可以使组间的实验数据不同。在饲料组成的其他方式（饲料 4）中，相对无活性的成分，如纤维素，可能将组分加至100g。饲料 4 与饲料 1 的热量相等，营养摄取也相同。这种方法看起来似乎令人满意，但是实际上无活性的成分是不存在的。因此，必须为构建饲料 3 所描述的高脂饲料而选择一种组分。

可以提供的相似事例是有损碳水化合物情况下的高纤维素饲料。预期高纤维素、低碳水化合物饲料比低纤维素、高碳水化合物饲料的能量价值要低。因此，预期高纤维素饲料的消耗将会增加。又加上其他营养素的摄取将出现变化，饲喂高纤维素和低纤维素饲料的动物的比较将变得非常困难。

在以上有关饲料可变的能量密度影响的讨论中，可以假设动物能够使它们能量摄取在数学上精确地保持恒量。然而，实际上当动物可以自由摄取可变能量密度的饲料时，能量摄取会出现不同。

3. 实验中饲料摄入量的变化

在某一自由采食的动物实验中，实验组动物的摄食量可能比对照组动物要低。实验动物摄食量的减少可能归咎于被研究的化合物引起的毒性反应，而与是否被给予饲料和缺乏某种营养素无关。如果被研究的化合物有降低食欲的作用，摄食量也可能因此而下降。对照组和实验组动物摄食量的不同将暗示测量参数之间的比较不是直接的。如果实验处理和饲料摄取都对研究参数产生独立的影响作用，实验处理的作用就得不到明确的解释。之所以导致出现观察到的结果，部分原因是由于对照组和实验组处理的不同，部分是由于实验组和对照组之间饲料摄取不同。如果研究需要观察实验处理的特殊作用，就应该解决饲料摄取的差异问题。既可以通过限制饲喂的方法解决，也可以通过采取配对饲喂的技术来解决。

表 2-11　摄食方式不同对大鼠肿瘤发生的影响

处理	摄食方式	摄食量	发生肿瘤的大鼠百分数			
			A	B	C	D
对照	自由	100%	30	30	30	30
实验	自由	80%	40	30	20	10
对照	限制	80%	10	10	10	10

通过限制饲喂来阻止自发肿瘤的发展、延长大鼠和小鼠生命的实验，已经得到证实。因此，实验动物压抑的摄食影响实验结果的解释在大鼠饲养研究中与肿瘤生物学鉴定有特别的关系。当大鼠同时接受致癌物处理和减少摄食量时，致癌物的致癌作用将被低估。事实上，这在大鼠自由采食实验的肿瘤生物学鉴定研究中经常发生。表 2-11 描述了自由采食的对照组和实验组大鼠中假设的致癌作用生物学鉴定的结果。致癌物导致动物减少了 20%的饲料摄入量，这在实际情况中经常发生。对照组大鼠中 30%将发生肿瘤，同时饲料限制 20%将降低肿瘤发

生率到10%。在实验A中，致癌物将肿瘤发生率增加到40%。当与自由摄食的对照组大鼠的发生率进行比较时，可以推断这种致癌物导致了肿瘤的发生。然而这种致癌物的致癌作用被低估了，这在将实验组动物与限制饲喂的对照组动物进行比较时可以得到澄清。在实验B和C中，对照组和实验组大鼠都是自由采食，实验将得出致癌物不具致癌性或的确有抗癌作用的错误结论。后者在实际中经常发生。很明显，自由采食的大鼠实验检测致癌物，从其所能得到结论性的解释中将得不到结果。理论上，对照组和实验组大鼠都应该限制性地饲养，因此摄食量是相同的，或者应该采用配对饲喂的方法。

第三章 常用实验动物的特性

本章主要介绍生物医学研究中常用实验动物如小鼠、大鼠、豚鼠、家兔、地鼠、沙鼠、家犬、小型猪、猕猴、猫、鸡、蟾蜍、青蛙、山羊、绵羊、鱼类和爬行类等的生物学特性以及这些动物在生物医学研究中的应用及其进展。

第一节 小鼠、大鼠和地鼠

一、小鼠

实验小鼠（mouse，*Mus musculus*）来源于野生家鼠（图 3-1），从 17 世纪开始用于比较解剖学研究及动物实验后，经长期人工饲养、选择、培育和研究，现在已具有近 474 个独立的近交系、200 多个远交群、2000 多个突变品系。目前，用转基因技术生产的基因工程小鼠已在生物医学研究中占有非常重要的地位。如将特定的外源基因插入小鼠的基因组，可以得到转基因小鼠（transgenic mouse），将小鼠基因组中特定内源基因定点突变，可以得到基因敲除小鼠（knock-out mouse），将小鼠基因组中特点内源基因进行定向重组，得到基因敲入小鼠（knock-in mouse）。

小鼠是当今生物医学领域研究最详尽、用量最大、用途最广、品种最多的哺乳类实验动物。

（一）生物学特性

1. 一般特性

小鼠（图 3-2A）全身被毛，面部尖突，嘴脸前部两侧有触须，耳耸立呈半圆形，眼睛大而鲜红。尾长约与体长相等，成年鼠一般体长 10～15 cm。尾部被有短毛和环状角质鳞片。有多种毛色，如白色、鼠灰色、黑色、棕色、黄色、巧克力色、肉桂色等。

小鼠体小娇嫩，皮肤无汗腺，对外界环境适应能力差。性情温顺，容易实验操作。小鼠喜居光线暗淡的环境，习惯于昼伏夜动，其进食、交配、分娩多发生在夜间。小鼠活动高峰每天有两次，一次在傍晚后 1～2h，另一次在黎明前。

小鼠为群居动物，群养时生长发育较单饲快，过分拥挤会抑制生殖能力。性成熟早，非同窝的雄性在一起易互斗并咬伤，表现为群体中处于优势者保留胡须，而处于劣势者则掉毛，胡须被拔光。小鼠对外来刺激极为敏感，强光、噪

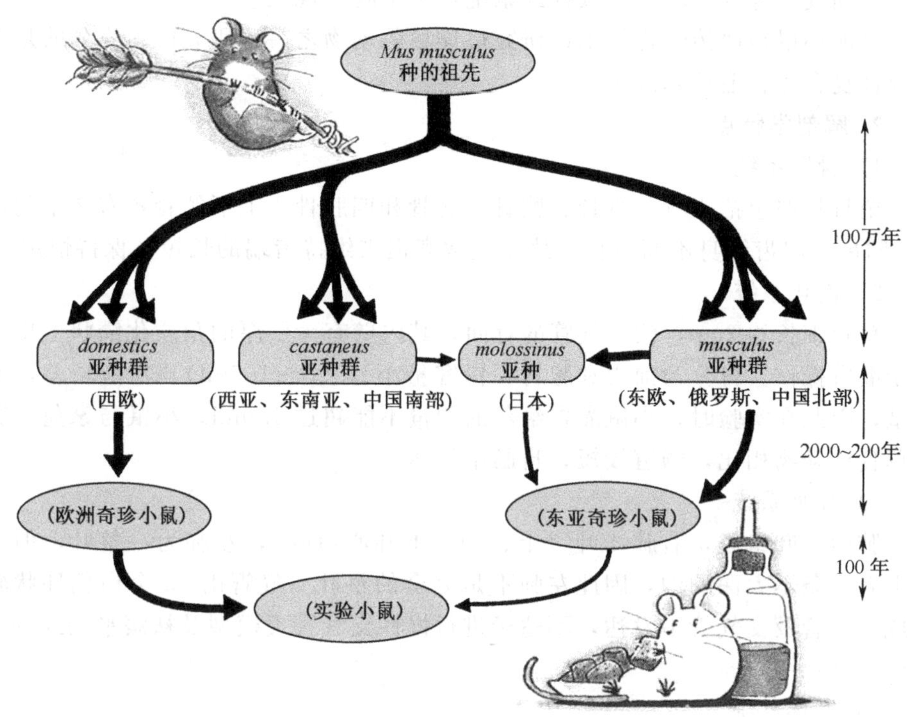

图 3-1　实验小鼠的起源

图 3-2　常用实验动物

声、不同气味等刺激均可导致神经紊乱，发生吃仔现象。

目前小鼠是遗传学背景知识研究最详尽的动物之一，研究最为充分的是组织相容性复合体、毛色基因等。

2. 解剖学特点

1）骨骼系统

全身骨骼包括头骨、椎骨、胸骨、肋骨和四肢骨。上下颌骨各有 2 个门齿和 6 个臼齿。门齿终身不断生长，故需经常磨损来维持齿端的长短，保持恒定。

2）消化系统

食管细长约 2cm，位于气管的背面，其内壁有一层厚的角质化鳞状上皮，有利于灌胃操作。胃分为前胃和腺胃，胃容量小（1.0～1.5ml），功能较差，不耐饥饿，因此在实验时，小鼠灌胃给药的剂量不能超过 1.0ml。小鼠与家兔、豚鼠等草食性动物相比，肠道较短，盲肠不发达。

3）呼吸系统

肺由 5 叶组成，右肺 4 叶（上、中、下和心后叶），左肺为一整叶，但在左肺上有一条不太深的沟，因此左肺不是完全的整叶。气管由 15 个白色环状软骨组成，气管及支气管不发达，不适于进行慢性支气管炎模型及祛痰平喘药的疗效实验。

4）循环系统

小鼠心脏有 4 个腔组成，即左、右心房和左、右心室。心尖位于近胸骨端第四肋间，此处为小鼠心脏采血的进针部位。

5）淋巴系统

小鼠的淋巴系统很发达，但腭或咽部无扁桃体，外界刺激可使淋巴系统增生，进而可导致淋巴系统疾病。脾脏中含有造血细胞，包括巨核细胞，原始造血细胞等组成造血灶，有造血功能。

6）生殖系统

雌鼠为双子宫、呈“Y”形。卵巢有胞膜包绕，不与腹腔相通故无宫外孕。乳腺发达，胸部 3 对，蹊部 2 对乳头。雄鼠为双睾丸，幼年时藏存于腹腔内，性成熟后则下降到阴囊。前列腺分背、腹两叶。

7）骨髓

骨髓为红骨髓而无黄骨髓，终身造血。

3. 生理学特性

1）生长发育

小鼠体型较小，刚出生时体重仅 1.5g 左右，1 个月时体重 12～19g，1.5～2 月龄时可达 20～39g。小鼠卵在输卵管壶腹部受精后开始分裂发育，至桑椹胚（约 3d）进入子宫，形成囊胚（约第 5d）开始着床，妊娠期为 19～21d。新生小鼠赤裸无毛，皮肤肉红色，不开眼，耳廓与皮肤粘连。初生小鼠即可发声，有触、嗅、味觉。3d仔鼠脐带脱落，皮肤转为白色，开始长毛并出现胡须。4～6d有听觉，被毛长齐。12～14d睁眼，长出上门齿，开始采食及饮水。3周龄可离乳独立生活。4周龄雌鼠阴腔张开。5周龄雄鼠睾丸落至阴囊，开始生成精子。小鼠生长发育的快慢与其品系、营养状况、健康状况、环境条件以及母鼠的哺乳能力、生产胎次均有密切关系。小鼠不同年龄阶段的平均体重见图3-3。

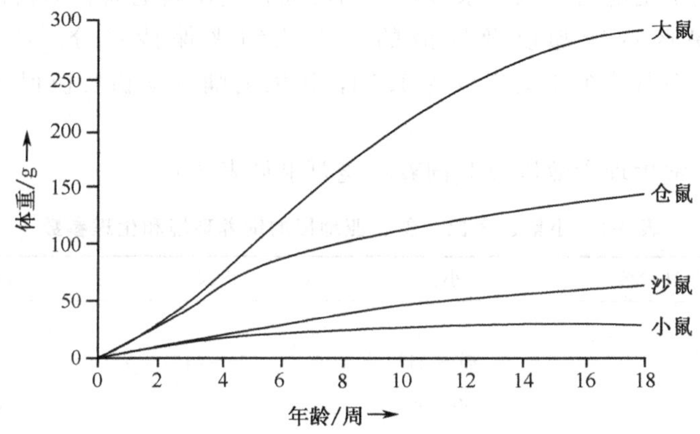

图3-3 小鼠、大鼠、叙利亚地鼠和沙鼠不同年龄阶段的平均体重

2）生殖生理

小鼠发育迅速，性成熟早，6～7周龄时已性成熟，雄鼠36d时可在附睾精液中找到活泼的精子，雌鼠37d时即可发情排卵。小鼠体成熟雄鼠为70～80d，雌鼠为65～75d，故小鼠开始繁殖一般是在65～90d之间。雌鼠性周期4～5d，妊娠期19～21d，哺乳期20～22d，每胎产仔6～15只，年产6～9胎。小鼠性活动可维持1年左右，寿命约2年。

雄鼠性成熟后，开始产生精子并分泌雄性激素，副性腺（精囊、凝固腺等）分泌精液，以便于精子运动，并在交配后10～12h的雌鼠阴道和子宫颈中凝固，形成阴道栓，能防止精液倒流，提高受精能力。阴道栓是小鼠典型的重要特征之一，较其他啮齿类动物更明显，不易脱落，利用它的出现作为计算妊娠起始时间的依据。

3）体温与水的调节

小鼠体表面积相对较大，对环境温度的波动有明显的生理学反应。小鼠对寒冷的应答为不发抖产热作用，寒冷静态下小鼠产生的热量相当于基础代谢的3倍，比任何其他动物的变化都大。小鼠没有汗腺，不能加大喘气，唾液分泌能力有限。如果环境温度升高则通过体温升高，代谢率下降及耳血管扩张以加快散热。这表明小鼠并不是一种真正的温血动物。事实上，新生小鼠是变温动物，在20d前其体温调节能力很差。因此，外界温度变化对小鼠的影响很大，低温可造成小鼠繁殖能力下降，抗病力下降。持续高温（32℃以上）常引起小鼠死亡或产生后效应，出现某些功能的不可逆损害。研究发现小鼠在21～25℃环境温度区内生长较快，产仔多，活力强。

小鼠体表蒸发面与整个身体相比所占比例比其他动物大。因此，比其他哺乳动物对饮水量不足更为敏感，水分在体内的周转期比其他哺乳动物快，可通过呼出的气体在鼻腔内冷却以及尿液的高度浓缩来保持水分。小鼠饮水量为4～7ml/d，水分代谢的半衰期仅为1.1d，比大的哺乳动物要快得多，需要供给充足的饮水。

小鼠的正常生理参数以及对饲养环境要求见表3-1。

表3-1 小鼠、大鼠、叙利亚地鼠的饲养环境和生理参数

环境要求/生理参数	小鼠	大鼠	叙利亚地鼠
环境要求			
温度/℃	20～24	20～24	20～24
相对湿度/%	50～60	60	50～60
换气次数/(次/h)	15	10～15	10～15
昼夜明暗交替时间/h	14/10	12～14/12～10	12～14/12～10
最小饲养空间			
单独饲养地面面积/cm^2	180	350	180
孵育期地面面积/cm^2	200	800	650
群养地面面积/cm^2	80	250	n/a
笼高/cm	12	14	12
基本生理参数			
成年体重/g			
雄性	20～40	300～500	120～140
雌性	25～40	250～300	140～160
寿命/a	1～2	2～3	2～3
心率/(次/min)	300～800	300～500	250～500
呼吸频率/(次/min)	100～200	70～110	40～120
体温/℃	36.5～38.0	37.5～38.5	37～38
染色体数/$2n$	40	42	44
体表面积/cm^2	20g∶36	50g∶130 130g∶250 200g∶325	125g∶260
饮水量/[ml/(100g·d)]	15	10～12	8～10

续表

环境要求/生理参数	小鼠	大鼠	叙利亚地鼠
青春期/周			
雌性	5	6～8	4～6
雄性	—	—	7～9
繁殖期/周			
雌性	8～10	12～16	6～8
雄性	8～10	12～16	10～12
发情周期/d	4（2～9）	4～5	4
发情期/h	14	14	2～24
妊娠期/d	19（18～21）	21～23	15～17
窝产仔数	6～12	6～12	6～8
新生鼠体重/g	0.5～1.5	5	2～3
断乳体重/g	10	40～50	30～40
离乳日龄/d	21～28	21	20～22
血液参数			
血容量/(ml/kg)	76～80	60	80
血红蛋白量/(g/100ml)	10～17	14～20	10～18
红细胞压积（体积百分比）	39～49	36～48	36～60
白细胞/(×1000/mm^3)	5～12	6～17	3～11
血糖/(mg/100ml)	124～262	134～219	60～150

注："n/a"表示无推荐标准；"—"表示不确定。

（二）小鼠在生物医学研究中的应用

由于小鼠的体型小，生长繁殖快，易于控制和管理操作，其质量标准明确，在生物医学研究的各个领域得到广泛应用。

1. 药物研究

1）药物毒性和安全评价实验

小鼠常被用于药物的急性、亚急性、慢性毒性试验、半数致死量和最大耐受量的测定，还被广泛用于药物的安全评价实验。如常用小鼠进行药物的致畸、致癌、致突变的"三致"实验。

2）药物筛选试验

用于药物对疾病综合治疗效果的筛选试验，如抗肿瘤药物的筛选。

3）生物效应测定和药物效价的比较实验

小鼠被广泛用于血清、疫苗等生物制品的鉴定，生物效价的测定以及各种生物效应的研究。

4）药效学研究

常用小鼠作某些药物的药效学和副作用的评价。如利用小鼠瞳孔放大作用测试药物对副交感神经和神经连接的影响；用声源性惊厥的小鼠评价抗痉挛药物；用小鼠热板技术引起的后爪运动或机械压尾评价止痛药；用小鼠角膜和耳廓反射评价镇静药药效；小鼠对镇咳药敏感，在氢氧化铵雾剂刺激下有咳嗽反应，是研究镇咳药的首选动物；洋地黄、乌头碱可诱发小鼠心率失常，宜复制快速性心率失常模型。

2. 肿瘤学研究

1）肿瘤实验研究

474个近交系小鼠中大约有244个品系或亚系都有其特定的自发性肿瘤。如AKR小鼠白血病发病率可达90%，C3H小鼠乳腺癌发病率达90%～100%。从肿瘤发生学上来看，这些自发性肿瘤与人体肿瘤相近，为研究各种类型肿瘤的发生和生物学特征以及治疗防治提供了极好的动物模型。另外小鼠对致癌物敏感，可诱发各种供研究用的肿瘤模型。如用二乙基亚硝胺诱发小鼠肺癌，甲基胆蒽诱发小鼠胃癌和宫颈癌等。

2）人体肿瘤研究

胸腺严重缺陷的裸小鼠可接受人类各种肿瘤细胞的植入，成为活的癌细胞“试管”，是研究人类肿瘤生长发育、转移和治疗的最佳动物模型。

3）肿瘤遗传学研究

小鼠已成为肿瘤遗传学研究的主要动物，用于原病毒基因组学说和癌基因假说的研究，如对小鼠乳腺癌、垂体肿瘤、肾上腺皮质肿瘤发生过程中基因成分的相互作用进行大量的研究分析。

3. 微生物学研究

小鼠对多种病原体和毒素敏感，适宜复制多种细菌性和病毒性疾病模型，特别适用于疟疾、血吸虫病、马锥虫病、流行性感冒及脑炎、狂犬病及其他许多细菌性疾病的感染研究及实验治疗，还可对其他病原体的致病力、宿主抵抗的机制、病理学和治疗进行研究。

4. 遗传学研究

(1) 小鼠的毛色变化多种多样，其遗传学基础已研究得比较清楚。因此，毛色常作为小鼠遗传学分析中的遗传标记。

(2) 重组近交系小鼠将双亲品系的基因自由组合和重组产生一系列的子系，这些子系是小鼠遗传学分析的重要工具，主要用于研究基因定位及其连锁关系。

(3) 同源近交系小鼠常用来研究多态性基因位点的多效性、基因的效应和功能以及发现新的等位基因。

（4）转基因小鼠可用于研究基因的功能、表达和调节，探索疾病的分子遗传学基础和基因治疗的可能性和方法。

5. 免疫学研究

（1）使用 BALB/c、AKR、C57BL/6J 等小鼠免疫后的脾细胞与骨髓细胞融合，进行单克隆抗体的制备和研究。

（2）利用免疫功能缺陷的小鼠进行免疫学研究。如无胸腺的突变系裸鼠由于缺乏 T 细胞，常用于研究 T 细胞功能以及细胞免疫在免疫应答反应中的作用。20 世纪 80 年代培育出的 SCID 小鼠是一种先天性 T 和 B 细胞联合免疫缺陷的突变系动物，有利于研究 NK 细胞、LAK 细胞、巨噬细胞和粒细胞等“自然防御”细胞和免疫辅助细胞的分化和功能，以及它们与淋巴细胞及其分泌的淋巴因子的相互作用。SCID 小鼠能接受同种或异种淋巴组织移植，是研究淋巴组织细胞分化和功能的活体测试系统。NZB 小鼠有自发性自身免疫贫血症，可用于研究自身免疫疾病的机制。

6. 老年学研究

（1）小鼠是研究胶原老化的动物模型。老龄鼠结缔组织主要成分为胶原蛋白，胶原蛋白老化常可视作机体老化的指标。研究表明，随着鼠龄增长，胶原结构中双体和多聚体比例增加，皮肤中 α 螺旋结构减少，而 β 结构未增加。

（2）老龄 C57BL/6J 雄性小鼠脑纹状体多巴胺含量降低，酪氨酸转化率下降，一些物质在下丘脑和纹状体中分解代谢减慢。

（3）生长激素与老化的关系。垂体功能低下生长激素缺乏的侏儒小鼠，其寿命只有 5 个月（正常小鼠为 20 个月），且表现为灰发、皮肤萎缩，双眼白内障等。

7. 内分泌疾病的研究

小鼠内分泌腺结构的缺陷常引起类似人类的内分泌疾病，因此，小鼠是研究内分泌疾病的好材料。如肾上腺皮质肥大造成肾上腺功能亢进，发生类似人类库欣氏综合征。肾上腺淀粉样变性造成肾上腺激素分泌不足可导致 Addison 病症状。此外小鼠还可用来研究甲状旁腺激素失活引起的钙磷代谢紊乱和次生骨吸收障碍。糖尿病和抑尿素缺乏造成的尿崩症；遗传性家族肥胖症；胰岛发育不全造成的肥胖症；垂体性侏儒症以及生长激素缺乏造成的 snell 侏儒症。

（三）小鼠的饲养管理

1. 性别鉴别

成年小鼠性别很容易区分，雄鼠的阴囊明显；雌鼠可见阴道开口和五对乳头。仔鼠或幼鼠主要从外生殖器与肛门的距离判定。近者为雌性，远者为雄性。

2. 动物健康的外观检查

外观判断小鼠健康的标准是：食欲旺盛；眼睛有神、反应敏捷，体毛光滑，肌肉平满、活动有力；身无伤痕，尾不弯曲，天然孔腔无分泌物，无畸形；粪便黑色呈麦粒状。

3. 笼具、垫料

国内已普遍采用无毒塑料制成的鼠盒，不锈钢丝制的笼盖，金属制成的笼架。引水器可使用玻璃瓶或塑料瓶，瓶塞上装有可自动吸水的金属或玻璃引水管。塑料笼具具有不吸水，耐腐蚀，便于洗刷消毒，易于干燥等优点。其耐高温性能与材质有很大关系，一般使用塑料饲养盒能达到耐120℃以上高温的要求。垫料是小鼠生活环境中直接接触的铺垫物，有吸湿（尿）、保暖，做窝的作用。故其应有强吸湿性、无毒、无刺激气味、无粉尘、不可食，并使动物感到舒适的特点。垫料必须消毒灭菌处理。除去潜在的病原体和有害物质。

4. 饲喂

小鼠胃容量小，随时采食，是多餐习性的动物。成年鼠采食量一般为4～7g/d。应采取少量勤添饲喂，每周添料3～4次。限量添加可减少小鼠啃颗粒料磨牙造成浪费。小鼠在吸水过程中，口内食物颗粒和唾液可倒流入水瓶，为避免微生物污染水瓶，换水时应清洗水瓶和吸水管。严禁未经消毒的水瓶继续使用。普通级小鼠饮水应符合城市生活饮水的卫生标准，清洁级以上小鼠的饮水须经灭菌处理。

5. 工作记录

科学管理必须有各种完好的记录。工作记录应包括：遗传方面的记录：种群记录、谱系记录、品系记录和个体记录；生产记录：繁殖卡记录、工作日记；环境记录：温湿度记录、天气情况记录、消毒灭毒记录；动物健康记录；实验处理及观察记录等。

（四）小鼠的运输

运输小鼠需要使用特定的牢固的运输盒，运输盒的周边应有可供通气用的气窗，保证在运输过程中运输盒堆放时也可保证盒内通气良好。气窗处要用牢固的金属丝编制并固定在运输盒气窗的内侧，防止小鼠咬洞逃逸。SPF小鼠在运输时气窗处还要用滤材遮盖，以防止空气直接进入造成小鼠污染，盒内应备有铺垫物。长途运输时还要准备食物和饮水。

由于运输过程对动物的影响，通常导致小鼠体重的减轻。到达目的地后，需要一周或更长时间适应新的环境，然后才能开始试验。

二、大鼠

实验大鼠（rat，*Rattus norvegicus*）由野生褐家鼠驯化而成，18世纪中期在欧洲首次将野生大鼠及白化变种大鼠用于实验研究。

大鼠是最常用的实验动物之一，其用量仅次于小鼠，广泛应用于生物医学研究中的各个领域。

（一）生物学特性

1. 一般特征

大鼠（图 3-2B）外观与小鼠相似，但体型较大。成年大鼠一般体长 18～20cm。尾上被有短毛和环状角质鳞片。大鼠皮肤缺少汗腺，汗腺仅分布于爪垫上，主要通过尾巴散热。

大鼠对新环境适应能力强，易接受通过正负强化进行的多种感觉指令的训练。昼间睡眠，夜间和清晨比较活跃，采食、交配多在此期间发生。

大鼠喜啃咬，性情温顺，易于捕捉。当粗暴操作，营养缺乏或听到其他大鼠尖叫时，变得紧张不安难于捕捉，甚至攻击人。孕鼠和哺乳鼠更易产生攻击人的倾向。

2. 解剖学特点

1）骨骼系统

全身骨骼包括头骨、椎骨、胸骨、肋骨和前后肢骨。大鼠上下颌各有 2 个门齿和 6 个臼齿。门齿终身不断生长，故需经常磨损以维持其恒定。磨牙的解剖形态与人类相似，给予致龋齿菌丛和致龋食物可产生与人一样的龋损，适用于建立龋齿的动物模型。

2）消化系统

胃分为前胃（非腺胃）和胃体（腺胃）两部分。两部分由一个界限嵴隔开，食管通过此嵴的一个褶进入胃小弯，此褶是大鼠不会呕吐的原因。肝分为六叶（左外叶、左中叶、中叶、右叶、尾状叶和乳突叶），再生能力强，切除 60%～70%后可再生，肝 Kupffer 细胞 95%有吞噬能力，适用于肝外科实验研究。无胆囊，来自各叶的胆管形成胆总管，在距幽门括约肌 2.5cm 处通入十二指肠，适宜作胆管插管模型。

3）呼吸系统

肺结构特别，左肺为 1 个大叶，右肺分成 4 叶（前叶，中叶，副叶，后叶）。气管位于食道的腹侧，一般由 24 个背面不相衔接的“U”形软骨环构成。气管及支气管腺不发达，不宜作慢性支气管炎模型及祛痰平喘药物的研究。

4）循环系统

心脏和外周循环与其他哺乳动物稍有不同。心脏的血液供给既来自冠状动脉，也来自冠状外动脉，后者起源于颈内动脉和锁骨下动脉。

5）泌尿系统

右肾比左肾靠近头侧，其头极在第一腰椎水平，尾极在第三腰椎水平。肾只有一个乳头和一个肾盏，可有效地进行肾套管插入术研究。

6）生殖系统

大鼠雄性生殖系统有许多高度发育的副性腺，包括大的精囊、尿道球腺、凝固腺和前列腺。腹股沟管终生保持开放，睾丸于 40d 开始下降。雌性子宫为“Y”形双子宫，胸部和腹部各有 3 对乳头。

7）内分泌系统

垂体较脆弱地附着在漏斗下部，可用吸管吸除垂体，适宜制作垂体摘除模型。

3. 生理学特性

1）生长发育

新生鼠体重约 5.5～10g，全身无毛，两耳关闭，四肢短小。3～4d 两耳张开，8～10d 长出门齿，14～17d 开眼，16d 被毛长齐，20～21d 可断奶。大鼠生长发育的快慢与其品系、营养状况、健康状况、环境条件以及母鼠的哺乳能力、生产胎次均有密切关系。平均体重见图 3-3。一般成年雄鼠 300～600g，雌鼠 250～500g，寿命为 2.5～3 年。

2）生殖生理

雄鼠出生后 30～35d 睾丸下降进入阴囊，45～60d 产生精子，60d 可自行交配，但 90d 后体成熟时才为最适繁殖期。雌鼠一般 70～75d 阴道开口，初次发情排卵是在阴道开口前后，80d 体成熟进入最适合繁殖期。大鼠是自发排卵，但在非发情期也可通过强行交配诱导排卵。雌鼠性周期为 4～5d，可分为前期、发情期、后期和发情间期。阴道涂片可判断发情周期。雌鼠成群饲养时，可抑制发情，在有 1 只雄鼠或其排泄物存在的情况下诱发发情。大鼠也存在产后发情。大鼠妊娠期为 19～23d，平均为 21d，每胎产仔数平均为 6～12 只。一般大鼠繁殖和生产使用期为 90～300d。

4. 营养学特点

大鼠是研究营养学的优良动物模型。大鼠对各种营养素缺乏非常敏感，易产生营养缺乏症。如维生素 A、维生素 E、维生素 K、核黄素和硫胺的缺乏可引起不育、皮肤病及出血。大鼠能有效地储存脂溶性维生素 B_{12}，制造维生素 C 以及通过食粪满足其对维生素 B 的大部分需要。此外，大鼠也是研究钙磷代谢的常用动物。

大鼠正常生理生化值及对环境要求见表 3-1。

（二）大鼠在生物医学中的应用

大鼠体型大小适中，繁殖快，产仔多，易饲养，给药方便，采样量合适且容易，畸胎发生率低，行为多样化，在生物医学研究中应用广泛，数量仅次于小鼠。

药物学研究

1）药物毒理学

大鼠常作为药物亚急性试验的动物，评价和确定最大给药量，药物排泄速率和蓄积倾向。药物慢性试验，确定药物的吸收、分布、排泄、剂量反应曲线和代谢，以及服药后的临床和组织学检查。也用于研究药物致畸试验。

在评价药物对副交感神经-神经效应研究中，药物刺激和抑制效应通过大鼠的一些特征表现进行判断，如分泌唾液、外因作用流泪、挠弓背、发抖、不自觉的咀嚼等。评价药物对肾功能的影响可通过大鼠服药后5h的尿量来评价；抑尿可产生肾水肿、利尿可缓解之。评价甾体类避孕药副作用的研究，如服药后发胖、肿瘤发生率高等指标。

2）药效学研究

神经病药物的评价：利血平和阿扑吗啡可诱导大鼠神经性异常行为。可用双胡同障碍迷宫测验或对大鼠有条件回避惩罚或奖励的能力进行测试来评价药物的药效；心血管疾病药物的评价：大鼠血压和血管阻力对药物的反应很敏感，常可用于筛选新药以及研究心血管药物药理和调压作用的动物模型；治疗炎症药物的筛选评价：大鼠踝关节对炎症反应敏感，常用以筛选抗关节炎药物，也可用于多发性关节炎、化脓性关节炎、淋巴腺炎、变态反应性关节炎、中耳炎、内耳炎等治疗药物的评价。

3）行为学研究

大鼠体形大小合适，行为表现多样，情绪反应灵敏，适应新环境快，探索性强，可人为唤起和控制其动、视、触、嗅等感觉，神经系统反应方面与人有一定相似，所以在行为及行为异常的研究中用的很多。如迷宫训练：早期用大鼠做行为学研究多采用迷宫踏板训练大鼠，以测试大鼠的学习和记忆能力；奖励和惩罚效应：采用特殊的电击装置，测试大鼠记忆判断和回避惩罚的能力；药物效应：测试大鼠饲以酒精、咖啡因、鸦片后的行为；高级神经活动：观察假定与神经反射异常有关的行为表现，进行神经官能症、狂躁精神病、精神发育阻滞等高级神经活动障碍研究。

4）老年病学研究

年龄与环境因素密切相关，老年病研究中必须选用SPF以上级别的大鼠，并严格控制环境条件。如衰老的生理生化变化：可从大鼠得到足够量的血样和其他体液样品进行衰老的激素水平等生理、生化研究，探讨衰老过程中与DNA合成、复制、转录和翻译有关酶的活性及其改变；胶原老化：饲喂三醺豆素可引起大鼠胶原中双体和多体增加，而新合成的胶原和弹性蛋白成熟度不够，造成结构蛋白老化的动物模型；饮食方式与寿命的关系：限制大鼠食量每天给以7成量的食物，可延长大鼠寿命并发现其尾腱胶原的老化缓慢。

5）心血管疾病研究

目前已培育出几种高血压品系大鼠。如心肌肥大的自发性高血压大鼠、新西兰自发高血压大鼠、遗传性下丘脑尿崩症高血压大鼠、对盐敏感和抗性的高血压同类系，都是研究高血压的首选动物。另外，还有自发性动脉硬化品系大鼠以及肠系膜动脉多发性结节性动脉炎和心肌炎的动物模型。通过诱发可使大鼠出现肺动脉高压症、心肌劳损、局部缺血心脏病等症状，用于探索发病机理和治疗研究。

6）内分泌疾病的研究

大鼠的内分泌腺容易手术摘除，尤其是垂体更易摘除。因此大鼠常用于研究各种腺体对全身生理、生化功能的调节；激素腺体和靶器官的相互作用；激素对生殖生理功能的调控作用及计划生育。一些因内分泌功能失调造成的疾病，可找到相应的自发或诱发大鼠模型，如尿崩症、糖尿病、甲状腺机能衰退、甲状腺功能低下造成的新生儿强直性痉挛。肥胖品系大鼠用来研究高血脂症。大鼠还用于应激性胃溃疡、卒中、克汀病等与内分泌有关的研究。

7）微生物学研究

大鼠对多种细菌、病毒和寄生虫敏感，适宜复制多种细菌性和病毒性疾病模型，是研究支气管肺炎、副伤寒的重要实验动物。出生 5d 的大鼠接种流行性感冒杆菌用以研究细菌性软脑膜炎。用 1 岁大鼠静脉内接种大肠杆菌可产生肾盂肾炎病的动物模型。病毒性肝炎的疱疹病毒感染的研究常用大鼠。旋毛虫、吸血虫和锥虫等病也可用大鼠诱发形成动物模型。

8）营养代谢病研究

大鼠对营养物质缺乏敏感，可发生典型缺乏症状，是营养学研究使用最早，最多的实验动物。如各种维生素缺乏症、蛋白质、氨基酸及钙、磷代谢的研究；各种营养不良、淀粉样变性的研究。

9）口腔医学研究

大鼠适宜研究龋齿与微生物、唾液及食物的关系、牙垢产生的条件、牙周炎疾病实验。研究口腔组织生长发育及其影响因素。研究口腔肿瘤的发生和治疗等。

（三）大鼠的饲养管理

大鼠饲养环境湿度的波动或突然变化可作为重要应激因子而起作用，促进条件致病菌所致传染病的爆发，从而影响动物的健康以及妨碍得到正确实验结果。空气干燥相对湿度小于 40%结合高温，可引起大鼠尾部皮肤（或趾）环状缩小，称为环状坏死症，尾部环状缩小远侧部分可发生干性坏疽，这在断奶前以及饲养于铁丝网底笼的大鼠最易发生。

大鼠病原体多是通过气溶胶携带传播，由于垫料肮脏、笼内过度拥挤或通风不良，环境内产生过量的氨气，常促使大鼠呼吸道感染，特别是支原体病的发生。大鼠听觉灵敏，对噪声耐受性低，因此强烈噪声会引起吃仔或抽搐现象。光照对大鼠生殖生理和繁殖行为影响较大，在封闭的饲养室多采用光照定时装置，提供适当的昼夜变化周期。

大鼠为杂食性动物，有随时采食的习性，夜间更为活跃，采食亦多。大鼠饲喂全价颗粒饲料，以保证其生长发育的需要。大鼠一般能很好地适应各种给水器具，饲喂时要经常检查给水是否通畅，每次换水应清洗水瓶和吸水管，并定期消毒。

大鼠饲养繁殖人员应每日加料，换饮水，检查动物的生活、病、死情况，观察记录动物室内温度、湿度，整理打扫室内卫生。每周更换垫料两次，清洗消毒饲养室两次，清洗消毒笼具、饮水瓶一次。

三、地鼠

地鼠（hamster）又称仓鼠，是一种小型啮齿类动物，广泛分布于欧亚大陆的许多地区。由野生动物驯养后进入实验室。作为实验动物的主要是两种：金黄地鼠（golden hamster，*Mesocricetus auratus*）又名叙利亚地鼠和中国地鼠（Chinese hamster，*Cricetulus griseus*）又名黑线仓鼠。生物医学研究中80%以上使用金黄地鼠。

（一）地鼠的生物学特性

1. 一般特性

金黄地鼠（图 3-2C）背部毛色为淡褐色，侧面及腹部为白色，成年体长16～19cm，成年体重雌性120g，雄性100g，尾粗短，有颊囊。耳色深，呈深圆形，眼小而明亮，被毛柔软。中国地鼠灰褐色，体形小，体长大约9.5cm，成年体重约40g，眼大呈黑色，外表肥壮，短尾，背部从头顶直至尾基部有一暗色条纹。地鼠属昼伏夜行动物，夜晚活动十分活跃。有嗜眠习惯，熟睡时，全身松弛，如死亡状，不易弄醒。对室温变化敏感，一般于8～9℃时可出现冬眠，低于13℃时易冻死幼仔。因此，室温以22～25℃为宜，相对湿度40%～60%。地鼠生活能力强，食性广泛，以植物性食物为主。口腔两侧有一发达颊囊，内可贮藏多种食物和水便于冬眠时使用。性情凶猛好斗，常互相厮打。繁殖能力强，春末秋初为繁殖高峰季节。

2. 解剖学特点

金黄地鼠门齿终生生长，口腔两侧各有一个很深的颊囊，深度为3.5～

4.5cm，直径为2～3cm。主要功能是储备食物与搬运筑巢材料。脊椎43～44节、胸椎13个、腰椎6个、荐椎4个、尾椎13～14个。肺有5叶：左肺1叶、右肺4叶。胃由前胃和腺胃组成；肝分为6叶：左肝2叶、右肝3叶、还有1个很小的中间叶。小肠的长度为体长的3～4倍，盲肠为体长0.6倍，大肠为体长2.5倍；肾乳头很长，一直伸到输尿管内；全身有15个淋巴中心，35～44个淋巴结；金黄地鼠的睾丸较大，约为体长的1/6～1/7，重约1.6～2g，呈桑葚状，位于腹腔沟内脐部左侧和胃下端，睾丸有两块大的积液囊。子宫呈“Y”形，左右各有一个圆形的卵巢，卵巢一次排卵约20个，雌性有乳头6～7对。地鼠臀髋部有一种腺体，当地鼠处于性兴奋状态时，分泌物会使局部皮肤湿润；雌鼠腺体发育不如雄鼠完全，腺体外露也不明显。

3. 生理学特点

金黄地鼠30～32d性成熟，性周期4～5d，每次持续10h。可分为发情前期、发情期、发情后期和静止期，排卵在发情期的当日傍晚，可持续到深夜，地鼠为常年发情动物，有产后发情的特点。每年产5～7胎，每胎产仔4～12只。新生地鼠无毛，眼、耳紧闭，出生后第5天耳张开，到15d睁眼，21d断乳。金黄地鼠生殖周期短，是啮齿类动物中最短者，约15d（14～17d）左右。生育期为1～5年，雌鼠每年可生5～7胎，每胎产仔约7（4～12）只左右。哺乳期为21d，平均寿命为2.5～3年。成年鼠雌性体重约120g，雄性为100g（90d）（图3-3）。雌鼠较雄鼠强壮，性成熟早，雌鼠每隔五天左右发情一次，每次持续十余小时。除发情期外，雌雄鼠不宜同居，雄鼠常被雌鼠咬伤。

金黄地鼠对皮肤移植反应很特殊，同一封闭群的个体间的皮肤移植均可存活，并能长期成活，而不同种群间的移植则100%被排斥而不能存活。

中国地鼠8周龄性成熟，性周期4.5d（3～7d），妊娠期20.5d（19～21d），哺乳期约20～25d，乳头4对，寿命2～2.5年。中国地鼠染色体11对，大而易辨认，其中X染色体与人类染色体形态相似，而Y染色体形态较特殊。中国地鼠胰岛易退化，细胞萎缩退变，易产生真性糖尿病，血糖可比正常高出2～8倍。

金黄地鼠正常生理生化值及对环境要求见表3-1。

（二）地鼠在生物医学中的应用

1. 肿瘤移植、筛选、诱发和治疗研究

肿瘤组织接种于地鼠颊囊中易于生长，利用颊囊观察对致癌物的反应比较方便，地鼠对可以诱发肿瘤的病毒也很易感，还能成功移植某些同源正常组织细胞或肿瘤组织细胞等。尤其金黄地鼠对移植瘤接受性强，比其他实验动物易生长，所以被广泛应用于研究肿瘤增殖、致癌、抗癌、移植、药物筛选、X射线治疗等。

2. 遗传学研究

中国地鼠染色体大，数量少，易于相互鉴别，是研究染色体畸变和复制机制的极好材料，还常用于组织培养的研究，在对各种组织细胞的体外培养中，容易建立保持染色体在二倍体水平的细胞株，在抗药性、抗病毒性、温度敏感性和营养需要的选择中，建立了许多突变型细胞株。

3. 生殖生理研究

地鼠妊娠期短，仅 16d，雌鼠 28d 即可繁殖，性周期较准，适合用于计划生育的研究。

4. 微生物研究

地鼠对病毒、细菌敏感，适宜复制病毒、细菌性疾病模型，进行传染性疾病的研究；对各种血清型的钩端螺旋体感受性强，病变典型，适宜复制钩端螺旋体的病理模型，进行病原分离等研究。地鼠的肾细胞可供脑炎、流感、腺病毒、立克次氏体及原虫的分离使用，也是制作狂犬疫苗和脑炎疫苗的原材料。

5. 糖尿病研究

近交系中国地鼠易发生自发性遗传性糖尿病，是研究真性糖尿病的良好动物模型。另外，地鼠还可用于营养学、内分泌学、微循环、龋齿、药物等方面的研究。

（三）地鼠的饲养管理

地鼠在饲养管理上与小鼠相似，但金黄地鼠妊娠期短，生长发育快，如小鼠 21d 体重为出生时 7.7 倍，而金黄地鼠为 18 倍，金黄地鼠生殖力也较强。所以饲料中应特别注意蛋白质的含量和质量，在配制的日粮中，蛋白质含量要达到 20%～25%，而且饲料中还必须含有一定量的动物蛋白质（动物性蛋白：植物性蛋白为 1∶2 或 2∶3）。否则地鼠生殖机能会发生障碍，产弱仔数增多。成年鼠每天采料 10～15g，饮水 15～20ml。冬季饲养时应注意适当补充青饲料（如萝卜、白菜），夏季应给予适量的黄瓜、白菜、油菜等。中国地鼠饲料营养与金黄地鼠相似，成年中国地鼠每天采料 3～4g，饮水 3.5～5.5ml。

地鼠有储存食物的习惯，所以在多雨季节饲喂量不能过多，笼盒内饲料残渣每天要清理干净，以防地鼠食潮湿发霉的饲料而引起疾病。在管理过程中勿用手直接接触仔鼠，否则仔鼠易被雌鼠咬死而吞食。笼具要定期洗刷消毒，动物室也要定期清扫消毒，垫料要经高温高压灭菌。

中国地鼠的雌性鼠好斗，性成熟后要按性别分开饲养，以免相互撕咬而伤亡。

第二节 沙鼠、豚鼠和家兔

一、沙鼠

沙鼠（gerbil，*Meriones unguiculatus*）主要分布于我国内蒙古、陕西、宁夏、青海等地的草原地区，是一种小型草原动物。自20世纪60年代开始，由于生物医学科学的发展，国内外科学工作者对沙鼠进行了开发和驯化，目前已作为实验动物使用，并建立了若干远交和近交种群。

（一）沙鼠的生物学特性

1. 一般特性

沙鼠（图3-2D）是一种小型草食动物，大小介于大小鼠之间，成年体重平均77.9g（30～113g），雄大于雌，体长112.5mm（97～132mm），耳长14.5mm（12～17mm），耳壳前缘有灰白色长毛，内侧顶端毛短而少，其余部分裸露，背毛棕灰色，体侧与颊部毛色较淡，腹部呈灰色，尾软粗而长，几乎与躯干等长，约101.5mm（97～106mm），覆有被毛，于尾尖形成毛簇。后肢长而发达，可做垂直与水平运动，长约27～30mm，后肢被以细毛，趾端有弯锥形长而有力的爪，适于掘洞。

沙鼠是昼夜活动的动物，短期剧烈活动与短期休息或沉睡交替，午夜和下午3点左右为活动高峰，行动敏捷，有一定的攀越能力，性情温顺，通常不发生斗殴，但成年沙鼠混群常导致激烈斗殴，并伴有损伤和死亡。沙鼠日排尿量较少，有时仅有几滴，粪便干燥。对温差适应性强。

2. 解剖学特点

沙鼠的齿式为｜1003｜＝16，颈椎7个，胸椎12～14个，腰椎5～6个，荐椎4个，尾椎27～30个，腹中线上有一与毛囊有关的卵圆形棕褐色并被有蜡样物质的由增生的皮脂腺组成的腹标记腺，或叫腹标记垫，其分泌物具有特殊的怪味。雄性沙鼠的腹标记腺较雌鼠大且出现早，成年时会形成无毛区，在沙鼠群养时，以其中最长分泌腺体的动物为统治者。雌鼠的腹标记腺较小（不剪毛一般不易发现），其标记活动在妊娠期及哺乳早期增强。雄性成年沙鼠阴囊突起明显，并在阴囊与肛门周围有黑色素沉着。沙鼠的肾上腺较大，与体重相比较，比大鼠大3倍，其产生的皮质甾酮也较多，所以切除肾上腺的沙鼠不能通过体外补钠而维持钠盐的代谢。沙鼠的一个非常重要的解剖学特征是脑底动脉环后交通枝缺损，没有连接颈内动脉系统和椎底动脉系统的后交通动脉，不能构成完整的Willis环，如将单侧颈动脉结扎常发生脑梗塞，是研究人类脑血管疾病的理想模型。

3. 生理学特点

沙鼠全年都可繁殖，冬季繁殖率稍有下降。雌鼠性成熟期为9～12周，雄鼠为10～12周，性周期4～6d，孕期为25d左右，每胎产仔4～8只，多时可达11只左右，哺乳期为14～29d，仔鼠离乳期为21d左右，离乳时仔鼠体重约12g。成年鼠寿命约2～3年。在实验室饲养条件下，雌鼠一生最高繁殖率为14胎。初生仔鼠无毛，重1.5～2g，贴耳，闭眼。3～4d耳壳数起，第6天开始长毛，第8～9天长出门齿，第16～18天开眼。适配年龄从3～6月龄起，雌鼠可繁殖15个月，沙鼠平均寿命2～4年。

沙鼠正常生理生化值及对环境要求见表3-2。

表3-2 沙鼠、豚鼠、家兔的饲养环境和生理参数

环境要求/生理参数	沙鼠	豚鼠	家兔
环境要求			
温度/℃	20～24	20～24	15～21
相对湿度/%	35～45	50	50～60
换气次数/(次/h)	15～20	10～15	5～15
昼夜明暗交替时间/h	12/12	14/12	12/12
最小饲养空间			
单独饲养地面面积/cm^2	230	600	1kg：1400
			2kg：2000
			3kg：2500
			4kg：3000
			5kg：3600
孵育期地面面积/cm^2	1300（一对）	1200	1kg：3000
			3kg：4000
			5kg：5000
群养地面面积/cm^2		1000	
笼高/cm	15	18	1～2kg：30
			3kg：35
			4～5kg：40
一般生理参数			
成年体重/g			
雄性	80～110	900～1000	2～5kg
雌性	70～100	700～900	2～6kg
寿命/a	3～4	5～6	5～6

续表

环境要求/生理参数	沙鼠	豚鼠	家兔
心率/(次/min)	360	230～380	130～325
呼吸频率/(次/min)	90	42～104	30～60
体温/℃	38.1～38.4	38～40	38.5～39.5
染色体数/2*n*	44	64	44
体表面积/cm^2	190g：205	400g：565	2～5kg：1270
		800g：720	4～8kg：3040
饮水量/[ml/(100g·d)]	4～7	10	6
青春期/周			
雌性	9～12	4～5	16
雄性	9～12	8～10	20
繁殖期/周			
雌性	9～12	9～10	20～36
雄性	9～12	9～10	24～40
动情周期/d	4～6	14～18	
动情期/h	—	1～18	—
妊娠期/d	25～26	68（59～72）	30（28～35）
窝产仔数	4～6	1～6	4～10
新生动物体重/g	2.5～3.0	70～100	30～100
断乳体重/g	—	180～240	—
离乳日龄/d	20～30	15～28	35～56
血液参数			
血容量/(ml/kg)	66～78	69～75	60
血红蛋白量/(g/100ml)	13～16	12～15	10～16
红细胞压积（体积百分比）	44～47	38～48	36～48
白细胞/(×1000/mm^3)	7～12	7～13	5～11
血糖/(mg/100ml)	50～135	60～125	78～155

（二）沙鼠在生物医学中的应用

沙鼠作为实验动物其使用量比大鼠、小鼠、豚鼠、地鼠少得多，但在某些特殊研究领域仍具有重要价值。

1. 脑神经病的研究

由于沙鼠具有独特的脑血管解剖特征，利用它建立脑缺血模型较容易，常用于脑梗塞引起的中风、脑贫血、脑血流量改变等疾患及药物治疗的研究。沙鼠还具有类似人类的自发性癫痫发作的特点，是癫痫研究常用的实验动物模型。

2. 微生物学研究

沙鼠对流行性出血热病毒敏感，而且适应毒株范围广泛，病毒在体内繁殖快，易分离和传代，是研究流行性出血热理想的实验动物模型。另外沙鼠对钩端螺旋体、狂犬病毒和脊髓灰质炎病毒及其他多种病原菌敏感。

沙鼠自然感染寄生虫不多见，但对实验性感染多种丝虫、原虫、线虫、绦虫和吸虫都非常敏感，是研究这些寄生虫疾病理想的动物模型。近年来在对丝虫病的研究中发现沙鼠对丝虫特别敏感，因而被广泛应用于丝虫病及抗丝虫药筛选的研究。

3. 内分泌学研究

繁殖期沙鼠肾上腺皮质类固醇分泌旺盛，同时伴有高血糖和动脉粥样硬化症等。在应激状态下，如过冷或浓乙醚环境中，肾上腺释放糖皮质激素和黄体酮明显增加，但醛固酮分泌不受影响。沙鼠睾丸间质细胞在促黄体生成素的作用下，睾丸间质细胞不仅释放雄性激素，也分泌孕激素黄体酮，二者的分泌呈明显正相关，因此在内分泌研究中可利用沙鼠探索雄性激素对皮质腺发育的影响，也用作研究肾上腺、睾丸间质分泌激素的特点和代谢情况。

4. 代谢病研究

沙鼠血清胆固醇含量极易受饲料胆固醇含量的影响，且肝内类脂质含量较高，能维持高血脂和高胆固醇水平，对研究高血脂、胆固醇吸收和代谢具有重要价值。沙鼠还常用于与糖代谢有关的疾病，如糖尿病、肥胖症、牙周炎、白内障等疾病的研究。

5. 肿瘤学研究

老龄沙鼠（24 月龄以上）大约有 10％～20％自发产生肿瘤，主要发生于肾上腺皮质、卵巢和皮肤等部位。沙鼠是除人以外唯一产生自发性耳胆脂瘤的动物，用电耳蜗记录技术，可清晰地记录出耳胆脂瘤的发生。与其他动物相比，沙鼠对肿瘤的移植比较容易接受，常用于肿瘤生长及转移的研究。

6. 其他

沙鼠耐辐射能力较强，可通过对沙鼠耐辐射能力的研究，探索抗辐射的机理，还可通过研究沙鼠的社会结构及生活区域的特点进行心理和行为研究；另外还可利用沙鼠饮水及尿量关系研究肾功能。

(三) 沙鼠的饲养管理

沙鼠对蛋白质要求较高，在人工饲养条件下，通常饲喂全价颗粒饲料。饲料中注意蛋白质含量，并可适量添加新鲜蔬菜，另外应注意保证充足的饮水。饲养环境应安静、空气流通、清爽，雌雄长期同居繁殖为佳。室内温度保持在22～24℃，湿度50%～70%。沙鼠一般饲养于笼箱中，内铺垫锯末，笼箱要关严，防止沙鼠逃逸，笼箱要定期洗刷消毒。在为沙鼠分笼、配种、更换垫料或保定时，动作要轻柔，切忌粗暴。

二、豚鼠

豚鼠（guinea pig，*Cavia porcellus*）的祖先原产于南美洲平原，作为食用动物而驯养，16世纪作为观赏动物传入欧洲。1780年，Laviser首次用豚鼠作热原质试验，此后开始实验动物化遍布全世界，被广泛应用于生物医学的各个研究领域。

(一) 豚鼠的生物学特性

1. 一般特征

豚鼠（图3-2E）体形短粗，头大，耳朵和四肢短小，无尾，全身被毛，前足有四趾，后足有三趾，趾端有尖锐短爪，两眼明亮，耳壳薄而血管明显，上唇分裂，多种毛色。

豚鼠属草食性动物，喜食纤维素较多的禾本科嫩草。在自然光照条件下，日夜采食，在两餐之间有较长的休息期。一般拒绝苦、咸和过甜的饲料，对限量喂饲料或饮水也不适应。

一雄多雌的群体构成豚鼠明显的群居稳定性。表现为成群活动，休息或集体采食，紧挨躺卧。豚鼠性情温顺，胆小易惊，喜欢安静环境。突然的响声，震动或环境变化，可引起四散奔逃或呆滞不动，甚至引起孕鼠流产。

2. 解剖学特点

1）骨骼系统

全身骨骼由头骨，躯干骨和四肢骨组成。门齿呈弓形，深入颌部，咀嚼面锐利，能终生生长。齿式为1013/1013＝20。

2）消化系统

胃壁非常薄，黏膜呈襞状，胃容量约为20～30ml。肠管较长，约为体长的10倍，其中盲肠发达，约占整个腹腔的三分之一。

3）呼吸系统

气管及支气管不发达，只有喉部有气管腺体，支气管以下皆无。肺分七叶，右肺 4 叶（上、中、下叶和侧叶），左肺 3 叶（上、中、下叶）。

4）淋巴系统

豚鼠淋巴系统较发达，对侵入的病原微生物极为敏感。肺组织中淋巴组织特别丰富，肺中的淋巴结具有高度的反应性，在少量机械或细菌刺激时，很快发生淋巴结炎。

5）神经系统

在胚胎期 42～45d 脑发育成熟，大脑半球没有明显的回纹，只有原始的深沟，属于平滑脑组织，较其他同类动物发达。

6）生殖系统

雌雄豚鼠腹部皆有一对乳腺，但雌性乳头比较细长，位于腺体上面。雌性具有无孔的阴道闭合膜，发情期张开，非发情期闭合。雄性有位于两侧突起的阴囊，内含睾丸，出生后睾丸并不下降到阴囊，但通过腹壁可以触摸到。

3. 生理学特性

1）生长发育

豚鼠妊娠期长，新鼠出生后即能活动，体重一般为 50～115g，据产仔数多少而不同。全身覆有被毛，有牙，眼耳张开。生长发育较快，在出生后的两个月内平均每天增重 2.5～3.5g。成年豚鼠体重一般为 350～600g。寿命一般为 4～5 年。

2）生殖生理

豚鼠性成熟早，雌性一般在 14d 时卵泡开始发育，60d 左右开始排卵。雄性 30d 左右有性活动，90d 后才具有生殖能力的射精。豚鼠一般在 5 月龄左右达到性成熟，才可配种繁殖。豚鼠性周期为 13～20d（平均 16d），发情时间可持续 1～18h，妊娠期长达 65～70d，每胎产仔 1～8 只，多数为 3 或 4 只，仔鼠一般在 15～21d 断奶。豚鼠为全年多发情动物，并有产后性周期。雄性射出的精液含有精子和副性腺分泌物，分泌物在雌性阴道中凝固形成阴栓。此栓被脱落的阴道上皮覆盖，在阴道口停留数小时脱落，查找可确定交配日期，准确率达 85％～90％。

3）血细胞特性

豚鼠红细胞、血红蛋白和红细胞压积比其他实验啮齿动物低。其淋巴细胞中有一种称为 Kurioff 小体，它是一种特殊的单核白细胞，胞质内含有大的黏多糖包含体，通常在血管或胸腺内发现，在雌激素刺激和妊娠情况下，数量比平时明显增多，并由肺和脾红髓转移至胸腺和胎盘。

4）营养代谢

豚鼠由于体内缺乏左旋葡萄糖内酯氧化酶，因此不能合成维生素 C，所需维生素 C 必须来源于饲料中。

豚鼠正常生理、生化数据见表 3-2。

（二）豚鼠在生物医学研究中的应用

1. 药物学研究

1）皮肤刺激实验

豚鼠皮肤对毒物刺激反应灵敏，其反应近似人类，通常用于局部皮肤毒物作用的试验，如研究化妆品对局部皮肤的刺激反应。

2）致畸研究

豚鼠妊娠期长，胎儿发育完全，幼仔形态功能已成熟，可适用于药物或毒物对胎儿后期发育影响的试验。

3）药效评价实验

平喘药和抗组胺药：豚鼠对组织胺类药物很敏感，可引起支气管痉挛性哮喘，常用于药物药效的测试模型；抗镇咳药物：7%的氨气、SO_2、柠檬酸吸入都可引起豚鼠咳嗽，常用于镇咳药物的药效评价；局部麻醉药：豚鼠常用于测试局部麻醉药，如角膜擦伤、皮肤灼伤，坐骨神经刺激；抗结核药物：豚鼠对结核杆菌很敏感，是研究治疗各种结核病药物的首选动物。

2. 免疫学研究

1）补体

豚鼠是实验动物血清中补体含量最高的动物，免疫学实验中所用的补体多来自豚鼠血清。

2）过敏反应或变态反应研究

豚鼠易于过敏，注射马血清很容易复制过敏性休克动物模型。迟发超敏反应性与人类相似，最适合进行这方面的研究。常用实验动物接受致敏物质的反应程度不同，其顺序为：豚鼠＞兔＞狗＞猫＞蛙。

3. 传染病研究

豚鼠对结核杆菌、白喉杆菌、鼠疫杆菌、钩端螺旋体、布氏杆菌以及沙门氏菌都比较敏感，尤其对结核杆菌有高度敏感性，感染后的病变酷似人类的病变，是结核菌分离、鉴别、疾病诊断以及病理研究的最佳动物。幼龄豚鼠用于研究肺支原体感染的病理细胞免疫。

4. 耳科学研究

豚鼠耳壳大，易于进入中耳和内耳，耳蜗的血管伸至中耳腔，可以进行内耳微循环的检查。其听觉敏锐存在可见的普赖厄反射，所以常用于听觉的内耳疾病的研究。如噪声对听力的影响，耳毒性抗生素的研究等。

5. 营养代谢研究

豚鼠体内不能合成维生素 C，且对其缺乏十分敏感，出现一系列坏血病症状，是研究实验性坏血病的良好动物模型。

（三）豚鼠的饲养管理

1. 性别鉴别

用一手抓住豚鼠颈部，另一手扒开靠生殖器孔的皮肤，雄性在圆孔中露出性器官的突起，雌性则显出三角形间隙。另外成年雌性有一对细长的乳头。

2. 饲养环境

豚鼠听觉好，胆小易惊，故环境应保持安静，开放环境，噪声应在60dB以下。

3. 笼具垫料

笼具类型有地面围栏，抽屉式盒子，铁丝网底和实底的塑料笼盒。豚鼠不能攀高，跳跃能力差，传统的饲养方式是水泥或木制的地池饲养，周边有40cm高即可，一般不需加盖。池养或实底笼养时，一般要铺消毒垫料。垫料应是不具机械损伤的软刨花。细小的硬刨花，片屑，锯末可粘在生殖器黏膜上影响交配，甚至损伤生殖器，使豚鼠不孕，粉状垫料易引起呼吸道疾病，不宜采用。

4. 饲喂饮水

豚鼠为粗纤维饲料动物，体内不能合成维生素C，因此饲料中一定要补给。豚鼠每100g体重每日维生素C需要量为4～5mg，在生长、妊娠、泌乳期和受到应激时，每日每100g体重实际需要30～40mg。维生素C缺乏常导致豚鼠跗肘关节肿胀、行动困难、体质衰弱、并易感染细菌性肺炎、急性肠炎和霉菌性皮炎等。维生素C可通过投喂新鲜多汁的水果蔬菜以及在颗粒饲料或饮水中加入维生素C等办法来补给。

三、家兔

家兔（rabbit，*Oryctolagus cuniculus*）是生物医学实验研究中最常用的动物之一，广泛应用于心血管病、内分泌、脂质代谢、遗传学、药理学等实验研究领域。

（一）家兔的生物学特性

1. 一般特征

家兔（图3-2F）体型中等，毛色主要有白、黑、红、灰蓝色，也有咖啡色、灰色、麻色，耳朵大，眼睛大而圆，腰臀丰满，四肢粗壮有力，某些属种雌兔下有肉髯。

家兔具有夜行性和嗜眠性，夜间十分活跃，而白天表现十分安静，除喂食时间外，常常闭目睡眠。当使其仰卧，顺毛抚摸其胸腹部并按摩其太阳穴便可使其进入睡眠状态，在不行麻醉状态下可进行短时间的实验操作。

家兔听觉和嗅觉都十分灵敏，胆小怕惊，散养的家兔喜欢穴居，有在泥土地上打洞的习性。性情温顺但群居性较差，如果群养同性别成兔经常发生斗殴咬伤。喜欢清洁、干燥、凉爽的环境。家兔具有鼠类的啮齿力，喜欢磨牙且有啃木习惯。家兔有从肛门直接食粪的癖好，以吃夜间排出的软粪为主，但不吃已经落地或其他兔排泄的粪便。吃粪可使软粪中丰富的粗蛋白、粗纤维素和维生素B得到重新利用。

2. 解剖学特点

1）骨骼系统

家兔全身骨骼共275块，构成身体的支架，由头骨、椎骨、肋骨、胸骨和前后肢骨组成。有发达的门齿，宽大的臼齿，上颌除一对大门齿外，其后还有一对小门齿，无犬齿。

2）消化系统

家兔属单室胃，横位于腹腔前部。肠道约为体长的10倍；盲肠呈蜗牛状，非常大，长度与体长相近，里面繁殖着大量细菌和原生动物。在回肠和盲肠相接处膨大形成一个厚壁的圆囊，这就是家兔特有的圆小囊。囊内充满淋巴组织，其黏膜分泌碱性液体，中和盲肠中微生物分解纤维素所产生的各种有机酸，有利于消化吸收。

家兔有四对唾液腺，分为耳下腺（腮腺）、颌下腺、舌下腺和眶下腺。哺乳动物一般不具有眶下腺，眶下腺是家兔的一个特点。胰腺散在十二指肠“U”形弯曲部的肠系膜上，浅粉红色，其颜色质地均似脂肪，为分散而不规则的脂肪状腺体，胰导管开口远离胆管开口，这是兔的又一大特点。

3）呼吸系统

肺为海绵状，一般右肺比左肺大，分六叶，左肺二叶（尖叶、心隔叶），右肺四叶（尖叶、心叶、隔叶、中间叶），左右肺中间有纵隔。

4）循环系统

胸腔构造与其他动物不同，胸腔中央有纵隔将胸腔分为互不相通的左右两半，心脏又被心包胸膜隔开，当开胸后打开心包暴露心脏进行实验操作时，只要不弄破纵隔，动物不需做人工呼吸。

5）淋巴系统

兔后肢膝关节屈面腘窝处有一个比较大的呈卵圆形的腘淋巴结，长约5mm，极易触摸固定，适于作淋巴结内注射。

6）神经系统

家兔颈部有减压神经独立分支。人、狗、猫等此神经并不单独行走，而是行走于交感干或迷走神经之中。兔颈神经血管束中有三根粗细不同的神经。最粗、白色者为迷走神经；较细，呈灰色者为交感神经；最细者为减压神经，位于迷走和交感神经之间。

7）感觉器官

家兔耳廓大，血管清晰，便于血管注射和采血。家兔眼球大，虹膜内色素细胞决定眼睛的颜色，白色家兔眼睛的虹膜完全缺乏色素，由于眼球内血管的血液颜色透露，看起来是红色的。

8）生殖系统

雄兔的腹股沟管宽短，终生不封闭，睾丸可以自由下降到阴囊或缩回腹腔。雌兔有 2 个完全分离的子宫，为双子宫类型。左右子宫不分子宫体和子宫角，2 个子宫颈分别开口于单一的阴道。

3. 生理学特性

1）生长发育

家兔生长发育迅速，仔兔出生时全身裸露，眼睛紧闭，耳闭塞无孔，趾趾相连，不能自由活动，出生后 3～4d 开始长毛，4～8d 脚趾开始分开，6～8d 耳朵根内出现小孔与外界相通，10～12d 眼睛睁开，21d 左右即能正常吃饲料，30d 左右被毛形成。仔兔出生时体重约 50g，一月时体重相当于出生时的 10 倍，出生至 3 月体重增加直线上升，3 月以后体重增加相对缓慢。大多数品种的雄兔比雌兔的生长速度快，8 周后表现尤其明显。

2）生殖生理

家兔的性成熟较早，小型品种 3～4 月龄，中型品种 4～5 月龄，大型品种 5～6 月龄，体成熟年龄比性成熟推迟一个月。兔属典型的刺激性排卵动物，交配后 10～12h 排卵，性周期一般为 8～15d，无发情期，但雌兔可表现为性欲活跃期，表现为活跃、不安、少食、外阴稍有肿胀、潮红，有分泌物，约持续 3～4d，此时交配，极易受孕。但无效交配后，由于排卵后黄体形成，可出现假孕现象，产生乳腺，子宫增大等表现，约经 16～17d 而终止。兔妊娠期为 29～36d，平均 32d，母兔妊娠的检查常采用简便易行的摸胎法，一般在配种后 10d 左右进行。哺乳期约 40～45d。小型仔兔于 40～50d、体重 500～600g 时，大型仔兔于 45d、体重 1000～1200g 可离乳。

3）营养代谢

兔属草食动物，有发达的盲肠，对粗纤维的消化力较强，饲料里粗纤维含量不足常可引起消化性腹泻，一般控制在 10%～15%为宜。兔有吃粪癖，喜吃软便，食粪可使其中的蛋白质和维生素 K 等营养物质被重新吸收。

家兔的饲养环境要求和一般生理参数见表 3-2。

(二) 家兔在生物医学中的应用

1. 动脉粥样硬化

家兔属于兔形目（Lagomorphs）动物，和啮齿类实验动物（如小鼠和大鼠）相比，在系统发育上更接近人。家兔的妊娠周期短、性成熟早，体形较大，容易操作，也不存在严重的可以传染给人的疾病。更重要的是，家兔脂蛋白的特征与人相似，在脂蛋白代谢方面更适合于人动脉粥样硬化（atherosclerosis）的研究，是目前研究人动脉粥样硬化应用最广泛的动物模型之一。

1）家兔脂蛋白特征与人类相似

家兔体内低密度脂蛋白（low density lipoprotein，LDL）含量高，与人相似；而啮齿类实验动物体内高密度脂蛋白（ high density lipoprotein，HDL）占优势；家兔的肝脏不能编码载脂蛋白（apolipoprotein，Apo）B48 mRNA，像人的肝脏一样只能合成 ApoB100，而小鼠肝脏既能产生 ApoB100、又可以合成 ApoB48，因此，小鼠的 ApoB48 既存在于肝源性极低密度脂蛋白（very low density lipoprotein，VLDL）中，也存在于肠源性乳糜微粒之中，这一点与人不同，人的 B48 只存在于乳糜微粒之中；和人一样，家兔血浆中富含胆固醇酯转移蛋白(cholesteryl ester transfer protein，CETP)，CETP 在动脉粥样硬化发生和发展中起重要作用；高胆固醇饲料容易诱发家兔动脉粥样硬化，对于大多数小鼠品系则不能，因为小鼠缺乏 CEPT。家兔的这些特性使之成为独特的模型用于研究血浆脂蛋白的代谢以及与动脉粥样硬化的关系（表 3-3）。

表 3-3 人、家兔和小鼠脂蛋白代谢特征的比较

脂蛋白类型	小鼠	家兔	人类
脂蛋白概貌	HDL 含量高	LDL 含量高	LDL 含量高
是否含有 CEPT	否	有	有
肝 ApoB 编辑功能	有	无	无
ApoB48	乳糜微粒，VLDL	乳糜微粒	乳糜微粒
肝脂酶活性	高，70% 在血液中	低，主要局限于肝脏	高，局限于肝脏
肝 LDL 受体	通常较多	低	低
ApoAⅡ	有	无	有
饮食中的胆固醇	多数品系抵制	敏感	—
动脉粥样硬化	抵制	敏感	—

2）高胆固醇饲料诱发动脉粥样硬化

20 世纪初人们就开始使用家兔来研究人的动脉粥样硬化。近几十年的研究证明，高脂饲料中胆固醇含量达 0.2 %～2.0 %，就可使家兔血浆中胆固醇浓度迅速升高。高胆固醇血症的后果使动脉粥样硬化形成和发展。研究发现，饲喂胆固醇饲料 2 周后，家兔血管内皮下细胞外脂质开始沉积，单核细胞和巨噬细胞浸润并出现脂滴。1 个月后，主动脉出现脂肪条纹，内含由巨噬细胞转化的泡沫细胞。3～6 个月时，脂肪条斑变成由细胞内外脂质沉积而成的复杂的纤维斑块（fibrous plaques），这些斑块发展成为严重的动脉粥样硬化病变。平滑肌细胞也变成泡沫细胞，胶原纤维（collagen fiber）合成增加，出现坏死灶（necrotic core），胆固醇结晶体（cholesterol crystal）析出。家兔血管病变主要分布在主动脉弓和胸主动脉，而腹主动脉的病变轻微一些。这些主动脉病变部位的特征是，血管壁内含有大量 LDL 渗入并与胶原和黏多糖黏附、结合。内膜下细胞外滞留的脂蛋白容易发生氧化，引起局部细胞反应，释放各种细胞因子，聚集淋巴细胞、单核细胞和巨噬细胞，表达细胞黏附分子，平滑肌细胞成为合成型并增殖，这些变化是动脉血管壁局部病变的主要反应。

3）自发性高胆固醇血症模型

渡边兔（Watanabe heritable hyperlipidemic，WHHL）和圣·托马斯兔（St. Thomas's hospital strain，STHS）是研究高胆固醇血症和动脉粥样硬化常用的两个自发性动物模型。WHHL 兔是单基因隐性突变造成 LDL 受体缺陷，饲喂普通饲料就可以形成高胆固醇血症和动脉粥样硬化，纯合子 WHHL 兔血清胆固醇的浓度是正常日本大耳白兔的 8～14 倍。WHHL 兔的临床特征和病理变化与人家族性高胆固醇血症（familial hypercholesterolemia）非常相似。使用 WHHL 兔既可以在 LDL 受体缺陷的情况下研究脂蛋白功能，又不需要饲喂高胆固醇饲料就可以直接研究高胆固醇血症和动脉粥样硬化的关系。STHS 家兔肝脏合成 VLDL 功能亢进，饲喂正常饲料就可造成血中 LDL、中密度脂蛋白（intermediate density lipoprotein，IDL）和 VLDL 浓度升高。STHS 兔 LDL 受体功能正常，遗传特征还没有确定，可能是一个主要基因突变引起的。该品系兔脂质代谢的特性和病理变化与高胆固醇饲料诱发的高胆固醇血症不同，具有人复合性高胆固醇血症的特征。

4）转基因兔模型

Hammer 等 1985 年最早用连接小鼠金属硫蛋白基因（metallothionein）启动子的人生长素基因制作成功转基因兔，在家兔的血清中检测到了人生长素。到目前为止，人的 Apo（a）、ApoAI、ApoB、ApoE2、ApoE3 等 20 多个基因等已经在家兔身上表达。此外，人的 Apo（a）、ApoAI、LCAT 等基因已经被导入到 WHH 兔体内。转基因家兔模型是研究血浆中脂蛋白代谢和动脉粥样硬化的重要模型，为研究人动脉粥样硬化的发生、发展提供了新的、独特的方法。

2. 发热及热原实验

家兔体温变化十分灵敏，最易产生发热反应，发热反应典型、恒定。因此，常选用家兔进行这方面的研究。给家兔注射细菌培养液和内毒素可引起感染性发热反应，如皮下注射大肠杆菌或乙型副伤寒杆菌培养液，几小时可引起发热，并持续12h；给家兔注射化学药品或异性蛋白等可引起非感染性发热，如皮下注射2%二硝基酚溶液（30mg）15～20min后开始发热，1～1.5h达高峰，体温升高2～3℃。皮下注射松节油（0.4ml）后18～20h引起发热，24～36h达到高峰，体温升高1.5～2.0℃；药品生物鉴定中热原的检查均选用家兔来进行。如大肠杆菌的热原0.002μg/kg即能使家兔发热。因此，家兔被广泛应用于制药工业和人、畜用生物制品等各类制剂的热原质实验。

3. 免疫学研究

兔免疫反应灵敏，血清量产生较多，被广泛用于人、畜各类抗血清和诊断血清的研制。病原体免疫血清：如细菌、病毒、立克次氏体等免疫血清；间接免疫血清：如兔抗人球蛋白免疫血清，羊抗兔免疫血清；抗补体抗体血清：如兔抗豚鼠球蛋白免疫血清；抗组织免疫血清：如兔抗大鼠肝组织免疫血清，兔抗大鼠肝铁蛋白免疫血清；制备畜用兔化组织疫苗：如猪瘟兔化疫苗。

4. 眼科学研究

家兔的眼球大，几乎呈圆形，体积5～6cm^3、重3～4g，便于进行手术操作和观察，是眼科研究中最常用的动物。如在双眼角膜上复制等大、等深的创伤瘢痕模型。以左右眼对比观察药物疗效和治疗的原理，可排除异体间个体差异。还可在眼前房内移植卵巢皮质，观察药物对排卵的影响。

5. 皮肤反应实验

家兔皮肤对刺激反应敏感，其反应近似于人。常选用家兔皮肤进行毒物对皮肤局部作用的研究，兔耳可进行实验性芥子气损伤和冻伤烫伤的研究，化妆品对皮肤影响的研究，耳朵内侧特别适宜作皮肤的研究。

（三）家兔的饲养管理

1. 性别鉴别

将家兔头部轻轻夹在操作者左侧腋窝下，左手按住兔腰背处、右手拉开尾巴并将尾巴夹在中指和无名指之间，然后用拇指和食指稍稍把生殖器附近的皮肤扒开，雄兔即可见一圆孔中露出圆锥形向下弯曲的阴茎。天热时，雄兔睾丸可离开腹腔进到耻骨联合两侧的阴囊内。雌兔则为一条朝向尾巴的长缝，呈椭圆形的间隙，间隙越向下越窄，此即为阴道开口处。雌性家兔有乳头8～12个。

2. 饲养环境

温度是兔饲养中最敏感的条件之一。外界环境中温度过高过低的变化，均对兔饲养产生不良影响。普通的兔舍温度应维持在16～29℃之间，相对湿度为40%～70%，噪声60dB以下（表3-2）。

3. 笼器具

兔笼一般为不锈钢制成，规格常为 50cm × 40cm × 30cm 的实验饲养笼，80cm×50cm×38cm 繁殖饲养笼，并设有自动冲洗粪尿装置。笼底可用不锈钢丝、竹片或木条。笼底间距 1cm，笼底板要便于粪便掉下来，兔行走方便，且能自由推进，以便于清洗消毒。竹片或木条制定方向应与笼门垂直，以防兔脚形成外向。产箱一般用木料，金属板等材料制成。木制产箱边缘要包上金属，以防啃咬，箱底较粗糙有缝，前方有月牙形缺口，便于仔兔爬出，产箱大小一般能容纳母兔和一窝仔兔为宜。食槽最好用不锈钢制作，也可用陶制或瓷制食盆。

4. 饲喂、给水

为达到家兔的标准化饲养，应饲喂全价营养颗粒饲料，定时喂料一日两次。各种兔均应经常供应足够的清洁饮水，饮水器一般常用乳头式自动饮水器、陶质瓷碗，倒置玻璃瓶等几种方式。

5. 家兔的运输

由于家兔较怕闷热，所以运输时必须用可与外界空气充分流通的运输盒。运输盒要有足够大的空间。

第三节　犬、猫、猪、绵羊/山羊

一、犬

犬（dog，*Canis familiaris*）与人类有很漫长的共同生活和相互依赖的历史，是已被驯养的家养动物，现已被广泛用于动物实验。

（一）犬的生物学特性

1. 一般特性

犬体型较大，大脑发达，喜近人，有服从人的意志的天性。犬习惯不停地运动，故饲养场地需要有一定的活动范围。犬喜食肉类、脂肪及啃咬肉骨头。由于长期家畜化，也可杂食或素食，但饲料中应保证其对动物蛋白和脂肪的基本需要。正常的犬鼻呈油状滋润，人以手背触之有凉感。犬的汗腺很不发达，散热主要靠加速呼吸频率，舌伸出口外喘式呼吸，才能加速散热。视网膜上无黄斑，无最清晰的视觉点。

2. 解剖学特点

全身骨骼包括头骨、椎骨、胸骨、肋骨、前后肢骨及阴茎骨。阴茎骨是犬科动物特有的骨。犬的牙齿具备食肉目动物的特点，犬齿、臼齿发达，撕咬力强，咀嚼力差。仔犬出生后 10 多天即生乳齿，2 个月后开始换齿，8～10 个月恒齿出齐。

犬的胃较大，肠道短，仅为体长的 3～4 倍。犬的循环系统比较发达，与人相似。心脏较大，约占体重的 0.1%～0.5%。雌犬为双角子宫，两侧卵巢完全包围在浆液性囊内，此囊直接与短小的输卵管相通，故犬一般无宫外孕。雄犬无精囊腺和尿道球腺，附睾较大，前列腺发达，有特殊阴茎骨。犬中枢神经系统包括脑和脊髓。脑重量一般约为体重的 1/40～1/30。大脑发达，与人脑有许多相似之处。

3. 生理学特性

犬的视觉不灵敏。每只眼只有单独视野，视角低于 25 度，正面近距离看不见，视力仅 20～30mm。犬还是红绿色盲，故不宜用红绿色作为刺激进行条件反射实验。犬的嗅觉发达，鼻黏膜上布满高敏感的嗅神经细胞，嗅神经极为发达，嗅觉超过人类嗅觉细胞 1000 倍。犬的听觉也很灵敏，比人灵敏 16 倍，可听范围在 50～55 000Hz。犬的味觉不够敏感，但触觉较敏感。

犬属于春秋季单发情动物，发情后 2～3d 排卵。性周期 180d，发情期 8～14d，妊娠期 60d，每胎平均产仔 6 只，哺乳期 60d。

犬的饲养环境和正常生理、生化数据见表 3-4。

表 3-4 犬、猫、猪、绵羊/山羊的饲养环境和生理参数

环境要求/生理参数	犬	猫	猪	绵羊/山羊
环境要求				
温度/℃	15～21	15～21	17～24	10～24
相对湿度/%	40～60	40～60	40～60	40～60
换气量/[m^3/(h·只)]	20～80	20～50	100～180	100～150
昼夜明暗交替时间/h	—	—	—	
最小饲养空间				
单独饲养地面面积/m^2	0.75～1.75	0.2～0.6	0.35～0.8	1.4/1.6
孵育期地面面积/m^2	—	2	—	—
群养地面面积/m^2	1～4	0.2～0.6	0.2～2.5	0.7/0.8
笼高/cm	60～180	50	50～80	1200/2000
一般生理参数				
成年体重/kg				
雄性	10～80	3～7	200～300	50～70
雌性	10～60	3～4	150～220	50～60
寿命/a	10～15	10～17	14～18	10～15
心率/(次/min)	80～150	100～120	60～90	70～80
呼吸频率/(次/min)	20～30	20～40	8～18	12～25

续表

环境要求/生理参数	犬	猫	猪	绵羊/山羊
体温/℃	38～39	38～39.5	38～40	38.5～40
染色体数（$2n$）	78	38	38	—
饮水量/[ml/(100g·d)]	—	0.03～0.25	2～6	—
青春期/月				
雌性	8～14	6～8	5～7	6～10
雄性	7～8	6.5～7	5～7	6～10
繁殖期/月				
雌性	>12	10～12	>7	>10
雄性	9～14	>12	>7	>10
动情周期/d	4～8月	15～18	18～24	14～20/15～24
妊娠期/d	63～67	60～65	110～118	144～115
窝产仔数	3～6	3～5	11～16	1～2
新生动物体重/g	200～500	90～130	900～1600	—
断乳体重/g	1.5～4	0.6～0.8	6～8	—
离乳日龄/月	6～7	7	4～7	4～8
血液参数				
血容量/(ml/kg)	72～77	65～75	74	80/60～70
血红蛋白量/(g/100ml)	12～17	11～14	11～13	11～13/8～12
红细胞压积（体积百分比）	37～55	24～55	41	32/34
白细胞/($\times1000/mm^3$)	7～17	9～20	8～16	15～20/8～12
血糖/(mg/100ml)	60～80	75～110	60～90	30～60

注："—"表示无推荐标准或不确定。

（二）犬在生物医学中的应用

1. 实验外科学

犬广泛应用于实验外科各方面的研究，如心血管外科、脑外科、断肢再植、器官和组织移植等。临床外科医生通过实验以取得经验和技巧，然后应用于临床。

2. 基础医学研究

犬是目前基础医学研究和教学中最常用的动物之一。尤其在生理、药理、病理生理等实验研究中起着重要的作用。犬的神经、血液循环系统很发达，适合做失血性休克、弥漫性血管内凝血、脂质在动脉中的沉积、动脉粥样硬化症、急性心肌梗塞、心律失常、急性肺动脉高压、条件反射、脊髓传导实验、大脑皮层定位等实验研究。犬常用于新药在临床前的各种药理试验、代谢试验以及毒性试验。

3. 慢性实验研究

犬易于调教，通过短期训练即可较好地配合实验，非常适合于进行慢性实验研究。犬的消化系统发达，与人有相同的消化过程，常用于慢性消化系统瘘道的研究。如可用无菌手术方法做成唾液腺瘘、食道瘘、肠瘘、胃瘘、胆囊瘘来观察胃肠运动和消化吸收、分泌等变化。

4. 品种

毕格犬（Beagle）原产英国，是猎犬中较小的一种。毕格犬体形小，成年体重为7～10kg，体长30～40cm，短毛，花斑色。秉性温和，易于驯服和抓捕，是目前生命科学研究标准的犬种。

（三）实验犬的饲养管理

1. 性别鉴定

犬的性别鉴定很容易，只需要观察暴露在体表的生殖器官就可分辨雌雄，雄犬有睾丸和阴茎，雌犬有乳头和阴道。

2. 饲养环境

犬饲养场所应在独立区内，室内饲养应有隔音设备，犬场和犬舍需要双重门设施，上、下水系统需要较大的水管，备有动力、照明装置。采取散养式饲养犬时，犬舍应建在地势较高，远离人类生活区的地点，一般都建有犬的运动场。实验犬一般采取笼养饲养，笼长和宽各80cm，笼高100cm，笼底为可拆卸的不锈钢网，网格为2.5cm×2.5cm，此犬笼可饲养中型实验犬一只（表3-4）。

3. 饲喂与营养

目前广泛使用有全价营养的膨化颗粒饲料饲育繁殖犬及实验犬，按犬体重的4%供应饲料，可保证犬的生长发育的需要。如需要自行配置饲料进行短期饲养，犬饲料中应保证蛋白质25%以上。成年犬一般每日给食2次，生产母犬、幼犬可每日3次。

4. 清洁卫生

每天清洗饲犬食具、犬笼和犬舍场地，定期清洗犬体，保持犬体卫生。工作人员在工作时注意观察犬的精神状态、进食情况、口、眼、鼻、皮肤及外阴部有无异常以及行为习性等情况，以保证犬的健康。

5. 运动与调教

运动可使犬新陈代谢旺盛，增进食欲，抵抗力强。种犬、慢性实验犬、用于条件反射研究的犬，均需要进行适当的调教，使犬能做到“听得来，牵得走，抱得起”，以配合实验的顺利进行，给饲养人员带来极大的方便。

6. 隔离检疫

新购入犬需要有检疫和注射狂犬疫苗证明，隔离饲养21～28d方可进入饲养场地，并在此期间进行临床症状观察、血液生化检查、驱虫等工作。

二、小型猪

猪（miniature pig，*Susscrofa domestica*）在解剖、生理、营养和新陈代谢等方面与人类非常相似，故成为研究人类疾病的重要动物模型。但由于普通猪体躯肥大，不利于实验的管理和操作，同时考虑到节省饲养管理费用，国内外科技工作者利用野生或半野生土种猪和家养猪交配，或利用自然的小体型猪培育出了小型猪，成为理想的动物实验材料。此节主要介绍小型猪。

（一）小型猪的生物学特性

猪是杂食动物，吃得多，消化快，能消化大量饲料。

猪齿式为（3143/3143）＝44，有发达的门齿和犬齿，齿冠尖锐突出，臼齿也较发达。颈椎17块、胸椎14块、腰椎14块（包括4块荐椎)、尾椎21～23块。

猪的贲门腺占胃的大部分，猪的幽门腺比其他动物宽大。猪胆囊的浓缩能力很低，且肝分泌胆汁的量也相当少。胃为单室混合型，在近食管口端有一扁圆椎形突起，称憩室。消化特点介于食肉类与反刍类之间。

猪和人皮肤组织结构很相似，上皮修复再生性相似，皮下脂肪层和烧伤后内分泌与代谢的改变也相似。

猪的心血管系统、消化系统、皮肤、营养需要、骨骼发育以及矿物质代谢等都与人的情况极其相似，小型猪的体型大小和驯服习性允许进行反复采样和进行外科手术。

雄猪性成熟期早，3月龄就可用于配种；雌猪4月龄开始发情，即可配种。发情期持续4d左右，妊娠期114d左右。由于性早熟，多胎，经产雌猪一年能产2胎。若缩短仔猪哺乳期和使用激素，则可达到每只雌猪2年产5胎，甚至1年产3胎。

猪对饲养环境要求和正常生理、生化数据见表3-4。

（二）小型猪在生物医学中的应用

1. 皮肤烧伤研究

烧伤和烫伤是临床上常见的疾病。由于猪的皮肤与人的非常相似，包括体表毛发的疏密，表皮厚薄，表皮具有的脂肪层。表皮形态学和增生动力学（猪30d，人21d)，烧伤皮肤的体液和代谢变化机制等，故小型猪是进行实验性烧伤研究的较理想动物，用于烧伤后创面覆盖，比常用的液体石蜡纱布要好，其愈合速度比后者快一倍（13d 和 25d），既能减少疼痛和感染，又无排斥现象，血管联合也好。

2. 心血管病研究

小型猪在老年病的冠状动脉研究中特别有用，其冠状动脉循环在解剖学、血流动力学方面与人类很相似，幼猪和成年猪可以自然发生动脉粥样硬化，其病变前期与人相似，猪和人对高胆固醇饮食的反应是一样的。某些品种的老龄猪在饲喂以人的残羹剩饭后能产生动脉、冠状动脉和脑血管粥样硬化病变，与人的特点非常相似。因此，猪可能是研究动脉粥样硬化较好的动物模型。

3. 悉生猪和猪心脏瓣膜的应用

悉生猪和无菌猪可用于研究各种细菌、病毒、寄生虫病、血液病、代谢性疾病和其他疾病。利用猪的心脏瓣膜来修补人的心脏瓣膜缺损或其他疾患，目前国外已普遍推广，每年可达几万例，我国临床上也已开始应用。

（三）小型猪的饲养管理

饲料可用混合饲料或特制的固型饲料。根据实验要求，饲料中不得加入抗生素和激素类添加剂（这在家畜猪饲料中是常用的添加剂）。日给食 1～2 次，猪极贪食，常是给多少吃多少。小型猪的一日饲料量，要根据它的体重来计算，一般为体重的 2%～3%。小型猪的饲料配方可根据当地实际条件灵活选配。

小型猪要进行预防接种，主要预防接种猪霍乱、猪丹毒、日本脑炎和猪细小病毒传染性疾病的疫苗以及猪传染性胃肠炎和猪萎缩性鼻炎疫苗。

平时应观察猪的食欲、粪便有无异常，尤其是腹部膨胀，疼痛时弓腰等不适症状。如出现便秘、下痢和呕吐者，要及时对症治疗。

三、猫

猫（cat，*Felis catus*）自 19 世纪末开始应用于动物实验。近年来，不少国家开始以供实验研究为目的，对猫进行专门的饲养、繁殖，已经开始纯化和培育出了无菌猫、SPF 猫。

（一）猫的生物学特性

猫一般喜爱孤独而自由的生活，喜欢舒适、明亮、干燥的环境，有在固定地点大、小便的习惯，便后立即掩埋。牙齿和爪十分尖锐，善捕捉、攀登，经过驯养的猫比较温顺。每年春夏和秋冬，各换毛一次。喜食鱼、肉，能用舌舔除附在骨上的肉。猫对环境变化敏感，有对良好食物和适宜生活环境的要求。经调教对人有亲切感。

猫的齿式为3131/3121=30。有12个不大的门齿，4个锐利的犬齿和锐利的臼齿，上颌的后假臼齿和下颌的第1臼齿特别粗大。猫的颈椎7块，胸椎13块，腰椎7块，荐椎3块，尾椎21块，肋骨13对，前肢5趾，后肢4趾。有阴茎骨。爪发达而尖锐，呈三角钩形，能伸开缩回，趾垫间有少量汗腺。

胸腔较小，腹腔很大。单胃，肠较短，盲肠小，肠壁较厚。大网膜非常发达，连着胃、肠、脾、胰，有固定作用和保护作用。肝分5叶，肺分7叶，双角子宫，腹部有4对乳头。雄猫排尿向后方。

舌上有无数突起的丝状乳头，被有较厚的角质层，成倒钩状，这个特点是猫科动物特有的。大脑和小脑发达，头盖骨和脑有一定的形态特征。猫眼和其他动物不同，能按照光线的强弱灵敏地调节瞳孔，白天光线强时瞳孔可收缩成线状，晚上瞳孔可变得很大，视力良好。口边有触须，具有感觉性能。

猫属典型的刺激性排卵，即只有经过交配刺激，才能排卵。发情时，雌猫发出粗大叫声，骚动不安，手压猫背，有踏足举尾动作。交配时发出特有叫声，交配后可见到雌猫在地上打滚的行为，交配后24h开始排卵。孕期63d（60～68d）。寿命8～14年。

猫对呕吐反应灵敏，受到机械和化学刺激易发生咳嗽。平衡感好。瞬膜反应敏感。血压稳定，血管壁较坚韧。

（二）猫在生物医学中的应用

猫具有极敏感的神经系统，头盖骨和脑的形状固定，是脑神经生理学研究的绝好实验动物。

猫血压恒定，血管壁坚韧，心搏力强，便于手术操作，能描绘完好的血压曲线，适合进行药物对循环系统作用机制的分析。还可通过瞬膜反射，分析药物对交感神经和节后神经节的影响。易于制备脊髓猫以排除脊髓以上中枢神经系统对血压的影响。

用猫可制备很多疾病动物模型。如弓形体病，Klinefelter综合征，先天性吡咯紫质沉着症、白化病、耳聋症、脊柱裂，病毒引起的营养不良、急性幼儿死亡综合征，先天性心脏病、草酸尿、卟啉病等。

（三）猫的饲养管理

猫的饲料中动物性饲料应占30%～40%。特别注意补给维生素A、D和B。猫能耐受脂肪，食物中可含一定脂肪。

环境要求清洁干燥。猫对异常气体和蒸气，酚类消毒药，酚噻嗪敏感，要避免产生异常气体和使用这些刺激物。对新入场猫要做隔离检疫，至少21d以上。

猫的饲养环境要求和正常生理生化数据见表3-4。

四、山羊

(一) 生物学特性

山羊(goat, *Capra hircus*)雌雄皆有角。山羊性情活泼,行动敏捷,易驯养,采食性广,喜合群,爱清洁、干燥,厌恶潮湿,抗病强,繁殖力强,一般两年三产或一年两产,每胎产 1~3 羔。性成熟年龄为 6 个月,最佳繁殖年龄为 3~5岁。性周期 21d(15~24d),发情持续 2~3d,一般均在秋季,发情后9~19h 排卵,妊娠期 148d(141~159d),哺乳期 3 个月。

(二) 山羊在生物医学研究中的应用

山羊颈静脉表浅而粗大,采血容易,在血液学诊断、微生物学血液培养基等均大量使用山羊血,山羊又是免疫学研究和生物医学研究中较好的实验动物。奶山羊乳腺发达,产奶量大,可用于泌乳生理学的研究。此外,还应用于营养学,放射医学、实验外科学、微生物学研究及复制肺水肿模型等。

(三) 饲养管理

实验山羊以舍养为主,设专用羊舍和运动场。饲料中青饲料每只每天 3 kg 青草和鲜树叶,带羔母羊补以精饲料玉米、麦麸为主,豆科料约占 40%,每日每只 0.3~0.5kg。冬春季尚可喂胡萝卜或甘薯,保持自由饮水,应用自来水。羊舍定期清洁消毒。

山羊和绵羊对饲养环境要求和正常生理、生化数据见表 3-4。

五、绵羊

(一) 生物学特性

绵羊(sheep, *Ovis aries*)较山羊温顺,合群性好,灵活性与耐力较差,喜干燥,潮湿环境易使绵羊患腐蹄病和感染寄生虫,怕热不怕冷,夏季要及时剪毛,对疾病有较强抵抗。喜吃青草而不喜吃树叶,饲料的消化力强,利用率高。绵羊嘴尖、唇薄,齿唇有一纵沟,如兔唇状,较灵活有利于采食牧草,下颚门齿向外有一定倾斜度,食很短的牧草。绵羊为反刍动物,有 4 个胃,其胰腺不论进食时或平时都不断地进行分泌,胆囊的浓缩能力较差。

绵羊性成熟为 7~8 月龄,性周期 17d(15~18d),发情持续时间平均为 24h,排卵在发情后 12~41h 内,妊娠期 150d(140~160d),哺乳期 4 个月,每胎产仔 1~2 只。

（二）绵羊在生物医学中的应用

绵羊为免疫学研究中常用的动物，可用其制备抗人全血清免疫血清，研究肿瘤、巨球蛋白血症和丙种球蛋白缺乏病。红细胞是许多血清学试验如体外结合试验的主要材料。此外，还用于生理学实验，实验外科学等。绵羊的蓝舌病还用于人类的研究。

（三）饲养管理

编号：可用插耳法、剪耳法、里刺法和烙角法。捕捉：趁羊不备时迅速抓住羊的左耳或右耳，也可抓住脚的飞节上部。剪毛：每年 6 月进行，粗毛羊 9～10 月再剪一次。饲料为精粗混合，以青饲料为主。

第四节 非人灵长类

猕猴（rhesus monkey，*Macaca mulatta*），也叫恒河猴，是生物医学研究中最常用的非人灵长类实验动物。除此之外，狨猴（marmoset）、食蟹猴（cynomolgus monkey）和黑猩猩（chimpanzee）也用于实验研究。在这里只简单介绍猕猴的特性及应用。

一、猕猴的生物学特性

1. 一般特征

猕猴体型中等且匀称，两眼朝前方，眉骨高，眼窝深，背毛棕黄色至臀部逐渐变深，为深黄色，肩及前肢色泽略浅，胸腹部浅灰色，冠毛向后，面部呈肉红色，尾巴约为体长的 1/2，尾毛长而密，下垂。

猕猴是热带、亚热带动物，野生时群栖于接近水源的有林区或草原。群居性强，喜闹，雌雄老幼几十只生活在一起，由直线型社会组成。群猴领袖即为猴王，是最凶猛，强壮的雄猴。猴群活动范围较固定，群体之间从不相互跨越。

猕猴为杂食性动物，以植物果实、嫩叶、根茎为主，有颊囊，可用来储存食物。善攀登，跳跃，会游泳。大脑发达，聪明伶俐，动作敏捷，好奇心与模仿力很强。有较发达的智力和神经控制。猕猴的拇指和其余四指相对，具有握力，能用手操纵工具，这是高等动物的一个特征。猕猴之间经常斗架，受惊吓会发出叫声。经驯养后，能领会和配合实验者进行实验。不能体内合成维生素 C，需从食物中摄取。

2. 解剖学特点

猕猴具有一般哺乳动物的共同特征，有爪、锁骨和胎盘，具有骨质环绕的眼眶，有三种牙齿和脱落更新的恒齿，乳齿齿式为 212/212＝20；成年齿式为 2123/2123＝32。有发达的盲肠。拇指与其他指头相对，指上有扁平指甲。雄性阴茎下垂，睾丸在阴囊内。雌性胸部有两个乳房。大脑发达。肺叶不成对，右肺 3～4 叶，左肺 2～3 叶。单子宫。有性皮肤，即雌性动物生殖器附近以及整个臀部，在排卵前期，特别是排卵期呈明显的肿胀、发红，月经之前消退，青春期和年轻的猴最明显。

3. 生理学特性

猕猴性成熟雄性 3 岁，雌性 2 岁。月经发生之前，会出现乳腺肿大，月经时最明显，月经后开始消退。有明显的繁殖季节。雄猴精液射出后 1min 内形成凝块，正常射精量为 4～5g，在 37℃，30～40min 后自溶为 0.5～0.7ml 富含精子的液体。妊娠期 165d 左右。每胎产仔 1 个，极少 2 个，年产 1 胎。分娩前步态不稳，食欲下降。分娩时雌猴用手帮助胎猴娩出，舐仔，并吃胎盘，臀位产相对比人高。新生猴体重约 0.4～0.55kg，出生后 8h 睁眼，第一天不会吮奶，幼猴会抓住雌猴腹部或背部皮肤，在母亲携带下生活。出生 7 周后，可离开母体，独自游玩。哺乳期半年以上。适配年龄，雄性 4.5 岁，雌性 3.5 岁，寿命为 20～30 年。

几种常见非人灵长类动物饲养环境要求及生理、生化参数见表 3-5。

表 3-5　几种常见非人灵长类动物的饲养环境和生理参数

环境要求/生理参数	狨猴	食蟹猴	猕猴	黑猩猩
环境要求				
温度/℃	22～28	20～24	20～24	20～24
相对湿度/%	40～60	50～70	50～70	50～70
换气次数/(次/h)	—	9～12	9～12	9～12
昼夜明暗交替时间/h	13/11	13/11	13/11	13/11
最小饲养空间				
单独饲养地面面积/m^2	0.25	0.7～0.9	0.9～1.1	2.5
孵育期地面面积/m^2	0.25	0.9	1.1	—
群养地面面积/m^2	0.25	0.7	0.9	—
最小笼高/cm	60	90	90～120	200
一般生理参数				
成年体重/kg				
雄性	0.4～0.6	2.5～6	4～9	35～45
雌性	0.4～0.5	4～8	6～11	45～60
寿命/a	10～16	15～25	20～30	40～50

续表

环境要求/生理参数	狨猴	食蟹猴	猕猴	黑猩猩
心率/(次/min)	—	100～150	100～150	85～90
呼吸频率/(次/min)	—	40～65	40～65	30～60
体温/℃	—	37～40	36～40	36～39
染色体数（2*n*）	—	—	42	48
体表面积/cm^2	—	—	—	—
饮水量/[ml/(100g·d)]	—	—	—	—
青春期/年				
雌性	0.8～1	3～4	3～4	6～8
雄性	0.8～1	3～4	3～4	8～10
繁殖期/年				
雌性	1.5～2	4～5	3～4	9～10
雄性	1.5～2	4～5	4～5	10～12
动情周期/d	27～29	31	29	32～38
月经期/d	无	4	3	—
妊娠期/d	142～146	161	155～170	210～250
窝产仔数	2～3	1	1	1
新生动物体重/g	25～35	300～400	450～500	1500
断乳体重/g	80～120	800～1200	1000～1500	—
离乳日龄/月	3～6	12～16	12～16	36
血液参数				
血容量/(ml/kg)	70	—	50～90	62～65
血红蛋白量/(g/100ml)	—	—	11～12.5	10～14
红细胞压积（体积百分比）	—	—	39～43	38～43
白细胞/(×1000/mm^3)	—	—	7～13	10～14
血糖/(mg/100ml)	—	—	60～160	80～95

注：“—”表示无推荐标准或不确定。

二、猕猴在生物医学中的应用

猕猴在形态和机能上有很多与人类相似的部分，所以是医学和生物学研究中最重要的动物模型。全世界每年应用于疫苗生产、检验和医学研究、生物学研究的猴子达到几万只。

1. 生理学研究

可用于脑功能、血液循环、血型、呼吸生理、生殖生理、神经生理、内分泌、行为学及老年学等方面的研究。

2. 传染病研究和疫苗试验

猕猴是某些人类传染病病唯一易感动物。如肝炎病毒、脊髓灰质炎病毒、麻疹病毒、B病毒、马尔堡病毒、艾滋病病毒、痢疾杆菌、赤痢阿米巴等，也是结核分枝杆菌的易感宿主。在制造和鉴定脊髓灰质炎疫苗时，猕猴是唯一的实验动物。

3. 药理和毒理学研究

猕猴与人的生殖生理非常接近，是人类避孕药研究极为理想的实验动物。筛选抗震颤麻痹药物最有价值的方法是电解损伤引起猴震颤。猕猴对麻醉药与毒品的依赖性表现与人类较接近，戒毒症状较明显，且易于观察，是新镇静剂进入临床前必须的试验。猴是药物新陈代谢研究的良好实验动物，在已研究的化合物中，证实71%药物在猴体内代谢和在人体内代谢相似。猕猴也是药物致畸研究的理想实验动物。

4. 器官移植研究

猕猴是研究人类器官移植的重要动物模型，猕猴的主要组织相容性抗原（RHLA）与人的HLA抗原相似，有高度的多态性，基因位点排列同人类相似，是灵长类动物组织相容性符合体基因区域的主要研究对象。

另外还可用猕猴复制动脉粥样硬化模型、慢性气管炎模型、帕金森病动物模型、行为异常的模型等。进行实验肿瘤学、牙科疾病、放射医学研究、遗传代谢性疾病研究，如新生儿肠道脂肪沉积、蛋白缺乏症、胆石症、先天性伸舌白痴、酒精中毒性胰腺炎等。

三、猕猴的饲养管理

饲养猕猴的方法主要有两种，笼养和舍养。检疫驯化群、隔离群、急性实验群用笼养；繁殖群和慢性实验群可舍养。饲养笼要配有锁或门闩固定系统，笼底下设废物盆，并使动物不能碰到。合理安置料斗和饮水器。舍养房舍多样，内室供休息、避风雨、防寒，外室供活动，采用露天封闭铁栏或网眼结构。所有笼、舍门应向内开。活动场也可设能攀登的架空金属杆，以利于活动。

饲喂食物多种多样，由谷类主食和瓜菜等组成，但也需一些动物性食物，如蛋类、鱼粉、牛奶等。饲料中应含有足够的维生素C和矿物质。成年猴需食物450～500g/d，其中谷物150～200g，瓜菜300g。食物要煮熟或加工成饼干颗粒料，也可微火焙制某些谷物，豆类可用盐水浸泡12h以加强适口性。喂食时应先粗后细，每日将定量分3次以上投喂。需随生长需要调节喂食量。瓜菜饲料质量要保证。饮水必须全日满足，无自动饮水设备时，更要注意保持水质清洁，每日更换。饮水量成年猴平均约350～400ml/d。

对新入场猴必须进行隔离检疫。在完全隔离情况下进行检疫至少要有1个月以上的检疫期。在此期间要登记，编号，做好临床观察记录和有关生理生化项目的检验。必须进行结核菌素试验和驱除体内外寄生虫，还应特别注意其他人兽共患病检查。另外，还要定期对工作人员进行健康检查。平时被猴抓、咬伤要特别注意及时处理和治疗。工作时佩带必需的防护用品。

繁殖方法依饲养方式而不同。群猴饲养不用过多管理，但繁殖率不高。舍养时1只雄猴配置3～12只雌猴。笼养时，待雌猴月经后第11～17天，性皮肤肿胀最明显时转入雄猴笼。经过观察相合后，任其自行交配，交配后分笼饲养。交配后及时通过观察雌猴体征，月经、奶头变化，直检或激素试验，超声检查进行妊娠诊断。妊娠猴最好放入具有室内室外猴笼的猴房，进行单居饲养，除非特殊情况，一般不要捕捉。母猴分娩多在夜间，分娩时非遇难产不需人工护理。母猴通常有很好的带仔性，但单笼饲养，产第一胎的母猴往往母性较差。仔猴3月龄开始采食，需增加饲喂量。6～7月龄可完全采食成年猴食物。母猴缺奶或不愿带仔时需要人工哺乳。特别注意室温维持20℃左右，喂给大米粥或加糖牛奶。

第五节 鸟类、鱼类、两栖类和爬行类

一、鸡

和其他鸟类动物相比，鸡（chicken，*Gallus Domesticus*）在生物医学研究中应用最广。鸡作为实验动物是从1789年Pastaur用鸡研究禽霍乱开始的。

1. 鸡的一般特性

体表被覆丰盛的羽毛。没有汗腺，通过呼吸散热，怕热更甚于怕冷。肺为海绵状，紧贴于肋骨上，无肺胸膜及膈膜。肺上有小气管直通气囊，气囊共有九个。无膀胱，输尿管直通泄殖腔，粪尿常一起排放。在泄殖腔上有重要免疫器官法氏囊。胸腺紧贴于细长的颈部皮下，红细胞有核，呈椭圆形。

鸡的体温高，标准体温41.5℃，心率及呼吸速率快。听觉灵敏，习惯于四处觅食，不停地活动，用灵活的两脚爪向后刨。常常对色彩很敏感，如鲜红的血会对鸡形成刺激，引起鸡追随啄食，造成严重损伤。环境和管理不良易产生异嗜癖。

2. 鸡在生物医学中的应用

（1）疫苗生产和鉴定：鸡卵是生物制品生产的重要原料。鸡胚常用于病毒的培养、传代和减毒，因此常用于病毒类疫苗生产鉴定和病毒学的研究。

（2）药物研究：在某些药物评价试验中要用鸡或鸡的离体器官。还可用于筛

选抗癌及抗寄生虫药等。

(3) 传染病研究：用于研究支原体感染引起的肺炎和关节炎，用于研究链球菌感染、细菌性内膜炎。

(4) 内分泌学研究：研究阉割后引起的内分泌性行为改变。进行雄性激素、甲状腺机能减退、垂体前叶囊肿等内分泌性疾病的研究。

(5) 营养学研究：适合于研究 B 族维生素，特别是 B_{12} 和维生素 D 缺乏症。其高代谢率适合于研究钙磷代谢的调节，嘌呤代谢调节。

3. 鸡的饲养管理

鸡的饲养管理分为孵化、出雏、育雏和成年鸡管理几个阶段。孵化出雏：孵化的 3 周内，保持温度和相对湿度适宜极为重要（温度 37.8℃，相对湿度 85%）。18d 后将蛋转入出雏盘，21d 时出雏，出雏的小鸡在破壳后 1d 内转入育雏室。育雏：1d 雏鸡应保持其环境温度为 32～33℃，然后每周降 3℃，直到 5 周龄降到 18℃，并一直保持。育雏期间根据不同发育阶段给予不同的饲料，0～6 周龄饲喂中雏饲料，10～18 周饲喂大雏饲料，18 周龄后饲喂成鸡饲料。成年鸡：人工光照能满足生殖要求，繁殖时可采取雄雌比 1∶10～16，自然交配或人工授精方式。

二、鱼类

鱼类（fish）品种繁多，可达 3 万～4 万种，是脊椎动物门中品种最多的纲，比哺乳类动物多近 10 倍。

1. 鱼的生物学特性和解剖学特点

鱼是变温动物，能适应水温变化而改变体温，从水温零下到温泉水温（40℃）都能适应。可通过改变水温来控制鱼的体温，以研究其生理生化反应。

鱼类的皮肤不同于哺乳类动物，鱼的皮肤无角质层而有保护层，该层组织是由黏多糖物质、黏液、脱落细胞、免疫球蛋白和游离脂肪酸构成。

鱼用腮呼吸。鱼在水中的气体交换主要是腮，皮肤和肺也可交换。鱼的心脏和网状内皮系统与哺乳动物不完全相同，鱼只有一个心房和一个心室。网状内皮系统无淋巴结，鱼心房和腮板内皮内有吞噬细胞，肝、脾、肾中有巨噬细胞积聚，这是鱼类独具的特征。

各种物理、化学的刺激都能影响鱼的行为。缺氧可刺激鱼游至富氧层，鱼的嗅觉特别敏感，气味感觉对鱼的行为影响最大。如鱼的信息素（从一个个体分泌出的能促进同一鱼种的另一个个体的特异性反应的物质）可识别幼鱼和帮助群游。不同鱼种繁殖行为多样化，有卵生和胎生鱼种，即便是卵生鱼种的繁殖行为也是多样的，故在生殖生物学上无法作统一结论。

鱼和哺乳类动物的营养需求相似，特别在氨基酸、维生素、无机盐等方面。

不同食性的鱼对营养的需求有很大差异。专制的鱼饵料，是实验用鱼的理想营养来源。

2. 鱼在生物医学中的应用

鱼类具有某些其他动物无可取代的优点和特点，其生物学性状完全可以与人类的相应性状所类比。作为生物医学、环境保护科学等领域的实验研究对象或材料，已在世界各地获得了不少科研成果。

(1) 毒理学、药理学及环境监测：鱼类对药物、毒气都十分敏感，含极微量的成分即可引起很强的反应，对其习性的影响也很灵敏，对研究某些含量低和药理作用弱而需长期口服给药的中草药更为适宜，对某些中枢神经兴奋或抑制药的反应比较敏感，结果判断明确并易于掌握。因此，鱼类是检测人工污染物的极好的生物指示剂。

(2) 胚胎学和遗传学：利用鱼类研究变异和遗传。还有利用鱼类细胞移植试验，将鲑鱼的 RNA 注射到金鱼卵内，探索出鱼类细胞质遗传规律。

(3) 生理和生化：鱼属于变温动物，可以利用温度的变化研究鱼类新陈代谢的加快和减慢、炎症反应、免疫功能以及膜生理学等方面的功能。降低鱼的体温，其炎症反应就减慢。因此，可以对炎症的生理、生化、病理现象及演变速度进行更深层次的研究。

(4) 肿瘤学：鱼是理想的肿瘤研究动物模型。鱼体很多组织都可发生肿瘤病变，自发性和诱发性肿瘤都较多。小型淡水鱼类在研究肿瘤的发生与环境之间的关系上有着特殊的用途。鱼类是肿瘤研究的新资源，具有独特的优点。鱼肿瘤的生物学特性与人肿瘤相似，同时实验条件易于模拟和控制，操作和观察简单、方便，需要的研究经费相对较少，材料也较易得。

三、蟾蜍和青蛙

蟾蜍（toad，*Bufo gargarizans*）和青蛙（frog，*Rana nigromaculata*）属两栖纲，无尾目，蟾蜍属蟾蜍科，青蛙属青蛙科。品种很多，它们是脊椎动物由水生向陆生过渡的中间类型。

蟾蜍和青蛙生活在田间、池边等潮湿环境中，以昆虫等幼小动物为食料。冬季潜伏在土壤中冬眠，春天出土，生殖季节在水中产卵，体外受精。幼体形似小鱼，用鳃呼吸，有侧线，叫作蝌蚪，以水中植物为主要食料。经过变态发育为成体，尾巴消失，到陆地上生活，用肺呼吸，同时其皮肤分泌黏液，帮助呼吸。蟾蜍和青蛙的身体背腹扁平，左右对称，头为三角状，眼大并突出于头部两侧，有上、下眼睑和瞬膜以及鼻耳等感受器官。前肢有 4 趾，后肢有 5 趾，趾间有蹼，适于水中游泳。其内部器官系统，也逐渐完善化，反映出由水生向陆生过渡的特征。雄蛙头部两侧各有一个鸣囊，是发声的共鸣器（蟾蜍无鸣囊），雄蛙的叫声特别响亮。蟾蜍背部皮肤上有许多疣状突起的毒腺，可分泌蟾蜍素，尤以眼后的椭圆状耳腺分泌毒液最多。蟾蜍和青蛙在我国分布广泛，夏秋季各地容易捕捉，也易养活。蟾蜍比青蛙在捕捉和饲养等方面更为简便，故在实验中用途较广。

蟾蜍发情时间为4日至4周，每年2月下旬至3月上旬发情一次，发情后4～7月间排卵，产仔1000～4000个，染色体二倍体为26（精子内），单倍体为13（初级和次级精母细胞内），寿命10年。

蟾蜍和青蛙是医学实验中常用的两种动物，特别是在生理、药理学实验中更为常用。蛙类的心脏在离体情况下仍可有节奏地搏动很久，所以常用来研究心脏的生理功能、药物对心脏的作用等。蛙类的腓肠肌和坐骨神经可以用来观察外周神经的生理功能，药物对周围神经、横纹肌或神经肌肉接头的作用。蛙的腹直肌还可以用于鉴定胆碱能药物。蛙还常被用来作脊椎休克、脊椎反射和反射弧的分析实验，肠系膜上的血管现象和渗出现象实验，还常利用蟾蜍下肢血管灌注方法观察肾上腺素和乙酰胆碱等药物对血管作用的实验等。在临床检验工作中，还可用雄蛙作妊娠诊断实验。

四、爬行动物

爬行动物（reptile）属爬行纲，由古生代前期从较原始的两栖动物祖先进化而来，有壳卵（羊膜卵）的出现辅之其他形态学和生理学的变化，使爬行动物真正成为陆栖动物。

1. 爬行动物的一般特性

爬行类动物由于羊膜卵的出现，使之摆脱了水环境产卵的束缚，加之进化了其他解剖结构和生理功能，爬行类动物可在离水环境中生存。属变温动物，依赖外界热源来调节体温。

爬行类动物的表皮角质层比两栖类厚的多，皮肤折叠成皱襞形成鳞片。体表几乎无腺体。蛇及某些蜥蜴眼睑进化为覆盖在角膜上的血管丰富的透明膜，可与周围体鳞一起蜕落。

爬行类动物主要用肺呼吸，某些水龟有泄殖腔、咽或皮肤的辅助呼吸。肺多为囊状。蛇的肺为长条形，左肺大于右肺。消化道组成基本与高等脊椎动物相同，口腔含多口腺和单口腺，特化的单口腺成为毒腺。左右心房完全分隔，有与高等脊椎动物一样的体肺循环，具有左右两支主动脉，但心室分隔程度不一。肾与高等脊椎动物相似。爬行类不能将尿液浓缩至血液渗透压，于是发展了产生和排泄不溶于水的尿酸的能力，作为保持水分的一种机制。

爬行类有成对的性腺，位于腹腔内，雌雄不易区分，蛇类目前有商品供应的性别鉴定探针以区分雌雄。爬行类生殖周期随种而异，且交配行为不一定与精巢发育的峰期相应。大约有27种爬行动物（26种蜥蜴、1种蛇）有孤雌生殖能力，是个体间遗传变异极少的动物的独特来源。爬行类有卵生和胎生两类。

由于爬行类不能将尿液浓缩至比血液高渗，于是大多进化成肾外分泌盐分的器官——盐腺，作为体内平衡的一种机制。尤其是海栖种及某些沙漠种。盐腺有各种形式，泪腺转变成与眼眶相连的盐腺、鼻腔腺，位于舌下或舌内等。

2. 爬行类动物在生物医学中的应用

利用爬行类动物研究生命科学，使其更接近于单纯化机制等，在种系发生学或比较解剖学方面，不仅用于组织解剖学和胚胎学，还在免疫学及生理学、生物化学等研究领域有广泛的用途。

蛇可作再生，神经生理和毒物（抗凝）的研究，蛇毒可用以制备抗血清，蛇毒的分离和提取物可用于镇痛、抗癌、溶解血栓等治疗研究。蛇类对多种病原体（病毒、细菌、寄生虫）易感，可用于病原体的分离鉴定和传播机制的研究。蛇对人脑炎病毒、乙肝病毒易感，可用于人类传染病的研究。

爬行动物还用于抗体形成、免疫记忆、免疫球蛋白结构、器官细胞的基本免疫反应及个别的免疫研究。短吻鳄已用于涉及氨基酸代谢，抑制碳脱水酶的药物试验，饲喂后碱潮的研究，胰岛素代谢的研究。爬行类动物中已有不少动物种类用作人类疾病的动物模型（表 3-6）。

表 3-6　人类疾病爬行类动物模型举例

人类疾病	动物模型	人类疾病	动物模型
主动脉中层坏死	科摩多巨蜥	甲状腺瘤	海龟、斯里兰卡地龟
动脉粥样硬化	美洲鬣蜥	肺纤维腺瘤	四爪陆龟
肝炎	红色响尾蛇	心横纹肌瘤	黑甲鱼
肝硬变	美洲短吻鳄	胆管腺瘤	黑眼镜蛇
佝偻病	龟、鳄鱼	软骨瘤	巨蜥
骨软化	西班牙甲鱼	横纹肌瘤	黑唇牛蛇
维生素 A 缺乏症	蜥蜴	骨瘤	绿蜥、鳄龟
甲状腺功能减退	龟	上皮瘤	沙蜥、纯尾毒蜥、
骨质疏松	西班牙甲鱼		斯里兰卡地龟、水游蛇
尿酸盐肾病	美洲鬣蜥、	胃癌	侧颈海龟
	眼镜王蛇	胃腺癌	牛蛇、巨龟
痛风	美洲鬣蜥、食鱼鳄	胰腺癌	黑唇牛蛇、响尾蛇属
两性畸形	甲鱼、龟、蜥蜴		水栖蝮蛇、黑蛇
骈联畸形	甲鱼	胆管腺癌	水蛇
性逆转	蜥蜴	肾癌	草蛇
白化病	蟒蛇	结肠腺癌	牛蛇

续表

人类疾病	动物模型	人类疾病	动物模型
黑色素沉着	ASP蝰蛇	胃肉癌	水栖蝮蛇
皮肤乳头瘤	沙蜥蜴、绿色龟	淋巴肉瘤	埃及眼镜蛇、猪鼻蛇
胆囊乳头瘤	绿龟	恶性黑色素瘤	网斑蟒、黑唇牛蛇
		成骨肉瘤	赤褐嘴蛇

3. 爬行类动物的饲养管理

爬行类动物食性多样，对于许多食昆虫物种，在饲喂时要注意不能仅喂单一昆虫，造成动物缺钙或钙磷失调，应喂给含有多种昆虫的日粮。食啮齿类动物的蛇类，包括蟒蛇、游蛇、鲑蛇和眼镜蛇，在关养时要避免投放活的啮齿类动物，防止啮齿类动物咬伤蛇类。

饲养爬行类动物要注意各种动物的体温调节最适温度区，每个温度区为该物种的特征，受行为学和生理学机制的调节。低于最低临界温度或高于最高临界温度都会对动物造成不良影响。

第四章　动物实验技术

生物医学研究工作者，应该掌握一些基本的动物实验技术，以便更好地进行科学研究。在这一章我们将介绍动物实验知识和基本的实验技能，如动物给药的方法和途径、体液的采集等。

动物实验技术的应用要求具有专业技术水平，这种技术必须在有经验的实验动物专家或动物技术人员的指导下，通过集中、认真细心地训练获得。

在动物实验研究中，我们反对一个人将一项没有充分理由、没有被动物实验专业技术人员充分验证的技术直接用在动物实验中，任何一项新技术应用在有意识的、活的动物身上之前，应该先在非生命模型、死的动物、无意识或麻醉后动物身上练习，获得足够的信息后，再在动物实验专业技术人员的指导下，才能应用于动物实验研究中。

第一节　基本实验技术

一、动物的抓取和固定

抓取和固定动物时，实验人员应有精神准备。首先，要选择最正确的抓取和固定方法，带着爱护动物的原则接触动物；其次，胆大心细，尽早进行抓取、固定；最后，还要知道在有危险的情况下如何防身。

一般来讲，在动物兴奋的时候不要抓取，要等待它安静下来。抓取的时候，不要突然触摸动物，要事先给动物一个暗示。如抓取大鼠和地鼠时，可以轻轻叩一下笼子，给动物一个信号，然后逐渐接近，再抓取、固定。

要根据受试动物的给药部位或采血方法的不同，事先选择用手还是用固定器来固定，是一个人还是两个人固定。

有手指被咬住的危险时，要戴上手套；在大腿中间固定时要穿上厚的工作裤。有些动物（如大鼠）如不及早固定就有被咬的危险，一定要特别注意。

（一）小鼠

用右手拇指和食指的指腹抓住尾部中央提起来（图 4-1）。如果只想移动动物，就用两手把它捧起来（图 4-2）。

1. 徒手固定

把提起来的小鼠放在饲养盒的盖子上，在动物向前挣扎的一瞬间，用左手的

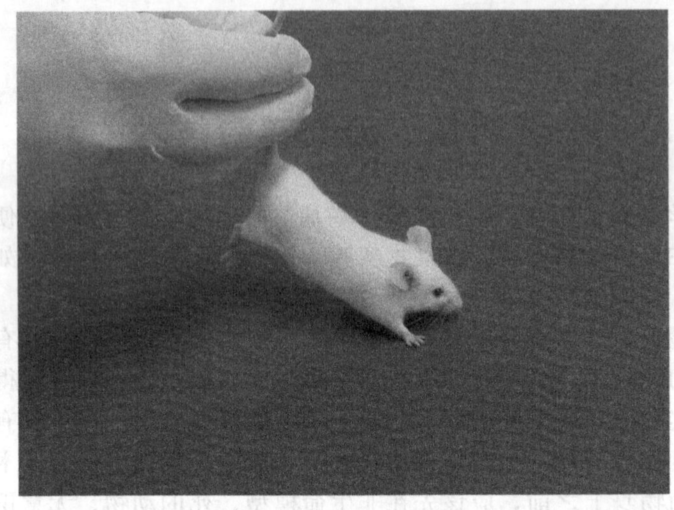

图 4-1　小鼠的抓取（1）

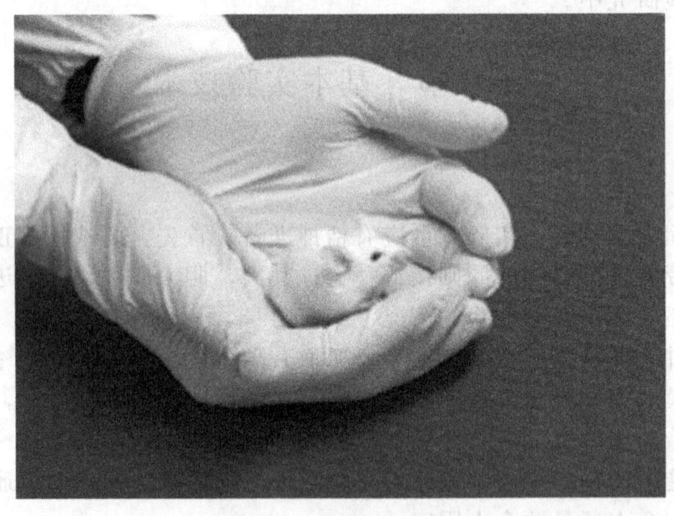

图 4-2　小鼠的抓取（2）

拇指和食指抓住颈、背部到背中央的皮肤，使小鼠的头部不能动（图 4-3）。注意，过分用力抓会使动物窒息或颈椎脱臼，用力过小，小鼠的头部能反转过来咬伤实验者的手。翻转抓住抓住颈背部的左手，右手拉住小白鼠尾部再用左手的小指压住尾根部使小鼠整个呈一条直线（图 4-4）。

2. 固定器固定

（1）将小鼠麻醉后，用长 20～30cm 的线绳，捆在小鼠四肢上。

（2）如图 4-5 所示，准备一个 15～20cm 的方木板，边缘楔入 5 个钉子。

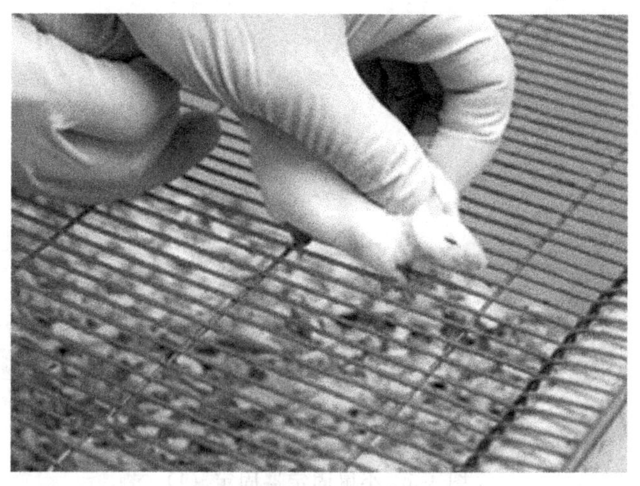

图 4-3　小鼠徒手固定（1）

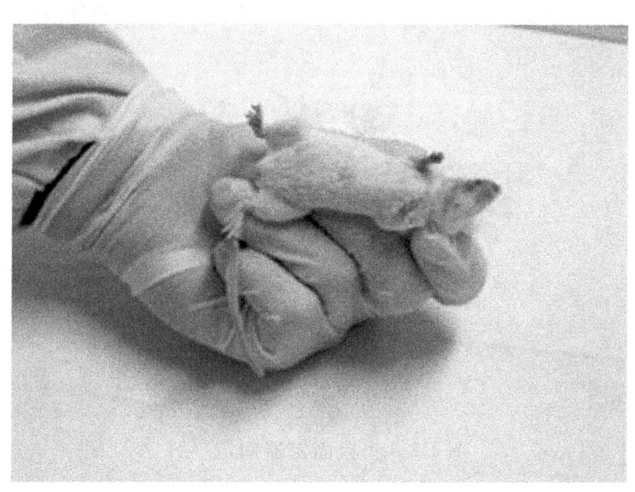

图 4-4　小鼠徒手固定（2）

（3）把捆在四肢的线绳的一端固定到钉子上。并且在头部上颚切齿的地方牵一根线绳，也固定在钉子上，达到完全固定。

（4）静脉给药时，倒放适当大小和重量的容器（如烧杯），将小鼠放在里面，只露出尾巴，这种容器能够压住尾部不让活动。此外，也可以使用（图 4-6）专用的小鼠固定器固定。

（二）大鼠和地鼠

4～5 周龄以内的大鼠和地鼠，可以像小鼠一样抓住尾部提起来，日龄较大

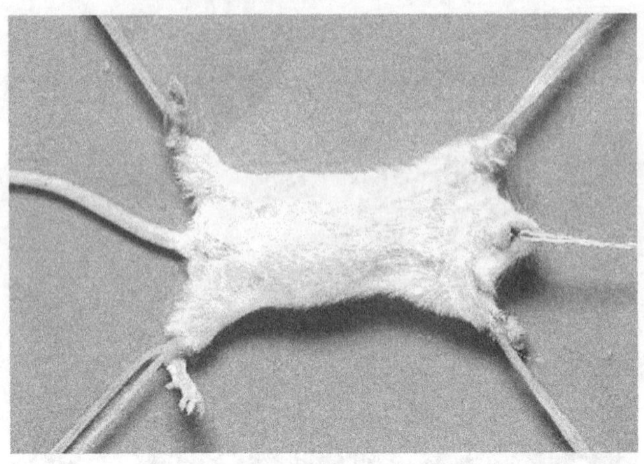

图 4-5 小鼠固定器固定（1）

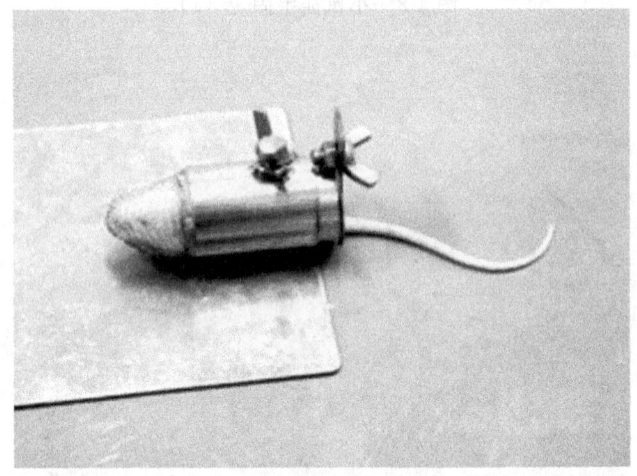

图 4-6 小鼠固定器固定（2）

的大鼠尾部皮肤因为容易剥脱，不宜提尾巴。

左手从背部中央伸到胸，抓起来的时候把食指放在颈、背部，拇指及其余三指放在胸部，食指和中指挟住左前肢，分开两前肢举起来；右手按住后肢固定（图 4-7）。

给受试动物给药的时候，用左手的拇指和食指抓住颈、背部皮肤，其余三指抓住背部牢牢固定（图 4-8）。

像小鼠一样，也可使用木板、线绳或专用固定器固定。

（三）豚鼠

抓取幼小豚鼠时，用两手捧起来；成熟豚鼠则可以用左手大把抓起来，不必

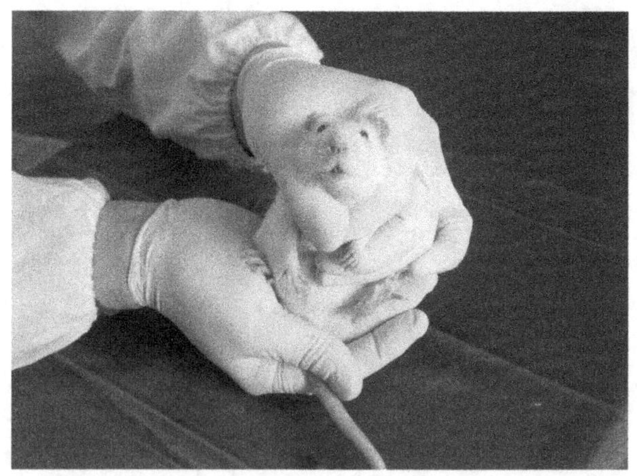

图 4-7　大鼠固定（1）

图 4-8　大鼠固定（2）

担心豚鼠咬人。

固定时，实验者左手的食指和中指放在豚鼠颈、背部的两侧，拇指和无名指放在胸部，分别用手指挟住左右前肢抓起来（图 4-9）。反转左手，用右手的拇指和食指拉住右后肢，用中指和无名指挟住左后肢使豚鼠整体伸直成一条直线（图 4-10）。

一个人进行处置时，可以坐在椅子上，把用右手拿着的豚鼠的后肢挟在大腿处，用大腿代替右手挟住。

（四）家兔

用一只手大把抓住颈、背部皮肤提起来，另一只手托住臀部把家兔从笼子里

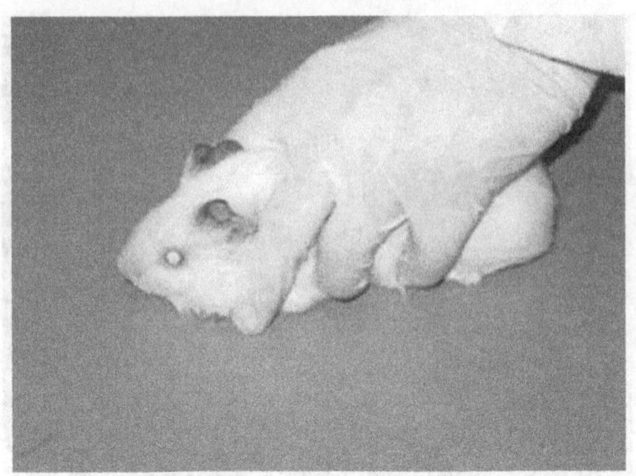

图 4-9　豚鼠的抓取

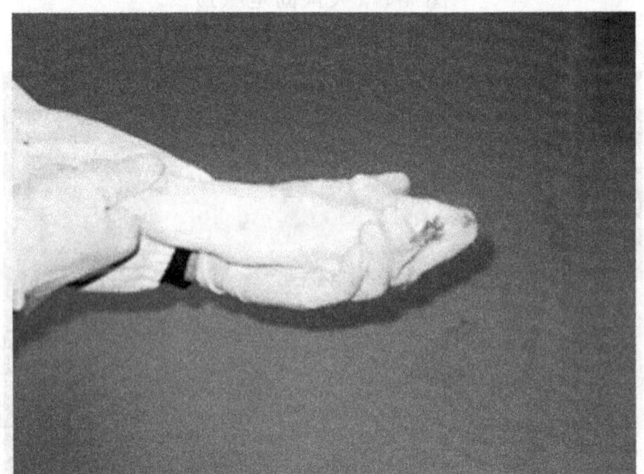

图 4-10　豚鼠固定

图 4-11　家兔的抓取

拿出来（图 4-11）。移动动物时，还那样抓着颈、背部抱着家兔运送（图 4-12）。切记，移动家兔时，不要抓取家兔的耳朵，否则，可能会造成家兔耳软骨损伤。

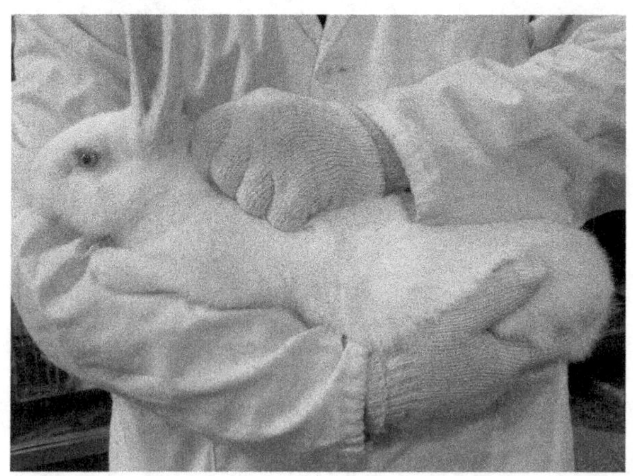

图 4-12 家兔固定（1）

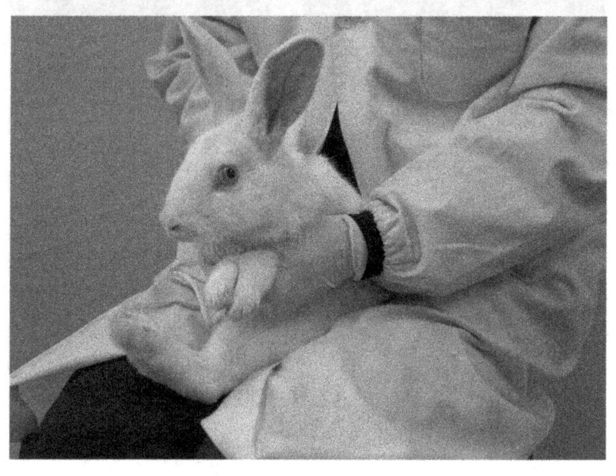

图 4-13 家兔固定（2）

特别经口给药时，用手固定的方法是，坐在椅子上用一只手抓住颈背皮肤，另一只手抓住两后肢挟在大腿之间。实验者大腿挟住家兔的下半身，用空着的手抓住两前肢固定之。抓住颈背部的手，同时提着两个耳朵，不让头部动（图 4-13）。

家兔固定器式样很多，耳静脉给药或采血时，可以使用金属制半圆桶型家兔固定器；在颈动脉采血、手术等情况下，可用北岛式兔固定器；热原试验等情况下用首枷固定器。

半圆桶型家兔固定器，是把家兔放在筒里面，只在前方露出头部，用转扭拧固定器固定动物（图 4-14）。专用家兔固定器，是让家兔仰卧，用纱布依次将四

图 4-14 家兔固定器固定（1）

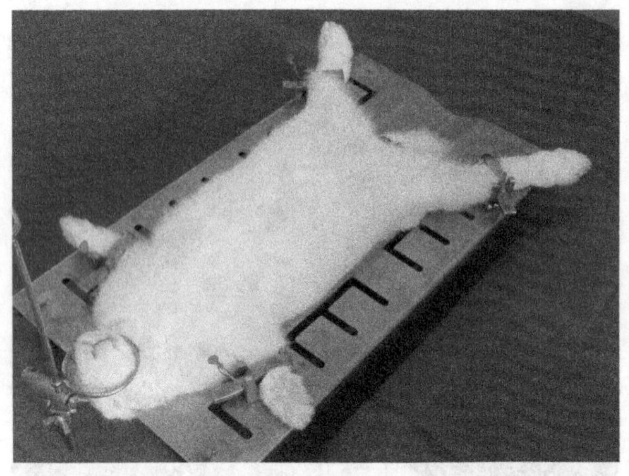

图 4-15 家兔固定器固定（2）

肢捆在固定器两侧的固定杆上，把头部放在金属制的首枷和嘴环上固定（图 4-15）。首枷固定器，是家兔在常态姿势下，把颈部放在首枷上固定。

还有一种简单的固定方法，就是用旧工作服把家兔包起来，只露出两只耳朵，直接操作。

二、性别判定

1. 小鼠、大鼠、地鼠的性别判定

根据外生殖器（阴蒂或阴茎）与肛门之间的距离，就能判断这些动物新生仔鼠的性别。外生殖器与肛门间隔短的是雌性，间隔长的是雄性（图 4-16）。另外，雄性动物外生殖器阴茎比雌性的阴蒂大，据此判别需要有一定的经验。

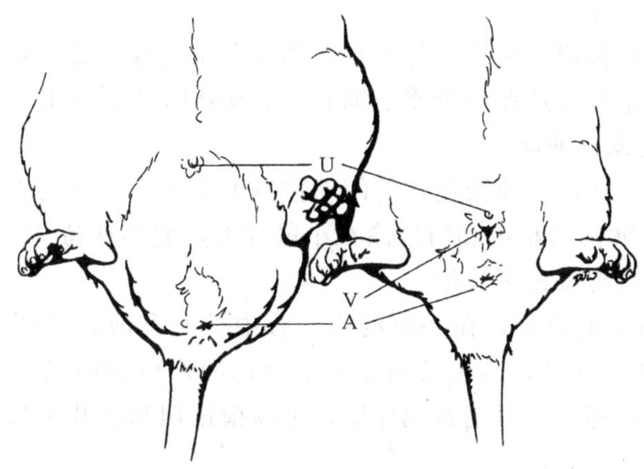

图 4-16 啮齿类实验动物性别判定

成年动物很好辨认，雌性动物有阴道口，雄性动物有膨起的阴囊和阴茎。

2. 豚鼠的性别判定

豚鼠的妊娠时间长，产下仔鼠有被毛，眼睛能睁开，有恒齿。新生仔鼠的性别也容易通过外生殖器的形态来判定。雌性豚鼠外生殖器阴蒂突起比较小，用拇指按住这个突起，其余指拨开大阴唇的皱褶，可看到阴道口，但是，豚鼠的阴道口（除发情期外）有闭锁膜关闭着。雄性豚鼠外生殖器处有包皮覆盖的阴茎的小隆起，用拇指轻轻按住包皮小突起的基部，龟头突出，很容易判别。

3. 家兔的性别判定

新生仔兔性别的判定要比啮齿类动物困难，需要专业人员指导、训练后，才能掌握。仔兔雌雄是根据肛门和尿道开口部之间的距离以及尿道开口部的形态来判别的。雄性家兔肛门和尿道开口部之间的距离是雌性的 1.5～2 倍。用手指按压靠近尿道开口处的下腹部，如果尿道开口依然指向肛门方向，而且肛门和尿道开口部之间的距离伸长不明显，是雌性；尿道开口与肛门相反的方向，肛门和尿道开口部之间的距离明显伸长，则是雄性。另外，关键的是根据尿道开口部的形状判定，雌性尿道口是裂缝、细长形，而雄性尿道口是圆筒形。

成年兔可根据阴道口或阴囊部膨胀及阴茎的存在，很容易区别雌雄。

三、动物的标记

在动物实验研究中，为了把动物区别开来，需要给动物个体做上记号来识别，分为终生能识别的永久标记法和短期标记法两大类。

标记识别动物，要选用对动物没有伤害、操作简单且能长期识别的方法。动物识别、编号方法没有一定规则，只要一个单位内部采用相同方法，不产生混乱即可。

另外替代动物标记方法之一是不在动物身上作记号，把饲养笼（盒）的号码作为动物个体的编号，这在一个笼子饲养一只动物时特别适用。

1. 小鼠、大鼠、地鼠

短期标记法：在白色或淡色被毛的动物身上涂上不易褪色的生物染色剂。如用苦味酸80％～90％酒精饱和溶液涂在小鼠背上，能够保持2～3个月。也可用碱性品红、甲基蓝等染色剂标记。

按图4-17所示的位置，在小鼠的头、背中及左右前、后肢涂上染色剂，可以标记10只动物。此外，动物被毛如果是有色的，短期标记可采用剃去局部的被毛，按上述位置标记。对于新生仔鼠，可以根据切断前肢4趾、后肢5趾的位置来标记。

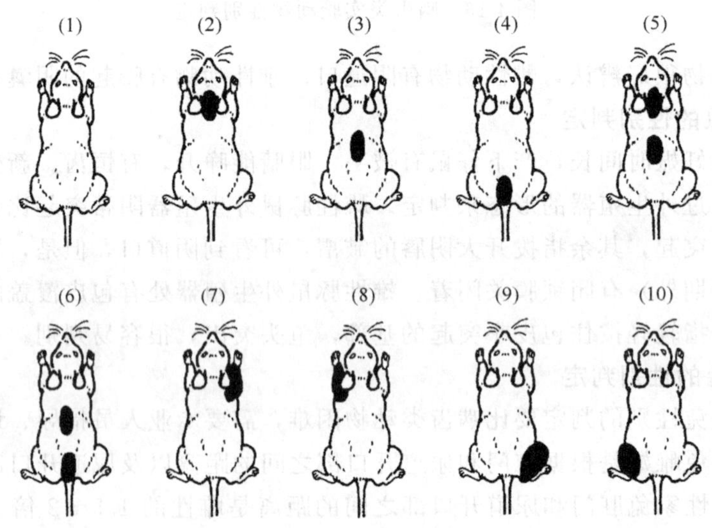

图4-17 小鼠标记

永久标记法：可以使用专用工具，在乙醚轻度麻醉下，在动物的左右耳朵上打耳孔或用眼科剪在耳朵边缘剪成三角口，做成识别标记。用这种方法可标记100只左右的动物。

此外，最近研制的永久标记法是在动物的颈、背部皮下，埋植微型集成电路片，用特种读取仪器可以识别微型电路片，从而达到长期个体识别功能。目前，这种方法已在包括小鼠在内的多种动物身上使用。

2. 豚鼠、家兔

单独饲养的动物，可利用饲养笼标记代替个体标记，但最好同时采用个体标记。

短期标记法：白色被毛的动物，可按上述提到的方法用染色剂标记。

永久标记法：需要专门设备，常用方法有两种：一是用手动刻印或电动加墨器，在动物耳内侧血管不密集的部位用墨汁打印上数字，以区别标记(图 4-18)；二是用专用耳号钳，给动物耳朵上戴上有号码和记号的铝制耳环。

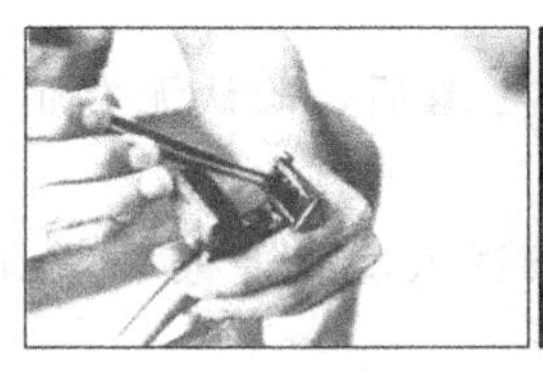
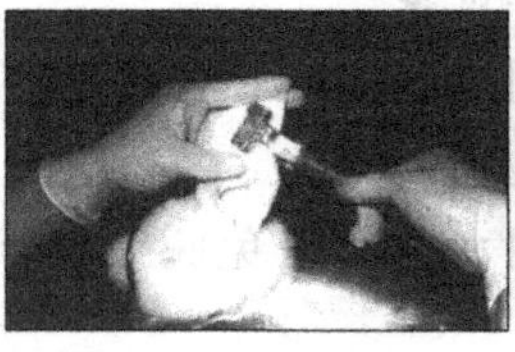
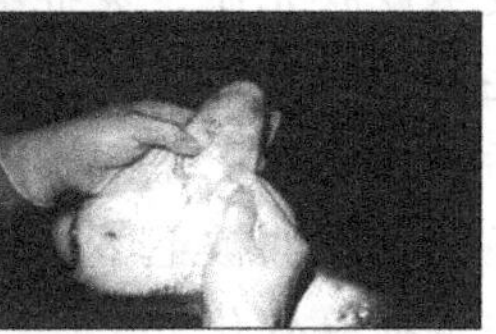

图 4-18　家兔标记

四、动物被毛去除方法

被毛去除方法有拔毛法、机械法和化学法。机械法又分为剪毛法和剃毛法，前者需用弯头手术剪，后者需准备剃毛刀、电动剃刀或动物专用理发剪（类似人用机械理发剪），化学法需预先准备好脱毛剂。

1. 拔毛法

此法简单实用。给动物后肢皮下静脉注射、兔耳缘静脉注射或采血时常用。方法是将动物固定后，用拇指和食指将所需部位的被毛拔去即可。

2. 剪毛法

是急性实验中最常用的方法。将动物固定后，先将剪毛部位用水湿润，将局部皮肤绷紧，用弯头手术剪紧贴动物皮肤依次将所需部位的被毛剪去。可先粗略剪去较长的被毛，然后再仔细剪去毛桩。注意不能用手提起动物的皮毛剪，这样容易剪破皮肤，影响下一步的实验。为避免被剪下的被毛到处乱飞，应将剪下的被毛放入盛有水的烧杯内，或将毛用吸尘器吸走。

3. 剃毛法

大动物做慢性手术时常采用，先用刷子蘸温肥皂水将需剃毛部位的被毛充分浸润透，然后用剃毛刀顺被毛方向进行剃毛。

若采用电动剃刀或动物专用理发剪，则逆着被毛方向直接剃毛。

4. 脱毛法

常用于大动物无菌手术、局部皮肤刺激性实验、观察动物局部血液循环或其他各种病理变化。

常用的化学脱毛剂主要成分为硫化钠（Na_2S）、硫化钙（CaS）、硫化钡（BaS）等。

8%硫化钠水溶液（硫化钠 8g 溶于 100ml 水内）或硫化钠 8g、淀粉 7g、葡萄糖 4g、甘油 5g、硼砂 1g、水 75ml，共 100g，调成糊状软膏，均可作为动物脱毛剂。

脱毛时，将动物脱毛部位的被毛先用剪刀剪短，以节省脱毛剂用量，用棉球或纱布块蘸取脱毛剂在脱毛部位涂成薄层。2～3min后，用温水洗涤在该部位脱下的被毛，再用干纱布将水擦干，涂上一层油脂。一般来说，脱过被毛部位的皮肤很少发生皮肤充血、炎症等现象。

脱毛动物当天最好不要用于其他实验，需观察24h后，确认无炎症及其他不良反应后，才能用于正式实验中去。

脱毛前动物的被毛不要用水洗，以免脱毛剂渗透入皮肤毛根里，刺激皮肤，引起皮肤炎症等变化。

第二节 动物给药途径和方法

与常规的给药途径相比，实验动物给药的途径可以分为三种：皮肤（trans dermal）给药、胃肠（enteral）给药、胃肠外（parenteral）给药。

一、皮肤给药

这种给药途径简单，所用药物的剂型一般是液体或软膏。给药时将药物直接涂抹在剃取动物被毛发的皮肤或黏膜上。缺点是，这种给药方法比较粗糙，原因是不同动物（或同一动物不同部位）皮肤药物穿透性的差异很大，而且涂抹的药物可能被动物舔食或经摩擦后药物从皮肤脱剥，而且，当药物对皮肤或黏膜具有刺激性的时候，可能引起动物不适，不利于科学研究。

二、胃肠给药

指药物经口被送入胃肠道或使用栓剂经肛门被送入动物直肠的给药方法。经肛门给药途径对一些小型实验动物并不适用。最简单方法是将药物添加到动物饲料或饮水中，伴随动物的正常饮食将药物服下。但是，对于一些口感很差的药物，这种方法通常不奏效，动物可能拒绝带有这种药物的食物和饮水。另外，通过饮水给药时，这种药物必须具有可溶性、化学稳定性。还有一个缺点就是，通过这种方法很难测量出每个动物服用药物的准确剂量。

通过插胃管（stomach tube）强制灌胃给药的途径是一个常用的比较好的方法，可以很精确地知道动物服用药物的剂量，记录出现症状的时间、经过。另一方面，强制灌胃方式与添加给药方式相比，每天除给药消耗时间以外，还对动物造成一定程度的机械的和心理的影响。要减少这些不良影响，有必要充分掌握灌胃技术。

对小鼠而言，合适的胃管的外径是0.8mm，大鼠1～2mm，豚鼠1.5～

2mm，兔和猫 3～5mm，犬 5～7mm。

对小型实验动物（如小鼠、大鼠、地鼠、豚鼠）经胃肠给药时，我们推荐使用一种特制灌胃针（图 4-19）。这种灌胃针很容易购买到。具体操方法为：先定好灌胃针头插到胃内的位置（图 4-20）；用手固定动物以后，把灌胃针头的前端放进动物口腔，顺着上腭部插入咽部；插的时候不要用力太猛，需轻轻拿着注射器，安静认真地进行；灌胃针头的前端通过喉部后有抵触感，轻轻移动灌胃针头的前端，沿着动物的纵轴平行插入；进入食道后没有抵抗感，然后把灌胃针头插入需要到达的位置，缓慢注入药液；注射完毕后，轻轻取出灌胃针头（图 4-21）。

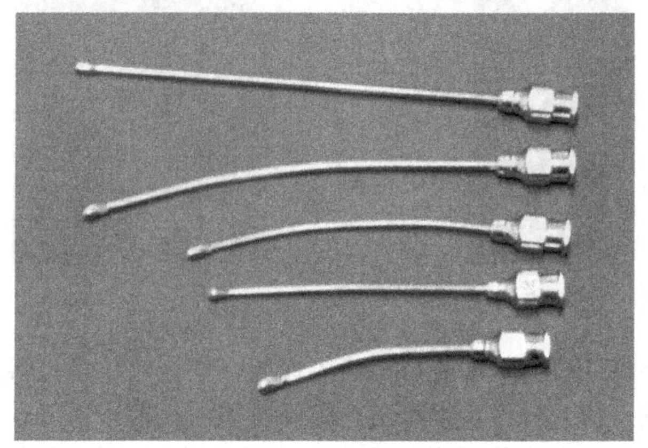

图 4-19　灌胃针

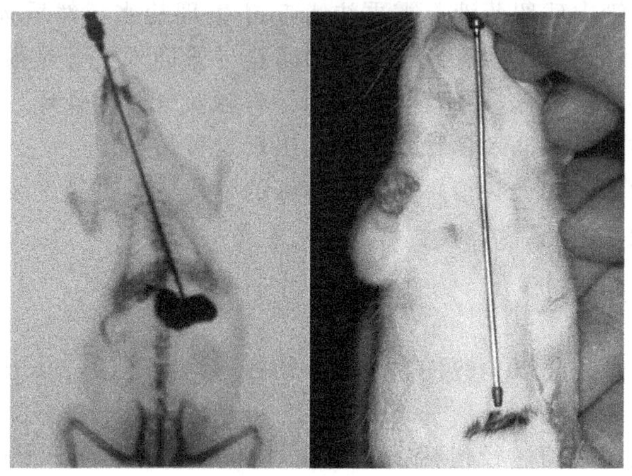

图 4-20　大鼠灌胃给药针头插入深度示意

对于家兔则需要使用胶皮胃管、开口器和注射器。具体操作方法如下：固定好家兔后，实验者的拇指和中指在兔的两颊部从下腭处紧紧挤压，从两口角按向

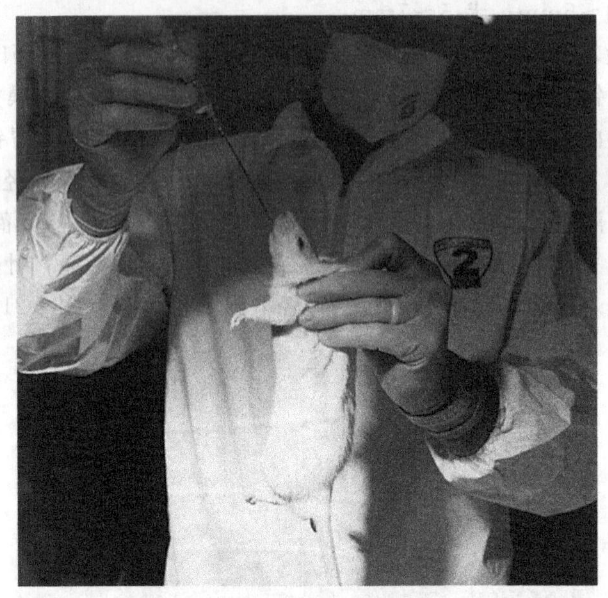

图 4-21　大鼠灌胃给药方法

口腔内；用右手将开口器从一侧口角插入口腔，使兔咬住开口器；兔舌在开口器下方稍出来一点，使开口器接近口角，将开口器两端的布条绕过头后部捆在耳根部，固定开口器；事先将待插胃管泡在生理盐水中，这样容易插入而不损伤食道；插入胃管；注射器接胃管另一端，抽出内筒，确认有无空气进入后再注入药液；为了避免胃管内残留药液，需再注入 5ml 生理盐水，然后拔出胃管。然而，这种方法要求操作人员必须有经验，因为防止导管插入气管是很重要的。如果插入气管，动物会出现咳嗽，并且能感觉到导管触及气管软骨环，空气也会吸入或吹入导管，而导管恰好插入食管，就不会出现这种情况。

对于大型动物（如犬和猪）则需要特殊的外科工具。猫、灵长类和马最好使用鼻导管，才能实施灌胃给药。

三、胃肠外给药

胃肠外给药是指除以上两种方法以外的各种给药途径，其中，最主要的是注射给药。

最常用的注射给药途径包括：皮内注射（intracutaneous injection，ic）或真皮内注射（intradermal injection，id），将药物注入皮肤内；皮下注射（subcutaneous injection，sc），皮下药物的吸收较为缓慢；肌肉注射（intramuscular injection，im），臀肌和背肌是最常用的注射部位，用这种方法药物重吸收较快，但会给动物带来疼痛；腹腔注射（intraperitoneal injection，ip），注入腹腔内，因通过腹膜

表 4-1　常用哺乳类实验动物的给药途径及最大量　（单位:ml）

给药途径	小鼠 20～25g	地鼠 25～30g	大鼠 250g	豚鼠 350g	家兔 2.5kg	猫 4kg	犬 20kg	猪 50kg	灵长类 10kg	绵羊 60kg	马 500kg
口服	用钝头灌胃针沿动物纵轴平行插入食管	用钝头灌胃针沿动物纵轴平行插入食管	用钝头灌胃针沿动物纵轴平行插入食管	用钝头灌胃针沿动物纵轴平行插入食管	胃管、开口器	鼻管	胃管、开口器	胃管、开口器	鼻管	胃管、开口器	鼻管
最大量	0.5	0.5～1.0	1.0	1.0	7.5	10.0	20.0	100	30	100	100
直径/mm	1.0	1.0	2.0	2.0	5.0						
皮内注射	背部或腹部皮肤	背部或腹部皮肤	背部或腹部皮肤	背部或腹部皮肤	背部或腹部皮肤	背部或腹部皮肤	背部或腹部皮肤	背部或腹部皮肤	背部或腹部皮肤	背部或腹部皮肤	背部或腹部皮肤
最大量	0.05～0.1ml	0.05～0.1ml	0.05～0.1ml	0.05～0.1ml	0.05～0.1ml	0.05～0.1ml	0.05～0.1ml	0.05～0.1ml	0.05～0.1ml	0.05～0.1ml	0.05～0.1ml
注射针头	26G	26G	26G	26G	26G	26G	26G	26G	26G	26G	26G
皮下注射	颈、背部	颈、背部	颈、背部	颈部	颈、背部	颈、背、胸部	颈、背、胸部	颈部	颈部	颈、背、胸部	颈、背、胸部
最大量	0.5～1.0	0.5～1.0	1.0～5.0	1.0～2.0	1.5～5.0	2.0	10.0				
注射针头	26G	26G	25G	25G	21G	23G	21G	19G	23G	19G	19G
肌肉注射	臀肌	臀肌	臀肌	臀肌	臀肌	臀肌、背肌或胸肌	臀肌、背肌或胸肌	臀肌、背肌或胸肌	臀肌、背肌或胸肌	臀肌、背肌或胸肌	臀肌、背肌或胸肌
最大量	0.05	0.05	0.1	0.1	0.2	0.2	0.2				

续表

给药途径	小鼠 20～25g	地鼠 25～30g	大鼠 250g	豚鼠 350g	家兔 2.5kg	猫 4kg	犬 20kg	猪 50kg	灵长类 10kg	绵羊 60kg	马 500kg
注射针头	26G	26G	25G	25G	25G	25G	21～23G	20G	25G	20G	20G
腹腔注射	正中线旁边、靠近肚脐	正中线旁边、靠近肚脐	正中线旁边、靠近肚脐	正中线旁边、靠近肚脐	正中线旁边、靠近肚脐	!	!	盆骨边缘、靠近肚脐	!	!	!
最大量	1.0	1.0	5.0	10.0	20.0						
注射针头	25G	25G	24G	24G	21G						
静脉注射	尾静脉	舌下静脉 阴茎静脉	尾静脉、后肢静脉、颈静脉、阴茎静脉	前、后肢静脉，舌下、阴茎静脉	耳缘静脉	前肢静脉 后肢静脉	前肢静脉 后肢静脉	耳静脉 颈静脉	前肢静脉 后肢静脉	颈静脉	颈静脉
最大量	0.2	0.2	0.5	0.5	1～5	2～5	10～15				
注射针头	25G	27G	23～25G	26～27G	21～23G	21～24G	21～24G	16～24G	21～25G	16～19G	16～19G

注：①表中“地鼠”指叙利亚地鼠；②表中“直径”指灌胃给药时灌胃针头或胃管的外径；③表中“注射针头”指注射给药时针头大小，“G”为针头口径（gauge），其中：19G=1.00mm，20G=0.90mm，21G=0.80mm，22G=0.70mm，23G=0.60mm，24G=0.55mm，25G=0.50mm，26G=0.45mm，27G=0.40mm；④表中“!”表示不能采用这种给药途径。

吸收，所以再吸收相对较快；静脉注射（intravenous injection，iv），注入静脉内，这是一种最快最准确的途径。表 4-1 和表 4-2 给出了常用哺乳实验动物以及鸟类、爬行类和两栖类动物的给药方法、途径及给药最大剂量。

表 4-2　鸟类、爬行类和两栖类动物的注射部位

给药途径	鸟类	蛇	龟	青蛙
皮下注射	颈部	—	肢体	—
肌肉注射	胸肌、后肢肌	背侧肌	后肢肌	—
腹腔注射	胸骨与泄殖腔的中间	心脏距泄殖腔 2/3 处	尾巴与肢体的交界处	中线
静脉注射	后肢静脉、翼静脉	心脏内注射	腹腔静脉、颈静脉（麻醉）	—
背侧淋巴囊	—	—	—	+

注：“—”表示动物不采用此种给药途径，“+”表示动物可采用此种给药途径。

下面介绍几种实验动物常用的给药方法：

1. 小鼠、大鼠尾静脉给药

用专用固定器固定动物，使其尾部露在容器外（图 4-22）；转动尾部使其侧面朝上，用玻璃容器压住尾部，尾部侧面的静脉由于玻璃容器的重压而扩张；给药时用拇指挟住尾端部，用食指托住尾部下方，固定动物尾部。注射前，反复用酒精棉球擦尾部以达到消毒和使血管扩张的目的，玻璃容器固定时由于容器的重压血管充分扩张；选择靠近尾端扩张的部位，角度为 30°左右，对准血管中央，针尖轻轻抬起与血管平行刺入；不要拔注射针和注射器，用左手拇指和中指固定。确认有无回血；确认刺入血管后，慢慢注入药液，如果针头没完全刺入血管内，不仅注射有抵抗感，局部也会膨起；注射完毕后马上拔出注射针，用手指、脱脂棉或纱布用力按压注射部应，达到止血的目的。

2. 家兔耳缘静脉给药

固定家兔，把要注射用的兔耳的尖部放在手前，拇指、小指、食指和中指分别挤住兔耳的内外侧，轻拉兔耳，小指、中指和无名指紧靠血管的对侧；用酒精棉球消毒后，沿血管向耳根部方向进针；要确认是否刺进血管，用左手的拇指，食指和中指把注射针和耳一起固定，首先看有无回血；缓慢注入药液，注射完毕后局部用灭菌纱布或脱脂棉用力压迫止血。

3. 腹腔注射

动物腹部向上用手固定后，选择稍偏离正中线的左或右，用酒精棉球消毒；注射针与动物皮肤基本不保持角度，几乎平行刺入皮下；针尖刺入皮肤以后，在皮下进针 5mm 左右，针尖能自由活动则说明刺到了皮下；把针竖起 45°，穿过腹肌进入腹腔内，进入腹腔后因为完全没有抵抗感，再慢慢注入药液（图4-23）。

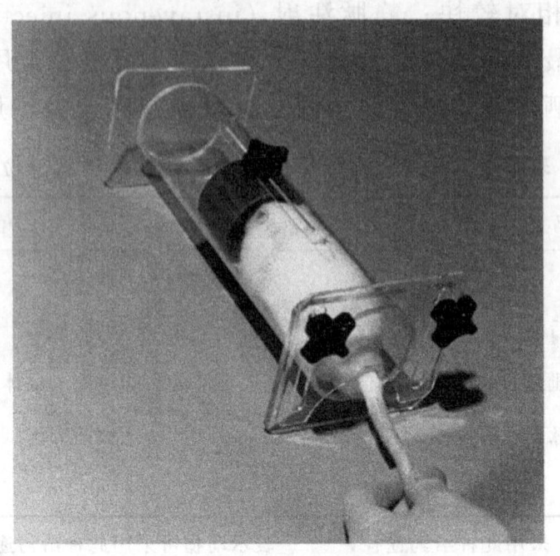

图 4-22　大鼠尾静脉给药

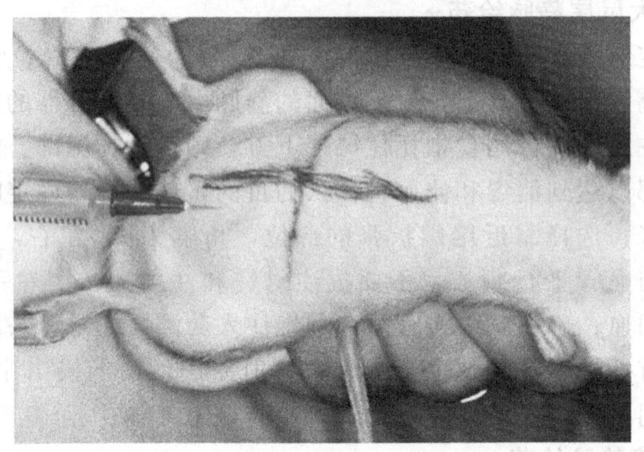

图 4-23　大鼠腹腔给药

4. 皮下注射

用酒精棉球消毒需注射部位的皮肤；在颈背部皮肤（从头上看由于固定牵拉和躯干部形成的三角形部分）处沿纵轴从头部方向刺入皮肤，接着沿体轴方向将注射针推进 5～10mm 左右；活动针尖（如果刺入皮下容易活动），确认刺入皮下，就可以注射药液；注射完毕后缓慢拔出注射针，然后为了避免以上药液从注射部位漏出，稍微用手指按压一下注射部位（图 4-24）。

5. 皮内注射

在注射之前用推子等剪去注射部位及其周围的被毛，豚鼠及免在剪毛后用硫化钡或除毛霜除毛（除毛后要间隔 1d 以上方能给药）；用和皮下注射同样的方法

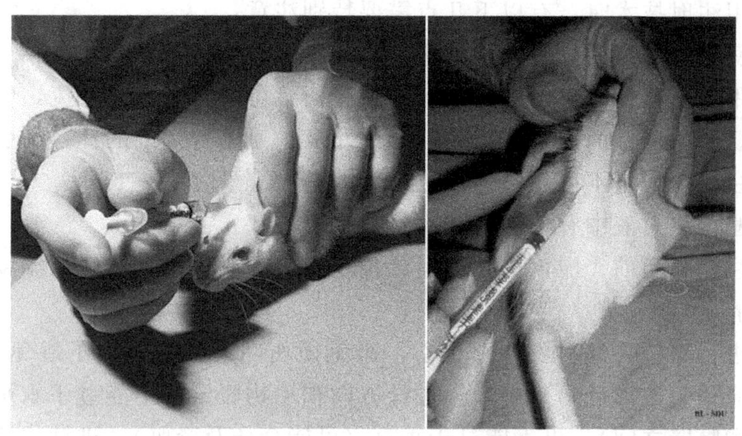

图 4-24 大鼠皮下给药

固定，用酒精棉球消毒局部；让注射针头的横断面向上，与皮肤平行轻轻刺入，进针要浅，避免进入皮下；注射时感到有很大阻力，针尖如果完全进到皮内，则注射部位的局部形成皮丘，皮肤上的毛孔极为明显；如果注射完毕后马上拔针，药液会从针孔漏出，所以需注射完毕后 5s 再拔针。

6. 肌肉注射

注射针穿过皮肤至臀部的皮下以后，再往深部刺入肌肉，此时针尖不能自由活动，回抽注射器内筒无血液，即可注射药液（图 4-25）。

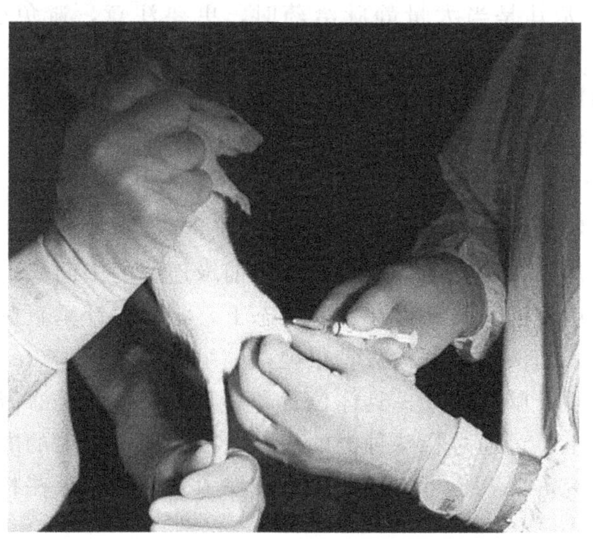

图 4-25 大鼠肌肉给药

当使用注射技术时，有以下几点需要特别注意：

（1）使用清洁、锋利、无菌针头。

（2）用大小适合的注射针，细针痛感轻而且可以防止液体回流，但并不是针越细越好，注射用针的大小取决于液体的黏度，使用特别细的针容易引起阻塞。

（3）注射药物量不可超过该方法推荐的最大容量（表 4-1）。

（4）避免注射液中有气泡，否则可能引起栓塞。

（5）注射给药前，应该先将注射液预热至室温或体温，注射液温度太低，明显加重疼痛。

（6）进行腹膜内注射要特别小心，避免损伤动物内脏。为了避免刺伤膀胱，进针位置应稍微偏离动物正中线，进针方向和动物腹壁既不能过于水平（避免注射在皮肤和腹壁之间），也不能过于垂直（可能会伤及肾脏），进针位置可定位于动物左腹部从后往前大约 1/4 处，只有这样才可能将刺伤动物肠道的机会减少到最小。

（7）用短的针头，可以减轻对动物的损伤。

（8）一些注射液能强烈刺激动物组织（如 pH 过高或过低），对这类注射液在使用前应当用生理盐水或无菌水稀释，减少对动物的刺激。当进行腹腔注射时，仍需要稀释，过度刺激可能引起腹膜炎和（或）肠套叠。

（9）动物需要输入大量液体时，大动物可使用静脉点滴，小动物通过腹腔输液。如果方便，经口给药也行，视动物实验具体情况而定。不管那一种途径，输液速度要缓慢，尤其是当大量静脉给药时，更要注意，避免引起动物疼痛或休克。

通过血液循环，药物从注射部位到靶组织的速率取决于给药途径，一般说来，静脉注射最快，口服缓慢。

7. 脑内注射

如果一种药物必须直接作用于大脑，那么将药物直接注射在脑脊液中是避开血脑屏障的好方法。在动物两耳连线和两眼前缘连线的中间，也就是在两眼窝后缘连线稍偏离正中线的头盖部，在麻醉状态下，将注射针垂直刺入 2～3mm（小鼠）深，缓慢注入药液，注意头盖骨很硬，脑组织非常软。

要将药物注射于脑部的某一具体位置，一套正规仪器是必需的。将麻醉动物的头固定在仪器上，可通过特殊种类的坐标线准确显示注射的准确位置。

根据特殊研究需要，也可以将药物直接注入到身体的某些特定部位，如关节腔或气管。

注射技术需要在实验动物专业技术人员的指导下，经过培训后，才可以实施这项技术。

第三节 动物体液的采集

一、血液采集

在设计动物实验课题时，应该考虑到选择什么样的血样采集方法。使用很多种方法可从动物身体的不同部位采集到研究所需要的血样，从静脉、动脉或眼窝静脉丛、心脏穿刺采集均可。实验中选择什么样的采血方法，根据研究目的来决定。是需要动脉血，还是静脉血，或者动静脉混合血；采血的持续时间、频率以及是否是致死性实验等。有些物种的实验动物（如地鼠），采集足够的血只有在麻醉的情况下才能得到。当研究需要重复采血时，应当考虑在动物体内植入插管的方法。

采集小型实验动物血液时，最好也在麻醉状态下进行，确保动物不乱动。如果在动物意识清醒状态下采集血液，实验者就应该考虑到，由于实施采血行为造成的紧张可能使动物的生理、生化参数偏离正常值。

表 4-3 和表 4-4 分别介绍了实验动物常用采血途径、最大采血量以及小鼠、大鼠、豚鼠、家兔详细采血部位及采血量。

表 4-3 实验动物常用采血途径及最大采血量 （单位：ml）

采血部位	小鼠	地鼠	大鼠	豚鼠	家兔	猫	犬	灵长类	猪	绵羊	马
颈静脉	+	+	+	+	+	+	+	+	+	+	+
前肢静脉						+	+	+		+	
后肢静脉	+	+	+	+			+	+		+	
股静脉	+	+	+	+	+	+	+	+			
耳静脉				+	+				+		
尾静脉	+		+								
眼窝穿刺	+	+	+	+					+		
心脏穿刺	+	+	+	+	+	+	+	+	+	+	+
尾尖	+		+								
最大量	0.3	0.3	2.0	5.0	15	20	100～500	20～200	200～500	200～600	500～7000

注：“+”表示采血的推荐部位。

表 4-4 小鼠、大鼠、豚鼠、家兔采血部位及采血量

采血途径	采血部位	采血量/ml	采血措施
小鼠			
部分采血	尾静脉	0.03～0.05	
	尾动脉	0.1～0.3	
	眼窝静脉丛	0.05～0.1	麻醉
		0.5～0.8	麻醉

续表

采血途径	采血部位	采血量/ml	采血措施
小鼠			
全采血	颈静脉	0.5～1.0	麻醉、手术
	颈动脉	0.5～1.0	麻醉、手术
	断头	0.5～1.0	
	心脏	0.5～0.8	麻醉、手术
大鼠			
部分采血	尾静脉	0.3～0.5	
	尾动脉	0.5～1.0	
	隐静脉	0.1～0.3	
	眼窝静脉丛	0.5～1.0	麻醉
		3～5	麻醉
全采血	颈静脉	3～5	麻醉、手术
	断头	5～10	
	心脏	3～5	麻醉、手术
豚鼠			
部分采血	耳动脉	<0.5	
	耳静脉	<0.5	
	心脏	3～5	
全采血	心脏	5～10	麻醉、手术
	腹动脉	5～10	麻醉、手术
	颈静脉	3～5	麻醉、手术
家兔			
部分采血	耳缘动脉	5～10	
	耳缘静脉	2～5	
	心脏	10～15	
全采血	心脏	80～100	麻醉、手术
	颈动脉	80～120	麻醉、手术

1. 静脉穿刺采血

静脉穿刺是动物实验常用的采血途径，采血时应该选择那些离皮肤近且加压后容易扩张的血管。如最常采用的血管是颈部的静脉（颈静脉），大腿的静脉（股静脉），前肢背侧的头静脉和大鼠、小鼠常用的尾静脉，在后腿中部或后部的隐静脉（saphenous vein），对于家兔，耳缘静脉也是最常采用的血管。

静脉穿刺采血时，采血部位的被毛应该被剪掉或剃掉，并用合适的抗菌剂擦净。加压使血管扩张后，用针刺破皮肤进入静脉血管中，血液能从针头直接流入试管、注射器或真空管中。在拔除针头前，应解除血管上的压力，实验者温和地按压采血部位止血。如家兔耳缘静脉采血时，除去耳朵边缘采血部位的毛发，用酒精棉球擦拭，达到消毒和血管充盈的目的，然后用消毒纱布拭干。选择大约以30°角、对准与血流方向相反的、扩张的静脉血管，针尖轻轻抬起与血管平行刺入，用取血用具采血。采血后用消毒纱布压迫止血5～10s。

2. 眼窝血管穿刺采血

小型啮齿类动物的颈静脉很细、很难被用于采集血样。因此，有时候选择从小动物（如小鼠、大鼠、沙鼠、豚鼠）眼球血管采血。采血时，用乙醚等将动物浅麻醉，采血侧眼向上固定体位。紧紧捏住麻醉动物颈部背面的皮肤使经静脉扩张，用一根合适的玻璃细管或巴斯德吸管放入眼睛的眼角，轻柔地向眼睑和眼球之间刺入，达到蝶骨深度，然后稍稍旋转，血通过毛细管虹吸作用被吸出。采血后，用消毒纱布压迫眼球止血30s。间隔3～7d采血部位大致可修复。通过这种方法，动物左右眼交替可以多次采血。

用这种方法不能采集到无菌的血样，血液中可能混有眼窝内的组织液和腺体分泌物，污染血样。对同一只眼多次采血，可能引起一些并发症，如眼出血、炎症和失明等。另外，这种技术看起来可能会对一些人视觉上产生不愉快的感觉。鉴于以上这些原因，有些国家禁止使用这种方法。

3. 心脏穿刺采血

麻醉动物后可以用针直接刺入动物的心室采集心脏血。采用这种方法时，要避免将针刺入动物的心房，因为心房与心包膜连接，可能导致心跳停止，引起动物死亡。采血后需要动物存活时，更要注意。

心脏采血一般应在麻醉状态开胸直视下进行采血，有时候不开胸，用穿刺的方法进行部分或全部采血的方法。如豚鼠心脏采血，固定的豚鼠胸部消毒后用手指找出心脏搏动的位置，定位。从确定好的位置正中经左侧肋骨间进针，穿刺针稍倾斜刺入2cm左右。穿刺成功，轻轻回针就有血液流出。然后，随着豚鼠心脏的搏动轻轻回吸、采血。如果动物躁动、不安，应立即拔出穿刺针，等动物安静后重新穿刺。

4. 动脉穿刺采血

为了获得含氧量丰富的血样，则需要动脉穿刺或动脉插管采血。股动脉和颈总动脉是首选的采集动脉血样的地方。家兔颈动脉采血时，将家兔麻醉仰卧位固定，以颈正中线为中心广泛剃毛，并用酒精消毒。从距颈首交界处5～6cm的部位用直剪刀切开皮肤，将颈部肌肉用镊子撕开，推向两侧，显露气管，可看到平行于气管的白色迷走神经和白桃色的颈动脉。如果采血后需要家兔存活，分离颈动脉时注意不要损伤迷走神经和营养气管的小血管。先结扎动脉的远心端并在近心端放一缝合线，在缝线处用动脉阻断钳阻断颈动脉。在结扎线和近心端缝线之间用眼科剪刀剪开血管。将有尖斜形的塑料导管经切开处向心脏方向插入3～5cm，结扎近心端的缝线。将塑料管的另一端放入采血容器中，血液便会流出

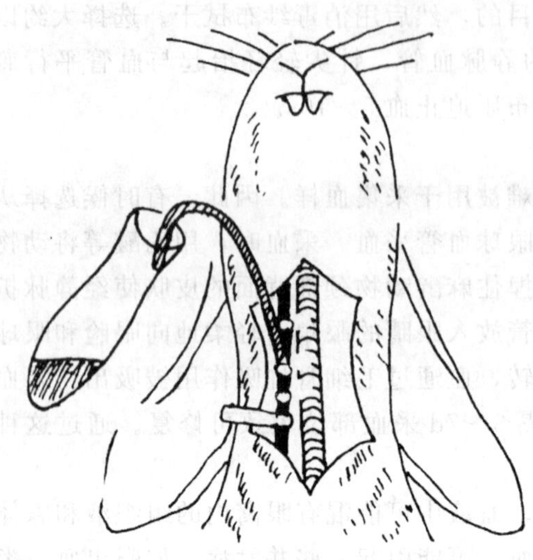

图 4-26 家兔颈动脉采血模式图

(图4-26)。对于家兔而言，如果采血量不大，耳动脉穿刺则更为理想。

5. 断尾和尾静脉采血

对于小型啮齿类动物，如小鼠和大鼠，用剪刀剪断尾尖，可以采集到少量的血液，用于血涂片之类的研究。采血后用局部压迫，灼烧伤口等方法进行止血。大鼠采用这种方法时，建议先实施麻醉。如果需要的血样较多，可以从尾静脉采集。为了让大、小鼠尾静脉膨胀，可以先温暖动物的尾巴，然后，用酒精棉球对尾部消毒。穿刺部位淋湿后，血液就易漏出，造成采血困难并且易产生溶血，所以要用消毒纱布将酒精擦干。从尾尖部向上数厘米处用拇指和食指抓住，像尾静脉给药那样将针头刺入，采集血样。这种方法是经皮静脉穿刺，血液有可能被组织液污染，影响实验的结果。如果实验需要无菌的血液，在麻醉状态下，有必要采取其他办法，实施手术暴露静脉采血。

6. 非哺乳动物血样的采集

在鸟类鸟冠上切一小切口或翼静脉、颈静脉、心脏穿刺，可以采集研究需要的血液标本。龟和蛇要在麻醉状态下进行，采用心脏穿刺或颈静脉穿刺来采集血样。

7. 最大采血容量

每一种动物的血容量是相对恒定的，约占体重的8%。如果采血的血样超过血液总量的10%，动物有可能发生低血容量症（hypovolaemia）和心血管性休克。动物采血的一般性原则是：两星期采集一次，每次采血量每千克体重不超过8ml（表4-3）。

8. 植入套管重复采血

采血时一般使用同样大小的静脉内给药的注射针头即可。大型动物可用套管针（trochar），这是一种大的中空的内含金属线的注射针。动物实验研究有时需重复采集血样。对于家兔或更大一些的动物，可以用日常的静脉穿刺重复采血。小型啮齿类动物重复采血时，可在颈静脉到颅静脉腔之间或股骨静脉到尾静脉腔之间埋植套管（cannula），在颈部或背部皮下环状盘旋后，从头顶部或背部升出来，用螺栓和丙烯酸胶（acrylic glue）固定。导管的死腔用浸入在含有肝素的盐水中的聚乙烯吡咯烷酮（polyvinylpyrrolidone）填充。

9. 放血

为了得到实验需要最大量的血样，在麻醉条件下，可以用铡刀或剪刀对动物实施断头术或手术实施主动脉穿刺放血（exsanguination）。用这种方法每千克体重可采集到30ml血液，或者采达到动物全身血量的50%。麻醉下，小鼠和大鼠也可以通过摘除眼球及颈椎脱臼后从眼动脉采血的方法放血。

二、粪便和尿液的收集

（一）代谢笼

小型啮齿类动物的排泄物（如尿液和粪便）定量测定需要用特制的代谢笼（metabolic cage）来完成（图4-27）。实验时将实验动物饲养在代谢笼上半部分，下半部分是一个漏斗，用于分离、收集动物粪便和尿液。

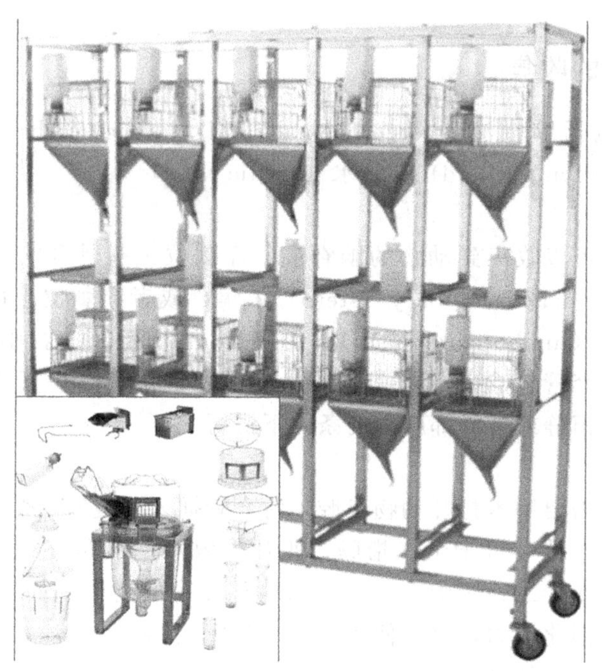

图4-27　啮齿类动物代谢笼

也可以用一种简单的强制排尿的措施，收集到小鼠、大鼠、地鼠、沙鼠和豚鼠少量的尿液，方法是按压动物骶骨两侧的腰背部或者轻轻压迫膀胱的体表部位，也可以使动物排出少量尿液，收集到预先准备好的容器中。

（二）导管插入术

有些动物可以通过尿道插管的方法来收集尿液。将导尿管插入尿道并且往前进入膀胱，雄性动物相对要简单一些，因为雄性动物的尿道终止于阴茎；大多数的雌性哺乳动物的尿道开口于阴道而且不易看见，小鼠、大鼠、地鼠和豚鼠，尿道口和阴道口是完全分开的。如果导管插入术不得不用于雌性动物，需要事先比较详尽的了解该动物的解剖学知识。以家兔为例说明，首先将家兔仰卧固定，用甘油将导尿管润滑。雄性时，用一只手握住阴茎，另一只手将阴茎包皮向下捋，暴露龟头的龟裂，使尿道口张开，缓慢将导尿管从外尿道口插入，在尿道括约肌部有少许抵抗感。不要强行插入，轻轻地向膀胱内导入，尿自然流出。雌性时，外尿道口在阴道前庭的里面，从外面看不到，沿着阴道腹侧的阴蒂在阴道前庭腹侧壁将导尿管的先端插入，也就可以插入尿道口了。有些种类的动物（如猫）实施导尿管插入时，需要使用镇静剂。

实验动物所用导尿管的直径取决于实验动物的种类，如豚鼠需 0.5mm、狗需 3mm。

三、其他体液的收集

其他体液包括脑脊液（cerebrospinal fluid，liquor cerebrospinalis）、胆汁（bile）、淋巴液（lymph fluid）和腹水（ascitic fluid）。

1. 脑脊液

有两种途径可以收集到动物的脑脊液：穿刺位于头骨和第一颈椎之间的小脑、延髓腔（cerebello-medullary cistern）采集，或者穿刺位于最末腰椎和骶骨之间的腰骶间隙（lumbosacral space）。硬膜（dura mater）穿刺使用套管针在两椎骨之间进行，套管针含有管心针（maidrin）。穿刺后移去管心针，吸出脑脊液。此过程应在镇静或者局部麻醉的条件下进行。

2. 胆汁

胆汁的收集需要手术打开动物腹腔，将套管插入胆囊管。胆囊管一端位于肝脏的肝门区，另一端开口于十二指肠。胆汁的收集一般是终末实验，插入导管后，胆汁不再流入十二指肠中，影响动物消化食物的能力。如果进行慢性实验，又不想影响动物消化能力，可以使用“T”插管，除收集胆汁外，还可以使胆汁继续流入十二指肠，使肝肠循环重新恢复。

3. 淋巴液

将胸导管从腹部插入椎骨和大动脉（aorta）之间的方法，可采集到淋巴液。

4. 腹水

将杂交瘤（hybridoma）细胞移植到大鼠和小鼠的腹腔中，动物就产生腹水，腹水中就有杂交瘤分泌的单克隆抗体（monoclonal antibody）。收集腹水，纯化单克隆抗体。采集动物腹水的总量不能超过体重的 20%。穿刺收集腹水应在麻醉下进行。值得注意的是，穿刺收集腹水会使动物感到非常不适，要尽可能使用其他的方法替代利用动物腹水生产单克隆抗体。

第四节　动物外科操作及成像技术

外科手术的教学、新的外科技术或新材料的检测、制作人类疾病动物模型（如肾动脉狭窄造高血压模型，或部分肝切除术诱导再生模型）等，都需要在实验动物身上实施外科手术。

显微外科是近年来外科技术发展的特征之一。显微外科（microsurgery）是指在显微镜下所进行的外科手术，利用显微外科技术，使得在小鼠和大鼠身上实施器官移植成为可能。

动物外科操作需要专业技术，这些技术只有在设备先进的实验室，由专业人员指导、培训后才能进行，而且需要熟悉麻醉学和解剖学知识。

每一次动物外科操作都要注意无菌，而且，必要时进行抗菌处理，如使用抗菌素防止感染。没有证据证明小型啮齿类动物比其他动物更能抵抗外科手术导致的感染。所以，对于这些动物，要求无菌下操作和必要的抗生素预防感染。

手术所需要的各种各样的外科器械、手术中的止血、伤口的缝合等专业知识这里不再赘述。

如果动物手术过程中失血或失液过多，应该进行液体补充治疗。小动物术后应在皮下给予温暖的生理盐水来防止脱水。还要采取一定措施，避免低温。每天必须检查一次伤口。如果动物试图扯开缝线，应当使用外罩或颈套加以保护。一般来说，7～10d 后可拆除缝合线。

一、侵入性技术

1. 切除术

切除术（ectomy）是指去除动物的器官或部分器官，目的之一是为了制作出特殊的动物模型。在动物实验中常用该技术研究内分泌系统和免疫系统。

内分泌系统　包括垂体切除术（垂体），去除内分泌系统的控制中枢；甲状旁腺切除术（甲状旁腺），这些腺体位于颈部区域，个别去除这些腺体是很困难的；胰腺切除术（胰脏）；肾上腺切除术（肾上腺）；性腺切除术（性腺）。

免疫系统　包括胸腺切除术（胸腺，主要位于胸腔），自从有了裸小鼠、裸大鼠等先天胸腺缺乏动物以后，胸腺切除术就不再常用了；淋巴结切除术（淋巴结）；脾脏切除术（脾）。

其他系统切除术　包括肝切除术（肝），一般为一叶移除，也就是所谓的部分肝切除术；肾脏切除术（肾）；子宫切除术（子宫）；移除部分脑组织。

2. 瘘管

瘘管（fistulas）是在动物体内埋植的一个人工孔道，它的一端通常开口于胃肠、胆囊或膀胱，另一端接在体外。利用肠道瘘管，我们可以研究动物的消化、吸收和肠道分泌物。

3. 移植

实验动物中最为常见的移植（transplantation）是近交系动物的皮肤移植，以检测动物的遗传背景。目前，肺、心、肝、肾和胰脏移植也在实验动物身上进行实验，显微外科手术的发展，使得器官移植可以应用到大鼠这样的小型实验动物中。应用这些方法的目的是为了研究组织、器官的排异反应和评价抑制排异的药物。

4. 植入

植入（implantation）就是将某些材料和组织埋入动物体内的过程。肿瘤组织的植入是最为常见的，特别是将人体内的肿瘤组织植入到裸鼠身上，来观察研究肿瘤组织的特性。植入部位首选动物皮肤，也可以植入在其他部位，如大鼠的肾囊或肝囊中，或者在仓鼠的颊囊中。

5. 动静脉瘘管

动静脉瘘管（shunt）是连接机体血管间的一种通路，它常常用于动脉和静脉之间的连接，如颈总动脉和颈总静脉之间的动静脉瘘管。也有静脉与静脉之间的瘘管，如门腔静脉瘘管是建立在门静脉和尾侧腔静脉之间的，可以使小肠的血液直接到达尾侧腔静脉。

二、立体定位技术

在大脑的研究中，立体定位技术（stereotaxic technique）得到了广泛的应用。这种技术是将单电极或双电极放置在大脑的不同区域，通过这些电极，人们可以检测到大脑电位，或者给予电脉冲刺激。利用这种方法也可向大脑中插入薄的插管，通过插管释放微量药物，观察这些药物是兴奋还是抑制大脑某些区域。

进行这些研究，需要了解动物立体定位图谱（stereotaxic atlas）和特定的立体定位设备。根据颅骨可将大脑进行三维分类（three dimension classification）。动物的大脑有 3 个很明显的位面（plane）：水平（horizontal）面，是指通过外耳骨的中心位置和眼眶的边缘（小鼠、大鼠、豚鼠位于门牙之间的上颌骨边缘）；额（frontal）面，指通过外耳骨的中心，垂直于水平位面；矢面（sagittal plane），是指通过颅骨的正中而垂直于水平面的面。

通过应用立体定位设备和立体定位图谱，电极和插管可以植入到大脑特定的区域。

三、灌注

灌注（perfusion）指把液体灌进动物的身体或器官。可以用灌注液代替动物体内或器官内流出的血液。除非灌注个别器官（如灌注肾脏），否则，实施动物将很难存活。在麻醉状态，可以从周围组织把动脉和静脉分离出来，在动脉内插管、结扎固定，实施灌注。剪断进出器官动静脉，把动物的器官从身体分离开来，也可以实施灌注。

四、生物遥测

生物遥测（biotelemetry）指不直接和动物的身体接触或进行创伤性实验，测量动物生理指标的一种技术。生物遥测对动物的刺激小，可测量在自由活动状态下实验动物的心率、心电图、血压和体温等生理参数。给动物实行麻醉后，将一种可植入的传感器（transmitter）埋植在动物的身体内，该传感器装置体外接收器发射一种频率变化的信号。通过一个数据收集系统，这些原始资料可被转换并储存于计算机中。

五、成像技术

放射学研究方法经常被用于动物实验研究中。如麻醉和套管插入，给予造影剂（contrast medium）后，在 X 射线照射下，可以对流经该器官的血流进行研究。

扫描技术被用于研究器官移植和肿瘤生长情况之中。在该检测技术中，通过注射特殊的放射性标记物，标记物可与被移植的组织或肿瘤组织结合。通过扫描器进行扫描，可估计出移植物或肿瘤的大小等特性。计算机 X 射线断层造影扫描（computer tomography，CT）、核磁共振（nuclear magnetic resonance，NMR）等技术，可获得清晰的图像。在 NMR 技术中，不同组织中化合物的磁性差异变成了肉眼可见的组织影像，该检测信号来自体内化合物的质子，图像更清晰。

第五节 实验动物麻醉

动物实验会导致动物疼痛（pain）和痛苦（distress），从人道主义和科学研究的态度出发，在动物实验研究中应尽量减少甚至消除动物的疼痛和痛苦。

科学研究已经证实，疼痛和痛苦可以引起动物组织、器官发生一系列明显的生理反应，减少或消除动物的疼痛和痛苦能减少这些生理反应，提高动物实验的正确性和有效性。

实验动物的外科手术可简单分为生存（survival）和非生存（nonsurvival）两大类。前者指麻醉后或所有大小手术结束后，动物还需生存着，后者指麻醉后或所有大小手术结束后，动物不需要生存，处以安乐死。进行生存手术时，不论是剖腹、截肢或注射药物、处理伤口，需要严格执行手术部位的剃毛、消毒、材料灭菌及无菌操作。根据实验情况，对动物可在手术前注射抗生素以避免感染。进行非生存手术时，虽然不需要生存手术那么严格无菌操作，但至少也要对操作部位的进行剃毛、消毒处理，实验者也应该戴手套。

外科手术中引起的动物疼痛通过适当的麻醉（anesthesia）完全可以避免。实验者应该意识到，大多数的麻醉剂（anesthetic）对动物的组织、器官有一定的影响，使用麻醉剂可能影响实验方案。为了将麻醉对实验结果的影响减少到最小，选择麻醉剂时，应充分考虑麻醉剂的药理作用。

手术后的疼痛和非外科手术引起的疼痛，可以通过使用镇痛剂（analgesic）来缓解。为了有效地控制疼痛，正确评估动物所受疼痛的程度就显得十分重要。疼痛是动物个体感官和情感上的体验，动物无法和我们进行语言交流，因而建立动物疼痛模型就显得十分困难。通过比较研究人和动物中枢神经系统的结构和功能的相似性，可以找出引起动物疼痛的机制。另外，科学家对人类疼痛反应过程已经很清楚，广泛使用的止痛剂改变了人类对疼痛的反应，鉴于动物和人对疼痛反应的相似性，从人类身上观察得出的结论，同样适用于动物。动物和人类一样：有有害刺激很有可能产生不适。

一、麻醉的概念及分类

动物手术前工作人员必须制订详细的实验计划，清楚了解实验动物的解剖构造和生理学特征。另外，操作人员的无菌观念及技术，也是动物手术前需考虑的问题。一般来说，首次进行动物手术时，最好有兽医师或动物技术人员在旁协助，以确保实验步骤、相关药物和设备的使用正确。在实验操作或手术过程中必须给予动物止痛或麻醉。

麻醉是以药物或其他方式抑制动物局部（周边性）或全体（中枢性）神经组织的活性，使动物部分或整个身体完全失去感觉的作用。麻醉是一种可逆的，具有控制力的情形，能抑制来自于中枢神经系统的有害感觉（疼痛感）和别的刺激。麻醉可以由能导致失去意识和失去疼痛感的药品（全身麻醉剂）产生，也可以由能导致身体某部分失去感觉的药品（局部麻醉剂）产生。许多种药物可以用来麻醉动物。表 4-5 至表 4-7 列出了实验动物常用的麻醉剂种类及其剂量。麻醉技术的选择取决于动物实验中使用的动物品种、实施实验操作的方式、操作的持续时间、实验者的经验和实验的目的等。如果执行的是非入侵

表 4-5 啮齿类、兔子常用麻醉剂及使用剂量 (单位:mg/kg)

麻醉剂	小鼠	大鼠	地鼠	沙鼠	豚鼠	兔子
麻醉前给药(抗胆碱能药)						
阿托品 atropine	0.05,sc	0.05,sc	0.05,sc	0.05,sc	0.05,sc	0.05,im
格隆溴铵 glycopyrrolate	0.01,sc	0.01,sc	0.01,sc	0.01,sc	0.01,sc	0.1,sc
麻醉前给药(镇定剂)						
安定 diazepam	2.5～5,ip	2.5,ip	5,ip	5,ip	5,ip	1～2,iv
乙酚丙嗪 acepromazine	2～5,sc	2.5,sc	5,sc	3,sc	2.5,sc	1,sc
芬太尼/氟阿尼酮 fentanyl/fluanisone	0.1～0.3,ip	0.3～0.5,ip	0.5,ip	0.5～1,ip	1,ip	0.2～0.5,im
赛拉嗪 xylazine	5～10,ip	1～5,ip	5～10,ip	2～3,ip	5,ip	2～5,im
美托咪定 medetomidine	0.1～0.3,sc	0.1～0.3,sc	0.1,sc,ip	0.1～0.2,ip	0.3～0.5,ip	0.2～0.3,im
麻醉(麻醉时间:5～10min)						
阿法沙龙/阿法多龙 alphaxalone/ alphadolone	10～15,iv	10～12,iv	150,ip	80～120,ip	40,ip	6～9,iv
异丙酚 propofol	26,iv	10,iv				10,iv
硫喷妥钠 thiopentone	30～40,iv	30,iv				30,iv
美托咪定 medetomidine	10,iv	7～10,iv			31,ip	10～15,iv
麻醉剂(麻醉时间:20～60min)						
氯胺酮/乙酚丙嗪	100,ip	75,ip	150,ip	75,ip	125,ip	50,im
ketamine/acepromazine	2.5～5,ip	2.5,ip	5,ip	3,ip	5,ip	1,im
氯胺酮/安定	100,ip	75,ip	70,ip	50,ip	100,ip	25,im
ketamine/diazepam	5,ip	8,ip	2,ip	5,ip	5,ip	5,im

续表

麻醉剂	小鼠	大鼠	地鼠	沙鼠	豚鼠	兔子
氯胺酮/赛拉嗪	100,ip	90,ip	200,ip	50,ip	40,ip	25～35,im
ketamine/xylazine	10,ip	10,ip	10,ip	2,ip	5,ip	5,im
氯胺酮/美托咪定	75,ip	75,ip	100,ip	75,ip	40,ip	25,sc
ketamine/medetomidine	1,ip	0.5,ip	0.25,ip	0.5,ip	0.5,ip	0.2～0.3,sc
戊巴比妥 pentobarbital	40～60,ip	40～55,ip	50,ip	60,ip	37,ip	30～45,iv
麻醉剂(长效麻醉,不恢复)						
氯醛糖 chloralose	50～100,ip	55～65,ip	50～100,ip		70,ip	80～100,iv
乌拉坦 urethane	1 g/kg, ip	1～2 g/kg,ip	1～2 g/kg,ip		1.5 g/kg,ip	1 g/kg,ip
麻醉剂(吸入麻醉剂)						
乙醚 ether	诱导麻醉浓度 15%～20%	保持麻醉浓度 5%				
氟烷 halothane	诱导麻醉浓度 4%～5%	保持麻醉浓度 1%～2%				
异氟烷 isoflurane	诱导麻醉浓度 4%	保持麻醉浓度 1.5%～3%				
七氟烷 sevoflurane	诱导麻醉浓度 8%	保持麻醉浓度 3%～4%				
甲氧氟烷 methoxyflurane	诱导麻醉浓度 4%	保持麻醉浓度 0.5%～1%				

注:ip. 腹腔注射,iv. 静脉注射,im. 肌肉注射,sc. 皮下注射,id. 皮内注射。

表 4-6　犬、猫、白鼬及大型动物常用麻醉剂及使用剂量　（单位：mg/kg）

麻醉剂	犬	猫	白鼬	山羊/绵羊	猪	灵长类
麻醉前给药(抗胆碱能药)						
阿托品 atropine	0.05,sc	0.05,sc		0.05,sc	0.05,sc	0.05,sc
格隆溴铵 glycopyrrolate	0.01,sc	0.01,sc	0.1,sc		0.01,sc	0.01,sc
麻醉前给药(镇定剂)						
安定 diazepam			2,im	2,im 1,iv	1,im	1,im
乙酚丙嗪 acepromazine	0.03～0.06,im	0.05～0.1,im	0.2,im	0.1,im	0.2,im	0.2,im
芬太尼/氟阿尼酮 fentanyl/fluanisone		0.2～0.3,im		0.5,im		0.3,im
赛拉嗪 xylazine	0.5～1,im	0.5～1,im		1,im(绵羊)； 0.05,im(山羊)		
美托咪定 medetomidine	0.03～0.05,im	0.04～0.08,im				
麻醉剂(麻醉时间:5～10min)						
阿法沙龙/阿法多龙 alphaxalone/alphadolone		9～12,iv	8～12,iv	2.2,iv,然后 2,iv	6,im	10～12,iv
异丙酚 propofol	5～7.5,iv	7.5,iv		3～4,iv	3,iv	
硫喷妥钠 thiopentone	10～20,iv	10～15,iv		10～15,iv	6～9,iv	15～20,iv
美托咪定 medetomidine	4～8,iv	4～8,iv		4,iv	5,iv	10,iv
麻醉剂(麻醉时间:20～60min)						
氯胺酮 ketamine	10,iv	25,im	4,iv	10,im	15,im	

续表

麻醉剂	犬	猫	白鼬	山羊/绵羊	猪	灵长类
安定 diazepam	0.5,iv		2,im	1,iv	2,im	1,im
氯胺酮 ketamine	15,iv	15,im	10,im	4,im	10,im	10,im
赛拉嗪 xylazine	1,iv	1,sc	0.5,im	1,im(绵羊); 0.05,im(山羊)	1,im	0.5,im
氯胺酮 ketamine	5,im	5～8,im				
美托咪定 medetomidine	0.03～0.05,im	0.5～0.8,im				
戊巴比妥 pentobarbital	20～30,iv	25,iv	25～30,iv	30,iv	30,iv	5～15,iv
麻醉剂(长效麻醉,不恢复)						
氯醛糖 chloralose	80～110,iv	80～90,iv				80,iv
乌拉坦 urethane	1 g/kg,iv	1.25 g/kg,iv				
麻醉剂(吸入麻醉剂)						
乙醚 ether	诱导麻醉浓度 15%～20%	保持麻醉浓度 5%				
氟烷 halothane	诱导麻醉浓度 4%～5%	保持麻醉浓度1%～2%				
异氟烷 isoflurane	诱导麻醉浓度 4%	保持麻醉浓度 1.5%～3%				
七氟烷 sevoflurane	诱导麻醉浓度 8%	保持麻醉浓度3%～4%				
甲氧氟烷 methoxyflurane	诱导麻醉浓度 4%	保持麻醉浓度 0.5%～1%				

注:iv. 静脉注射,im. 肌肉注射,sc. 皮下注射。

表 4-7　鸟类、两栖类、爬行类和鱼类常用麻醉剂及使用剂量　　（单位:mg/kg）

动物	氯胺酮	戊巴比妥	乌拉坦	氟烷	异氟烷	注释
鸟类						
0.1 kg	10～20,im			2%～4%	3%～5%	鸽子:氯胺酮 30mg/kg＋美托咪定 10mg/kg(im),或戊巴比妥 10～20mg/kg(im)
0.1～0.5 kg	5～10,im					
0.5～3 kg	2～5,im					
蛇	20～80,ip	15～30,ip		3.5%～6.5%	4%～6.5%	美托咪定 8～10,ip 硫喷妥钠 8～45,ip
蜥蜴	15～17,im	10～25,ip		4%～5%诱导麻醉 1%～2%保持麻醉	4%～5%诱导麻醉 2%～3%保持麻醉	诱导持续时间 10min
龟	60～120,im	10～30,ip		4%诱导麻醉 1.5%保持麻醉	4%诱导麻醉 2%保持麻醉	诱导持续时间 10min
青蛙		30～60 注入背部淋巴囊	20 ml/kg 注入背部淋巴囊			10%水合氯醛,1～2ml 注入背部淋巴囊
鱼			10～90g/L,投入水中			丙泮尼地(propanidid)0.2～1.5 mg/l,投入水中

注:ip. 腹腔注射;im. 肌肉注射。

(non-invasion) 式、无疼痛的操作，则深度镇静 (sedation) 或轻微的睡眠状态 (sleep) 就可以了。对于入侵 (invasion) 式操作而言，必须要固定动物、实施有效的减轻动物的疼痛措施。收集实验动物生理学数据，必须要有一个稳定的状态，要求在实验中麻醉剂用量要尽可能适中。另外，应该选择对作用的器官损害最小的麻醉剂。

理想的麻醉剂应具有以下特征：易于控制，能导致动物进入深沉、稳定的麻醉状态，不影响动物生理功能，对人和动物安全，苏醒要快。

遗憾的是，目前最有效的麻醉技术还不能完全达到以上的标准。基于这个原因，麻醉时应该咨询一些动物麻醉方面的专家，以获得一个较好的麻醉方法。此外，不同种动物之间的麻醉效应存在很大的差异，从一个物种的麻醉推断另一个物种的麻醉方法，可能是无效的。同一物种的不同品系之间也存在较大的差异。所以，麻醉技术要根据动物的品种、品系、性别、体重和动物本身存在的疾病等综合因素来考虑。

简单地讲，动物的麻醉分为全身麻醉 (general anesthesia) 和局部麻醉 (local anesthesia)。

(一) 全身麻醉

全身麻醉有四种类型：失去意识 (催眠状态)、失去感觉功能 (丧失痛觉)、骨骼肌松弛和反射活动抑制 (自主能力稳定化)。全身麻醉有注射性麻醉剂和吸入性麻醉剂两类。全身麻醉可由一种药物的作用产生。如吸入性麻醉药氟烷 (halothane) 或异氟烷 (isoflurane)，静脉注射麻醉剂苯巴比妥 (pentobarbitone) 或异丙酚 (propofol)。然而，在很多动物实验研究中，对动物意识抑制的程度、反射反应的程序和疼痛的程度的要求不是恒定不变的，仅仅使用一种麻醉剂，不可能单独地调节麻醉的不同部位。与此相比，如果分别使用不同的麻醉剂，作用于动物一个或多个部位，对于特殊实验、特殊要求麻醉抑制程度，可以选用这种麻醉技术，即平衡麻醉 (balanced anesthesia)。当使用平衡麻醉方法时，麻醉剂的使用剂量相对要低，这样可以避免过量使用带来的危害。平衡麻醉潜在的不利因素是，麻醉剂之间可能相互作用，而且每种麻醉剂可能对动物的生理活动产生影响。因此，需要我们对实验中使用麻醉剂的药理作用有充分的认识。

动物实验中，啮齿类动物、兔、猫、狗等常使用全身麻醉。

(二) 局部麻醉

局部麻醉是仅仅作用于身体的一部分，动物仍然有意识。在许多方面，局部麻醉剂应用很广泛，可以被用来研究动物身体局部或特定区域不同的麻醉程度。

局部麻醉包括：

1. 表面麻醉（surface anesthesia）

直接将麻醉剂涂抹或喷到黏膜上，或者涂抹在未受损害的皮肤上，产生局部麻醉的效应。通常使用在表面积小的浅表手术上。如插入输尿管、刺穿皮肤进入浅表血管等。

2. 浸润麻醉（infiltration anesthesia）

将麻醉剂浸润、渗入到深层组织中，达到麻醉目的。此法适用于小的外科手术，如皮肤活检（biopsy）。

3. 局部神经阻滞（local nerve block）

将局部麻醉剂注入到动物身体特定部位的神经周围，来麻醉该神经控制区域。常用在麻醉动物的四肢或尾部，有时也用在外科手术中。

4. 区域麻醉（regional anesthesia）

将药液注入硬脊膜外腔而达到较大面积麻醉的效果，也应用在麻醉肢体的神经丛。如果麻醉剂被注入到脑脊髓液中，这种方法被称作脊髓麻醉（spinal anesthesia）；如果麻醉剂被注入到硬脊膜外腔，被称作硬脊膜外麻醉（epidural anesthesia）。在正确剂量下，脊髓和硬脊膜外麻醉被用在大动物（尤其是羊和牛）身体下部分的手术中，如腿部和腹部。有时这种麻醉也被用在较小的哺乳动物（如狗或者兔子）身上。神经丛麻醉经常用在肢体的手术中。

动物实验研究中经常用的局部麻醉剂有普鲁卡因（procaine）、利多卡因（lignocaine）、布比卡因（bupivacaine）等。有时，加入肾上腺素（epinephran）或去甲肾上腺素（norepinephrine）可引起局部血管收缩、减缓药物吸收，延长麻醉效应，但在注入儿茶酚胺（catecholamine）后，有可能导致典型的心血管反应。

和全身麻醉相比，局部麻醉的优点在于它很少影响动物正常的生理功能。在脊髓或硬脊膜外麻醉时，麻醉剂抑制交感神经系统，引起麻醉区域血管扩张，导致血压降低、心动过速。局部麻醉剂的副作用，取决于注入药物的浓度和容积。对于不习惯于保定动物的实验者来说，采用局部麻醉或区域麻醉最大的局限在于动物仍有意识，但注入镇静剂可解决这个问题。另外，局部麻醉还能为那些由于注入低剂量的催眠剂或全身麻醉剂而导致意识丧失的动物止痛。

大型动物（如牛、马）手术中多使用局部麻醉。

二、麻醉的诱导和维持

1. 麻醉前的准备

在实施麻醉之前，要进行一些必要的准备。首先，要选择最合适的麻醉剂，麻醉所用的仪器、设备也要提前检查好，确保运行正常，而且，要备用充足的麻醉剂及急救药。被麻醉的动物应经过1～2周的适应期。实施麻醉前，必须观察、记录动物的体重、食物、水的摄入量等。麻醉的动物应该健康、没有任何疾病的临床症状。麻醉或手术前最好能了解动物本身是否有潜在性疾病存在。如在一些实验中对动物进行实验室检查以证实动物的健康情况是否适合麻醉。另外，对大型实验动物而言，还必须进行血液学和生化学检测、评估。如检测血红蛋白容量或血球容积，可以被用于判断动物手术中的出血的情况，记录这些参数对于动物麻醉和手术是很有帮助的。

特别注意的是，大型动物必须提前禁食以防止反刍和吸入胃内容物。同样，在麻醉复苏的过程中，某些刚被喂食的动物可能呕吐。为了避免这样的问题，狗、猫、白鼬、猪和非人灵长类必须提前禁食12～16h。对于啮齿类和兔子等麻醉前禁食是不必要的，豚鼠的唾液分泌较多，需多加注意。

如果需要动物从麻醉中复苏，那么在开始实施麻醉操作之前必须做好术后护理的准备工作。如应准备一个合适的复苏箱，而且要保证复苏箱的恒温要维持足够长的时间。

第一次使用一种新的麻醉方法时，最好先进行预实验，麻醉1只动物，以确保获得合适的麻醉深度和平稳复苏。不同品种、不同品系的动物，对麻醉剂的反应不同，甚至变化颇大，所以实施麻醉时使用麻醉剂的剂量，具体针对特定品系动物时可能需要增减。

有时，麻醉前给动物一些药物，可以减少麻醉剂可能产生的副作用，有助于将伴随实施麻醉操作产生的痛苦降至最小、确保平稳复苏。应用抗胆碱能药，如阿托品（atropine）或格隆溴铵（glycopyrronium bromid），可以抑制呼吸道及唾液腺分泌物，防止心脏受到迷走神经的兴奋所产生的心跳过慢，并阻滞由药物或手术操作牵拉内脏引起的任何不必要的自主反应。注意：已有心律不齐的动物禁用。

镇静剂或安定药可以用来减轻动物的紧张情绪，并使动物易于控制。使用镇静剂还可诱导麻醉平缓进行，降低（或直接跨越）麻醉兴奋期的反应，间接减少麻醉剂使用量，降低麻醉死亡率，使麻醉和复苏过程顺利进行。大多数常使用的镇静剂和安定药不会导致痛觉的丧失，所以需要使用另外的药物来控制术前或术后的疼痛。

不同种类动物的麻醉前建议用药见表4-5至表4-7。

2. 全身麻醉的诱导和维持

全身麻醉既可通过静脉、皮下、肌肉或腹腔注射一种或多种化合物诱导产生，也可通过吸入挥发性麻醉剂而产生麻醉效应。体重小于1kg的实验动物的吸入麻醉可在麻醉箱中进行。对于体型较大的动物，可将动物保定后使用面罩麻醉实施吸入麻醉。动物在麻醉实施过程中可能会反抗很难保定，为了减少这种诱导过程中的应激反应，可在麻醉诱导前适当使用镇静剂，或用其他更好的方法，即使用短效麻醉剂使其丧失知觉，然后，通过一种吸入剂型来维持后期阶段的麻醉。

吸入麻醉的优点是，通过使用标准口径喷雾器，可以很容易地判断出麻醉深度，在外科手术中所产生的创伤力水平对动物的影响能够很容易反映出来。除非使用持续静脉滴注，否则重复使用静脉内麻醉会导致麻醉深度的不稳定。此外，麻醉剂蓄积也可发生，并导致恢复期的延长。短期麻醉（小于30min）的恢复非常迅速。因为这种方法对小型啮齿类动物很容易实施，而且恢复快。故吸入麻醉剂将成为研究这些物种麻醉时可选择的剂型。

三、常用麻醉剂介绍

（一）吸入麻醉剂

1. 常用的吸入麻醉剂

（1）异氟烷（isoflurane）是一种有效的麻醉剂，可以快速地诱导麻醉，并能在术后快速复苏。异氟烷应当在标准的雾化器内使用。异氟烷在绝大多数实验动物中均能产生安全有效的麻醉效果。异氟烷不是易燃、易爆品，但它刺激动物的呼吸道，减缓诱导麻醉的过程。异氟烷在动物体内不发生物转化，几乎所有的异氟烷都可以通过动物的呼吸排出体外。异氟烷不消耗肝脏内的酶，在有关药物代谢的实验研究中可以把由于使用麻醉剂对代谢产生影响的风险降到最低。虽然异氟烷不会大幅度降低压力感受器的反应性，但同样可以导致血压降低和心动过速。

（2）氟烷（halothane）就像异氟烷一样，氟烷也是一种有效的而且应该在标准雾化器内使用的麻醉剂。氟烷诱导和复苏的速度与异氟烷相比稍微慢些。氟烷可以导致手术中麻醉平面局部中等程度的低血压。氟烷既可以通过肺呼吸呼出体外，也可在动物体内组织中分解、代谢。

（3）甲氧氟烷（methoxyflurane）也是一种有效的麻醉剂。相比氟烷、异氟烷而言，甲氧氟烷的雾化比较容易，可以在简单的容器内安全的使用。如果没有雾化器，液态的甲氧氟烷可以直接倾倒在脱脂棉上放置于吸气室内使用，但应当使用金属载网或类似的装置，避免吸入甲氧氟烷的脱脂棉垫与动物直接接触，这点一定要注意，因为液态的甲氧氟烷有刺激性。甲氧氟烷体内代谢部位广泛，代谢中释放出的无机氟离子会造成肾脏的损伤，所以应当避免应用于肾功能的研究中。有些国家禁止甲氧氟烷在市场上销售。

（4）恩氟烷（enflurane）类似氟烷，但诱导和复苏稍微快些。恩氟烷的代谢场所不像氟烷那么多，与氟烷和异氟烷相比没有明显的优点，故很少用于实验动物。

(5) 七氟烷（sevoflurane）和地氟烷（desflurane）是两种新型吸入麻醉剂，可以快速地诱导麻醉，快速地复苏。七氟烷的代谢场所广泛，但不会导致肝、肾功损伤。地氟烷在体内不参与代谢，但可以导致交感神经兴奋，故在实验动物的麻醉中应用并不多。

(6) 乙醚（ether）是易燃、易爆炸、具有刺激性的麻醉剂。乙醚气体的刺激性可以导致动物唾液的大量分泌和支气管分泌物的增加，偶然会发生喉痉挛。乙醚对呼吸道的刺激可加重啮齿类动物和兔子的原有的呼吸道疾病。尽管存在这些明显的缺点，乙醚仍然被用来麻醉小的啮齿类动物。使用时，把乙醚放在简单的容器内或将浸透了乙醚的脱脂棉垫放在麻醉箱内，即可进行麻醉。使用粗糙的诱导麻醉时，很少出现麻醉过量的现象。但是，出于动物福利、乙醚的安全性等因素，很多实验室不再使用乙醚，而趋向于选择更安全、更人道、更有效的麻醉剂。

(7) 氧化亚氮（nitrous oxide）。市售的氧化亚氮盛放在加压装置中，呈液态。为了避免低氧症发生，使用时应该与氧气混合，两种气体的混合比例是氧化亚氮小于65%、氧气大于35%。氧化亚氮是人类有效的止痛剂，但在哺乳类实验动物中镇痛效果却不明显，即使浓度高于70%也不能使动物失去意识，这个特性使得它在实验动物的麻醉应用中受到了限制，只是配合其他麻醉剂应用于体型较大实验动物的麻醉，如狗和猫。

大多数吸入麻醉剂均可以使支气管扩张，引起缺氧型的肺部血管收缩组织能力消失，气道内黏液纤毛的功能减低，结果导致呼气、吸气不匹配，从而增加肺部感染的概率。

吸入麻醉剂还可降低心肌的收缩性、引起血管扩张，导致低血压发生。大多数静脉注射麻醉剂在心血管系统也产生相同的反应。但是，氯胺酮（ketamine）可以增加心肌的收缩性、使血管收缩。

2. 麻醉强度

吸入麻醉剂诱导动物意识丧失和麻醉所需要的吸入浓度与动物的种类、实施麻醉的步骤、所用的麻醉剂等有关。最低肺泡有效浓度（minimal alveolar concentration，MAC）指吸入麻醉剂的百分比浓度，即50%的动物对标准的疼痛激发物（pain stimulus）没有反应的麻醉剂浓度（表4-8）。一般外科手术的麻醉，采用1.5倍的MAC浓度就可以。在特殊的情况下某些物种可能会要求2倍的MAC或更大的吸入麻醉剂浓度才能达到手术要求。

3. 气体麻醉剂的清除

长期暴露在吸入性麻醉气体中，对人体是有害的。在动物实验手术室中，应该采用特殊的仪器设备，能够有效地除去室内麻醉气体，这也是常规操作所必需的。吸入性麻醉气体不仅影响认知能力，而且可以使自发性流产的发生率上升，并产生致畸作用。许多国家的安全法规明确规定：所有吸入麻醉剂的使用单位必须确保有效清除麻醉废气，以降低实验室及手术室内的污染。

表 4-8 不同物种吸入麻醉中 MAC 值

物种	乙醚	氟烷	恩氟醚	异氟烷	氧化亚氮
人类	1.92	0.75	1.68	1.15	105
灵长类		1.15	1.84	1.28	200
狗	3.04	0.87	2.20	1.41	188
猪				1.45	
绵羊				1.58	
猫	2.10	0.82	1.20	1.63	255
大鼠	3.20	1.10		1.38	150
小鼠	3.20	0.95		1.41	275

作为临时性的措施，可以使用简单的麻醉气舱一类的装置，但长远看来这样不太方便。

（二）注射用麻醉剂

许多不同种类的注射麻醉剂可用于实验动物。下面作以简要概括并将参考剂量列于表 4-5 至表 4-7 中。

使用注射麻醉剂时，应该强调不同种属动物之间、同一物种不同个体之间对麻醉剂物的反应差异性，这是非常重要的。对麻醉剂反应的波动性在小型啮齿类动物中很常见，因为它们的体型小，静脉给药困难，一般用腹腔给药途径代替静脉给药，腹腔注射麻醉时，麻醉剂在很短时间内就像一次性单个药团（bolus）被注入腹腔内，不能像静脉滴定那样逐渐进入体内以获得满意的麻醉效果。在兔子和一些更大的实验动物麻醉时，可通过静脉途径给药，当注入的麻醉剂剂量达到预计值的 50%左右时，剩余的药物以更慢的速度注射，以求达到最合适的麻醉深度。如果有足够的专业知识，通过尾静脉也可以给小鼠和大鼠静脉内给药。

以下分别介绍几类常用麻醉剂：

1. 巴比妥酸盐

广泛应用于实验动物麻醉的巴比妥酸盐（barbiturate）类两种短效麻醉剂是硫喷妥钠（thiopentone）和美索比妥（methohexitone），还有一种长效麻醉剂是戊巴比妥（pentobarbital）。所有这些药物都产生催眠作用。但缺乏内在的止痛作用，因此，只有在导致心血管和呼吸抑制的较高剂量时，才能获得外科手术时的麻醉效果。如果巴比妥酸盐通过静脉途径给药，它的剂量可以精确地调整，使用相对安全。腹腔注射短效的巴比妥酸盐类麻醉剂的作用效果很难预料。因此，不提倡腹腔注射短效的巴比妥酸盐类进行麻醉。硫喷妥钠的 pH 较高，腹腔注射可产生严重的刺激反应，也不推荐。腹腔注射戊巴比妥可以产生外科麻醉的效果，但麻醉剂量的范围很窄，安全性小、死亡率高，不是理想的麻醉方法。另外，很多腹腔注射的药物，还对动物的器官、组织存在潜在的危害。

2. 分离麻醉剂

氯胺酮和替来他明（tiletamine）是广泛应用的分离麻醉剂。对于一些体型较大的实验动物种，特别是非人灵长类，分离麻醉剂（dissociation anesthetic）可获得较浅的外科麻醉效果，但其肌肉松弛作用较差。在小的啮齿类实验动物中，分离麻醉剂几乎没有作用，除非使用对动物来说接近危险边缘的大剂量。如果将分离麻醉剂配合镇静剂使用，麻醉的效果会明显改善。成品的替来他明制剂包括替来他明和唑拉西泮（zolazepam）。氯胺酮可与镇静剂联合使用，如乙酚丙嗪（acepromazine）、咪达唑仑（midazolam）、安定（diazepam）等。如果氯胺酮与赛拉嗪（xylazine）、美托咪定（medetomidine）之类的安定-镇痛剂联合使用，麻醉效果会更好，主要原因是，这类安定-镇痛剂能够被一种特殊的拮抗剂（三磷酸腺苷）减弱，动物相对苏醒的时间缩短。

3. 神经麻醉剂

神经麻醉剂（neuroleptanalgesia）也叫神经安定镇痛剂，是一种强有效的镇痛药和安定药的混合物。广泛应用的主要的商业制剂是芬太尼（fentanyl）/氟阿尼酮（fluanisone）、芬太尼/氟哌利多（droperidol）、埃托啡（etorphine）/甲氧异丁嗪（methotrimeprazine）和埃托啡/乙酚丙嗪（acepromazine）。由于使用剂量上的差异，当单独使用这些药物的时候，药物混合物能产生很好的镇痛作用，但肌肉放松的程度较低，对呼吸有抑制作用。对很多动物来讲，可以把芬太尼/氟阿尼酮和苯并二氮卓类（benzodiazepine）联合使用，既能产生外科麻醉效果，也能使动物肌肉松弛，呼吸抑制程度小。

4. 类固醇类麻醉剂（steroid anesthetic）

阿法沙龙（alphaxalone）/阿法多龙（alphadolone）是很多实验动物有效的麻醉剂。这些麻醉剂不适用于犬和兔子，因为这类商品使用的溶解剂能够引起犬组胺的释放；在家兔中，只有引起呼吸停止的剂量才能产生外科水平的麻醉效果。对于其他动物而言，如果静脉内注射给药，阿法沙龙/阿法多龙在 5～15min 内会产生温和的外科麻醉效果。重复注射或持续给药，能延长麻醉时间，但动物恢复时间不会过分延长。

5. 苯并二氮卓类

安定（diazepam）、咪唑安定（midazolam）和唑拉西泮（zolazepam）等苯并二氮卓类药物，对实验动物属于麻醉剂的附属品，它们对心血管和呼吸有一定的作用，经常和氯胺酮、类阿片（opioid）及吸入麻醉剂联合使用。

6. 其他制剂

（1）交感神经兴奋性药物。像赛拉嗪（xylazine）、美托咪定（medetomidine）等肾上腺素类药物，抑制动物中枢神经系统、引起中枢神经系统诱导性肌肉放松，经常作为大型反刍动物和马的镇静麻醉剂。美托咪定是一种新的和强而有效的 α-2 激动剂，在狗、猫、兔子和大多数啮齿类动物身上，能产生良好的镇静和镇痛效果。使用美托咪定，还可以减少其他麻醉剂的剂量。

（2）异丙酚（propofol）可用在非灵长类动物、犬、猫、山羊、猪和大多数啮齿类动物身上，静脉给药产生外科麻醉效果。麻醉时间短暂（10min 以内），恢复时间迅速。重复给药或持续给药能延长麻醉效果，动物恢复时间不过分延长。异丙酚对于家兔产生的麻醉程度，对外科手术来说是不够的。

（3）阿弗丁（tribromoethanol）　这种麻醉剂能用于大多数啮齿类实验动物，产生外科麻醉效果。动物肌肉放松。腹腔注射给药时，分解的阿弗丁溶液能刺激动物严重躁动，导致一些动物死亡。因此，一定要使用新配制的阿弗丁溶液。即使使用新配制的阿弗丁，使用第二种麻醉剂片刻之后，也能导致动物胃肠紊乱和死亡。最新研究表明，即使新鲜的阿弗丁也有刺激成分，所以选择这种制剂一定要慎重。

（4）α-氯醛糖（alpha-chloralose）　α-氯醛糖和水合氯醛（chloral hydrate）是两个基本的催眠剂，能使心血管稍微抑制。腹腔注射能刺激动物胃肠道，可能引起肠梗阻。α-氯醛糖和乌拉坦（urethane）一起使用，有致癌作用，只能用于终末实验。

四、麻醉深度的评估

无论选择什么样的麻醉剂，最重要的是能检测麻醉的深度以确保动物不因麻醉过浅而感到疼痛，或是麻醉过深而处于死亡的危险中。从动物清醒到完全的手术麻醉是一个连续的过程，而不是一系列无关联的步骤。反射、体位的改变、呼吸频率和深度、心率、血压的改变和其他对（疼痛）刺激的反应等被用作麻醉深度的判断指标。遗憾的是不同麻醉深度的这些参数的改变常常随实验动物种类和麻醉剂的不同而改变。

麻醉过程通常被分为 4 个期：

（1）诱导期。此期动物是清醒的，处于一种轻度痛感丧失和安静的状态，反应轻度延迟。

（2）兴奋期。动物意识逐渐丧失，反射活动和肌肉运动增强。瞳孔开始扩大，泪腺和黏液分泌增加，眼睛呈现出不协调的运动。

（3）手术期。呼吸频率降低，深度增加。眼睑和角膜反射消失，肌肉紧张性和反射应答减低，对外科和其他刺激无反应，最适合进行手术。又分成轻度、中

度、深度和过量四节，

（4）缺氧（毒性）期。也称休克期，生命中枢被抑制，以致呼吸和心跳减慢甚至停止。瞳孔散大，光反应消失。1～5min 内可能死亡。在安乐死时，使用过量的麻醉剂将达到此期。

大部分实验要求麻醉达到手术期。但是，当不同的麻醉剂联合使用时，上述描述的反应有相当大的变化。以下反射反应可用于评估确定动物是否达到足够的麻醉。

（1）翻正反射：当动物处于仰卧位时，通常试图翻转至俯卧位，在麻醉作用下动物保持仰卧位。

（2）眼睑反射：当触及眼内、外眦时，动物会眨眼，在手术麻醉阶段这种反射消失。

（3）踏板反射：当手指或足趾间皮肤被掐痛时，动物的腿产生的弯曲并伸直的反射，这些反射在麻醉期间消失。

（4）吞咽反射：在没有麻醉的情况下，牵拉舌头或挤压喉将引起动物吞咽。这些反应在麻醉期间消失。

（5）掐尾反射：当麻醉不是很深时，用指甲或止血钳掐、夹动物的尾巴将导致尾巴的轻弹，偶尔导致发声。

（6）掐耳反射：当兔子或豚鼠清醒时，掐其耳朵将产生摇头的反应。这些反应在麻醉期间消失。

翻正反射和踏板反射的消失是评估大部分哺乳动物麻醉效果最实用的指标。在麻醉过程中，动物的这些反射反应是逐渐消失的。如掐尾或手指（足趾）时产生的发声反应，在产生抽搐或退缩反应前已消失。退缩反应的强度也是逐渐减退的，在中度到深度麻醉完全消失时，才有进行手术的可能。不要将进入兴奋期的动物反应（如呼吸急促）以及手术期腹式呼吸（腹壁的突然收缩），误判为麻醉不足而追加药量，这样会导致动物死亡。

一般来说，实验者希望动物尽快进入手术麻醉期状态，此期的轻度和中度麻醉足够大部分手术所需，深度和过量已是动物接近死亡的高危险期，此时必须暂停手术进行急救，否则一旦进入第四期休克期，80％以上动物会死亡。

麻醉过程各期动物的生理变化见表 4-9。

表 4-9　麻醉各期动物生理变化

麻醉分期	呼吸	瞳孔	眼球移动	反射	肌肉张力	脉搏、血压
诱导期	规则	正常	随意	存在	正常	脉搏血压↑
兴奋期	不规则	扩张	不随意	存在	激动紧张	脉搏血压↑
手术期						

续表

麻醉分期	呼吸	瞳孔	眼球移动	反射	肌肉张力	脉搏、血压
轻度	深度↑ 速度↑	收缩	不随意或 固定不动	眼结膜 喉咽	轻微松弛	脉搏、血压正常
中度	正常	正常	固定不动	喉咽	中等松弛	脉搏、血压正常
深度	深度↓ 速度↓	轻微扩张	固定不动		极度松弛	脉搏不整齐、血压↓
过量	腹式呼吸	中等扩张	固定不动			脉搏微弱血压↓↓

五、人工通气

1. 人工通气

人工通气（artificial ventilation）指利用手动压力装置或机械通气装置，将气体强制性地送入动物肺内的方法。在给动物实施胸廓切开术或给予肌肉松弛药时，必须人工通气。如果动物手术时间大于 2h，也可以利用人工通气来保证足够的气体交换。在人工通气中，吸气时是正压通气，呼气时是由于肺的弹性所致的被动过程。吸气时肺内压的增加使心输出量减少，为了将这种效应减到最小，吸气时间缩短，占一个呼吸循环 30%左右的时间即可。

尽管每种动物都有自己的通气需求，但通常每千克体重 10～15 次的潮气量才能维持动物正常的呼吸功能。不同种动物的呼吸频率是不相同的，狗、羊、猪呼吸频率在 10～15 次/min，兔和啮齿类动物在 50～150 次/min（表 4-10）。

表 4-10　人工通气时呼吸参数

动物种	频率/(次/min)	潮气量/ml	吸气/呼气时间	压力/cm 水柱
小鼠	100～130	0.5～1	35/65	5～15
大鼠	50～180	3～10	35/65	5～15
豚鼠	30～50	8～20	35/65	5～15
家兔	30～50	40～60	35/65	5～15
鸟	6～12		随体型变化	5～15

使用机械人工通气时，必须注意通气压力，避免充气过度和气压伤。一般情况下，小动物充气过度压不应超过 10cm 水柱。为了获得良好的人工通气，可用 CO_2 分析仪测定呼出气体中 CO_2 含量，将其维持在正常范围的 4%～5%左右。但也有许多 CO_2 分析仪并不能精确记录到体重低于 500g 的小动物呼出的 CO_2 浓度，因为其呼出的 CO_2 太少。

人工通气时，为使动物的体液量达到 10～15ml/（kg·h）基础代谢率，必须放留置静脉导管，输入液体以补充血液的损失。

2. 气管内插管

就是将一根管子插入气管内，插管时必须先将动物麻醉。当动物需要依赖人工通气来维持呼吸时，必须进行气管内插管。此外，当动物发生呼吸抑制时，即使动物有自主性呼吸，气管内插管也是一种有用的技术，因为它可以保持气道通畅，辅助通气。

对于不同的动物来说，实施气管内插管技术是不同的。但是，只要能选择一种合适的喉镜，这种操作还是比较容易的。与人的气管内插管技术相似，实验动物宜选用适宜的商品化刀片和相应的有些差异的气管内插管技术。小型啮齿类实验动物很少实施气管内插管，即使实施，刀片必须是特制的。

表 4-11 列举了适用于各种动物气管内插管的管子的规格大小。

表 4-11 不同种动物气管内插管的管径和长度

动物种类	外径/mm	内径/mm	长度/cm
小鼠	1.0	0.5	3
大鼠	1.8	1.0	13
仓鼠	1.6	1.0	8
豚鼠	2.0	1.5	10
兔子	2.0～3.5	1.8～3.3	15

对于所有实施气管内插管操作的动物，都要充分麻醉，扩张开其嘴巴，将其舌头向前拉出，这样就可避免诱发咀嚼或吞咽反射。然后，插入喉镜，手术者可以看到会厌和声襞。对于猫、猪、兔和非人灵长类动物，在进行气管内插管时，要先在其喉部喷洒局部麻醉药，以减少发生喉痉挛的危险。在插管插入气道之前，要先用局部麻醉药油膏将插管涂光。对小鼠、大鼠、仓鼠和豚鼠进行气管内插管时，需要一种特制的喉镜，因其操作比较困难，可借助于直径 4mm 的耳镜来进行。将动物置于俯卧位，用棉签蘸局部麻醉剂涂于口腔和喉黏膜，以使其对刺激不敏感，并将其头向后抬高，使之与桌面垂直，然后用棉塞将舌头推出口腔，再将耳镜从口腔插入，此时应能看到会厌前侧。将通管丝穿过耳镜，将软腭推向背侧，会厌会下降，露出声襞。将通管丝在声襞间移动，并小心移去耳镜。然后将气管插管沿通管丝插入，插入后将通管丝移去。管子都不能插得过深，以防导致单肺通气。

家兔可借助喉镜刀片协助进行气管内插管，不必见到喉部，也可以进行这项操作。家兔应置于俯卧位，头抬高并倾向后方，使下颌骨与桌面垂直。术者一手拇指与食指放于其上、下颌骨之间固定其头部，并使其嘴巴张开，将插管经软腭插入，当插管抵达喉部即将通过声带时，术者应倾听有无呼吸音。可在管子末端放一个小镜子或几根毛发来检查插管位置是否合适，当动物呼气时，镜子会变得模糊或毛发会被吹走。由于喉部易受损伤，因此操作时应特别小心，以免插管损伤喉部。否则，将会因喉部水肿或出血而导致气道阻塞，引起动物死亡。若插管难以实施，而且动物在术后不要求康复，可施行气管切开术。

对大多数鸟类和爬行动物施行气管内插管较容易，麻醉诱导后，扩开嘴巴，将管子插入气管即可。

3. 麻醉呼吸机

对动物供氧和吸入麻醉剂时，可以使用不同的呼吸机。任何呼吸机的基本要求是供应充足的 O_2、排出足量的 CO_2。输送氧气和麻醉气体的最简单的技术是使用密闭的面罩。动物可以通过面罩或气管内插管与 T 形管相连。为了防止死腔空气的再吸入，使用这种系统时，从麻醉机中流出的新鲜气体的流速会提高到动物每分钟容气量的 3 倍。每分钟容气量是指 1min 吸入气体量，即 1 次呼吸量（潮气量，大约每千克 15ml）乘以呼吸频率。当麻醉大型动物（体重大于 20kg）时，这种高新鲜气体流量可能是不经济的，可以使用带有 CO_2 吸收器的呼吸机。此外，维持一个充足稳定的麻醉深度也需要相当多的经验。

4. 神经肌肉阻断剂

为了更容易地人工通气，在特定的情况下，使用气管插管时，为了使骨骼肌松弛，可给动物神经肌肉阻断剂（肌肉松弛剂）。在使用这些药物时，动物要完全固定不动，即使在意识恢复后对疼痛刺激做出反应也不能动。肌肉松弛剂应当在严格的条件下由经验丰富的专业技术人员实施。在使用肌肉松弛药时，动物的心率及血压应随时进行监控。

常用的适用于大多数实验动物的肌肉松弛剂及使用剂量如表 4-12 所示。泮库溴铵（pancuronium）、筒箭毒碱（D-tubocurarine）、加拉碘铵（gallamine）是常用肌肉松弛剂，纳洛酮（naloxone）为拮抗剂，使用时要详细了解这些药物的特性。

表 4-12 动物常用肌肉松弛剂和拮抗剂 （单位：mg/kg）

松弛剂/拮抗剂	小鼠	大鼠	豚鼠	兔子	猫	犬	绵羊	山羊	猪
肌肉松弛剂									
泮库溴铵 pancuronium		2	0.06	0.1	0.06	0.06	0.06	0.06	0.06
双烯丙毒马钱碱 alcuronium					0.1	0.1			
阿曲可宁 atracurium					0.5	0.5			
维库溴铵 vecuronium					0.1	0.1			
加拉碘铵 gallamine		1	0.1～0.2	1	1	1	1	4	2
筒箭毒碱 D-tubocurarine	1	0.4	0.1～0.2	0.4	0.4	0.4	0.4	0.3	
拮抗剂									
纳洛酮 naloxone	0.1	0.1	0.1	0.1	0.05～0.1	0.1	0.1	0.1	0.1

六、麻醉过程监控

在整个麻醉过程中，需要观察记录动物的一些生理指标，保证动物生理活动保持在正常范围内。观察监测动物生理的复杂程度取决于动物实验的种类和持续时间。动物基本状况的评估可以通过简单的观察来进行。如黏膜的颜色、呼吸的模式和频率、心率和脉搏等。这些指标观察方法简单，适用于大多数动物麻醉状态的评估。但是，在实验过程中靠人工反复观察这些参数是非常困难的，有些指标，如血氧量、二氧化碳浓度、体温等不能用简单的观察来获得。因此，使用电子监测仪器是非常有用的。监测设备也能让这些评估参数精确化。适用于动物实验电子监测参数有：心电图和心率，心输出量，动脉、肺动脉和中心静脉压，二氧化碳波形图（呼出的二氧化碳浓度），动脉血气和酸性基础环境（Pa_{O_2}、Pa_{CO_2}、pH、碱过剩、碳酸氢盐等），动脉血氧饱和度，呼吸量和呼吸频率，气道压力，体温，脑电图（脑活动）等。

麻醉过程的电子检测装置是非常适用于动物麻醉的监测的，特别是在麻醉的延伸阶段，能够合理地计算出动物吸入麻醉剂浓度和呼吸道的氧浓度。所选择的电子检测装置要在小型动物的监测过程能够良好运行。如当心率超过 250 次/min，许多心率监测仪无法正常计数心率，而啮齿类动物在静息状态下心率常超过 250 次/min。

麻醉体重小于 10kg 的实验动物时，应特别注意维持动物体温。麻醉后小型动物的体温容易快速降低，这是引起死亡率增加的一个重要因素，因此，应该使用一些电热灯之类设备，以维持麻醉动物的正常体温。

静脉输液是必不可少的，因为它可以补充动物从呼吸道丧失的水分及外科手术造成的失血。作为基础参考指标，当静脉输入普通生理盐水（0.9%）时，输液速度大约是 10～15ml/(kg·h)。对于小型动物，可采取皮下或腹腔给药，但此法吸收较缓慢且对急性失液治疗效果不明显。输入动物血管的液体温度必须与体温接近，以防输液造成动物体温过度下降。

如果麻醉期间动物的眼睛仍然睁开，应该使用眼药膏或人工泪液防止角膜干裂，也可以将眼睑拉下盖住眼睛后固定眼睑。

在麻醉过程中，也可以肉眼观察、初步判断动物麻醉状态：

(1) 呼吸。啮齿类动物在麻醉过程中会出现停止呼吸数秒，然后又有一深呼吸，表示麻醉过度；一般而言胸式呼吸为轻度麻醉，麻醉越深，越接近腹式呼吸；不规则的呼吸表示动物快要苏醒或麻醉过深。

(2) 黏膜颜色。正常麻醉状态下黏膜（口腔、肛门）为粉红色，表示氧气足够；如呈现紫色，则为发绀现象，表示缺氧。

(3) 微血管再充血时间。手指按压动物牙龈后放开，牙龈再恢复正常粉红色所需时间，正常要小于 2s，超过 2s 则显示心脏输出功能不佳。

（4）脉搏。监测后腿股骨动脉、下颚动脉（大动物）、心跳数（啮齿类）。

（5）反射。趾间痛觉反射皆可作为麻醉指标，口咽反射亦可作为使用气体麻醉时恢复的指标。

（6）眼反射。眼球震颤表示麻醉过浅。麻醉初期兴奋时瞳孔放大，然后随着麻醉程度加深而缩小；麻醉过量时瞳孔会极度扩大。

七、麻醉并发症

绝大多数麻醉剂都有许多药理副作用，在少数情况下，也会引起严重的并发症。这是由于在某些极端情况下，重要器官的功能衰退引发了自动死亡程序，从而导致动物休克和死亡。

1. 呼吸抑制和停止

使用麻醉剂浓度过高时，就会发生自发性的通气功能衰退，从而导致组织缺氧和高碳酸血症（hypercapnia），血液中非氧合血红蛋白浓度的增加，皮肤黏膜呈现出蓝紫色。持续发展，动物呼吸停止和心脏停搏。出现这种情况时，如果使用的是吸入麻醉剂，应立即切断喷雾器并使麻醉回路充满氧气。如果使用的是持续滴注的麻醉剂，那么应切断灌输泵。如果能供给氧气，那么新鲜的气流速度应达到每分钟呼出气体量 3 倍左右。对于无法插管的小型动物来说，可通过面罩给氧，并通过人工挤压胸部辅助通气。如果动物在麻醉中出现了呼吸抑制，那么人工通气需要持续到麻醉剂浓度代谢到一个安全水平以后再停止。当人工通气引起 CO_2 浓度降低时，则要停止人工通气。当 CO_2 浓度增加到正常水平时，动物就会恢复自主性呼吸了。盐酸多沙普仑（doxapram）（5～10mg/kg）有时可以刺激通气功能。

把动物安置在一个非生理环境中，动物的肺灌注和通气就会受到影响，导致通气—灌注紊乱，造成动脉血中氧合作用减低和 CO_2 张力的增加。

2. 心衰和低血压

低血压可以由血管扩张或麻醉剂造成的心肌收缩力不足引起，也可由失血或手术过程中组织缺血引起。毛细血管灌注降低、动脉压降低、心动过速以及皮肤、黏膜组织颜色苍白等都是低血压的标志。通常用静脉液体滴注来纠正低血压，更好的方法是用全血滴注纠正大出血。交叉配血在动物中是很难实现的，选择血液供体与受体动物必须是同种动物，具有相同的柠檬酸葡萄糖类型（acid citrate dextrose），血液应以每 30min 输入动物全血容量 10％的速度滴入。但若是有急性大出血，则应相应地加快输血的速度。如果没有条件进行输血，可用血浆增容剂（plasma volume expander）代替输血。如输入血浆代用品—尿素交联明胶（haemaccel）、血安定（gelofusin），甚至普通生理盐水。

3. 心律不齐和心脏停搏

如果没有使用心电监控系统检测心脏活动情况，心律不齐很难被发现和诊断。心律不齐可以引起严重的循环障碍，需要一些必需的治疗措施。深度麻醉过程中，低血压和迷走神经刺激，均可以导致心动过缓。疼痛、低氧血症、高碳酸血症和血容量不足可以导致心动过速。如果动物出现心脏停搏，可以用体外心脏按压，犬每分钟按压胸腔 70～80 次，并辅以以上描述过的纠正呼吸困难的方法。作为一种急救措施，肾上腺素（0.1～0.2g/kg）可以通过深部气管和心内注射方法给药。

4. 反流

犬、猫和灵长类动物在麻醉过程中可能会发生呕吐现象，还有可能将呕吐物吸入肺内，造成窒息。就像前面提到过的那样，禁食 12～16h 就能减少动物麻醉中呕吐的危险。反刍动物在麻醉过程中会发生食物反流（regurgitation），所以，对这些动物使用带有封套的气管内软管是必要的。让这些动物禁食 16～24h 可能会有益于减少瘤胃内气体积聚。

5. 体温过低（hypothermia）

在麻醉过程中动物的体温可能会过低。人工通气、输液控制以及血管舒张不但会导致体温调节紊乱而且会使体表热量丢失增加。因此，麻醉过程中，必须始终监测动物体温，在必要时给动物提供热量。

八、麻醉后护理

术后的继续监视对于确定动物是否能很快康复是必要的。麻醉后动物体温调节中枢暂时失控，对于小动物可以使用保温箱、灯泡、加热垫、毛巾等措施维持动物的体温。幼小的初生动物应保持环境温度 35～37℃，大动物 25～30℃。大动物应提供加热垫和加热灯。定期检查体温，以确保所用方法的充分有效。动物用的垫料应舒服、绝缘、绝热。锯屑和小木片不是理想的垫料，因为动物可以吸进锯屑粉末，锯屑中细末可以粘在动物的眼、嘴、鼻子等。

手术后的动物要放在一个容易观察、环境清洁、安静的笼舍中静卧。放置动物时颈部要伸直、侧卧，使呼吸道畅通。侧卧 4h 以上时，让动物反转另一边侧卧，以免肺脏淤血及重力性肺炎。手术用的插管应在动物吞咽反射恢复后立即拿掉，然后继续观察呼吸状况，直到动物清醒过来为止。如果动物呕吐，则将头部置于低于颈部和腹部的位置，以免造成窒息或吸入性肺炎。正常动物每千克每日约需 40～80ml 液体，麻醉苏醒后，有些动物往往无法进食或喝水，此时必须以人工方式经口喂食或静脉腹腔注射补充体液。实验动物的伤口，易受粪、尿、垫料污染，必要时给予抗生素预防感染。术后随时观察动物及手术伤口，防止动物咬、舔、抓、撕伤口。

表 4-13 动物术后使用的减轻疼痛的镇痛剂及剂量(mg/kg)、给药方式和药物持续时间

镇痛剂	小鼠	大鼠	豚鼠	兔子	犬	猫	灵长类	猪	山羊/绵羊
阿司匹林 aspirin	120mg/kg per os 4h	100mg/kg per os 4h	85mg/kg per os 4h	100mg/kg per os 4h	10mg/kg per os 6h	!	20mg/kg per os 6～8h	—	—
丁丙诺啡 buprenorphine	0.05～0.1mg/kg sc 12h	0.05～0.1mg/kg sc,iv 8～12h	0.05mg/kg sc 8～12h	0.01～0.05mg/kg sc,iv 8～12h	0.01～0.02mg/kg sc,iv,im 8～12h	0.005～0.01mg/kg sc,iv 8～12h	0.01mg/kg iv,im 8～12h	0.01～0.05mg/kg im 8～12h	0.005～0.01mg/kg im 4～6h
布托啡诺 butorphanol	1～5mg/kg sc 4h	2mg/kg sc 4h	—	0.1～0.5mg/kg iv 4h	0.4mg/kg sc, im 3～4h	0.4mg/kg sc 3～4h	—	—	—
可待因 codeine	20mg/kg sc 4h	60 sc 4h	—	—	0.25～0.5 mg/kg 与扑热息痛合用口服 6h		—	—	—
氟尼辛 flunixin	2.5mg/kg sc,im 12h	2.5mg/kg sc,im 12h		1.1mg/kg sc,im 12h	1mg/kg per os 24h	1mg/kg sc 1～5d	2.5～10mg/kg im 24h	1mg/kg sc 24h	1mg/kg sc 24h
布洛芬 ibuprofen	—	—	10mg/kg im 4h	10mg/kg iv 4h	5～10mg/kg per os 1～2d	—	—	—	—
吗啡 morphine	2.5mg/kg sc 2～4h	2.5mg/kg sc 2～4h	2～5mg/kg sc,im 4h	2～5mg/kg sc,im 2～4h	0.5～5mg/kg sc,im 4h	0.1mg/kg sc 4h	1～2mg/kg sc 4h	总剂量 20mg, im 4h	总剂量 10mg im,sc 4h
纳布啡 nalbuphine	4～8mg/kg im 4h	1～2mg/kg im 43h	—	1～2mg/kg iv 4～5h	0.5～2mg/kg sc,im 3～8h	1.5～3mg/kg iv 3～8h	—	—	—
扑热息痛 paracetamol	300mg/kg per os 4h	100～300mg/kg per os 4h	—	—	10～200mg/kg 与可待因合用口服 6h	!	—	—	—
喷他佐辛 pentazocine	10mg/kg sc 3～4h	10mg/kg sc 4h	—	5mg/kg iv 2～4h	2mg/kg im 4h	8mg/kg ip 4～6h	2～5mg/kg im 4h	2mg/kg im 4h	—
非那西丁 phenacetin	200mg/kg per os 4h	100mg/kg per os 4h	—	—	—	—	—	—	—
哌替啶 pethidine	10～20mg/kg sc,im 2～3h	10～20mg/kg sc,im 2～3h	10～20mg/kg sc,im 2～3h	10mg/kg sc,im 2～3h	10mg/kg im,sc 2～3h	10mg/kg im,sc 2～3h	2～4mg/kg im 3～4h	2mg/kg im 4h	总剂量 200mg im 4h

注:per os. 口服,sc. 皮下注射,im. 肌肉注射,iv. 静脉注射,! 不能使用,—不清楚。

疼痛会引起动物一连串的生理反应，术后应该想办法减轻动物的疼痛。为了能够在合适的阶段提供合适的镇痛剂，技术人员应当了解动物疼痛的程度。评估动物疼痛的程度比较困难，需要了解动物的正常和异常的行为变化。动物疼痛的重要表现是反常的行为、姿势的改变、食物和水摄入量的减少和体重的减轻。因为啮齿类动物白天活动少，所以在黑暗状态观察动物更能准确地估计健康状况。

可以给动物用一些镇痛剂，如吗啡（morphia）、丁丙诺啡（buprenorphine）、纳布啡（nalbuphine），或非类固醇性消炎药（non-steroidal anti-inflammatory drug，NSAID），如氟尼辛（flunixin）、卡洛芬（carprofen）等。实施局部麻醉也能减轻术后疼痛。一般来说，需要用类阿片控制术后疼痛。在现有的药物中，对于许多种实验动物而言，丁丙诺啡作用持续时间长（6～12h），能安全、有效地缓解疼痛。非类固醇性消炎药镇痛效果差一些，但氟尼辛、卡洛芬和一些新开发的镇痛剂显示出一些类阿片的药效（表 4-13）。在许多例子中，在术后第一个 24h 内注射类阿片，接着再用非类固醇性消炎药 24h，能有效地缓解动物术后疼痛。一般而言，动物术后疼痛很少持续 72h 以上。

镇痛剂有副作用，可能干扰特定的原始实验记录。阿片制剂可以引起动物呼吸抑制、低血压和便秘，但是这些影响在动物身上几乎不具有临床意义。非类固醇性消炎药能降低前列腺素的合成，影响伤口愈合。这些镇痛剂还可能干扰血凝、影响肾功能。

动物对疼痛的耐受性与人类不同，加上镇痛剂的副作用，动物术后是否要使用镇痛剂，有些人仍持保留意见。但我们认为，从保护动物福利的立场出发，在不影响实验结果的前提下，建议在术后 24～72h，视状况给予镇痛剂注射，以减轻动物疼痛。如果系统性镇痛剂被禁止，手术外伤动物可以使用局部镇痛剂，如布比卡因（bupivacaine）浸润，提供 4～6h 短期镇痛。

第六节 安 乐 死

动物实验结束后，如果动物的疼痛及痛苦不能排除，从实验研究的角度出发，动物存活也没有必要时，此时从人道主义的观点出发可以对这些动物施行安乐死（euthanasia）。动物实验中，有时候为了获得动物组织器官进行研究，需要处死动物；动物得了不治之症、遭受痛苦，或者其他特殊的情况下，也需要处死动物；这些情况下最好使用安乐死。

实施安乐死时有一些特殊的要求需要考虑。最重要的是安乐死的方法必须人道。当科学研究为了获得动物的组织器官时，安乐死的方法应该对动物的组织器官的研究没有影响。另外，实施安乐死的方法还要可靠、有效、经济、容易实施，对实验人员必须安全。

实施任何安乐死前，实验人员都应接受适当的培训。

选择安乐死的方法必须是人道的。处置动物时，动作要轻柔、小心，使动物在结束生命之前遭受的痛苦减少到最小。受惊吓动物的叫声和释放的信息素，可引起其他动物的焦虑和痛苦。因此，在实施安乐死时，绝对不要在其他动物面前处死动物。

常用的实施安乐死的方法可分为两大类：药物化学法和机械物理法（表 4-14）。

表 4-14 实验动物实施安乐死常用的方法

方法	动物种类	作用部位、机制	安全性	应用	诱导时间
乙醚	啮齿类、猫、小狗、小鸟	动物大脑皮质、皮质下、延髓、延髓生命中枢停止活动	易燃、易爆	在有机玻璃罩内很容易实施	慢
氟烷	啮齿类、猫、小狗、小鸟	与乙醚相似	慢性吸入有害	容易操作	快
二氧化碳	啮齿类、猫、小狗、小鸟	与乙醚相似，抑制心肌细胞	危害很小	需要密闭的箱子	很快
巴比妥类	所有动物	与乙醚相似	安全	动物要保定	快
颈椎脱臼	体重小于 200g 的动物	直接造成脑死亡	安全	技术需要训练	很快
断头术	啮齿类、小兔子	直接造成脑死亡	基本安全	容易操作	快，13s 后失去意识
微波	小鼠、大鼠和体重相同的动物	需要特殊仪器	动物大脑无组织学改变	动物体位正确，很容易实施	对小动物快
冷冻	体重小于 20g 的动物	使动物体内酶失活	安全	需要液氮	快
T61	犬、猫、啮齿类、兔子、鸟	麻醉、丧失意识、肌肉松弛	基本安全	需要静脉注射	快，有时肌肉颤动

1. 药物化学法

是指用一种药物或其他化合物处死动物。最常用的是使用过量的全身麻醉剂，使动物心跳停止、呼吸衰竭而死亡。戊巴比妥相对来说作用迅速、给药简单、价格低廉，是常用的实施安乐死选择的药物，腹腔或静脉注射过量的戊巴比妥（每千克体重 100～150mg）即可。巴比妥酸盐可致血管扩张，引起器官淤血，可能影响组织学研究。

用于安乐死的吸入麻醉剂有乙醚、氟烷、恩氟烷和异氟烷等。CO_2 也常被用做安乐死的吸入剂。将动物放置含有 100% CO_2 的环境中，很多种动物就产生严重的呼吸困难而死亡。用这种方法处死动物时，动物意识清醒，能感受到痛苦，不是理想的方法。如果将动物放置在一定湿度、CO_2 和 O_2 的比例为 6：4 的混合气体环境中，等动物逐渐丧失意识后，将 CO_2 浓度升至 100%，再最少保持 10min 以确保动物死亡，这时，动物完全是在无意识状态下死亡的，死亡前没有遭受痛苦的煎熬。新生动物对 CO_2 有一定抗性，需要暴露在 CO_2 环境中 30～60min，如果时间太长，则不是首选的方法。CO_2 等吸入剂能诱发动物肺水肿，可能影响其后研究中对动物组织器官的利用。

2. 机械物理法

大多数的药物化学方法存在着潜在干扰某些实验结果的可能性，所以利用机械物理法实施安乐死可能更适合动物处死后利用某些特定的组织器官进行生物化学或组织学检查。如果有可能，在应用机械物理法处死动物时，应尽可能使用一些镇静剂或麻醉剂。所有的机械物理法都可能对动物造成痛苦。所以，在挑选一种安乐死的方法时，应当考虑到这一点。机械物理法包括断头术（decapitation）和颈椎脱臼术（dislocation of cervical vertebra）。断头术可以用剪刀或铡刀直接从动物的颈部将头剪、切下来。颈椎脱臼术通过拉伸并旋转动物的颈部，造成动物的脊髓断裂、阻断了到重要脏器（如心脏和肺）的神经冲动，引起动物死亡。断头术和颈椎脱臼术适合于小鼠、大鼠、仓鼠、沙鼠、小狗、小猫和小鸟，并不适宜于大动物。如果机械物理法能被快速、专业地完成，就不会给动物带来疼痛。实施机械物理法后，应给动物放血或损毁大脑，确保动物死亡。

对于新生的动物和体重小于 20g 的动物，可以把它们浸入液氮中迅速冷冻来实施安乐死。这种方法能否使动物快速丧失意识还受到一些人的质疑。另一种替代方法是对动物的中枢神经系统进行微波照射，使动物立刻死亡，动物的组织器官生化特性不发生改变。如果使用微波，必须有相应的设备。

对于大型的实验动物，如体型较大的犬、猪、反刍动物、马等，可以先麻醉，使其丧失意识，然后切断其颈总动脉放血，使之立即死亡。

第七节　病理解剖及病理组织学材料的选取

病理解剖是动物实验研究的重要组成部分，它是运用病理学知识检查动物的病理变化，研究疾病发生、发展规律。

在临床实践中，通过剖检，一方面可以检验对动物生前疾病的诊断是否正确，及时总结经验，提高诊疗工作的质量。另一方面，对一些群发性疾病，如传染病和寄生虫病，通过剖检可以及早做出诊断，及时采取有效的防治措施。此外，病理解剖资料的积累，为动物各种疾病的综合研究提供了重要的数据。

解剖前，应先了解动物实验及动物疾病的基本情况，包括临床化验、体检和临床诊断等。此外，还应仔细检查动物的体表特征以及天然孔、黏膜、被毛、皮肤等有无异常等，这些方面是剖检人员应予以特别注意的检查项目。

解剖记录是剖检报告的重要依据，也是进行综合分析研究时的原始科学资料。记录的内容要力求完整详细，如实地反映动物的各种病理变化，且要做到检查病变过程详细记录。不可凭记忆事后补记，以免遗漏或出错。记录的顺序应与剖检顺序一致。

完整的剖检记录应包括系统器官的变化。因为这些变化都是互相联系的。有时肉眼看来某种似乎不明显的、不重要的变化可能就是诊断疾病的重要线索。如果忽略不记，就会给诊断造成困难。有详细的材料，才能概括出某种疾病的全貌。另外，为了识别病变，首先应对各部脏器的正常状态有明确认识，用幻灯来观看典型病变，并与之正常状态相比较。动物剖检时，需要的解剖器械包括剪子、镊子、酒精棉等，取材器械包括灭菌剪子、镊子、灭菌玻璃平皿、灭菌生理盐水（或 PBS）、吸管、小试管、福尔马林、标本瓶等，需提前准备好。

以剖检小鼠为例加以说明：

（1）观察动物临床症状。包括外观状态（精神状态有无异常）、呼吸系统（鼻音、鼻孔有无污垢）、消化系统（肛门有无污物附着）、体表（有无脏毛、痂皮、被毛的光泽度、肿瘤等）、测量体重。

（2）麻醉。把小鼠放在麻醉瓶中，用乙醚深麻后进行背位固定。

（3）采血。把体表全部用酒精棉消毒，用镊子夹起右前肢腋下部的皮肤，用剪子沿体轴切开 2cm，然后用剪子切断腋下动静脉。把流出的血液用吸管采取。

（4）采取气管拭子。用灭菌剪子沿中线切开颈部皮肤，暴露出气管。在无菌的气管上开小洞，把用灭菌生理盐水或 PBS 湿润的棉棍伸入气管腔内拭取。

（5）胸腔、腹腔的切开。用灭菌的剪刀沿中线从颈部到下肢部切开。然后向四肢方向剥皮并用固定针别住，从肋软骨部切开取出胸骨暴露胸腔，腹腔也是沿中线切开暴露出来。

（6）观察脏器。记录异常形态，如果有必要进行细菌学检查，病理组织学检查，要采取材料。

（7）细菌学检测。用新的灭菌剪子和灭菌镊子采取各个脏器组织，放入灭菌平皿，尽可能快地进行培养等。短时间内保存在冰箱也行。

（8）病理组织学材料的选取。选取包括病变或要观测的器官或脏器，置于10%甲醛溶液标本瓶中浸泡。取样要全面而具有代表性，能显示病变的发展过程。在一块组织中，不仅要包括病灶及其周围正常组织，而且应包括器官的重要结构部分。如胃、肠应包括从浆膜到黏膜各层组织，能看到肠淋巴滤泡；肾脏应包括皮质、髓质和肾盂；心脏应包括心房、心室及瓣膜各部分。在较大而重要的病变处，可分别在不同部位采取多块组织，以代表病变各阶段的形态变化。

组织块的大小通常宽 1～1.5cm，厚度为 0.2cm 左右。必要时组织块的大小可增大到 1.5～3cm。但厚度最厚不宜超过 0.5cm，以便容易固定。

组织块固定时，应将病例编号用铅笔写在小纸片上，随组织块一同投入固定液里。同时将所用固定液、组织块数、编号、固定时间等写在瓶签上。

市售福尔马林为 37%～40% 水溶液，可稀释 4～5 倍应用。

第五章　人类疾病动物模型

在科学研究的规划、论证、设计和实施过程中，实验方法、设备和材料的选择是相当重要的。进行生物医学研究需要以下实验材料：①人类志愿者；②实验动物；③动植物或人类的胚胎、器官、组织及细胞；④细菌、真菌及低等生物；⑤计算机模型、理化产品等非生命体替代模型。每项科学研究都应根据具体的研究目的、手段，在法律和伦理范畴之内，选取最适宜的实验材料。自1800年以来，医学知识的广泛普及和应用很大程度上归功于实验动物的使用。医学工作者已经意识到只有利用实验动物，充分了解机体健康状态下的功能协调机制，才能防病治病。

人类疾病动物模型（animal model of human disease）是生物医学科学研究中所建立的具有人类疾病模拟性表现的动物实验对象和材料。使用人类疾病动物模型是现代生物医学研究中的一个极为重要的实验方法和手段，它有助于更方便、更有效地认识人类疾病的发生、发展规律和研究防治措施。19世纪早期，动物研究的比重在整个生物医学研究进程中占三分之一，而后逐步上升到50%～75%不等。据统计，1901年以来三分之二的诺贝尔生理学和医学奖获奖项目的成果都用到了实验动物。随着人类和小鼠基因组图谱的逐步完成和完善，在人类疾病的诊断和基因治疗研究过程中，使用遗传背景清楚、基因型明确的人类疾病模型动物是非常关键和重要的。

从逻辑上讲，医学研究先是进行自然疾病的观察与调查，然后转向人体验证，使疾病本质易于呈现，即认识论上的抽象化过程；然后又转向动物实验，这主要是基于人道主义考虑。因为广义上一切实验都是损伤性的或有害的，不宜以人体作为受试对象。

动物模型和自然疾病的关系可表示为

$$Y=F(x)$$

式中：Y为动物模型；x为自然疾病；F为函数关系。

人类各种疾病的发生发展是十分复杂的，要深入探讨疾病的发病机理及疗效机理不能也不应该在病人身上进行。可以通过对动物生命现象和各种疾病的研究，进而推广到人类，探索人类生命的奥秘，以控制人类的衰老过程，延长人类的寿命。生物医学研究中使用动物模型就是对不同种类的生物现象进行整合的过程，也就是说我们通过对现有模型生物体系的研究，外推到另一生命体系。

当前，国际上有些动物权益保护者主张在医学研究、教学和检验中停止使用实验动物，事实上尽管有许多替代方式、方法出现，人类疾病医学实验动物模型仍没有真正意义上的代替品。虽然细菌研究、组织培养和计算机模拟可以给出积极的有用信息，但生命机体的有效性和复杂性要求从类似人的实验动物模型中获取可靠有效的成果。如细菌无法进行失明实验，组织培养无法模拟高血压，计算机无法模拟手术过程，新药和生物医学材料的认可也需要通过深入的动物实验。

第一节　动物模型的意义

长久以来，人们发现以人本身作为实验对象来推动医学的发展是困难的，临床所积累的经验不仅在时间和空间上存在着局限性，许多实验在道义上和方法学上还受到种种限制。而动物模型的吸引力就在于它克服了这些不足，在生物医学研究中起到了独特的作用。因此，受到越来越多的科技工作者的重视。

动物模型的优越性主要表现在以下几个方面：

一、避免了在人身上进行实验所带来的风险

任何实验都是具有损伤性或潜在损伤性的，从人道主义角度考虑实验不宜直接在人体上进行。古代医学由于动物实验不发达，各种研究只能在人体上进行。如中国古籍记载“令二人同走，一含人参，一空口，度走三五里许，其不含者必大喘之”，“神农尝百草，一日而遇七十毒”。现代生物医学研究中大量地使用了实验动物，促进了生物医学的发展。如 20 世纪 30 年代，人们就注意到下丘脑对内分泌系统的调控作用，但花了 40 年找不到相应的物质。直到 70 年代两组科学家分别用 10 多万头羊和猪的下丘脑提取出几毫克释放激素，才明确了这一调控机制，而用人进行类似实验绝对是不可能的。

此外，临床上对外伤、中毒、肿瘤等研究有一定的困难，甚至是不可能的，如急性和慢性呼吸系统疾病研究进程中不能重复环境污染对人体的作用，辐射对机体的损伤也不可能在人身上反复实验。而动物可以作为人类的替难者，在人为设计的实验条件下可反复观察和研究。因此，应用动物模型，除了能克服在人类研究中经常会遇到的伦理和社会限制外，还允许采用某些不能应用于人类的方法学途径，甚至为了研究需要可以损伤动物组织、器官或处死动物。

二、临床上平时不易见到的疾病可用动物随时复制出来

临床上平时很难收集到放射病、毒气中毒、烈性传染病等患者，而实验室可以根据研究目的随时采用诱发的方法在动物身上复制出来。由于实验观察指标可以任意选取和实验观察条件可以充分控制，动物实验比人体实验更能充分体现实验原则。巴甫洛夫说：“整个医学，只有经过实验，才能成为它所应当成为的东西……而人类作为实验对象而言，是一种不满意的动物。”而实验动物模型正是

比较满意的动物。

三、可以克服人类某些疾病潜伏期长、病程长和发病率低的缺点

某些疾病在临床上发病率很低，如重症肌无力症的发病率较低，研究人员可以有意识地提高其在动物种群中的发生频率，从而推进研究。同样的途径已成功地应用于其他疾病的研究，如血友病、周期性中性白细胞减少症和自身免疫介导性疾病等。临床上还有些疾病潜伏期、病程很长，很难进行研究，如肿瘤、慢性气管炎、肺心病、高血压等疾病，这些疾病发生发展很缓慢，有的可能要几年、十几年、甚至几十年。还有些致病因素需要隔代或者几代才能显示出来，而人类的寿命期相对来说是很长的。因此，一个科学家很难有幸进行三代以上的观察，而许多动物由于生命周期很短，在实验室观察几十代是容易的，如果使用微生物甚至可以观察几百代。

四、可以严格控制实验条件，增强实验材料的可比性

一般说来，临床上很多疾病是十分复杂的，各种因素均起作用，患有心脏病的病人，可能同时又患有肺脏或肾脏等其他疾病，即使疾病完全相同的病人，因病人的年龄、性别、体质、遗传等因素各不相同，疾病的发生发展过程也会有所不同。采用动物来复制疾病模型，可以选择相同品种、品系、性别、年龄、体重、活动性、健康状态，甚至遗传和微生物等方面严加控制的各种等级的标准实验动物，用单一的病因作用复制成各种疾病模型。温度、湿度、光照、噪声、饲料等实验条件也可以严格控制。

在医学研究的许多方面，同一时期内很难在人身上取得一定数量的定性疾病材料。动物模型不仅在群体的数量上容易得到满足，而且可以通过投服一定剂量的药物或移植一定数量的肿瘤等方式，限定可变性，取得内在病变性质一致的模型材料。

五、可以简化实验操作和样品收集

动物疾病模型作为人类疾病的“缩影”，便于研究者按实验目的需要随时采集各种样品，甚至及时处死动物收集样本，这在临床是难以办到的。此外实验动物向小型化发展的趋势更有利于实验者的日常管理和实验操作。

六、有助于更全面地认识疾病的本质

临床研究未免带有一定的局限性。已知很多病原体除人以外也能引起多种动物感染，其表现可能各有特点。通过对人畜共患病的比较研究，可以充分认识同

一病原体（或病因）给不同机体带来的各种损害。动物疾病模型的另一个富有成效的用途，在于能够细致地观察环境或遗传因素对疾病发生、发展的影响，这在临床上是办不到的，对于全面地认识疾病本质有重要意义。利用动物疾病模型来研究人类疾病，可以用单一的病因，在短时间内复制出典型的人类疾病动物模型。因此，从某种意义上说，可以全方位的揭示某种疾病的本质，从而更有利于解释在人体上所发生的一切病理变化。

第二节 动物模型的分类

实验动物模型（laboratory animal model）是指用于正常生物和行为学研究或病理过程研究的动物模型，其研究内容至少有一方面与人类或其他动物是相似的。我们关于人体生理生化方面的知识很大一部分来源于动物实验，而在许多实验过程中，动物总作为人的替代物出现，即借助于实验动物模型进行人类生命现象的研究。实际工作中，大多数实验动物模型是针对人类疾病的发生、发展和治疗而言的。

人类疾病研究中常用的实验动物模型按产生原因分类，通常有以下四种：诱发性动物模型（induced animal model）、自发性动物模型（spontaneous animal model）、阴性动物模型（negative animal model）和孤立动物模型（orphan animal model）。

一、诱发性或实验性动物模型

诱发性动物模型是指研究者使用物理的、化学的和生物的致病因素作用于动物，造成动物组织、器官或全身一定的损害，出现某些类似人类疾病时的功能、代谢障碍或形态结构方面的病变，即人为地诱发动物形成类似人类疾病模型。如用化学致癌剂、放射线、致癌病毒诱发动物的肿瘤等。诱发性疾病动物模型具有能在短时间内复制出大量疾病模型，并能严格控制各种条件使复制出的疾病模型适合研究目的的需要等特点，因而为近代生物医学研究所常用，特别是药物筛选研究工作所首选。但诱发模型和自然产生的疾病模型在某些方面毕竟存在一定差异。因此，在设计诱发性动物模型时要尽量克服其不足，发挥其特点。

二、自发性动物模型

自发性动物模型（spontaneous animal model）是指实验动物未经任何有意识的人工处置，在自然情况下所形成的疾病模型。包括人工培育的突变系和近交系的各种疾病模型。突变系的遗传疾病很多，可分为代谢性疾病、分子疾病和特种蛋白质合成异常性疾病。如无胸腺裸鼠、肌肉萎缩症小鼠、肥胖症小鼠、癫痫大鼠、高血压大鼠、无脾小鼠和青光眼兔等。它们为生物医学研究提供了许多有价值的动物模型。近交系的肿瘤模型随实验动物种属、品系的不同，其肿瘤的发生类型和发病率有很大差异。

很多自发性动物模型在研究人类疾病时具有重要的价值，如自发性高血压大鼠、中国地鼠的自发性糖尿病、小鼠的各种自发性肿瘤等。利用这类动物疾病模型来研究人类疾病的最大优点是动物疾病的发生、发展与人类相应的疾病很相似，均是在自然条件下发生的疾病，其应用价值很高，但是这类模型来源较困难，不可能大量应用。由于诱发性动物模型和自然产生的疾病模型是有一定差异的，如诱发的肿瘤和自发的肿瘤对药物的敏感性是不相同的，加之有些人类疾病至今尚不能用人工的方法在动物身上诱发出来。因此，近年来十分重视对自发性疾病动物模型的开发，有的学者甚至对狗、猫的疾病进行大规模的普查，以期待发现自发性疾病的病例，然后通过遗传育种，将这种自发性疾病模型保持下来，并培育成具有特定遗传性状的突变品系动物模型，以供研究。许多动物遗传病的模型就是通过这样的方法建立的。在这方面小鼠和大鼠的各种自发性疾病模型开发和应用得最多。这类模型在遗传病、代谢病、免疫缺陷病、内分泌疾病和肿瘤等方面的应用正日益增多。

以上两种动物模型各有其特点，事实上很多人类疾病动物模型可用不同方式获得，如已知有不少自发性肿瘤模型，也可用各种致癌剂诱发产生。大部分自发性动物模型是通过人为定向培育而成的，但毕竟不同于人类自然发病情况。因此，自发和诱发模型所具有的优缺点只是相对的，对使用者来说，最重要的是所选择的模型究竟能否达到研究目的。

三、阴性动物模型

阴性动物模型（negative animal model）是指不能复制某些疾病的动物品系或品种。也就是说一定的刺激或处理对一些实验动物产生效应，但对另外的实验动物却没有反应，这些应激反应迟钝的动物就成为阴性模型。在某些研究领域，这种非致敏机制是很具有实验和研究价值的。

四、孤立动物模型

孤立动物模型（orphan animal model）是指某种疾病最初在一些动物身上发现并被研究，但到目前为止在人类自身体内无法证实。如哺乳动物上皮乳头瘤和Mareks 病。

第三节　动物模型的选择和设计

一、实验动物的选择

在实验动物的选择过程中，首先要明确研究主体。在过去甚至当前的某些生物医学研究领域，确定或预测哪些器官组织能给出最有效最可靠反馈信息是比较困难的。选择动物模型时只考虑可能性、熟悉程度和价格是不够的。由于科技的进步和条件的局限，已有廉价且为我们所熟知的动物模型可能不是建立在相应的基因、生理和心理条件下，而这些因素对生物医学研究的可靠性又是至关重要的。所以选择实验动物模型时要全面考虑各种因素。

选择最佳的实验动物模型，需综合分析以下因素：相似性，即所选动物模型与人类疾病之间是否有适度的关联；信息传递可能性和可靠性；研究对象基因型的一致性；生物性状的背景条件；价格可能性；实验结论的通用性；是否易于进一步进行深入研究；生态效应；伦理因素；饲养可能性；动物个体的大小；生命周期；动物年龄；性别；需要获取数据的量；是否需要后代研究。科研工作者在选定相应实验动物模型时，应注意该模型的有效性，即其必须是可为学术界所认可和接受的。

二、动物模型的设计原则

生物医学科研专业设计中常要考虑如何建立动物模型的问题，因为很多阐明疾病及疗效机制的实验不可能或不应该在病人身上进行。常要依赖于复制动物模型，但一定要进行周密设计，设计时要遵循下列一些原则。

（一）相似性

在动物身上复制人类疾病模型，目的在于从中找出可以推演应用于病人的有关规律。外推法（extrapolation）要冒风险，因为动物与人到底不是一种生物。如在动物身上无效的药物不等于临床无效，反之亦然。因此，设计动物疾病模型的一个重要原则是，所复制的模型应尽可能近似于人类疾病的情况。能够找到与人类疾病相同的动物自发性疾病当然最好。如日本人找到的大鼠原发性高血压就是研究人类原发性高血压的理想模型，猪自发性冠状动脉粥样硬化是研究人类冠心病的理想模型；自发性狗类风湿性关节炎与人类幼年型类风湿性关节炎十分相似，也是一种理想模型。

与人类完全相同的动物自发性疾病模型毕竟不可多得，往往需要人工加以复制。为了尽量做到与人类疾病相似，首先要注意动物的选择。如小鸡最适宜做高脂血症的模型，因它的血浆甘油三酯、胆固醇以及游离脂肪酸水平与人十分相似，低密度和极低密度脂蛋白的脂质构成也与人相似。其次，为了尽可能做到模型与人类相似，还要在实践中对模型制作的方法不断加以改进。如结扎兔阑尾血管，固然可能使阑尾坏死穿孔并导致腹膜炎，但这与人类急性梗阻性阑尾炎合并穿孔和腹膜炎不一样，如果给兔结扎阑尾基部而保留原来的血液供应，由此而引起的阑尾穿孔及腹膜炎就与人的情况相似，因而是一种比较理想的方法。

如果动物模型与临床情况不相似，在动物身上有效的治疗方案就不一定能用于临床，反之亦然。如动物内毒素性休克（endotoxin shock，单纯给动物静脉输入细菌及其毒素所致的休克）与临床感染性（脓毒性）休克（septic shock）就不完全一样，因此对动物内毒素性休克有效的疗法长期以来不能被临床医生所采用。现在有人改为往结扎了胆囊动脉和胆管的动物胆囊中注入细菌，复制人类感染性休克的模型，认为这样动物既有感染又有内毒素中毒，就与临床感染性休克相似。

为了判定所复制的模型是否与人相似，需要进行一系列的检查。如有人检查了动脉压、脉率、静脉压、呼吸频率、动脉血 pH、动脉血氧分压和二氧化碳分压、静脉血乳酸盐浓度以及血容量等指标，发现一次定量放血法造成的休克模型与临床出血性休克十分相似。因此，认为此法复制的出血性休克模型是一种较理想的模型。同理，按中医理论用大黄喂小鼠使其出现类似人的“脾虚症”，如果又按中医理论用四君子汤把它治好，那么就有理由把它看成人类“脾虚症”的动物模型。

（二）重复性

理想的动物模型应该是可重复的，甚至是可以标准化的。如用一次定量放血法可百分之百造成出血性休克，百分之百死亡，这就符合可重复性和达到了标准化要求。又如用狗做心肌梗死模型照理很合适，因为它的冠状动脉循环与人相似，而且在实验动物中它最适宜做暴露心脏的剖胸手术，但狗结扎冠状动脉的后果差异太大，不同狗同一动脉同一部位的结扎，其后果很不一致，无法预测，无法标准化。相反，大小鼠、地鼠和豚鼠结扎冠脉的后果就比较稳定一致，可以预测，因而可以标准化。

为了增强动物模型复制时的重复性，必须在动物品种、品系、年龄、性别、体重、健康状况、饲养管理；实验及环境条件，季节、昼夜节律、应激、室温、湿度、气压；实验方法步骤；药品生产厂家、批号、纯度规格、给药剂型、剂量、途径、方法；麻醉、镇静、镇痛等用药情况；仪器型号、灵敏度、精确度；实验者操作技术熟练程度等方面保持一致，因为一致性是重现性的可靠保证。

（三）可靠性

复制的动物模型应该力求可靠地反映人类疾病，即可特异地、可靠地反映某种疾病或某种机能、代谢、结构变化，应具备该种疾病的主要症状和体征，经化验或X射线照片、心电图、病理切片等证实。若易自发地出现某些相应病变的动物，就不应加以选用，易产生与复制疾病相混淆的疾病者也不宜选用。如铅中毒可用大鼠做模型，但有缺点，因为它本身容易患动物地方性肺炎及进行性肾病，后者容易与铅中毒所致的肾病相混淆，不易确定该肾病是铅中毒所致还是它本身的疾病所致。用蒙古沙土鼠就比较容易确定，因为一般只有铅中毒才会使它出现相应的肾病变。

（四）适用性和可控性

供医学实验研究用的动物模型，在复制时，应尽量考虑到今后临床应用和便于控制其疾病的发展，以利于研究的开展。如雌激素能终止大鼠和小鼠的早期妊娠，但不能终止人的妊娠。因此，选用雌激素复制大鼠和小鼠终止早期妊娠的模型是不适用的，因为在大鼠和小鼠筛选带有雌激素活性的药物时，常常会发现这些药物能终止妊娠，似乎可能是有效的避孕药，但一旦用于人则并不成功。所以，如果知道一个化合物具有雌激素活性，用这个化合物在大鼠或小鼠身上观察终止妊娠的作用是没有意义的。又如选用大鼠、小鼠作实验性腹膜炎就不适用，因为它们对革兰氏阴性细菌具有较高的抵抗力，不容易造成腹膜炎。有的动物对某致病因子特别敏感，极易死亡，也不适用。如狗腹腔注射粪便滤液引起腹膜炎很快死亡（80%，24h内死亡），来不及做实验治疗观察，而且粪便剂量及细菌菌株不好控制，因此不能准确重复实验结果。

（五）易行性和经济性

在复制动物模型时，所采用的方法应尽量做到容易执行和合乎经济原则。灵长类动物与人最近似，复制的疾病模型相似性好，但稀少昂贵，即使猕猴也不可多得，更不用说猩猩、长臂猿。幸好很多小动物如大鼠、小鼠、地鼠、豚鼠等也可以复制出十分近似的人类疾病模型。它们容易做到遗传背景明确，体内微生物可加控制、模型性显著且稳定，年龄、性别、体重等可任意选择，而且价廉易得、便于饲养管理，因此可尽量采用。除非不得已或一些特殊疾病（如痢疾、脊髓灰白质炎等）研究需要外，尽量不用灵长类动物。除了在动物选择上要考虑易行性和经济性原则外，在模型复制的方法上、指标的观察上也都要注意这一原则。

三、实验动物模型设计注意事项

研究人员在设计动物模型时除了要了解掌握上述一些原则外，还要注意下列一些问题：

（一）注意模型要尽可能再现所要求的人类疾病

复制模型时必须强调从研究目的出发，熟悉诱发条件、宿主特征、疾病表现和发病机制，充分了解所需动物模型的全部信息，分析是否能得到预期的结果。如诱发动脉粥样硬化时，草食类动物兔需要的胆固醇剂量比人高得多，而且病变部位并不出现在主动脉弓。病理表现为纤维组织和平滑肌增生为主，可有大量泡沫样细胞形成斑块，这与人类的情况差距较大。因此要求研究者懂得各种动物所需的诱发剂量、宿主年龄、性别和遗传性状等对实验的影响，以及动物疾病在组织学、生化学、病理学等方面与人类疾病之间的差异。要避免选用与人类对应器官相似性很小的动物疾病作为模型材料。为了增加所复制动物疾病模型与人类疾病的相似性，应尽量选用各种敏感动物作为与人类疾病相应的动物模型，可参考表 5-1。

表 5-1 各种敏感动物与人类相似的疾病模型

动物模型	动物种类	相应人类的疾病
阿留申病	水貂类	多发性骨髓瘤
淀粉样变性	北京鸭	淀粉样变性
动脉粥样硬化	松鼠、猴、狒狒、黑猩猩	动脉粥样硬化
房中隔缺陷	黑猩猩	房间隔缺损
脱发症/雄鼠模型	猕猴	脱发症/男性
心血管疾病	土拨鼠	心血管疾病
白内障	海豹、海狮子、沙鼠	白内障
小脑发育不全	雪貂	小脑发育不全
脑血管疾病	土拨鼠	脑血管疾病
Chastek 氏麻痹症	水貂	维生素 B_1 缺乏病
染色体畸变	蛙	染色体畸变
先天性红细胞血卟啉症	狐、松鼠	先天性红细胞血卟啉症
多尿症	黑色类人猿	多尿症
糖尿病	中国地鼠、沙鼠	糖尿病
二糖（乳糖）利用差	海狮	二糖利用差
有规律地形成兄弟双胞胎	狨猴	双胞胎

续表

动物模型	动物种类	相应人类的疾病
真菌感染	蝙蝠	真菌感染
胃肠道寄生虫和治疗	白鲢、猴	寄生虫病
Grand-mal 癫痫发作	沙土鼠	癫痫
结肠炎	狗	肠炎
中暑	河鼠	中暑
肝炎	黑猩猩	病毒性肝炎
病毒性肝炎	火鸡、北京鸭	病毒性肝炎
肝癌	虹鳟、真鳟	肝癌
遗传性耳聋	水貂	耳聋
遗传性脑白质营养不良	水貂	家族异染性的脑白质营养不良
遗传性脑白质黑变病	水貂	Chediak-Higashi 综合征
遗传性肌萎缩	北京鸭、火鸡	肌萎缩
遗传性球形红细胞症	鹿、小鼠	球形红细胞症
两性畸形	水貂	两性畸形
疱疹	火鸡	疱疹感染
疱疹诱发性淋巴瘤	火鸡	淋巴瘤
脑积水	水貂	脑积水
多骨质骨肥厚	乌龟，长尾小鹦鹉	多骨性骨肥厚
流行性感冒	雪貂	流感
实验性家族遗传中枢神经系统变性病	黑猩猩	家族遗传性中枢神经系统变性病
脂肪血症	蒙古沙土鼠	脂肪血症
巨噬细胞“泡沫状”脂沉积症	乌龟、长尾小鹦鹉	脂肪贮藏性疾病
利斯特氏菌病	旅鼠	利斯特氏菌病
淋巴瘤	沙土鼠	淋巴瘤
淋巴肉瘤	蟾蜍、蝾螈	Hodgkin 氏病
吸收障碍综合征（灰色便）	水貂	吸收障碍
疟疾	北京金丝雀	疟疾
母亲和胎儿血循环	矮山羊	母亲和胎儿血循环
接触传染性软疣	黑猩猩	接触传染性软疣
增生物鉴别	犰狳（九条纹）、真鳟	杂核单卵性变胎
肌营养不良	火鸡、小鸭	肌营养不良
肿瘤病	土拨鼠、小鼠	肿瘤

续表

动物模型	动物种类	相应人类的疾病
骨软化	鼯鼠	骨软化
寄生虫感染	蝙蝠	寄生虫感染
色素沉着肝病	吼猴	肝细胞黑色素沉着
浆细胞增多症	水貂	浆细胞增多症
多尿症	中国地鼠	糖尿病
肺腺瘤	灰鼠	肺腺瘤
狂犬病	吸血蝙蝠、蝙蝠	狂犬病
肾脏腺肉瘤	蛙	肾脏腺肉瘤
生殖生物学	狒狒、蛙、蟾蜍、蝙蝠	生殖
类风湿病因素	吼猴	类风湿病因素
性染色体异常	水貂、狨猴	性染色体异常
体内红细胞镰状细胞素变质	白尾鹿	镰状细胞贫血
弓形体病	地松鼠、鼠猴、猫	弓形体病
兔热病	旅鼠	兔热病
溃疡性结肠炎	黑猩猩	溃疡性结肠炎
病毒性诱发网状组织疾病	新西兰小鼠	网状组织病

（二）注意所选用动物的实用价值

模型应适用于多数研究者使用，容易复制，实验中便于操作和采集各种标本。同时应该首选一般饲养员较熟悉而且便于饲养的动物作研究对象，这样就无需特殊的饲养设施和转运条件，经济上和技术上容易得到保证。此外，动物来源必须充足，选用多胎分娩的动物对扩大样本和重复实验是有益的。尤其对慢性疾病模型来说，动物须有一定的生存期，便于长期观察使用，以免模型完成时动物已濒于死亡或死于并发症。

用于生物医学研究的动物种群，可按其遗传成分和环境被研究人员控制的程度，分为三种基本类型：①实验室类型，它们可提供最有效的遗传和环境操作；②家养类型，不论是乡村或城市饲养的，人类对其干扰的程度不同，且动物环境与人类环境可能极为接近；③自然生态类型，几乎没有人为的干扰。野生动物在自然环境中观察有助于正确评价自然发病率和死亡率。但记录困难，在实验条件下维持有一定难度，且对人和家畜有直接和间接的威胁，使用时要特别加以注意。因此，复制模型时必须注意动物种群的选择，要了解各类动物种群的特点和对复制动物的影响。可能某种动物（啮齿目、食肉目、兔形目）可按所有三种类型进行研究，这就增加了对环境和遗传因素作比较研究的可能性。在选用三种类型动物种群复制动物模型时，必须了解它们各自的优点和缺点，可参考表 5-2。

表 5-2 不同类型的动物种群的优点和缺点

种群	优点	缺点
实验室种群	(1) 连续饲养和记录 (2) 观察迅速 (3) 个体众多 (4) 生命周期短 (5) 标化的环境和（或）遗传组成：近交小鼠、大鼠、豚鼠、鸡 (6) 在癌症研究领域中可用于传播性和移植性肿瘤 (7) 有基本的生化、生理、病理资料	(1) 生活于人工环境 (2) 标准日粮 (3) 一般涉及人工诱发的疾病 (4) 宿主体型大小和疾病的急性本质不太适用于临床或研究
家养动物种群	(1) 生活于与人类相似或相同的环境 (2) 发病率常可比较 (3) 可研究自然途径感染的自发性疾病 (4) 短时间内经历疾病的全过程 (5) 很适于临床研究 (6) 有无限制的生前和死后标本 (7) 可能进行传播研究 (8) 在种群中疾病频率既有升高也有降低	(1) 空间、价格、管理、安全等易成为限制因素 (2) 实验对象损失多由屠宰等措施造成 (3) 疾病记录和报道极有限 (4) 可用的免疫学资料有限
野生动物种群	(1) 允许估计自然条件下疾病的频率 (2) 揭示自然条件下的正常周期（非偶然的） (3) 允许测定自然条件下的因素	(1) 疾病记录和报告极有限 (2) 关于模型动物的基本资料有限 (3) 难以在实验条件下饲养 (4) 带有对家畜和人有潜在危险性的人畜传染病原体

（三）注意环境因素对模型动物的影响

复制模型的成败往往与环境的改变有密切关系。拥挤、饮食改变、过度光照、噪声、屏障系统的破坏等，任何一项被忽视都可能给模型动物带来严重影响。除此以外，复制过程中固定、出血、麻醉、手术、药物和并发症等处理不当，同样会产生难以估量的恶果。因此，要求尽可能使模型动物处于最小的变动和最少的干扰之中。

（四）不能盲目地使用近交系动物，不然会导致不能控制的因素进入实验

例如，自发性糖尿病大鼠（BB）除具有糖尿病临床特征外，还发现多种病理变化（外周神经系统严重病变、睾丸萎缩、甲状腺炎、胃溃疡、恶性淋巴瘤等）。因此要有目的地选择。半个世纪以来，大鼠、小鼠作为疾病模型动物在生

物医学使用量已高达80%以上。近交系的开发不断提供新的动物模型材料，利用近交系作动物模型时还必须认识到：

（1）动物形成亚系后不应该再视为同一品系。要充分了解新品系的特征和背景材料。

（2）即使作为已形成模型的品系，由于不适当的育种方法和环境改变，还可能发生新的基因突变和遗传漂变，即存在着变种甚至断种的危险。

（3）国外经常选用两种近交系的杂交一代（F_1）作为模型。其个体之间均一性好，对实验的耐受性强，又克服了近交系的缺点。但盲目引进 F_1 代动物复制所要求的模型是无意义的。

（五）动物进化的高级程度并不意味着所有器官和功能接近于人的程度

复制动物模型时，在条件允许的情况下，应尽量考虑选用与人相似、进化程度高的动物作模型。但不能因此就认为进化程度越高等的动物所有器官和功能越接近于人。例如，非人灵长类诱发动脉粥样硬化时，病变部位经常在小动脉，即使出现在大动脉也与人类分布不同。据报道，用鸽（white gameau pigeon）作这类模型时，胸主动脉出现的黄斑面积可达10%，镜下变化与人也比较相似，因此也广泛被研究者使用。

（六）正确地评估人类疾病动物模型

应该懂得没有一种动物模型能完全复制人类疾病的真实情况，动物毕竟不是人体的“拷贝”。模型实验只是一种间接性研究，只可能在一个局部或几个方面与人类疾病相似。因此，模型实验结论的正确性只是相对的，最终必须在人的身上得到验证。复制过程中一旦出现与人类疾病不同的情况，必须分析其分歧范围和程度，找到相平行的共同点，正确评估哪些是有价值的。

总之，动物疾病模型这门新兴的科学正吸引着各个领域专业人员投身于这项开发工作。无论医学家、兽医学家还是生物学家，要复制动物模型还必须学习有关知识，精于选用已知的各种模型和开发新的模型，这也应该是研究者的一项基本技能。

第四节 动物模型的建立

随着科学技术的不断进步，人类疾病动物模型在生物医学研究中越来越显示出它的巨大作用。动物模型建立的方法主要有：①通过人工培育建立自发动物模型；②通过化学、生物、物理或复合因素处理诱发建立动物模型；③通过基因工程方法进行遗传修饰建立基因工程动物模型。理论上讲人类有多少种疾病，就能复制出多少疾病的动物模型，而这里仅介绍一些常用动物模型的建立方法，以期给大家一些这方面的启发。

一、诱发性动物模型的建立

诱发动物模型的因素可以是化合物，如四氧尿嘧啶可以破坏动物的胰岛β细胞，造成糖尿病模型；也可以是物理因素，如寒冷的温度能使动物患感冒，怀孕母鼠生活在高温环境下，会发生产前高血压症状；也可以是病原微生物，如传染病模型的建立；也可以是两种或以上因素复合诱导而成。乙酰基亚硝基脲可以诱发动物基因发生点突变，并由表型筛选出疾病的动物模型，我们把这一新的模型建立方法也归于诱发性动物模型。至于通过基因改造建立的动物模型，单独用基因工程动物模型的标题介绍。

（一）诱发性动物模型举例

1. 肺水肿动物模型

肺水肿是液体在肺的间质或肺泡内的积聚。引起肺水肿的原因虽然各种各样，但大多数是由于肺毛细血管壁通透性增加或毛细血管内压升高所致。双光气主要作用于呼吸器官，刺激呼吸道感受器，通过迷走神经系统（其作用部位在皮层下），选择性地对肺毛细血管起作用，使肺毛细血管扩张、通透性增加，从而引起肺水肿。某些化学药物和毒气可直接作用于肺毛细血管使其通透性增高，从而发生肺水肿。

以大鼠为造模动物，以下4种方法均可成功复制肺水肿动物模型：

（1）将6%的氯化铵按照每克体重0.6ml的剂量给大鼠腹腔注射；

（2）将0.1%的肾上腺素按照每克体重5ml的剂量给大鼠静脉注射；

（3）将0.8%～0.9%的一氧化氮给大鼠吸入；

（4）将大鼠颈部双侧迷走神经切断后2～3min，可获得大鼠的肺水肿模型。

2. 烧伤动物模型

利用溴钨灯的焦点热源，模拟核爆炸情况下的光辐射烧伤。实验时选用功率为5kW的溴钨灯及直径为15cm的聚焦镜，灯芯与烧伤部位距70cm，在使犬或大鼠烧伤时，烧前先预热灯丝20s，然后进行烧伤（在预热期间需要石棉板屏蔽烧伤源，当预热完毕，立即去掉石棉板）。

一般闪光灯作用时间3～5s，光冲量8.786～14.225J（2.1～3.4cal）/cm^2，即可造成Ⅰ度烧伤，伤及表皮层，局部红斑，无水肿、软、痂皮形成。4～6d后，红斑消失并痊愈。

闪光灯作用时间5～7s，光冲量14.225～20.88J（3.4～4.8cal）/cm^2，造

成浅Ⅱ度烧伤，伤及真皮浅层，形成白色透红的痂皮，软、有水肿、无水泡，4d内水肿消退，6d开始痂皮溃破脱落，液体渗出，创面淡红湿润呈细筛状，9d出现新生上皮生长，15d左右痊愈。

闪光灯作用时间10～15s，光冲量28.45～43.09J（6.8～10.3cal）/cm^2，造成深Ⅱ度烧伤，伤真皮深层，痂皮为黄白色，牛皮纸样感，明显水肿。但2～3d水肿消退，8d出现小脓疱，10d痂皮开始溃破脱落，创面鲜红湿润呈粗筛状，18d左右创缘长出新生上皮。

闪光灯作用时间15～30s，光冲量43.09～85.77J（10.3～20.5cal）/cm^2，造成Ⅲ度烧伤，伤及真皮深层，焦痂为灰黄或灰黑色，呈皮革样感，痂下水肿明显，10d痂皮开始溃破脱落。创面呈淡。当光冲量超过227.6J（54.4cal）/cm^{2}时，被烧伤皮肤呈黑色焦痂，并出现气泡。气泡呈半球形高出皮肤表面，气泡壁为灰白薄膜，容易破裂。在深Ⅱ度及Ⅲ度烧伤过程中可直观到被烧伤皮肤的收缩现象。

3. 肝硬化动物模型

选取雄性，体重180～220g的大鼠饲养2周，适应后实验。第一天皮下注射四氯化碳（40％棉籽油溶液）每100g体重0.5ml，以后每隔4d皮下注射四氯化碳每100g体重0.3ml，共10次。同时用单纯玉米面作为饲料（前二周为80％玉米面加20％猪油），并混0.5％胆固醇，另以30％乙醇作为饮水饲喂。

在实验后6周末小鼠应全部形成肝硬化。

实验过程中，肝硬化发展大体分为三期：第一期为变性坏死期，实验第一周肝实质细胞出现气球样变、脂肪变性、坏死和间质轻度的炎症反应，实验第二周出现严重的脂肪变性；第二期为纤维增生期，在实验第3～4周，以弥漫纤维增生为标志；第三期为假小叶形成期，在实验第5～6周，结节形成，肝小叶改建。

4. 肺炎动物模型

（1）实验动物的选择：肺炎动物模型已用几种动物建立成功。大型动物包括羊和狗，用于研究，可以复制临床状况并进行运用于病人的诊断性实验。如，呼吸器相关性肺炎模型，可以进行X射线的检查、支气管镜检查和介入式血液动力学监测。选择实验动物的另一方面的考虑是其与人体在解剖学和细胞学方面的相似性。例如，小鼠的导气道是立方形的线纹排列（而不是圆柱形的假复层状）的上皮细胞，而羊和猪则有肺部血管巨噬细胞。如果基于这一点，灵长类的肺炎动物模型与人类疾病更加接近。但所有大型动物模型不足之处是在购买和饲养动物上开销很大。另外，还受到研究手段的限制，如中和抗体，受体激动剂缺乏和转基因或基因敲除的动物技术在大动物难以实现，阻碍了使用这些动物对疾病机制的研究。鼠类作为肺炎研究的动物模型，经费开销相对较低，且药物试剂和遗传上改变的应用性较好。将鼠类作为肺炎研究的动物模型，其观察主要集中在运用特殊的技术手段来识别在肺炎中起中介作用的特异细胞因子。

(2) 感染性接种物的准备：感染性接种物的准备包括培养扩增病原体和接种感染性颗粒数量的检测。病原体在未用时以冰冻状态下保存；大部分单细胞病原体，包括细菌、酵母在内，可用液体培养液培养；对于有些病原体，如酵母隐球菌，为了维持单细胞悬液防止其凝集，振荡肉汤培养液是很必要的；对于有些复杂的病原体，如霉菌，可洗去和刮掉固体培养基表面的菌落，并制成感染颗粒悬液。

悬液中病原体浓度测量的最好方法是倍比稀释和在固体培养基上的过夜培养，然后通过计数菌落形成单位来计算浓度。通过在给定的波长（通常 600nm）悬液的光吸收值计算病原体的浓度。通过一个宽范围的病原体浓度的吸光值，能构建一条标准曲线，就可快速并且准确的估计出培养液中有机体的浓度。对于有大量感染颗粒的病原体，例如真菌孢子，其浓度的测定可直接通过手动的或电子的计数小室来进行。另外，通过稀释梯度和菌落计数来确定病原体接种浓度也是相当有效的。

(3) 感染性病原体的接种：为了成功模拟人类肺炎，将病原体通过呼吸道送到动物肺部是最好的办法。用这种方法，需要将小鼠麻醉，例如使用氯胺酮或巴比妥酸盐。一旦达到合适的麻醉程度，接种物就可通过鼻腔或气管内送入肺部。最简单的途径是通过鼻内送入，但这种技术由于麻醉的深度的不同，动物能咽入也能呼出部分接种物，这样病原体进入肺部的剂量是变化的，限制了这种技术的应用。直接从气管内送入接种物会得到比较好的结果，用这种方法，麻醉动物的气管在颈部暴露出一个细小的切口，由 26 号针头的注射针进行接种。对于小鼠，用这种方法给药的最安全大剂量为 50ml，不会造成呼吸困难。从气管注射 102～103 个菌落生成单位的肺炎克雷伯（氏）杆菌到 CD-1 小鼠、CBA/J 小鼠或 BALB/c 小鼠，在细菌攻击后不久，随着单核巨噬细胞瘤的形成，嗜中性粒细胞在 24～48h 时在靶部位积累，结果导致肺叶硬化、变性。用大剂量的克雷伯（氏）肺炎细菌（>102 CFU）感染动物，48～72h 后将会导致动物菌血症和死亡。

CD-1 小鼠、CBA/J 小鼠或 BALB/c 小鼠对克雷白（氏）杆菌肺炎的发展特别敏感，而 C57BL/6 小鼠对肺内的细菌更加有抵抗力。在细菌性肺炎中，发病机制在动物品系之间的差别还没得到充分了解。一种可能的机制是特殊品系动物对革兰氏阴性菌的细胞壁的组成成分脂多糖的应答不同。这种差异的遗传基础最近已经才被证实。现已找到许多机制来解释不同品系的动物对感染的敏感性不同。如在新型隐球菌肺炎模型中，C57BL/6 小鼠比 CBA/J 小鼠或 BALB/c 小鼠更易感染隐球菌性脑膜炎。在传染病中，传染的敏感性与 Th-2 相关联，而不是 Th-1 和细胞因子应答。因此，在建立肺部感染的动物模型时，必须将品系差异考虑在内。

（二）ENU诱导点突变动物模型

1. ENU诱变动物（模型）筛选的意义

人类正处于一个以大规模地、系统地研究基因功能和在人类生理和病理过程中的作用为起始标记的后基因组时代。利用模式生物体系鉴定随机突变和进行诱发突变研究，研究转基因动物或者基因定位突变动物的表型可以极大地促进人类对基因功能的了解。

单基因敲除是典型的基因驱动的研究。研究者必须针对靶位点在染色体组文库中筛选相关的染色体组克隆、绘制相应的物理图谱、构建特异性的打靶载体以及筛选中靶胚胎干细胞（embryonic stem cell，ES）等。通常一个基因敲除纯合子小鼠的获得需要1年或更长的时间。面对人类基因组计划产生出来的巨大的功能未知的遗传信息，传统的基因敲除方法显得有些力不从心。另一种基因驱动的研究是随机大规模基因敲除——基因捕获（gene trap）。基因捕获是指利用生物工程技术随机的一次性获得大量的功能性表达基因或失活（抑制）基因。通过基因捕获可以建立一个携带随机插入突变的ES细胞库，在单次实验中可以获得数以百计的带有单基因敲除的克隆。采用随机诱变的方法可以在短时间内产生数目巨大的基因突变动物，可能通过表型筛选获得与人类疾病临床症状相似的模型动物。

2. ENU诱变的机制

ENU是一种人工合成的能导致多种生物随机、单碱基突变的化合物。ENU能不依赖于任何代谢过程而通过烷化反应将其乙烷基转移到DNA碱基的氧原子或氮原子上，导致错配或碱基置换。这种由ENU转移来的乙烷基并不直接形成突变，但这种加了乙烷基的碱基在复制过程中会被细胞复制系统错误地鉴定进而导致错配。经过两轮的复制，不能被细胞修复系统有效识别的单碱基突变就形成了。

3. ENU诱变方法

选取8～10周龄的雄性小鼠，腹腔注射一定量ENU，每周1次，共3次；ENU用pH6.0的磷酸缓冲液稀释成2mg/ml溶液，现配现用。雄鼠在最后一次ENU处理后6周，每只雄鼠与两只同品系的雌鼠交配，待确定怀孕后检出雌鼠单独分笼饲养，直到小鼠出生后分窝。在小鼠21d和8周龄时分别筛选表型突变，同时采血进行常规检测和生化分析。对已经获得的突变小鼠，将其与同品系小鼠配种，观察后代当中突变表型的遗传能力，并进行遗传分析。根据分析结果筛选突变系动物，培育相应的人类疾病动物模型（图5-1）。

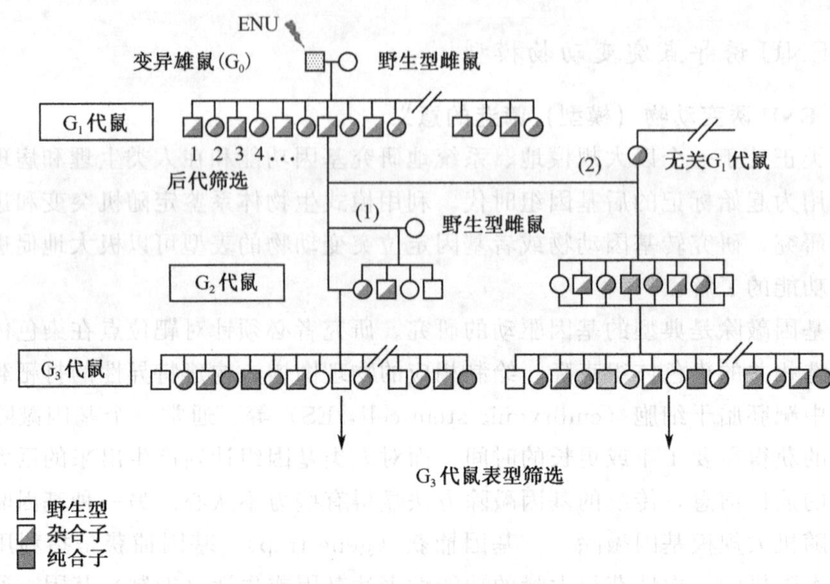

图 5-1　ENU 诱导突变动物筛选模式

4. ENU 诱导的突变类型和诱变效率

ENU 在各种组织器官中均有致突变作用，其效率因 ENU 剂量、细胞类型和检测系统的不同而不同。这也许是因为具有不同组织特异性代谢途径的细胞拥有不同的内环境，而且不同的细胞也拥有效率不同的 DNA 修复系统。

5. ENU 剂量对小鼠的影响

不同的小鼠对 ENU 耐受的能力不同。高剂量的 ENU 对小鼠是有毒的，可以直接导致小鼠死亡。此外，ENU 也是一种潜在的致癌剂，一些品系的小鼠在 ENU 处理后很快死于肿瘤。ENU 通常会缩短小鼠的寿命。由于 ENU 是一种作用于干细胞的诱变剂，小鼠的造血干细胞通常也会受影响。因此，ENU 处理过的小鼠常常由于免疫抑制而容易被病原微生物感染。许多近交系小鼠和一些远交系小鼠用同样的剂量处理后会绝育或者死亡。远交系的小鼠对于 ENU 耐受的能力比近交系强。

ENU 处理过的雄性小鼠要经过一段不育期才能重新获得生育能力。不育期的长短也可以作为衡量突变剂处理效果的指标。这是因为 ENU 处理会引起精原细胞大量死亡，不育期的长短反映了所剩下的细胞的数目。

6. ENU 大规模诱导突变的策略及进展

大规模的 ENU 诱变研究在美国、英国、德国、澳大利亚和日本的多个小鼠基因组中心已经开展。这些研究或是筛选基因的显性突变，或是筛选基因的隐性突变，有些只研究特定染色体组区域的基因突变，有些则研究全基因组的突变。所谓大规模的筛选是指这些研究不仅仅局限于某个特定基因或者特定的信号通路和代谢途径，而是以大规模地研制突变小鼠作为遗传资源库，规模化地研究基因功能为目的。数以百计10周龄的雄性小鼠用ENU处理以保证每周有数以百计的子代鼠用于表型分析。通过对后代小鼠进行形态学、行为学、血液学、生理生化等指标的检测，筛选基因的显性突变。

二、自发性动物模型

目前，小鼠基因已经完成定位工作，自发变异研究证明了大多数基因决定簇特定的生理性状。在生物医学中可能免疫学研究的自发变异模型重点是裸鼠（nu）、重症联合免疫缺陷综合征（severe combined immunodeficiency，SCID）鼠、beige（bg）鼠和X连锁免疫缺陷（X-linked immune deficiency）（Xid）鼠，这种模型还大量用于建立人类来源的肿瘤模型，在研究肿瘤学的各个领域中应用。自发的糖尿病模型也是生物医学研究中一个重要的模型。另外，自发性的肿瘤在实验小鼠中也有很多的品系，自发的高血压大鼠模型也是生物医学研究的重要模型动物。这里我们重点介绍免疫缺陷动物和自发的糖尿病动物模型。

（一）免疫缺陷动物

1. 裸鼠

1）基本概念

无胸腺裸鼠（nude，简称裸鼠）（图5-2）目前已成为医学生物学研究领域中不可缺少的实验动物模型。特别是在肿瘤学、免疫学、药品与生物制品的安全性评价以及有效药品的筛选等方面，它有着特殊的价值。裸鼠在科学研究中之所以能成为有巨大潜力的实验模型，是由于*nu*基因有独特的遗传特性。经过世界各国实验动物遗传育种学家的努力，目前已将*nu*基因导入不同近交系动物，成为系列动物模型，仅小鼠模型一种，已建立了20余种近交系裸鼠。由于它们具有不同的遗传背景和*nu*基因的遗传特性，使医学生物学研究者获得一种极其宝贵的实验材料。

裸鼠是随着近代医学的发展，特别是肿瘤学和免疫学研究的需要，在近十几年中发展起来的动物模型。它是先天性胸腺缺陷的突变小鼠，是由于第Ⅶ连锁群（linkage group）内裸体位点的等位基因发生纯合而形成的突变小鼠新品种。

裸鼠（纯合子*nu*/*nu*突变鼠）主要表现为无毛（但可看到一种细毛，组织学证明有被毛滤泡）以及缺乏正常胸腺。杂合子小鼠（*nu*/＋）各方面表现都正常。小鼠中有若干突变基因，它可产生一种为无毛的表现型（phenotype），例如无胸腺裸鼠（nude）、裸鼠（naked）、无毛鼠（hairless）、无鼻毛鼠（rhinol），

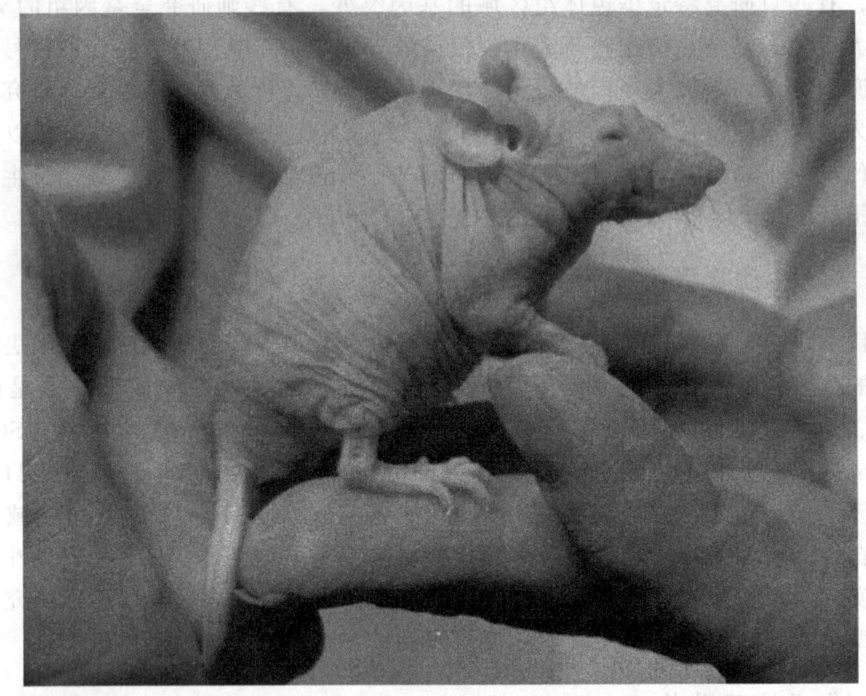

图 5-2　裸小鼠

无胸腺裸鼠的唯一特性是胸腺缺陷表现型，因此，不能将“裸鼠”与“无毛鼠”两词交换使用。

现代免疫学的发展，证实了胸腺为中枢性免疫器官，揭示了胸腺和胸腺依赖淋巴细胞（T 细胞）的功能，这是免疫学的重大突破，开创了细胞免疫的新途径。无胸腺裸鼠是研究胸腺功能最适宜的天然动物模型，它的发现和应用，大大地促进了实验免疫学研究的发展。

2）裸鼠的发现和发展

1962 年英国格拉斯哥医院 Grist 在非近交系小鼠中偶然发现有个别无毛小鼠。四年后，爱丁堡动物研究所 Flanagan 又证实这种无毛小鼠是由于染色体上等位基因突变引起的，该种鼠皮肤组织学和以往无毛小鼠不同，确定有一种新的无毛基因，因此，认为是一种新的自发突变种，并命名为“裸体”（nude）小鼠，用“*nu*”表示为基因符号，但当时未被人们注意。1968 年，Pantelouris 发现裸体小鼠没有胸腺，这才引起世界各国医学生物学工作者的极大兴趣。在这以前，为开展细胞免疫学的研究，通常采用药物抑制小鼠 T 细胞的产生及其作用，或使用外科手术摘除胸腺，这些方法往往由于抑制作用不完全或手术不理想，导致实验的失败。而自发突变无胸腺裸鼠的培育成功，则提供了研究胸腺功能、免疫学机理的理想动物模型。

由于裸鼠原种抵抗力差，生育力低，寿命短，不能用于实际工作。因此人们又致力于育种改造，使原种裸鼠分别和纯系 BALB/c，C3H，C57BL/6 小鼠交配，不断选育，获得了近交系无胸腺裸体动物（inbred nude mice）新种，虽然某些生物学性状有所改善，但尚未克服上述缺点，故又将近交系 BALB/c 裸鼠和 NIH 瑞士种小鼠交配获得远交系无胸腺裸体小鼠（outbred nude mice），从而克服了上述缺点，能够大量繁殖与推广。

裸鼠的饲料和繁殖要求条件比较严格，1969 年 Rygaard 报道采用无特定病原体（SPF）条件下繁殖裸鼠虽然获得成功，但也发生传染性疾病。近年来，许多国家建立了自己的有封闭屏障系统的饲养设施以及相应的质量控制办法，进一步促进了裸鼠研究工作的发展。1978 年根据英国 LAC News 的报告，除用“*nu*”基因导入近交系小鼠的方法成功地培育成千余种遗传背景明确的裸鼠外，还培育了无胸腺肥胖裸鼠，无胸腺无脾脏裸鼠以及裸大鼠等。预计不久的将来，根据不同的实验需要，将会培育出更多的无胸腺杂交品系。我国实验动物工作者过去在小鼠的大量繁殖中也曾发现过无毛小鼠，但未进行研究。近年来，由于科研工作的需要从国外引进了裸鼠。1978～1980 年，中国医学科学院所属单位曾先后从法国、英国、美国引入裸鼠。

3）裸鼠的主要形态和生理特征

裸鼠的主要特征表现为无毛（hairless）、裸体（naked）和无胸腺（thymus）。原种新生裸体小鼠以无鼻毛为特征，足尖经常收缩，呈螺旋样畸形。成年雌鼠动情周期不规律，卵巢小，用绒毛膜促性腺激素不能诱发排卵，雄鼠精子尾部呈盘卷状，无活动力，因此受孕力极低。新生小鼠 3 周后生长明显迟缓，普遍有肝脏疾病，死亡率高，寿命在 15～26 周。纯系裸体小鼠外形和原种相同，全身几乎无毛，偶尔背部可见稀疏的带状毛、皮薄、光滑或有皱折。BALB/c 裸体小鼠为浅红色，白眼；C3H 裸鼠为灰白色，黑眼；C57BL 裸鼠黑灰色至黑色，运动功能正常。

裸鼠淋巴细胞特殊，因为这种动物无胸腺，导致 T 细胞生成障碍。虽然 T 细胞和 B 细胞的前身正常，但因缺乏胸腺，故不能生成正常 T 细胞。

裸鼠由于无胸腺，因此缺乏免疫反应，是免疫缺陷动物。正常小鼠胸腺位于胸骨柄后方，紧贴气管，心脏腹面，呈乳白色脂肪状，分左右两叶。胸腺与机体免疫机能关系密切，现已知胸腺可分泌好几种具有生物活性的多肽类物质，总称为胸腺素，它可刺激淋巴组织产生淋巴细胞，使来自骨髓、脾脏和其他组织的淋巴原始细胞成熟为具有细胞免疫活性的 T 淋巴细胞，从而发挥免疫作用。

裸鼠 T 淋巴系统功能可采用多种免疫功能检查方法来证明。例如用地鼠的红细胞（HRBC）或羊红细胞（SRBC）反复免疫，都没能够促进 T 细胞功能的恢复，再用三硝基苯基-HRBC 或三硝基苯基-SRBC 加强免疫，也没有产生抗三硝基抗体。

4）裸鼠在生物医学研究中的应用

近年来，无胸腺裸鼠作为一种新的动物模型，活跃于免疫学、肿瘤学、毒理学等各个领域的研究工作中，尤其在免疫生物学、免疫病理学、移植免疫、肿瘤免疫、病毒和细菌免疫等领域，在短短的数年间，就展开了一系列富有成效的新的研究，推动了各方面的工作，为实验免疫学、实验肿瘤学提供了新的有效工具。

解剖裸鼠进行组织学检查，证实裸鼠无正常胸腺，仅有胸腺残迹或异常的胸腺上皮，这种胸腺上皮不能使 T 细胞正常分化。淋巴结及脾脏胸腺依赖区淋巴细胞数目很少，所以裸鼠都是淋巴细胞减少症的动物，表现出皮肤毛干萎缩，毛囊角化。

裸鼠 T 淋巴细胞缺损，表现为脾细胞失去细胞表面的 θ 抗原和丧失对有丝分裂刺激物反应的能力。θ 抗原是某些淋巴样细胞在其 T 细胞活化前的一种分化抗原。由于裸鼠没有 T 细胞，不能执行正常 T 细胞的功能，它们在混合淋巴细胞反应中没有有丝分裂反应，也不产生细胞毒效应细胞，对刀豆素 A（ConA）或植物凝集素 P 亦无促分裂原应答，无接触敏感性，无移植排斥，无移植抗宿主反应及无辅助 T 细胞或抑制 T 细胞的生成。无辅助和抑制 T 细胞的裸鼠，可明显地改变它对原抗体的反应。

① 组织移植（人类肿瘤移植）研究

由于裸鼠的免疫缺陷，在一定情况下，不排斥来自异种动物的组织移植，因此，可作移植人类恶性肿瘤的接受体。根据 Fogh 等 1979～1980 年的报道，已有 150 株人的瘤细胞和人体原发癌移植于裸鼠获得成功，目前已成功地把结肠癌、乳腺癌、肺癌、卵巢癌、黑色素瘤、淋巴瘤、白血病、肾癌、宫颈癌、软组织肉瘤和骨肉瘤等移植于裸鼠，生长良好，并可传代（表 5-3）。若用已建株的人体肿瘤组织培养细胞作移植材料，接种后的成活率更高（41%）。

表 5-3　在裸鼠体内移植成功的人类恶性肿瘤

来自人体标本	例数	来自组织培养	例数
肺癌	5	肺癌	1
胃癌	5	燕麦细胞型	2
宫颈癌	5	腺癌型	4
Grawitz 氏肿瘤	5	鳞状细胞型	1
黑色素瘤	2	黑色素瘤	2
卵巢癌	2	骨巨细胞瘤	2
上皮癌	2	宫颈癌	1
Kruden Berg 氏肿瘤	1	子宫内膜癌	1
子宫内膜瘤	1	子宫内膜癌（恶性转移）	1

续表

来自人体标本	例数	来自组织培养	例数
成骨肉瘤	1	胆管瘤	1
脑膜瘤	1	乳癌	1
神经细胞瘤	1	胃绒毛膜上皮癌	1
脂肉瘤	1	神经细胞瘤	1
睾丸瘤	1	成骨细胞瘤	1
绒毛膜上皮癌	1	淋巴网状细胞瘤	1
横纹肌肉瘤	1	急性淋巴性白血病	1

人体肿瘤移植于免疫缺陷动物，能保持其生物学特性，用于研究人体肿瘤对药物的敏感性有很大帮助。早期工作是将人体肿瘤移植于动物缺乏免疫机能的特殊部位，如鸡胚、动物的眼前房、仓鼠颊囊内等，虽有一定比例的成活率，但因肿瘤生长缓慢又受移入部位包膜的限制，肿块往往较小，难于传代，更不能适应需要较多瘤源的实验治疗工作。因此，利用裸鼠建立肿瘤模型进行防治研究，是基础医学研究中的重要课题。

② 肿瘤药物治疗和肿瘤免疫研究

裸鼠接种成活的肿瘤对化疗药物的敏感性与临床所见十分相近。黑色素瘤以氮烯咪胺（DTIC）和氯已环乙亚硝脲（CCNU）的抑瘤作用较强，而 5-Fu 则无效，与其临床客观疗效（三药分别为 20%、12%及 2.5%）结果相似。人的 Burkitt 淋巴瘤的裸鼠移植后对环磷酰胺有较高的敏感性，也与临床结果相符。其他肿瘤，如乳腺癌和结肠癌裸鼠移植，对前者阿霉素（5mg/kg）、5-Fu（50～80mg/kg）和苯丙氨酸氮芥（7mg/kg）均有一定的抑瘤效能，对后者甲基-CCNO 和丝裂毒素也有明显疗效。有趣的是对 P333 无效的六甲密胺，却对人体肺癌异种移植有效，应用其耐受剂量 60～90mg/kg 都有消瘤作用，对人体乳瘤 MX-1 和结肠瘤 CX-1 也有效。此药重新临床试用，被证明对人支气管肺癌和淋巴瘤都有治疗作用。最近，对过去因毒性较大而中断研究的偶氮氧代正亮氨酸，重新用人肿瘤裸鼠模型评价，证明对 MX-1 和肺癌 LX-1 有明显疗效，又重新进入临床研究。有人用一定剂量胸腺嘧啶核苷连续灌注肿瘤裸鼠 96～140h，发现它能明显抑制人体黑色素瘤及畸胎瘤的生长，并导致肿瘤消退而对宿主无明显毒性。

近年来将人癌组织移植入裸鼠肾囊膜内，观察肿瘤生长大小，在双目显微镜下测量肿瘤直径，比较给药组和对照组的差异，在 11d 左右可以得到评价药物疗效的结果。在肿瘤免疫研究方面，France 报道无胸腺裸鼠用 4(5)-33-二甲基-1-三唑-5(4)碳胺［Dic4(5)-33-dimethyl-1-triazlon inidazole-5(4)Carboxamide］处理后，明显增强了对 L1210 和 L3TRA 淋巴瘤株的免疫原性。

③ 免疫和遗传研究

由于近代遗传学的迅速发展，已发现 40 余种免疫缺陷病与遗传因素有关。

许多报道只介绍了这些疾病的临床表现和实验室检查结果，有关发病机制则停留在假说阶段，这主要是由于没有与人类所患的免疫缺陷性疾病相对应的自发型实验动物模型，无法通过患病动物来观察疾病发生与发展的全过程，从而无法阐明其遗传规律。

先天性无胸腺裸鼠的遗传因素、免疫原缺陷指标以及剖检所见和组织学观察等特征，均与人类免疫缺陷性疾病中的原发型细胞免疫病相似。各品系裸鼠因遗传背景的不同，所表现的细胞免疫反应和实验室检查指标也各不相同。这些裸鼠种群是研究人类各种免疫缺陷性疾病的发病机制和遗传规律的动物模型。实验动物遗传学家已育成具有不同免疫缺陷特性的近交系小鼠达50余种。我国所应用的自发型免疫缺陷小鼠，主要应用的是BALB/c遗传背景的裸鼠，个别实验室也应用了NIH、ICR等非近交系裸鼠。

④ 病毒、细菌、寄生虫感染机制的研究

无胸腺裸鼠的T淋巴细胞缺损，免疫机能低下，是研究病毒、细菌及寄生虫感染机制的极好模型动物。如用于研究乙型脑炎SA14-14-ZHk·7减毒株为乙脑活毒疫苗的选育株，在正常小鼠体内可产生符合规定的免疫原性（半数致死量，LD_{50}），而在胸腺缺少或胸腺发育不良的生物个体免疫原性却有很大的差异，如表5-4所见［以BALB/c（＋/＋）小鼠为对照］。

表5-4 乙脑弱毒株免疫实验结果

小鼠种类(BALB/c)	鼠龄/d	弱毒株批号	弱毒含量TCD50	免疫		免疫后两周攻击	
				动物数/只	皮下注射0.1ml/针次	腹腔注射0.3ml/针次	LD_{50}
有胸腺鼠（＋/＋）	30	SA14-14-ZHk·7	7.0	21	1	1	0.000 303
无胸腺鼠（nu/nu）	30	SA14-14-ZHk·7	7.0	16	1	1	0.012

以上结果说明，乙脑病毒感染后所产生的免疫力，主要属于细胞免疫，如欲使T细胞缺陷的裸鼠体内产生与免疫功能正常小鼠同等水平的免疫力，必须加大40倍的免疫剂量才能达到，这也说明裸鼠体内还存在着残余的T淋巴细胞。裸鼠已被证明是研究T淋巴细胞功能缺损条件下分支杆菌感染的最好模型，其肿瘤的自发率极低。

⑤ 生物制品和药品的检定

生物制品（疫苗、菌苗）的安全性和免疫原性是必不可少的检测内容之一。它涉及制品是否有潜在致癌性、感染因子以及它的毒力是否有返祖的可能性。特别是在应用动物组织培养疫苗或人类二倍体细胞株时，对检出这些细胞潜在的致癌性、某些制品引起的异常反应及其发生机制、对药物致癌性或抗癌药物的研究等方面，先天性胸腺机能缺陷的裸鼠是很好的动物模型和实验手段。

⑥ 微生物学研究

以往人类麻风杆菌只能够在九纹犰狳（armadillo）身上才能生长，而这种产于南美等地的动物难于寻找，也不易饲养和操作。1975 年，Colston 等将麻风杆菌接种于裸鼠足掌，发现麻风杆菌可大量繁殖，全身扩散，引起瘤型麻风。这为研究麻风杆菌的生物特性、免疫原性和麻风病发病机制提供了极为有用的实验模型。又如淋巴细胞性脉络膜脑膜炎（LCM）病毒经脑内接种于本无病毒隐性感染的正常小鼠，可引起脑膜炎，感染细胞被当作靶细胞而受到破坏，在脑、脊髓内发生了明显的细胞免疫反应，但在 T 细胞缺损的裸鼠所见却完全相反，未导致动物的死亡，仅出现持续病毒血症，体内不出现 LCM 抗体，也无任何免疫反应。

⑦ 内分泌和老年学中的应用

研究人工摘除胸腺动物大多数可见脑下垂体、甲状腺、肾上腺、性腺等出现异常。有人用无特定病原体环境中饲养的裸鼠和正常小鼠进行研究，分析 3、9、11 周龄的雌雄动物的脑下垂体生长激素及甲状腺、肾上腺皮质和性腺的功能，结果发现两者间未见有统计学上的差别。

在老年医学的研究上，有人认为裸鼠没有 T 细胞，容易引起自身免疫现象，皮肤的可溶性胶原（collagen）也减少，因此认为胸腺、自身免疫、老化三者之间是有关系的。

2. 重度联合免疫缺陷综合征（SCID）小鼠

1）SCID 小鼠的发现与培育

1980 年，在对实验动物免疫系统的例行检查中，美国费城（Philadelphia）的 Fox Chase 癌症中心的 Melvin J. Bosma 教授发现了 SCID 鼠，可以说第一例 SCID 鼠的发现完全是偶然的。随后 Bosma 的实验室开始繁育 SCID 鼠，起初这一动物模型引起大家的重视是因为它与人类的重度免疫缺陷疾病类似，后来它还成为研究免疫缺陷和淋巴系统癌症的良好动物模型。Bosma 发现 C. B-17Icr 近交系（BALB/c 的同类系）是位于第 16 号染色体的称之为 *scid* 的单个隐性突变基因所导致。由于基因发生突变，造成了编码免疫球蛋白重链（IgH）和 T 细胞抗原受体（TCR）的 V-D-J 基因重排异常，抑制了 B 细胞和 T 细胞前体的正常分化，导致小鼠成熟的 T、B 淋巴细胞数量大幅度减少，循环中的免疫球蛋白减少或缺损。

2）SCID 小鼠的免疫生物学特性

①SCID 小鼠外观上与正常小鼠无异，生长发育正常，但胸腺、脾、淋巴结的重量一般为正常小鼠的 30%，组织学上表现为 T、B 淋巴细胞缺失；②胸腺没

有皮质结构，仅留残迹；③脾小无淋巴细胞聚集；④淋巴结无明显皮质区，副皮质区缺失，呈淋巴细胞脱空状，由网状细胞占据；⑤所有 T、B 细胞功能测试均为阴性，对外源性抗原无细胞免疫及抗体反应，体内缺乏携带前 B 细胞、B 细胞和 T 细胞表面标志的细胞；⑥除 T、B 细胞缺失外，SCID 小鼠的巨噬细胞，粒细胞、巨核细胞、红细胞等均呈正常状态，NK 细胞及淋巴激活因子（LAK）也正常。

3）SCID 小鼠的渗漏

Bosma 研究发现，大部分的 SCID 小鼠缺乏功能性淋巴细胞，但是仍有约 15％的 SCID 小鼠血清里可测出免疫球蛋白，这种现象称为渗漏（leakage）。C. B-17*scid* 鼠在成年后会检测出低水平的抗体，达到 50μg/ml，12 月龄的鼠检测几乎都发现了 T、B 淋巴细胞，而在 14 月龄时，所有 C. B-17*scid* 鼠都会发生 T、B 淋巴细胞渗漏现象。有意思的是，ICR-*scid* 鼠并没有渗漏现象发生（＜5μg/ml）。有关渗漏的机制问题仍没有合理的解释。

4）重度联合免疫缺陷的类型

临床重度联合免疫缺陷综合征（SCID）包括一类表现和发病机制各异的疾病。它们可由 T、B 细胞两者发育缺陷产生，也可以因为原发性 T 细胞发育缺陷伴继发性 B 细胞功能障碍引起。SCID 为常染色体隐性或 X 性联隐性遗传，常染色体隐性遗传的 SCID 中，腺苷脱氨酶缺乏症患者约占 50％，而嘌呤核苷脱氨酶缺乏症少见。

（1）腺苷脱氨酶（ADA）缺乏症：ADA 缺乏症为常染色体隐性遗传病，约占 SCID 总数的 20％左右。ADA 的作用是在嘌呤代谢的补救途径中不可逆地催化腺苷和 2′-脱氧腺苷（2′-dA 腺苷）分别成为肌苷和 2′-脱氧肌苷。*ADA* 基因定位于第 2 号染色体，该基因的突变或缺失导致 ADA 缺乏，使 2′-脱氧腺苷、S-腺苷同型半胱氨酸和脱氧 ATP（dATP）在细胞中堆积。这些产物对细胞具有多种毒性作用，其中尤以 dATP 的作用为最强，因为 dATP 能抑制脱氧核苷的合成，从而抑制 DNA 的合成。由于大多数体细胞能有效地把 dATP 降解为 2′-脱氧肌苷，所以 ADA 缺乏对这些细胞的毒性作用不明显，而正在发育中的淋巴细胞缺乏降解 dATP 的能力，所以非成熟的淋巴细胞对 ADA 缺乏特别敏感。ADA 缺乏导致 T 细胞和 B 细胞数量减少，产生联合型免疫缺陷病，有些患者的 T 细胞数接近正常，但对抗原刺激无应答能力。

（2）嘌呤核苷磷酸化酶（PNP）缺乏症：PNP 缺乏症是位于第 9 号染色体上 *PNP* 基因突变或缺失造成的 SCID，也以常染色体隐性方式遗传。PNP 缺乏时，鸟苷转化为鸟嘌呤以及肌苷转化为次黄嘌呤的通路受阻，致使鸟苷、脱氧鸟苷和 dGTP 堆积，DNA 合成受到抑制。dGTP 对 T 细胞的毒性作用大于 B 细胞，故患者 B 细胞功能正常。本病中不同患者 T 细胞免疫缺陷严重程度不同，B 细胞功能正常，患者对各种感染的易感性增高。

(3) 细胞因子受体 γ 链基因突变引起的 SCID：在同时有 T 细胞和 B 细胞缺损的 SCID 患者中，约有半数是由于 IL-2、4、7、9 和 15 受体共有的 γ 链（γc）的突变引起的。因为 IL-7R 在淋巴细胞发育中具有极其重要的作用，它刺激不成熟的胸腺细胞生长，所以 γc 的突变导致 T 细胞分化障碍，患者 B 细胞数量正常或增高，但由于 B 细胞不能获得 T 细胞的辅助，患者同时有体液免疫缺陷。本病为 X 性联遗传。

(4) T 细胞信号传导途径中断引起的 SCID：另一种染色体隐性免疫缺陷症由 Jak-3 激酶突变引起。与 γc 突变引起的免疫缺陷病一样，在该病中仅有 T 细胞分化障碍，B 细胞发育是正常的。含 γc 的细胞因子受体均通过 Jak-3 激酶和 STAT 传递信号，因此有可能凡是这些受体所利用的信号传递通道中任何一个成分的突变都可能引起常染色体隐性的 SCID。

(5) 裸淋巴细胞综合征（bare lymphocyte syndrome）：本病是一种常染色体隐性遗传的疾病，其表型是 APC 表面不表达 MHCⅡ类分子。现已确定 RFX5 和 CIITA 基因的突变与本病有关。RFX5 蛋白是Ⅱ类基因转录因子的一个亚单位，它与Ⅱ类基因 5′上游启动子区的调节元件 X 盒结合。CIITA 是Ⅱ类反式激活因子（classⅡ transactivator），CIITA 通过与其他转录因子的结合，促进Ⅱ类基因的转录。RFX5 和 CIITA 都是Ⅱ类基因表达所必需的，因此，这两种基因的突变都能使胸腺和外周血 APC 不表达Ⅱ类分子。

最近发现 CIITA 与 MHC-Ⅰ类基因的表达也有关，所以，某些患者中 MHC-Ⅰ类表达水平也略有下降。因为 IFN 是通过上调 CIITA 诱导Ⅱ类基因表达的，所以在有 CIITA 突变的患者，IFN 刺激不能诱导Ⅱ类基因的表达。由于胸腺内抗原递呈细胞不表达 MHCⅡ类，影响 $CD4^+$ T 细胞的阳性选择。致使外周血中成熟 $CD4^+$ T 细胞数量显著减少。而且因为外周血 APC 缺乏Ⅱ类，不能向这些少量的 $CD4^+$ T 细胞递呈抗原，从而造成细胞免疫和体液免疫联合缺陷。患者对各类病原体易感染，除非以骨髓移植治疗，患者常于 1 岁内死亡。

(6) *RAG* 基因突变导致的 SCID：*RAG* 是重组激活基因（Recombination Activating Gene）的简称。*RAG-1* 和 *RAG-2* 参与 Ig 和 TCR 基因的 V-D-J 重排，在 T、B 细胞抗原受体的形成中有极其重要的作用。*RAG-1* 和 *RAG-2* 基因敲除小鼠因不能形成抗原受体，T、B 细胞在骨髓中发育的早期即遭停滞，小鼠无 T、B 细胞，发生 SCID。最近在某些缺乏 T、B 细胞的 SCID 患者中发现有 *RAG-1* 和 *RAG-2* 基因突变。

5) Nude 小鼠和 SCID 小鼠特征比较（表 5-5）

表 5-5　Nude 小鼠和 SCID 小鼠特征比较

指标	nude 小鼠	SCID 小鼠
变异机制	无胸腺	DNA 修复过程中 VDJ 片段重组错误
初级免疫系统	无 T 细胞，部分 B 细胞发育受影响	无 T、B 细胞
次级免疫系统	巨噬细胞、抗体呈递细胞、天然杀伤细胞和补体系统正常	
繁育和管理	a. 杂合交配或杂合雌性与纯合雄性鼠交配；b. 对病原微生物易感；c. 需要在 SPF（specific pathogen free）条件下饲育	a. 纯合子个体交配；b. 对病原微生物易感；c. 需要在 SPF（specific pathogen free）条件下饲育
优点	a. 特征稳定，应用广泛；b. 体表无毛，肿瘤移植可视性好；c. 可以生长多种肿瘤	a. 更严重免疫缺陷，允许肿瘤移植种类更多，肿瘤生长更好；b. 部分模型可用于 AIDS 研究
缺点	B 细胞作用显著	a. 由于品系和环境差异，12 周后可能导致某些 T、B 细胞泄露（leakage）；b. 寿命短

3. 性连锁免疫缺陷小鼠（XID）

XID 起源于 CBA/N 品系，又称 CBA/N 小鼠，其 B 细胞功能缺陷，基因符号 *xid*，位于 X 染色体上。纯合子雌鼠（*xid*/*xid*）和杂合子雄鼠（*xid*/Y）对非胸腺依赖性Ⅱ型抗原没有体液免疫反应，血清中 IgM 和 IgG 含量降低，对 B 细胞分裂素（B-cell mitogen）缺乏反应，分泌 IgM 和 IgG 亚类的 B 细胞数量减少，其 T 细胞功能正常。如果移植正常鼠的骨髓到 XID 宿主，B 细胞缺损可恢复。相反，把 XID 鼠的骨髓移植给受放射线照射的同系正常宿主，受体动物仍然表现为不正常表型。该模型是研究 B 淋巴细胞的发生、功能与异质性理想的动物，其病理与人类 Bruton 氏丙种球蛋白缺乏症和 Wziskott-Aidsch 氏综合征相似。

4. Beige（bg）小鼠

为 NK 细胞活性缺陷的突变系小鼠，*bg* 是隐性突变基因，位于第 13 号染色体上。纯合的小鼠（*bg*/*bg*）被毛完整，但毛色变浅，耳廓和尾尖色素减少，出生时眼睛颜色很淡。这种小鼠表型特征与人的切东综合征（Chediak-Higashi syndrome）相似。其内源性 NK 细胞功能缺乏，是细胞溶解作用的识别过程（post-recognition）受损伤所致。纯合 *bg* 基因同时还损伤细胞毒 T 细胞功能，降低粒细胞趋化性和杀菌活性，延迟巨噬细胞调节的抗肿瘤杀伤作用的发生。该基因还影响溶酶体的发生过程，导致溶酶体膜缺损，使有关细胞中的溶酶体增大，溶酶体功能缺陷。由于溶酶体功能缺陷，*bg* 对化脓性细菌感染非常敏感，对各种病原因子也都较敏感，所以这种小鼠要在无特殊病原体（SPF）环境中才能较好地生存，繁殖采用纯合子交配。

三、自发性糖尿病模型

1. NOD 小鼠

NOD 小鼠近交系作为非肥胖型糖尿病小鼠是一种分析遗传和环境在自发免疫性疾病发展中的相互作用的模型，自 1980 年第一次报道该品系对自发性的 IDDM 的易感性后在全世界范围开始广泛建系。该品系小鼠为自体免疫疾病及其预防提供了重要的新的遗传免疫和病理生理方面的信息。

NOD 小鼠中糖尿病发展表现的特征是胰岛炎（insulitis），这种症状表现为白细胞渗透到胰腺的胰岛。白细胞普遍渗透到胰腺脉管系统和分泌管输送系统的现象第一次被观察是在胰岛还未受损的某个时候。胰岛集中在血管周围和输送组织周围。因此，大量的白细胞积聚在岛的外围（peri-insulitis）。积聚体最初在一个点发生，最后包围整个胰岛的。广泛分布的胰岛炎，因为白细胞渗透到岛的中心，必然使细胞群侵蚀，这种现象发生在 5～7 周大的雌鼠身上，雄鼠则推迟几周才发生同样现象。有趣的是，在胰岛发育过程中部分补偿了早期的胰岛炎。NOD/LT 在 5～12 周大的小鼠的胰岛与非常接近的 NON/LT 品系的胰岛相比相当的大。

NOD/LT 约 12 周大小的雌鼠和比 12 周更大的雄鼠身上可以检测到明显的胰岛素的降低。糖尿病的发生是以中度糖尿出现和高于 250mg/dl[①] 的非禁食血浆血糖浓度为标志的。糖尿和多糖症在大于 34 周时变得日益严重，这期间出现体重减少，易渴，多尿的症状。没有胰岛素的治疗，糖尿病小鼠将变得高血糖和酮血，但不出现酮酸。

在大多数 SPF 小鼠中，未经过胰岛素治疗的小鼠在第一次发现多糖症后将存活 3～4 周。大多数观察者监测 NOD 小鼠的糖尿进展情况都是在十周龄后每隔一周观察一次。体重减轻，易渴，多尿的症状出现表明糖尿病的发生。连续几周的逐渐升高的糖尿水平超过 2，伴随血清和血浆血糖指标超过 300mg/dl，可以作为诊断为 IDDM 症的指标。一般在清晨和晚上给每只小鼠各注射一次 1～3 个单位的人用正常胰岛素对 NOD 小鼠进行治疗，尽管能维持体重和延长寿命，却很难通过胰岛素治疗使血浆血糖浓度维持在正常的范围。

2. LETF 大鼠

LETF 大鼠作为无淋巴细胞减少的胰岛素依赖型疾病模型是一种与人类的胰岛素依赖型糖尿病异常相似的模型，症状伴有骤发多尿、多食、多饮、高血糖和体重减轻，发病的频率和严重程度无性别差异，淋巴细胞浸润到胰岛内，随后发生 β 细胞的破坏与淋巴细胞的消失，无明显的 T 淋巴细胞减少症，淋巴细胞浸润到胰岛与泪腺中，在胰岛炎病程中涉及至少两种隐性基因，一种是与 RTI^{U} 紧

---

① 1dl＝0.1L，下同。

密连锁的。

1）LEFT品系的建立

LEFT品系是1982年从加拿大Charles River购买的少数几对长寿的大鼠中产生的。在繁育这种动物的过程中，一些大鼠表现突然的多尿与多饮的迹象。测定尿糖和血糖的含量后而被鉴定为糖尿病。这些患病鼠出现生长阻滞并在30d内因糖尿病而死亡。不幸的是，糖尿的雌性大鼠的生殖力极差，雄性大鼠只有在糖尿的早期才有繁育能力。因此，我们试图通过选择育种让早期糖尿的雄性和非糖尿的雌性交配来建立一种近交系大鼠。非糖尿的雄鼠时而也会被应用，以防止糖尿的高发率而导致整体的繁殖性能力的下降。这种近交进行了7年，糖尿病的发生率保持在低于30%，1989年，这种LEFT（长寿Tokushima非肥胖）选择育种达到20代。由相同品系的非糖尿的亲代鼠的子代的近亲交配而产生非糖尿群。这种LEFO（Long Evans Tokushima Otsuka）用于LEFT组的对照。目前，我们也建立了源于同种系亲代鼠的另一种糖尿群即OLETF，这种鼠能自发地形成长期高血糖与糖尿病并发的症状，与人类的二型糖尿病相似。

2）临床特征

LEFT鼠直到糖尿出现才会显示出明显的临床特征。每天都观察其垫料的湿度。因为这些糖尿鼠的垫料要明显湿于对照组，糖尿通过糖尿检查剂被确诊。一旦确诊为糖尿病，我们就会每4周用葡萄糖B试剂盒来监测大鼠的血糖、尿糖以及酮含量。LEFT鼠的糖尿病通常突发在8～20周龄，两性的发病频率及严重程度相同。雄性的平均发病是在15.9周而雌性的在14.9周。若不加以胰岛素的治疗，大多数的患病大鼠在出生后30d内死亡。体重较病前减轻50%，泌尿量从每天的10～20g到50～100g，饮水量从每天的20～25g到100～150g。发病后较为显著的特征是血糖升高，从病前的6～9mmol增加到大于30mmol。血浆胰岛素由病初突然增加又降到检测的最低点（8.7pmol/L）以下。尿糖水平与血浆葡萄糖水平相互联系。在发病几天后就可以检测到尿酮。

在育养期间，糖尿病的平均发病率在雄性中为21%、雌性中为15%。糖尿病的发生取决于糖尿病的亲代是否用于交配。其中亲代双方均为糖尿的，子代的患病率达到64.2%，其中无糖尿的，患病率为13.7%。糖尿的雄性与非糖尿的雌性交配的后代中患病率为41.7%，糖尿的雌性与非糖尿的雄性交配的后代患病率为23.5%。在对照组中20代内并未发现有糖尿的发生。

3）组织病理学

一只LETL大鼠胰腺的组织学显著的特点就是淋巴细胞浸润在胰岛区周围。在糖尿病出现临床症状前约4～5d大概有胰岛的一半出现淋巴细胞浸润，然后在病初扩散到整个胰岛。然而，在病初后胰岛炎逐渐地退行。一周后淋巴细胞很难在萎缩的胰岛中见到，在侵袭的动物体内含胰岛素的细胞通过免疫组化本能地监测到。另一方面，在发病的2d后胰岛炎仍然很严重，仍可以检测到胰岛素阳性细胞。胰高血糖素和生长激素抑制素的分泌是正常的。胰岛炎在非糖尿的动物体内并未发生，包括对照组大鼠。

在559只25周龄的大鼠中，有286只雄性和273只雌性淋巴样细胞浸润在其他的器官中同样可见，如唾液腺和泪腺，但在甲状腺、生殖器官和胸腺中未见。在疾病晚期，在肾小管中可见糖元沉积，在肾小球中并未出现。在外周血和胰脏中带OX6、OX8、OX33和OX19的单克隆抗体淋巴细胞亚型用荧光激活细胞分选器分析。Pan T-淋巴细胞在糖尿病LETL大鼠中的比例是37%，在非糖尿病LETL大鼠中的比例是45.7%，在对照组LETO中为42%。即便差异不是很明显，HT-淋巴细胞在糖尿病LETL大鼠中的比例仍略低于其他两组。脾淋巴细胞在三组中数量并无显著差别。

第五节 转基因动物模型

转基因动物（transgenic animal）是指染色体基因组中整合有外源基因并能遗传给后代的一类动物，转基因动物的出现被认为是遗传学研究中的革命性里程碑，它标志着人类可以在动物整体上对基因组遗传信息进行改造和修饰的新时代的到来。它和转基因植物一起组成转基因生物，是转基因技术的重大成果。

一、概述

1. 历史

Jaenisch等（1972）用显微注射方法首次成功地把SV_{40}的DNA显微注射到小鼠胚胎，在子代小鼠族之中检测到了SV_{40}的DNA。进入80年代后，有学者开始利用受精卵原核注射法进行研究。Gordon等（1980）用原核显微注射法成功获得了转基因小鼠。Palmiter等（1982）将大鼠的生长激素基因注射到小鼠受精卵原核中，获得了“超级鼠”而震惊世界。

2. 概念

通过基因转移技术，把外源遗传信息物质导入生殖细胞（或早期胚胎细胞），并使之稳定整合，经胚胎移植、发育，获得具有外源遗传特征的新型动物。被导入的外源基因称之为转基因（transgene），所得染色体基因组中有外源基因整合、并稳定遗传的新型动物称为转基因动物。

3. 体系与过程

从定义中可知转基因研究体系按实验过程可分为三部分：①上游部分，包括外源目的基因的分离、克隆、表达载体构建等。主要进行分子遗传学水平的操作和离体细胞水平的实验。②中游部分，基因转移过程包括早期胚胎干细胞（embryomic stem cell，ES）或受精卵的分离，外源目的基因显微注射、胚胎移植、体内发育、分子鉴定和选种育种，获得所需转基因动物，主要是细胞遗传学水平操作。③下游部分，转基因动物的开发和利用。可见，上游是基础，是分子遗传学的基因克隆重组技术。中游是关键，是实现基因转移到生殖细胞，并使之发育为个体的过程。下游是目的，利用此项新技术为人类谋福利。

4. 目的

转基因动物技术的建立，并非只简单证明人类有能力不但能在离体水平进行基因操作，改造遗传物质和改变细胞行为，而且能在活体水平"改造个体"。其目的是：在理论上，①研究基因功能及其对机体的作用；②研究基因表达，基因调控规律；③探索基因转移途径和机理。在应用上，①"改造个体"的研究，产生具有高产、优质、低耗和抗逆的新品种；②"利用个体"的研究，利用转基因动物模型，进行医学、药学、兽医学等方面的研究。几十年来，转基因动物技术正是按上述方向飞速发展的，并取得了巨大成就。

二、转基因动物技术

转基因动物技术作为一种先进的表达手段，其过程可分为目的基因的构建（上游）、基因转移（中游）、模型动物的检测和建系（下游）三部分：

（1）上游工程主要是基因改造和载体构建。外源基因含调控元件的旁测序列、可表达的结构基因序列和转录终止信号。为了检测方便可以引入报道基因或报道序列，删除目的基因的天然启动子，将强启动子序列甚至包括增强子序列和目的基因拼接成融合基因，造成目的基因的高表达。

（2）中游包括基因转移和胚胎移植。目的基因的导入是将已构建好的携带外源基因的基因载体系统通过物理、化学、生物方法导入细胞内，受体细胞及胚胎移植是转基因动物的重要环节，决定细胞水平筛选和外源基因的传递。将受体细胞（一般指早期的胚胎细胞）移植到受体动物的输卵管或者子宫，使其发育成新的个体。

（3）下游工程指基因整台和表达的检测。转基因个体基因整合与表达检测包括染色体水平、基因水平、转录水平、蛋白质水平等：①DNA 水平 外源导入的DNA 只有很少一部分能整合到宿主基因组。可采用 Southern 印迹杂交、原位杂交和 PCR 等方法进行检测。②RNA 水平 用 Northern 印迹杂交方法，如果表达过低或存在内源性的同源基因表达，则受限制。反转录聚合酶链反应（RT-PCR）则是高敏感、特异检测转基因表达的方法。③蛋白质水平 可用 Western 印迹分析，但内源性同源产物会有干扰。所以抗体的特异性功能非常重要。

在这里，我们以显微注射方法制作转基因小鼠为例，介绍转基因动物的制作方法。然后介绍其他一些转基因的技术和转基因动物的应用。

（一）显微注射方法

显微注射方法是目前使用最为广泛、发展最早的也是目前最为有效的方法。其所具有的优点是：①可以接受的基因的转移率高。②可直接用不含有原核载体DNA片段的外源基因进行转移。③外源基因的长度不受限制，可达100kb。④常能得到纯系动物。⑤实验周期相对较短。

与此同时，一些不足也限制了这一技术的应用：①需要昂贵精密的设备、显微注射操作复杂、需专门技术人员。②导入外源基因拷贝数无法控制，常为多拷贝，最多达数百个。③常导致插入位点附近宿主DNA大片段缺失、重组等突变，可造成动物严重的生理缺陷。

尽管如此，由于显微注射方法直接对基因进行操作，整合率较高，因而仍是目前建立转基因动物极为重要的方法。其技术路线如图5-3所示。

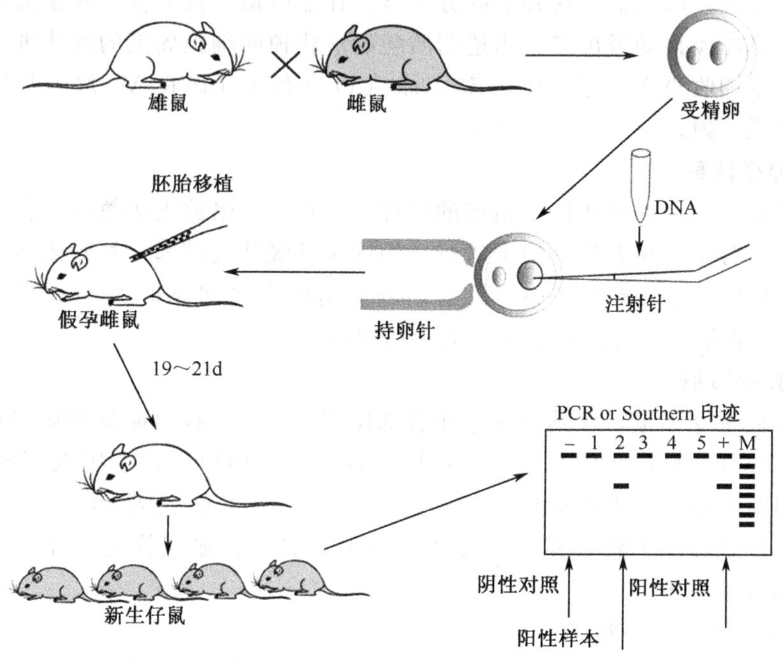

图5-3　利用显微注射法制作转基因小鼠示意图

显微注射法是通过显微操作仪把外源基因注入受体动物的受精卵，外源基因整合到受体细胞染色体上，发育成转基因动物的技术。显微注射方法制作转基因动物的步骤：首先是目的基因的制备，根据需要我们利用基因工程的一些技术方法，制备适合显微注射的目的DNA片段，然后继续下面实验步骤。

1. 同期发情和超数排卵

实验开始的第一天，给供体（donor）雌鼠注射孕马血清促性腺激素（pregnant mare serum gonadotropin，PMSG）诱导供体雌鼠同期发情。间隔46～48h后，也就是实验的第三天，给供体注射人绒毛膜促性腺激素（human chorionic gonadotrophin，hCG）诱发超数排卵。hCG注射后于当天下午将供体鼠与雄鼠合笼交配。

2. 受体鼠的准备

挑选处于发情期的雌鼠于实验的第三天下午和事先准备好的结扎雄鼠合笼，制备胚胎移植时用的受体鼠。一般结扎雄鼠均是提前准备，雄鼠结扎后至少有两次不能使雌鼠受孕才能用于受体鼠的制备。

3. 受精卵收集

实验第四天早晨检查供体和受体鼠阴道栓，有阴道栓的为阳性。处死供体雌鼠，打开腹腔，取出输卵管和小部分子宫。在显微镜下找见输卵管膨大部，然后剪开，可见卵团自动溢出来。用透明质酸酶消化掉卵细胞周围的泡沫细胞。将形态正常受精卵收集在一起，在37℃、5% CO_2条件下用改良M_{16}培养基培养，直至用于显微注射。

4. 显微注射

将外源基因注射到雌鼠受精卵的过程，是在200倍放大倍数下、在带有机械壁的倒置微分干涉相差显微镜下进行。用固定针吸住受精卵，将吸入注射针内的外源DNA溶液注入雄原核中。注射后的受精卵再移到改良M_{16}中，37℃、5% CO_2条件下稍培养后挑选形态完好的受精卵移植。

5. 胚胎移植

麻醉假孕受体鼠，在其背部输卵管部位切一小口，找出卵巢和输卵管。将输卵管拉出体外，可用小的血管夹夹住输卵管周围脂肪以固定。用吸管吸15～20个已注射受精卵，依次吸矿物油-气泡-M_2培养液-气泡-受精卵-气泡-M_2培养液。在解剖显微镜下将其移植到受体鼠的输卵管。将输卵管送回体腔，缝合切口，相同方法移植另一侧。

6. 转基因小鼠的鉴定

仔鼠出生2～3周后，取尾组织，提取基因组DNA，溶解在TE缓冲液中。用PCR或Southern杂交检测仔鼠基因组中是否整合了外源基因。

显微注射方法利用单细胞受精卵进行细胞水平基因转移，再让受精卵在适宜条件下发育，经适当选配可得到纯合体转基因动物。此项技术目前已经稳定，人类已积累大量受精卵分离、培养、显微注射操作（包括仪器改进）、胚胎移植和体内发育等方面经验，并取得成功。所以，本法仍是转基因动物研究中使用最广的有效方法。

（二）以显微注射为基础的改进技术

为了克服经典受精卵显微注射整合率低、不能定点整合的缺点，近 20 年来出现了一些改进技术，取得突破性进展。

1. 复制缺陷型逆转录病毒作载体方法

主要是利用逆转录病毒 DNA 的长末端重复序列（LTR）区域具有转录启动子活性这一特点。将外源基因连接到 LTR 下部进行重组后，包装成高滴度病毒颗粒，直接感染受精卵，或微注入囊胚腔中，携带外源基因的逆转录病毒 DNA 可以整合到宿主染色体上。

用逆转录病毒载体转染早期胚胎，常产生嵌合体。有人利用卵子在 MⅡ期停留时间长，核膜崩解易于整合特点，把带有外源基因的逆转录病毒载体注入 MⅡ期卵子透明带下，然后再体外受精，随机选择囊胚进行胚胎移植，取得成功。这一改进的优点：大大提高整合率，病毒随机整合，多位点发生，整合率在 30%以上；技术难度不高，成本低。但仍有不足：外源基因容量受限，10kb 以下；多位点整合导致后代遗传差异；逆转录病毒载体中的基因会影响外源基因表达。

2. 精子携带法

就是使具有受精能力的精子与外源 DNA 一起孵育，然后将该精子用于体外受精，并进行胚胎移植，使外源基因得到表达。早在 1989 年，有人报道用活精子作载体进行转基因并取得成功，但有争议。直到 1999 年 Perry 等改进了此法，其依据是当把精子头、死精子（膜破损）注射入卵子胞质后，仍能发育为子代个体这一事实。先用去污剂、冻融破坏小鼠精子膜，然后与外源基因共孵育，使与精子 DNA 或精子表面接触，再将其显微注入 MⅡ期小鼠卵子中，避免了外源基因在胞质中的降解。最后把囊胚移到假孕母鼠子宫中，获得了转基因小鼠。本法具有不少优势，卵子胞质内精子注射（ICSI）注射针粗，约为卵子核内注射针口径的 100 倍，可操作大的外源遗传物质（如人工染色体）不需体外重组逆转录病毒，方法简便，整合率也高，有推广前景。

3. 体细胞核移植法

1997 年，英国 PPL 公司与罗斯林研究所联手通过体细胞核移植技术率先在世界上制作了转基因绵羊。研究者用人凝血因子 IX 基因和新霉素抗性基因共同转导绵羊胎儿成纤维细胞，之后首先用 G418 进行筛选。然后通过 DNA 杂交的方法鉴定其中同时整合了上述两个基因的细胞。研究者以整合了上述两个基因的绵羊胎儿成纤维细胞作核供体，获得 3 只转基因绵羊（有一只生后不久死去），这些羊就是与“Dolly”齐名天下的“Polly”、“Molly”等。Cibelli 等通过体细胞核移植技术制作了三头含有外源标记基因（*LacZ*）的犊牛，其所使用的核供体细胞的类型也是胎儿成纤维细胞。本法产生个体外源基因整合率达 100%，但核移植技术难度大，成功率低，胎儿成活率也不高。

除了上述方法外，人们还探索了一些其他方法。例如胚胎干细胞介导法、畸胎瘤细胞介导法、受体介导法、高效微弹法、扎刺法、激光导入法、原生质细胞介导法、磷酸钙共沉淀法等。

三、基因打靶技术

基因打靶（gene targeting）是通过 DNA 定点同源重组，改变基因组中某一特定基因结构，以便在生物活体内研究基因功能。应用基因打靶技术和胚胎干细胞技术制作出来的在个体基因组特定位点上的目的基因被删除或灭活的一类动物称为基因敲除动物。

ES 细胞基因打靶技术是一项研究基因功能的技术。从 20 世纪 80 年代到 90 年代初，小鼠 ES 细胞的基因打靶技术已经发展到成熟阶段，用显微注射法已能将小鼠 ES 细胞移入囊胚腔，并移植回假孕母鼠以获得生殖系嵌合体小鼠，经过适当的交配，获得了源于 ES 细胞的纯系小鼠。目前，这项技术已广泛应用到生命科学各个研究领域中。

（一）基因打靶的必备条件

1. 胚胎干细胞

ES 细胞是取自小鼠胚胎早期的内细胞团，即小鼠受精卵发育第 4、5 天的胚泡细胞。ES 细胞的特点：能在体外培养，并保留发育的全能性。ES 细胞体外贴壁生长时的形态特征是：核大，胞浆少，细胞排列繁密，呈集落样生长。ES 细胞处于低分化状态时，许多功能基因并不表达，只是一些参与维持细胞增殖和控制分化的基因表达，但在体外培养增殖过程中，ES 细胞有向多种组织类型分化的趋势。

ES 细胞体外培养要解决的关键问题是维持细胞的分裂增殖及正常的核型，同时抑制细胞的分化。将 ES 细胞进行体外遗传操作后，重新植回小鼠胚胎，可发育成胚胎的各种组织，最后形成嵌合体小鼠（chimeric mouse）。如果这种 ES 细胞能发育成小鼠的生殖细胞，通过交配就可得到基因敲除或敲入小鼠。

2. 打靶载体

打靶载体含有两种筛选标志：*neo*（新霉素）阳性筛选标志；*HSVtk* 阴性筛选标志。通过这两种筛选标志我们可以将发生了同源重组的细胞筛选出来，如图 5-4 所示。

（1）*neo* 阳性筛选标志：将 *neo* 基因插入用于打靶的外源 DNA 中。当外源 DNA 与细胞染色体上的同源序列发生同源重组时，*neo* 基因也被插入到染色体，

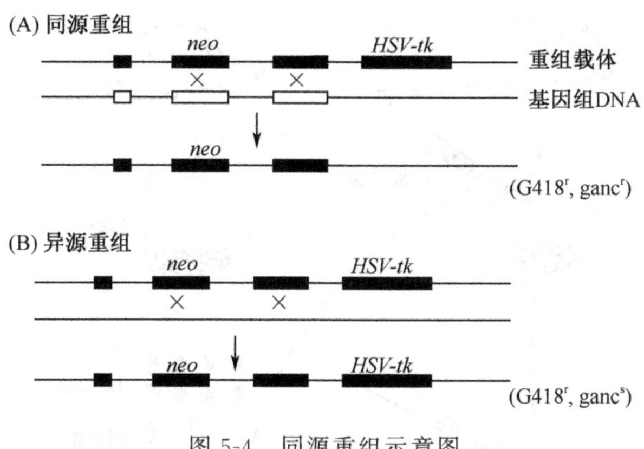

图 5-4　同源重组示意图

因此，发生同源重组的 ES 细胞能在含 G418 的培养基中生长。

（2）*HSV-tk* 阴性筛选标志：*HSV-tk* 是来源于单纯疱疹病毒（herpes simplex virus）的胸腺嘧啶激酶（thymidine kinase）基因，此基因产物可以分解单核苷酸类似物而产生毒性代谢产物。将 *HSV-tk* 基因插入外源基因外侧的载体序列中。当外源 DNA 与细胞染色体上的同源序列发生同源重组时，载体部分（含 *HSV-tk* 基因）是不能被整合到染色体中的。如果细胞能在含单核苷酸类似物的培养基上生长，说明载体部分亦重组到染色体中；相反，如 ES 细胞在此种培养基中被杀死，说明载体部分没有插入基因组。

（二）基因敲除的基本程序

通过 DNA 同源重组，使得 ES 细胞特定的内源基因被破坏而造成其功能丧失，然后通过 ES 细胞介导得到该基因丧失的小鼠模型。

基因敲除的基本程序包括构建打靶载体、ES 细胞的体外培养、重组载体转染 ES 细胞、重组体转染的 ES 细胞的鉴定、ES 细胞胚胎移植和嵌合体杂交育种。

1. 打靶载体的构建

DNA 间发生同源重组的频率是很低的（10^{-3}～10^{-7}），所以在设计基因打靶策略时，提高同源重组发生频率及引进选择系统是实验成功与否的关键因素。应用同源基因 DNA 片段构建载体，可以将同源重组频率提高 20 倍；随着同源臂长度的增加，重组频率也增加。一般每条同源臂的同源顺序长度在 250bp 以上时，重组效率较高。所以，构建载体时，首先要获得与 ES 细胞相同品系的基因片段作为同源片段插入载体，并在载体上插入筛选标记基因（图 5-5）。

构建打靶载体的基本过程为：①获得目的基因（待敲除基因）的同源片段，将此 DNA 片段克隆到一般的质粒载体中；②从重组质粒中切除目的基因的大部

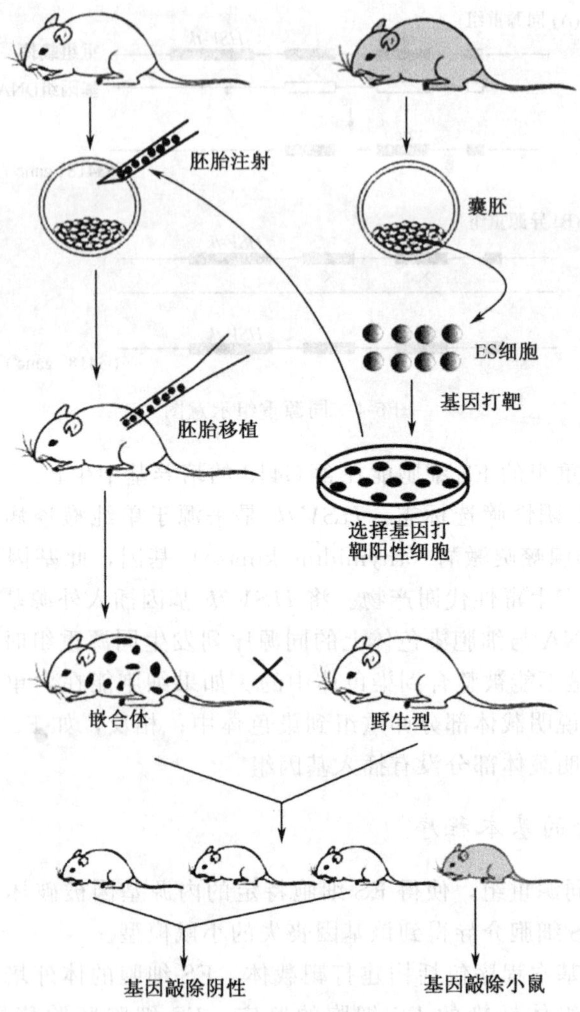

图 5-5　基因敲除程序示意图

分同源 DNA 序列，只留部分序列在线性质粒载体的两端；③将 *neo* 基因克隆到带有目的基因同源顺序的线性质粒中，使之位于残留目的基因同源顺序的中间；④在目的基因同源顺序的外侧线性化重组质粒载体，将 *HSV-tk* 基因克隆到此线性载体中。这种由部分残留的待敲除基因的同源片段、位于其内部的 *neo* 基因和位于其外侧的 *HSV-tk* 基因共同构成的载体即为打靶载体。

2. 打靶载体导入 ES 细胞

将打靶载体导入 ES 细胞，通过打靶载体上目的基因的同源顺序与染色体上的待敲除基因发生重组置换，以载体上的 *neo* 基因置换 ES 细胞基因组的目的基因，从而得到丧失了目的基因的 ES 细胞（基因敲除细胞）。一般多采用显微注射法将打靶载体导入ES细胞。

3. 基因敲除ES细胞注射入胚泡

将基因敲除ES细胞注射入胚泡中，使其与原胚泡中的细胞共同组成胚泡的内细胞团。

4. 胚泡植入假孕小鼠的子宫中

将含有基因敲除ES细胞的胚泡移植到假孕小鼠的子宫腔中，使ES细胞有机会发育成小鼠或某种组织。这种胚泡中既含有基因敲除ES细胞，又含有胚泡原有的正常ES细胞，因此，这种胚泡发育所产生的后代中有源于基因敲除ES细胞的小鼠，也有源于正常ES细胞的小鼠。

5. 嵌合体的杂交育种

对后代小鼠进行筛选，可以得到基因敲除的嵌合体小鼠。一般认为基因的同源重组只发生在一条染色体上，当一条染色体上的同源基因被同源顺序置换后，另一条染色体上的等位基因不再发生置换，因此经同源重组后只能得到嵌合体。然后经过杂交育种，按孟德尔遗传规律，其后代中有1/4的概率为纯合子，这样经过将嵌合体小鼠与正常小鼠进行交配，就可得到基因敲除的纯系小鼠，即基因敲除（knock-out）小鼠。

（三）组织特异性基因敲除

传统的打靶策略均为完全基因敲除，无论是置换还是插入策略，所导入的外源筛选基因片段都可能对基因组造成不可恢复的干扰，从而影响基因组DNA功能的变化。如果靶基因在胚胎发育中至关重要，就会由于在胚胎早期就被敲除，导致胚胎死亡，无法对该基因进行深入研究。为此Cre-*loxP*和FLP-frt等条件性敲除系统应运而生，使得组织特异性基因敲除变为可行，并最终实现时空可调节的打靶。这种打靶技术使靶基因灭活局限于特定时间或某一特定组织细胞内，因而具有很重要的价值。

Cre-*loxP*系统是由Hua Gu和Marth等在1993年首先提出的。它包括Cre重组酶和*loxP*位点两部分。前者为来自*E. coli*噬菌体P1的*cre*基因编码，是一种为点特异性重组酶。*loxP*由两个13bp的反向重复顺序和8bp的间隔区域构成。Cre重组酶可介导34bp的重复单元，切除同向重复的两个*loxP*位点间的DNA片段和一个*loxP*位点，保留一个*loxP*位点。有两种操作方法应用Cre-*loxP*系统：在构建打靶载体时，将标记基因放在靶基因内部，标记基因的两侧放上相同方向排列的*loxP*序列，而后既可以在细胞水平上用Cre重组酶表达质粒转染中靶细胞，通过识别*loxP*位点将抗性标记基因切除；或者在个体水平上将打靶杂合子小鼠与Cre转基因小鼠杂交，筛选子代小鼠就可得到删除外源标记基因的条件性敲除小鼠。

如图 5-6 所示，在打靶载体目的基因和标记基因两侧引入 *loxP* 位点，然后让载体与 ES 细胞发生同源重组。得到了发生同源重组的 ES 细胞，向该种细胞中瞬时转染 *Cre* 基因，使 Cre 重组酶得以瞬时表达。在 Cre 重组酶作用下，发生重组，有三种情况：Ⅰ，重组发生在 *loxP1* 和 *loxP2* 之间，标记基因丢失而目的基因和其两侧的 *loxP* 得以保留，这是所要的结果。Ⅱ，重组发生在 *loxP2* 和 *loxP3* 之间，标记基因得以保留，*HSV-tk* 基因产物可以分解单核苷酸类似物而产生毒性代谢产物。可以通过在培养基中加入单核苷酸类似物而将发生此种重组结果的细胞杀死。Ⅲ，重组发生在 *loxP1* 和 *loxP3* 之间，标记基因和目的基因均消失。我们筛选出发生第一种重组的 ES 细胞构建基因打靶小鼠。然后将得到的纯合基因打靶小鼠与预先制备的只在特定组织表达 Cre 重组酶的转基因小鼠杂交，便可获得组织特异性敲除小鼠。

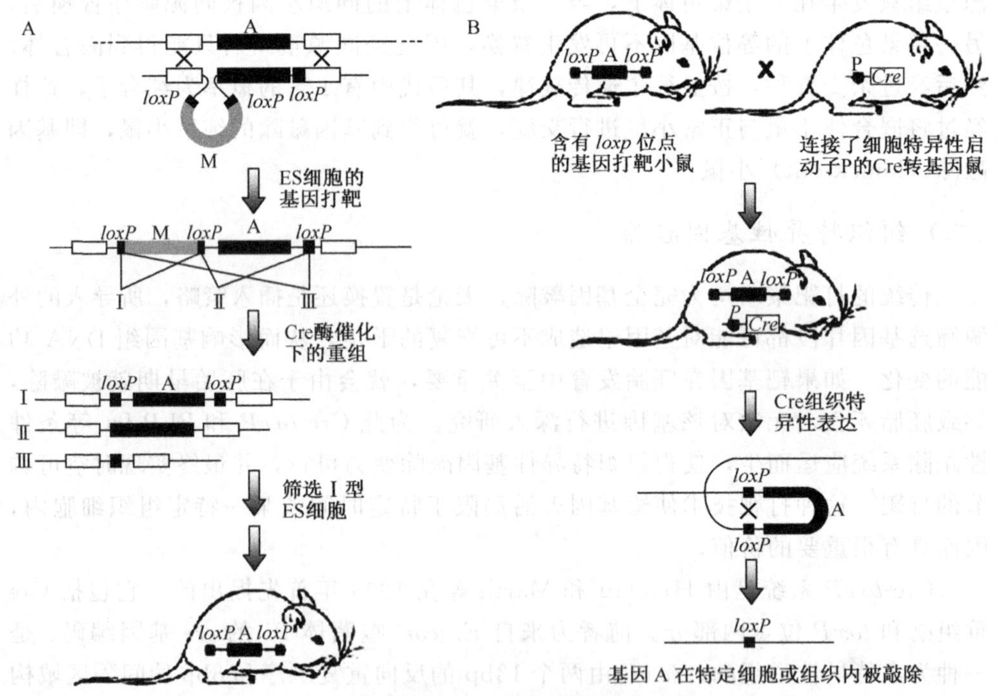

图 5-6 组织特异性基因敲除示意图

已发表和正在研究的 Cre 转基因小鼠已近百种，它是将 *Cre* 基因与各种组织（位点、时间、发育阶段）特异性的启动子连接构建载体，用传统的转基因技术或基因敲除技术获得相应的转基因小鼠。当 Cre 重组酶基因与可诱导的启动子连接时，即可通过诱导表达 Cre 重组酶而将 *loxP* 位点间的基因切除，从而实现特定基因在特定时间的失活。然而，现阶段可利用的组织特异性表达 Cre 重组酶的转基因小鼠还很有限，Cre-*LoxP* 系统的应用还将依赖于更多组织特异性标志基因的发现以及人工调控基因表达系统的进一步研究。

除了 Cre-*loxP* 系统和其具有类似功能的还有酵母中的 FLP-*frt* 系统。在酵母中有一种酶称之为 FLP，作用方式类似 Cre，不过它的识别位点是"frt"，可以将 *frt* 之间的 DNA 片段切除。这也可在组织特异性敲除中得到应用。

上述几种技术的比较见表 5-6。

表 5-6　转基因方法的比较

制作阶段	显微注射				细胞基因打靶
	受精卵注射	逆转录载体	精子携带	体细胞核	
基因准备	易	难	易	中等	难
转基因大小	中等	小	无限	无限	中
定点整合	有可能	不可能	不可能	有可能	能
技术要求	高	低	低	高	高
胚胎存活	中	高	中	低	中
胎儿存活	中	高	中	低	中
嵌合体	中	低	低	无	中
拷贝数	高	低	低	可选择	低

四、RNAi 引起的基因敲低

由于少量的双链 RNA 就能阻断基因的表达，即 RNA 干涉（RNA interference，RNAi），并且这种效应可以传递到子代细胞中，所以 RNAi 的反应过程也可以用于培育基因敲低（knock-down）动物模型。

1. RNAi 阻断基因表达的机制

双链 RNA 进入细胞后，能够在剪切酶的作用下被裂解成小干涉 RNA（small interfering RNA，siRNA），同时，双链 RNA 还能在 RdRP（以 RNA 为模板指导 RNA 合成的聚合酶，RNA-directed RNA polymerase，RdRP）的作用下自身扩增后，再被剪切酶裂解成 siRNA。siRNA 的双链解开变成单链，并和某些蛋白形成复合物，Argonaute2 是目前唯一已知的参与复合物形成的蛋白。此复合物同与 siRNA 互补的 mRNA 结合，一方面使 mRNA 被 RNA 酶裂解，另一方面以 siRNA 作为引物，以 mRNA 为模板，在 RdRP 作用下合成出 mRNA 的互补链。结果 mRNA 也变成了双链 RNA，它在剪切酶的作用下也被裂解成 siRNA。这些新生成的 siRNA 也具有诱发 RNAi 的作用，通过这个聚合酶链反应，细胞内的 siRNA 大大增加，显著增加了对基因表达的抑制。从 21～23 个核苷酸的 siRNA 到几百个核苷酸的双链 RNA 都能诱发 RNAi，但长的双链

RNA 阻断基因表达的效果明显强于短的双链 RNA。

2. RNAi 基因敲低的优点及应用

(1) 比用同源重组法更加简便，周期大大缩短。

(2) 对于哺乳动物，如对于一些敲除后小鼠在胚胎时就会死亡的基因，可以在体外培养的细胞中利用 RNAi 技术研究它的功能。

(3) 由于 RNAi 能高效特异的阻断基因的表达，它成为研究信号传导通路的良好工具。

(4) RNAi 还被用来研究在发育过程中起作用的基因，如可用 RNAi 来阻断某些基因的表达，来研究他们是否在胚胎干细胞的增殖和分化过程中其起着关键作用。

五、转基因动物在生物医学中的应用

在生物遗传学研究中，从 20 世纪初的连锁分析、60 年代体细胞遗传、70 年代基因克隆到转基因动物和克隆动物的出现，转技术水平逐步提高。研究从离体单基因分子水平操作，发展到离体、在体配合，进入了分子、细胞和整体三结合的阶段，而且从纯研究过渡到由整体水平产生效应、效益时代。遗传学以全新的面貌由探秘认知水平进入到利用和改造新阶段。

1. 利用转基因动物进行遗传特性的“个体改造”

转基因动物技术问世以来，很多学者试图用此来改造动植物的遗传性状，提高性能，为人类服务。已知机体中基因决定表型特性，但“多因一效”是主体性的，“一因多效”是补充性的，学者们目的是想找出决定性状的一个或若干个主效基因。随着动、植物基因组计划的进行，会有许多对人有重要性的主效基因被克隆，利用转基因动、植物技术，造福人类。如转移生长基因促生物生长；刺激肌肉发育有关基因转移；与产毛有关基因转移；增强抗病能力有关基因转移等。

2. 转基因动物作为生物反应器生产药用蛋白

用基因工程手段生产药用蛋白是现代生物高技术产业的主流。现常用的是大肠杆菌、酵母及培养细胞等体系。但还存在着以下几个难以克服的问题：①分离纯化困难；②产量低；③有些要经过复杂的翻译后修饰过程才得到有活性的蛋白，在这些体外系统难以得到高活性的蛋白。如果以转基因动物模型为生物反应器（bioreactor)，一个转基因动物就是一个生产车间，建立分子农场来生产药用蛋白，则可有以下优点：①可通过泌乳途径分泌蛋白产物，便于收集。②建立的转基因动物品系可以建系传代，降低成本。③在活体的代谢环境下表达的蛋白产物将会得到完全的修饰，与天然的状态相似，有利于保持活性。④没有环境污染问题。这方面的研究和开发应用在许多发达国家受到了相当的重视，并已初见成效。用转基因奶牛，转基因猪等生产的胰岛素、干扰素，取得了较好的经济效益和社会效益。

药用单克隆抗体的一个主要缺点是鼠源抗体的抗原性。现在利用转基因动物技术，定向修饰鼠基因组中免疫球蛋白基因，获得能产生人源抗体的转基因小鼠，可有两种策略：利用基因打靶，用人Ig重链恒定区替换小鼠相应区、使人源化；用YAC载体导入人*Ig*全部基因，并敲除鼠*Ig*基因后，用目标抗原免疫获得的转基因鼠，产生人的特异性抗体，纯化后直接用于治疗。

转基因动物作为生物反应器、能像工厂机器一样，依据工程设计，生产预期人、兽用蛋白类药物。目前用于动物乳腺定位的表达调控元件有四类：酪蛋白基因调控序列（如牛、兔、大鼠）；啮齿类动物乳清酸蛋白（*WAP*）基因；乳清蛋白；β乳球蛋白调控元件。目前应用乳腺表达的药用蛋白表质见表5-7。

表5-7　利用转基因动物乳腺表达药物

蛋白药物	转基因动物	生物活性
人C蛋白（hPC）	转基因猪	调节止血抗血栓
组织纤溶酶激活剂	转基因山羊	抗血栓治心梗
人α1抗胰蛋白酶（hxlAT）	转基因绵羊	治疗遗传肺气肿
人铁乳蛋白（hlF）	转基因牛、鼠	生产人化乳汁
人凝血因子Ⅷ	转基因绵羊	抗血友病
人血清白蛋白	转基因牛	补充白蛋白
人SOD	转基因羊	抗氧化
人胰岛素	转基因牛、羊	治疗糖尿病
人干扰素	转基因牛、羊	抗肿瘤、抗病毒

也可以从转基因动物血中提取药用蛋白，如现正研究制备不能从乳中分泌的人血红蛋白，以供临床输血之用，抢救失血患者。它较输入全血和红细胞更好（不冷藏、无抗原成分）。但难度大，主要是交联及修饰过程影响携氧功能。

3. 建立转基因动物疾病模型

疾病模型是医学研究中的重要环节，转基因技术的出现，为人类精确地研究基因与疾病的相关关系提供了可能，而且可以在个体发育的各个阶段进行遗传功能的分析。因此，转基因疾病动物模型的开发成为转基因动物的热点，有的已进入应用阶段。众所周知，人类基因组序列精细图已于2003年完成，但是要从基因组系列的破译转向功能的分析定位，通过整体动物模型进行研究是理想的方法，人类重大疾病的预测、诊断与治疗都将在此基础上取得新的突破。

如HBV在一般动物中难于制造模型，但利用HBV转基因小鼠模型取得重要进展。如证实HBX基因致癌作用，HBsAg、HBeAg的免疫耐受现象和筛选治疗肝炎药物。在遗传病方面，转基因动物模型更有用武之地。建立正常基因缺失、过量表达、致病基因表达所致疾病模型。它们遗传背景一致，发病基础明确，为基因诊断、基因治疗打下基础。现在，传染病（如 HIV）、众多遗传病、代谢病和包括原发性高血压等在内的众多疾病模型均已建立，它们将为基础、临床研究提供方便。

4. 转基因动物——器官移植的新供体

异种器官移植（xenotransplantation）是解决器官移植供体不足问题的途径之一。但由于异种抗原的存在，免疫排斥反应成为移植成功的主要障碍。近年来，应用转基因动物技术对免疫排斥反应相关的基因进行修饰，可以大大降低排斥反应的程度，提高异种器官移植的成活率，转基因动物作为异种器官移植的新型供体应用前景已逐渐明朗。

宿主对异种移植物的超急性排斥反应是影响移植物存活率的主要因素。研究表明，内皮细胞相关的补体调节蛋白可限制补体激活，控制免疫排斥反应的强弱。如移植受体的这类蛋白在供体血管内皮细胞中得到表达，便可能降低异种移植的超急性排斥反应，而转基因动物技术可导致动物体内表达外源基因。近几年，集中进行了 CD59、有丝分裂调控蛋白（hWCP）、人促衰变因子（hDAF）等几个补体调节蛋白基因的转基因猪的建立和移植免疫研究，并取得了可喜的成就。不管是上述基因的单转基因猪，还是某两个基因的双转基因猪，用它们的器官进行异种移植时，各项免疫排斥反应的指标均提示超急性排斥反应程度明显降低，移植物成活时间延长。最近，有人尝试用基因打靶的方法将动物内源的补体调节蛋白基因敲除，或用人的相应基因替换内源的基因，以期更进一步降低排斥反应。

5. 转基因动物作为检测药物和诱变剂的整体模型

转基因动物不但可作为检测药物效果、药理作用及研究药物代谢动力学的模型，也能用于检测环境诱变剂的整体动物模型。以穿梭质粒 DNA 或噬菌体载体 DNA 作为转基因建立转基因小鼠模型，并以该转基因作为环境诱变所致突变作用的靶基因，可回收靶基因进行细致的结果分析，以得到某种环境化合物在动物整体水平和活体环境下的遗传毒理学资料。这是转基因动物模型应用于遗传毒理学研究，为致癌物的检测提供的一种全新的体系。这一体系克服了经典的基于大肠杆菌和离体培养细胞的检测体系的测试结果，解决了与动物活体代谢条件下的结果有较大出入的问题，并可在一定程度上反映出给定化合物诱变作用的组织器官特异性。国外用噬菌体 DNA 建立的转基因小鼠模型和相关技术已商品化，广为应用。

六、转基因小鼠模型的局限性

1. 转基因小鼠模型与人类疾病临床症状吻合的问题

C57BL/6J 小鼠品系的基因已经被全部测序，转基因小鼠被广泛使用，甚至可以聘请生物技术公司生产设计生产出携带暂时性和（或）组织特异性控制基因的第二代小鼠模型。这种发展的势头似乎使得我们将没有任何理由再用大鼠、狗、猫或者灵长类动物作为研究对象，更不用说非哺乳脊椎动物。这种繁殖很快、传代时间很短的“超级小鼠”，可以在生物医学的许多研究领域应用，但如果你认为它能够在生物医学研究领域取代其他动物，那么就错了。

确实，基因工程小鼠作为模型用来研究许多人类代谢性疾病以及复杂起因的疾病，已经成为热点。是的，许多情况下，基因敲除小鼠可以复制出人类疾病的大多数重要特征，并且用于分析疾病的病理生理学以及被打乱的生化代谢途径。但在某些情况下，基因工程小鼠仅复制出人类疾病的部分症状，或复制出的症状比人类要严重，或根本没有临床表现。在这种模型与人类疾病临床症状吻合较差的情况下，用模型分析疾病病理学就变得比较复杂，小鼠与人类遗传背景、代谢途径不同、可能的基因相互作用方式不同会在这时成为一个突出的问题，使得模型的研究价值受到怀疑。表 5-8 所示为不表现出临床症状的基因工程小鼠模型。

表 5-8　没有人类疾病类似表现的小鼠动物模型

疾病	人类基因	小鼠基因	基因敲除小鼠表型
Lesch-Nyhan 综合征	*HPRT1*	*Hprt*	没有临床表现，嘌呤量在小鼠大脑正常，但 de novo 嘌呤合成途径加快
Lowe 综合征	*OCRL1*	*Ocrl1*	没有临床表现，在基因敲出小鼠与正常小鼠之间没有组织区别
X 连锁肾上腺白细胞营养不良症	*ABCD1*	*Abcd1*	没有临床表现，异常的 VLCFAs 储量，β 氧化作用降低
α-半乳糖苷酶缺失/Fabry 病	*GLA*	*Gla*	没有临床表现，肝和肾中大面积脂肪堆积
半乳糖血症	*GALT*	*Galt*	没有临床表现，小鼠体内半乳糖、半乳糖-1-磷酸盐、乙基半乳糖水平增高
糖原储积症Ⅱ型	*GAA*	*Gaa*	症状很轻；129 ×C57BL/6 × FVB 遗传背景开始观察到疾病症状；129 ×C57BL/6 遗传背景与 GSDⅡ病人类似表型
异染性脑白质营养不良症	*ARSA*	*As2*	比起 MLDa 病人症状很轻，没有髓鞘形成障碍；通过白脂储存硫脂
Tay-Sachs 疾病	*HEXA*	*HexA*	没有临床症状；GM2 神经节苷脂明显堆积

这种情况，一方面为更多地了解基因敲除小鼠中代谢途径打乱的情况，一些研究小组已复制出在同一代谢途径或与此代谢途径基因相互作用的基因的双基因敲除小鼠，这一努力在研究一些疾病时已经取得一定的成绩。另一方面，科学家已经试图跳出基因工程小鼠“笼子”寻找其他的动物模型。

2. 跳出转基因小鼠“笼子”寻找其他的办法

事实上，实验小鼠具有许多优点，是研究生理学和行为学的极好的模型。不过，任何研究如果放弃了对比的方式，那么形成知识的基础就被破坏了，因为许多问题需要用比较的方法才能真正解决。因此，即使小鼠对生物医学的研究再合适，对其他动物复制的模型的研究也是不能放弃的。实际上，每一个模型都具有唯一的特性，也就是在理论上每个模型只适合于研究一种特殊的问题。物种内部间的差异是很重要的，也是不可忽视的。通过生理过程中发现的变异性以及基本的分子和遗传机制，能使我们创造性地解决基本的生物学，以及临床应用的问题。

所以，当我们使用小鼠不能解决的问题时，要考虑用其他动物模型来解决。

第六节 中医证候实验动物模型

一、中医药研究中开展动物实验的意义

中国医药学有几千年的悠久历史，它对中华民族的繁衍昌盛有很大贡献，对世界医学的发展也有很大的影响。从中医发展史看，中医药学几千年来的研究途径几乎全是通过临床观察方法以认识疾病的发生、发展、变化规律及总结有效的防治措施。医学发展的历史证明：局限于临床观察是中医药学发展缓慢的原因之一。随着现代医学的迅猛发展，中医将动物实验手段从现代医学中移植过来，近几十年才逐渐发扬光大，将动物实验方法渗入到中医生理、病理、方药、针灸、防治等研究领域，通过动物实验，提示了一些中医理论实质，为中医理论提供了一些实验科学依据，使动物实验方法在中医学研究中出现了新的进展，表现了强大的生命力。回顾近几十年中医动物实验研究概况，20 世纪 50、60 年代多是通过动物实验研究针灸对疾病的防治作用；70 年代多是通过动物实验进行中药药理研究；80 年代则通过动物实验，利用中医治疗手段对西医实验性病变进行防治。现在在中医药学领域大量地开展动物实验，进行中医药学理论和应用的研究有很大的意义。

中医药研究中开展动物实验的好处有如下几方面：

1. 可以替代人体，预测中药毒副作用

古今中外有关中药毒副作用的记载并不少见，如《淮南子·修务训》记载：“神农尝百草之滋味，水泉之甘苦，全民知所避就，当此之时，一日而遇七十毒”；《备急千金要方》记载：“水银中毒发生口舌糜烂”。近年来报道：误服大青龙汤致死；误服大承气汤致死。《日本医药品副作用文献抄录》报道：葛根汤、十味败毒散、八味地黄丸、柴胡加龙骨牡蛎汤、半夏泻心汤等 36 种方剂有副作用。还报道苍耳中毒致死、乌头中毒致死等。究竟有毒副作用的药物的安全量是多大？中毒致死量是多少？服用后会出现哪些不良反应？哪些药物在什么情况下有毒副作用？以及发生毒副反应后如何救治？这些方面至今还缺乏比较精确的认

识。要解决这些问题，不可能在人体身上直接进行实验，因为医学的宗旨是为人类防病治病、增进健康的，所以最好的方法就是进行动物实验。

2. 可以严格控制实验条件，较可靠地证实治疗效果

人类疾病的转归除药物治疗外还受着多种因素的影响，如气候环境、精神情绪、饮食劳逸等，这些因素在一定条件下会造成疾病好转或恶化。临床上还可见到由于患者产生强烈的治愈要求，对接受治疗产生良好的疗效愿望，心理上产生一种有效偏因，从而出现治疗有效的反应，即所谓的“假阳性”现象；反之，临床上也常见到患者在治疗中因饮食起居不慎或受到精神刺激等因素的影响，从而造成疾病恶化。这些情况都会造成医生在治疗疾病中产生错误的疗效判断。之所以有些个案报道或新方疗效报道的疗效结果在临床上重复使用时会出现与原报道结果不符的现象，其原因之一就与其他因素影响有关。所以要比较可靠地评论药物的治疗效果，就需要在严格控制各种影响因素的条件下进行。但是由于各种影响因素的高度复杂性，在多数情况下对人很难严格控制，而对于动物来说就比较容易控制。

3. 可以验证和发展中医理论，为中医理论提供实验科学依据

中医学产生于自然哲学时期，是在长期的医疗实践经验积累的基础上，以整体综合观察方法，在不干扰原有生理病理的情况下逐渐形成和发展起来的高度概括的医学理论。在其形成和发展过程中由于缺乏科学实验和其他科学手段，造成中医理论难以深入地揭示更为具体的规律，出现一些笼统、抽象、模糊的概念。动物实验可以使人的认识深入到直接观察难以达到的物质内部更深的层次，提示一些更为具体、更为确切的规律，尤其是当需从组织形态学角度来观察时，就更需要借助动物实验。通过动物实验不仅可以为中医理论提供科学的实验依据，而且可以为进一步发展中医理论提供科学的实验依据。莫氏等在中医“肾开窍于耳”的理论基础上，用生物电作为内耳功能指标，证实了醛固酮对内耳功能有促进作用，由此提出把醛固酮作为联系中医肾与耳之间的物质基础的设想。又如通过对脾虚动物模型葡萄糖转运电位（PD）的观察分析，发现脾虚时PD明显地受到抑制，而四君子汤则有促进PD恢复的作用。日本的久保道德为说明桂枝汤具有发汗作用，他在小鼠血中注入炭，小鼠皮色变黑，病理切片有大量炭附着于皮肤肌肉下层组织的血管壁内，灌服桂枝汤为主的方剂后，异物消除。

4. 可以缩短研究周期，加快中医发展

中医学的发展历史告诉我们：有些问题单凭临床经验积累需要花费很长时间才能得到解决，或者虽花费很长时间，问题仍得不到解决，而通过动物实验有些问题就可以得到迅速解决。如中药十八反中几对相反药，历来有人主张必须恪守，有人则认为不必绝对化，更有人认为合用有显著的治疗效果，多少年来一直没有充分的依据来说明这一问题，有人通过动物实验仅在几个月内不仅证明了相反药配伍后毒性远比单味药高，而且证明了两种药物用量不同产生的毒性大小也不一样。

二、中医证型动物模型复制方法

中医证型的动物模型大约有“阳虚”、“阴虚”、“脾虚”、“脉微欲绝”、“血虚”、“血瘀”、“肝郁”、“寒证”、“热证”、“温病”及“里实”11种。其造模的思路和方法除个别者外，均是选择一些造成与临床证型相仿的致病因素，作用于动物机体使其产生类似临床某些证候的模型，而致病因素不外乎物理、化学、生物以及某些内脏损伤或切除等。如①用生大黄、番茄叶、玄明粉造成脾虚模型；用阿托品（胆碱能M型受体阻断剂）、利血平（耗竭儿茶酚胺类递质）造成植物神经功能失调拟脾虚、阳虚、阴虚模型；根据中医饥饱无度、损伤脾胃的理论，用甘蓝加猪脂使饮食失节造成脾虚模型；以大剂量醋酸氢化可的松使动物产生一系列耗竭现象，达到虚损状态比拟阳虚模型；以适量的大肠杆菌静脉注射，复制急性和暴发性大肠杆菌败血症比拟温病模型；依中医“正邪相争”理论为指导，用给动物注入强毒细菌以“助邪”及结扎血管阻断血运降低机体抗病力以“伤正”的办法，造成动物“里实”模型；另外，还开展了采用多种病因造型方法的尝试，其造型所用动物主要还是小动物（大、小鼠），也有用金黄地鼠、家兔和猫的。

有关中医证型动物模型造模方法如下：

1.“卫气营血”模型

选用家兔，体重2.1～2.75kg。用强毒力的大肠杆菌以每千克体重0.75ml（每毫升含大肠杆菌27亿个），注射至兔耳缘静脉造型。感染后动物表现蜷缩、懒动、少食、体温升高、心率增快、耳血管周围渗血、出血；舌象有明显病理改变；血培养有大肠杆菌生长，白细胞及血小板显著减少。可100%造型成功，适用于开展实验性温病研究。

2.“寒证、热证”模型

选用雌性大鼠，体重170～210g。热证型：用温热药（附子、干姜、肉桂、党参、黄芪、白术）制成100%水煎剂灌胃，每次2ml，每日2次。寒证型：首先于腹腔内注射三联疫苗1ml，每日1次共2次；然后给予寒冷药（胆草、黄连、黄柏、银花、连翘、石膏）制成的100%水煎剂灌胃，每次2ml，每日2次。给药15d后60%～70%造型成功。症状均与临床相似，热证型表现为心率加快，饮水量增多，尿内儿茶酚胺及17-羟皮质类固醇排出量增多。寒证型表现为心率减慢，尿内儿茶酚胺及17-羟皮质类固醇排出量减少。用此模型可测量痛阈和惊厥阈值及脑内介质；观察动情周期及血内孕酮含量。

3. “血瘀”模型

高黏滞血症模型：选用家兔，耳缘静脉注入10%葡聚糖生理盐水，每千克体重注入5ml，可100%造模成功。给药后可见微循环血流变慢，红细胞聚集，全血及血浆黏度增加，血沉快，血细胞电泳变慢。此模型适用于“活血化瘀”药物作用原理的研究。

“血瘀”模型：选用大鼠，给药后次日，血黏度明显升高，血中纤维蛋白及红细胞压积也升高。用此法连续处置2d，隔48h后处死，心肌出现散在性坏死灶。心肌病变能模拟克山病心肌坏死，此模型已用于大剂量维生素C治疗克山病机制的研究。

4. “血虚”模型

选用雄性大鼠，体重180～250g。于实验第1、4、7天皮下注射2%乙酰苯肼（acetyphenyhydrazine，APH）生理盐水溶液，以每100g体重计，第1次1ml，第2、3次0.5ml，给药后可形成实验性溶血性贫血。红细胞与血红蛋白减少，出现大量海氏（Heine）小体。可维持9～14d。此模型适用于血虚与气虚药物的研究。

5. “脾虚”模型

选用雄性大鼠。以大黄、玄明粉、玄明粉水煎剂和大黄、番茄叶的水浸泡液灌胃给药。给药后动物发生泄泻、清瘦、食量下降、精神萎靡不振，毛发欠光泽，基本符合临床脾虚病人症状。

另外还有报道选用昆明种雄性小鼠，体重18～20g；25日龄Wistar大鼠，体重70～100g；叙利亚金黄地鼠等造模成功。用大黄水浸煎剂，小鼠0.5g/(ml·d·只)，金黄地鼠每日每100g体重0.7～1.25g/ml，大鼠用15%大黄粉悬液3～5ml。胃饲法给药，小鼠每日1次，大鼠每日2次，给药后第8天90%以上造型成功。

6. “肝郁”模型

选用大、小鼠。小鼠腹腔注射艾叶注射液0.6ml（含生药0.3g），每日1次，分别于45d及60d处死。大鼠腹腔注射艾叶注射液2ml（含生药2.0g），每日1次，半月后改为隔日1次，40d处死。艾叶中毒后动物易激怒，好斗，咬人，进食量少，体重增加慢。小鼠：肝脏有灶性坏死，以60d组较45d组为重。大鼠：肝细胞肿胀，胞浆疏松出现颗粒，门区有嗜酸细胞浸润，中央静脉充血。

7. “阳虚”模型

选用雄性小鼠，体重25～30g。以大剂量乙酸氢化可的松肌肉注射1mg/kg，每日1次，约7次造型成功，适于研究补肾药的作用。也可选用20～28g小鼠，急性组织分别用利血平5、10、20、50、100、200μg/只；亚急性组，给500μg/kg（隔天下午）；均腹腔给药。亚急性组另加更生霉素74μg/kg，共7次，也腹腔给药，均可100%造型成功，适于“形寒肢冷”证发病机制研究和探讨中药（理中汤）作用机制研究。还可给小鼠每日灌喂甲基氧嘧啶2.5mg/只或5～10mg/日，一周左右即可有95%造型成功，适用于观察受体与甲状腺素减少之间关系。

8.“阴虚”模型

选用雄性小鼠，体重20～30g，甲状腺素片3mg/（只·月），利血平0.02mg/（只·d）共研成粉末，以生理盐水稀释，充分摇匀后灌胃给药。8～10d造型成功，适用于研究滋阴中药作用原理。

9.“阴证”与“阳证”模型

选用雄性小鼠，体重20～30g。利血平10μg（溶于0.1ml盐水）/（只·d）肌注，4～5d后出现类似阴证症候；阿托品15～20μg/（只·d）肌注，2d后出现类似阳证症候。适于观察机体各器官系统的机能改变，细胞水平的电生理变化以及中药或针灸对上述变化的改善情况。

10.“脉微欲绝”模型

选用猫，经股静脉注入3%戊巴比妥钠溶液，按0.25～0.5ml/kg剂量造型。注药后心肌收缩力极度减弱，近于停跳状态，血压降至10mmHg* 左右，动物股动脉搏动微弱，几乎不能触及，可100%造型成功，适于观察强心升压药物，如附子制剂及其分离物的急性效应。

11.“气虚”模型

选用家兔，体重1.07～2.5kg，通过人工慢性贫血造型。每日由耳动脉、耳静脉或心脏放血10ml左右。动物可出现精神萎顿、嗜睡、四肢蜷缩、肌张力减低、体温较正常稍高。血细胞压积下降，总蛋白略有减低，舌质苍白、胖嫩、湿润。适用于“气虚”舌象研究。

12.“阴阳失调”模型

选用雄性Wistar大鼠，体重235～297g。以外源性糖皮质激素地塞米松混悬液每100g体重7.5μg灌胃，每日下午时灌胃，共7次（7d实验）；另组同法灌胃28次，中途休息2d（30d实验）。经电镜观察，肾上腺皮囊状带细胞线粒体退行性变性变化明显，血浆皮质酮水平低下，使动物HPA（下丘脑-垂体-肾上腺皮质）轴功能受抑。

13.“里实”模型

选用狗，以中医“邪正相争”理论为指导。“助邪”：选择毒性极强的细菌，经多次复种，增强致病毒力后，注入阑尾肌层；“伤正”：结扎阑尾根部，并阻断血循环以大大削弱机体抗病能力。术后2d内拒食、神萎、蜷伏不动；大体标本见阑尾粗大，浆膜面血管扩张、充血，有脓性、纤维素性渗出物，肠管增厚水

---

* 1mmHg=1.333 22×10^2Pa。

肿、黏膜见散在坏死及溃疡形成，腔内积有脓性渗出物，镜检阑尾腔内积有成片脓性渗出物，黏膜坏死、脱落，有肉芽组织增生，各层有不同程度充血、水肿等，WBC、MPT急剧升高。适于研究中医通里攻下治疗作用原理以及大承气汤等复方的药理作用。

三、中医药研究中开展动物实验应注意的问题

1. 中医证型动物模型的制作方法和评价问题

中医诊治疾病的核心是辩证施治，所以制作中医证候动物模型是研究中医的重要手段。目前，称为中医“证”的动物模型一般有两类：一是根据临床某些证候表现，采用相应的手段在动物身上复现，再用临床常用的方剂反证，有效者亦称之为某证型的模型，如“脾虚”型、“阳虚”型等；另一是无明确设想，即用某种方法造成病的模型，把西医“病”的模型当成中医某种证的模型，如将溶血性贫血称之为“血虚”模型或以高黏滞血症作为“血瘀”模型等，前者比起后者较有思路、设想，具有一定的中医特色，当然严格说来也不能排除急性药物中毒所造成的病理状态。

近20多年来制作成中医证候的动物模型约有十几种，制作方法包括病因模拟和症状模拟。病因模拟如饥饿引起脾虚、风寒湿引起痹证等。这种方法所复制的中医证候动物模型，从形式上看很有中医代表性，但是中医对于病因造成证候发生这一过程的认识还很笼统，其中尚有一部分还没有从个性中找出共性，甚至从偶然性中找出必然性，再者所认识到的同一致病因素又会造成多种证候发生，而不同的致病因素也会造成同一证候发生；而且还有相当一部分致病因素又难以作用于动物等；症状模拟如用大剂量乙酸氢化可的松复制阳虚模型，出现体重减轻、拱背少动、反应迟钝、体毛不荣等。这方法存在的问题在于中医证候不仅是几个症状相加，而是对病因、病性、邪正盛衰等情况的概括。

复制祖国医学“证”的动物模型难度较大，因为中医的“证”是疾病的病因、病位及病邪性质的概括，且临床多以病人主观感觉反映出来，确切的客观指标尚在探索之中，即使客观表现如舌象、脉诊及神志等也不易在动物身上模拟出来。所以，多数学者认为目前只有尽可能从“证”的临床辩证标准来评价中医“证”的动物模型。

2. 判断中医证候模型成功与否问题

至今判断中医证候动物模型的方法有两种：一种是根据病因、症状直接判断；一种是根据常用方剂反证。从直接判断来看，由于低等动物皮毛与人有差别，语言不通、脉诊又不适于动物等，这就造成有相当一部分病情资料，按中医传统的望、闻、问、切诊察方法在动物身上难以收集。所以对于复制的中医证候模型成功与否，常因病情资料不全而难以给予比较确切的判断。如近年来复制的

肝郁模型，动物表现是易激怒、好斗咬人、进食量少、体重增加慢。这一模型按中医传统的辩证方法来衡量，仅从症状来看也难以说就是中医的肝郁证。因为在症状方面还缺少胸肋满闷、善太息、脉弦等辩肝郁证的主要依据；从反证法来看，用临床常用的方剂作用于从病因、症状尚难以直接判断的模型动物，有效者称之为该证型，如用补脾药有效的可能是脾虚证。由于中医辩证施治具有高度的灵活性，而且对于相当一部分证候的治疗用什么方药至今还不完全统一，所以这一方法必须建立在一定的基础之上。

3. 利用西医动物模型问题

中医研究中不能无明确设想，如未能以中医理论为依据，单纯把西医疾病模型当成中医证的模型，用此研究中药药理尚可，但要作为中医证候模型则不相宜。如中药对动物实验性关节炎作用的研究、大柴胡汤对动物实验性急腹症作用的研究、Ⅲ号排石汤对实验性肾结石作用的研究、四逆散对动物实验性休克作用的研究等，都是用西医现成的动物模型。这种方法对于进一步研究中药疗效和促进中西结合可能有一定的参考意义，但是对于发扬中医特色来说则无多大参考价值。因为中医诊治疾病有其独特的方法，方药有其一套理论体系，中西医之间无论理论上还是在临床上都有着相当大的差别。临床上经常可以看到同一种西医疾病，中医可能诊断为多种证候，用不同的方法来治疗；而对不同的西医疾病，中医也可能诊治方法完全相同。所以要研究中医、发展中医，在进行动物实验时，不能完全照搬西医动物模型，否则就弃掉了中医几千年来总结的、至今仍极为宝贵的辩证施治规律。

4. 中医动物实验设计问题

中医研究中动物实验设计应考虑到人与动物的差异问题。人与动物的生命现象，其基本的生命过程，有一定的共性。这是医学实验中可以应用动物实验的基础，但另一方面，不同种属的动物，在解剖、生理特征、病理特点和对各种因素的反应上，又各有其个性。例如，不同种属动物对同一致病因素的易感性不同，甚至对一种动物是致命的物质，对另一种动物可能完全无害。我国古代就已认识到：“人食矾石而死，蚕食之而不饥；鱼食巴菽而死，鼠食之而肥，类不可必推”。正因如此，动物的疾病模型和人类的对应病症，虽有相似之处，但不一定完全相同。另一方面由于在动物实验中往往仅改变一个条件，而使其他因素保持不变，而人体的许多生理过程是同时受多种因素影响的，显然在比较简单的条件下，得出的结论，可能就不一定完全适用于较复杂的人体情况。

5. 中医动物模型研究的展望

中医动物模型研究的发展包括证候模型自身完善，发展中医实验动物科学，发展与中医相关的生物学研究等方面。

（1）中医证候模型的规范化研究。即以增加与临床证候的相似性为核心，对同一证候同一造模方法形成的模型本身，同一证候不同造模方法形成的不同模型之间进行统一、优化和体系化。以及相关的对同一证候同一造模方法形成的模型本身，不同证候模型之间，同一证候不同造模方法形成的不同模型之间，模型与临床证候之间生物学特性的深入了解和比较研究。

（2）相对独立体系完善。中医动物模型研究由于其特殊情况，是依附于临床医学发展而来。但任何一个学科本身均有其相对的独立性，中医动物模型研究除继续紧密结合临床外，还应着重强调以学科本身独立完善、发展为首要目标的工作，从学科内部寻找发展的依据和目标。以动物实验单纯对临床内容的解释、证实并不能发展临床，只有在其真正成为独立的学科之后，才能以其独立的研究成果去验证、修改、补充、完善、发展临床医学。

（3）开展证候模型的比较医学研究。以往证候动物模型的发展特点是不断寻找可行的造模方法，建立了覆盖面广的多种模型，但对模型的生物学特点的研究则往往是概念化的，在模型与临床之间，同一证候多种不同模型之间，不同证候模型之间缺乏“反向”的比较，使模型的生物学特性陷于模糊之中。故应以实证性方法论为指导，开展比较医学研究，在此基础上明确各模型的生物学特性，并据此提出其适用范围。

（4）进行证病结合动物模型研究。辨证与辨病相结合是中医临床诊疗特点，这一特点在中医模型上的体现就是证病结合的动物模型，这种模型是证候模型也是病的模型的发展，可借此从病研究证或从证研究病。更主要的是此类模型贴近中医临床实际，为中药复方新药的基础药理研究提供了合适的手段。证病结合动物模型的研究目前发展较为迅速，在将来仍为中医动物模型研究主要的发展方向。

（5）虚证模型的稳定性研究。虚证模型在证候模型中占有重要地位，目前其突出缺点是在造模因素撤去后自然恢复较快，反映虚像的产生外因性较强，机体“精气未夺”。克服这一缺点是完善虚证模型的关键。

第六章　实验动物福利

生命中心论的观点越来越被人们广泛地接受，对在生物医学研究中使用实验动物，从伦理、宗教和文化等角度的重新反思，使得我们不再把实验动物看成缺乏感觉的“精密仪器”。相反，实验动物作为一种生命形式，同人类一样有着基本生存需要和高层次的心理需求，一样的神经结构和生理机能。对疼痛（pain）和痛苦（distress）有着同样的感受。而动物福利（animal welfare）是指人为地给动物提供相应的物质条件和采用的行为方式，要保证动物在健康舒适的状态下生存，使动物处于生理和心理愉快的感受状态。本章我们就动物福利的渊源、内涵、利用实验动物进行生物医学研究中落实动物福利的原则和做法，以及对提高科学研究质量的意义进行论述。实际上，主张动物福利绝不是多愁善感，而是严肃的道德议题、科学议题、法律议题和政治议题。

第一节　动物福利

一、动物福利的渊源

很久以来，动物只是某些人的私有财产、商品或者科学研究中使用的材料，仅仅作为人的附属物而存在。

19世纪初，欧洲的一些有识之士最早把同情的目光投向动物，并在法律实践中解决这个道德议题。1809年，一位英国的勋爵提出一项法案，要求禁止虐待动物，这项法案在当时遭到人们的嘲笑。提案虽然在上院获得通过，但在下院被否决。但是，随着时间的推移，社会的进步，人们关于动物利益的思考日渐成熟。1822年，人道主义者马丁提出禁止虐待动物的议案，真正获得上下两院通过，这项法案就叫《马丁法》（*Martin Act*）。《马丁法》是世界上第一个反对虐待动物的法律，首次认定虐待动物本身是一种犯罪。尽管这个法令仅仅适用于大的家养动物，如牛、羊、猪、马等，而把狗、猫和鸟类等排除在外，但是它仍然是动物福利保护史上的里程碑。人们对待动物的态度从此开始了微妙的变化。《马丁法》不仅影响到英国的民众，也影响到其他国家。1850年，法国通过了反虐待动物法律。与此同时，爱尔兰、德国、奥地利、比利时和荷兰等国家也相继通过了反虐待动物法律。1866年，美国成立了“禁止虐待动物协会”，并迅速通过了《反虐待动物法案》。

如果说19世纪初到19世纪末，人们关注的只是家养动物的福利，那么到了19世纪末以后，随着动物越来越多地用于生物医学研究的实验中，实验动物的福利就成了人们关注的焦点，各个国家相关的法律和条款相继颁布。美国联邦政府1966年颁布的《动物福利法》，正是在这种背景下出台的，经过1970、1976、1985、1990年的修订和增加条款，不断地完善，1985年又颁布了《改善实验动物标准法》、《卫生研究扩展法》。有关实验动物福利的主要内容大多包括在相关动物福利法中。有些国家颁布了单行法，专门用于保障生物医学研究中实验动物的福利。如1876年英国颁布了全世界第一部与动物实验有关的法律《防止虐待动物法》，以后又颁布了《实验动物保护法》、《狗的繁殖法案》等。在西方国家，实验动物福利的保障从这些法规的实施中得以具体落实。

二、动物福利的内涵

动物福利的基本出发点是让动物在健康、快乐的状态下生存，也就是为了使动物能够健康、快乐、舒适而采取的一系列行为和给动物提供的相应的外部条件。所谓健康、快乐的状态，是指动物心理愉快的感受状态，包括无任何疾病、无行为异常、无心理紧张压抑和痛苦等。科学发展到今天，已经可以对动物的感受状态进行测量、评定。如动物是否受伤或生病，是否感觉疼痛。对动物的沮丧、压抑、恐慌等行为也可进行客观评价。

我们谈到动物福利，一般强调保证动物健康、快乐的外部条件。当外部条件无法满足动物的健康、快乐时，就标志着动物福利的恶化。

满足动物的需求是保障动物福利的首要原则。动物的需求主要表现在以下3个方面：维持生命需要、维持健康需要和维持舒适需要。这3个方面决定了动物的生活质量。人为地改变或限制动物的这些需要，会造成动物行为和生理方面的异常，影响动物的健康，影响我们科学实验的真实性。解除动物的痛苦，让动物享有如下五大自由，是保障动物福利的基本原则：①享有不受饥渴的自由。②享有生活舒适的自由。③享有不受痛苦伤害和疾病的自由。④享有生活无恐惧和悲伤感的自由。⑤享有表达天性的自由。

这五条基本原则也是国际社会一致认同的保障动物福利的五大标准。目前，这些基本的动物福利条件日益被民众所认同，并且逐步通过法律来保障。

在生物医学研究中保障动物福利不仅是满足社会动物保护的需要，也对提高生物医学科学研究的质量具有重大的意义。因此，作为生物医学研究人员，了解实验动物在实验过程中可能发生的应激（stress）、疼痛和痛苦等，并知道采取正确和规范的措施避免或减轻这些不良反应是必要的。

第二节 实验动物的应激、疼痛和痛苦

人类有道义上的义务使实验动物处在最舒适的环境中，动物和人类有着相同的神经结构和生理机能，疼痛和痛苦同样可以发生在动物身上。从伦理和科研的角度，都需要研究、评估动物疼痛和痛苦时的行为、生理异常。

一、应激的发生

1. 应激的概念

应激（stress）是指个体面临或察觉（认知、评价）到环境变化（应激源）对机体有威胁或挑战时做出的适应性和应对性反应的过程。加拿大心理学家Selye于1936年首次将应激引入生物医学领域，他认为，应激是机体对环境做出的适应性反应的一种非特异性全身适应综合征，即各种不同的刺激（如冷、热、缺氧、噪声、拥挤和长期紧张等）会使动物产生一组相同的症状群。

继塞里之后，随着人们对应激问题的关注，不少学者对应激的研究不再局限于应激的生理方面，而是更多地关注引起机体应激的刺激，不仅仅局限于生物刺激，而是扩展到生物、心理和社会刺激，强调环境对机体的生存有威胁、挑战的生物性、心理性和社会性刺激，应激反应则包括生理、心理或行为两个方面。因此，现代应激理论将应激过程分为3个部分：应激输入、中介机制、应激反应和应对。

2. 应激输入

应激输入也称应激源，是指使机体产生认识评价后，可引起心理和（或）生理反应的环境或刺激物。应激输入可分为以下三类：

（1）个体的内环境：机体内部各种必要物质的产生和平衡的失调，如疾病、营养缺乏、内分泌紊乱、机体内各种酶和血液成分的改变等，这些既可以是应激反应的一部分，也可以作为应激源。

（2）外部的物质环境：机体所处的周围环境条件，如温度、湿度、光照、噪声、气流及风速、空气洁净度、饲料和水、药物、病原微生物和寄生虫等，均为应激源。

（3）心理社会环境：居住条件、饲养密度、个体间的关系、种群间的冲突、与人的关系等主要的生存环境也是应激源。

3. 中介机制

应激的中介机制也是应激的生理学基础，是指机体将传入信息（应激源、环境需求）转变为输出信息（应激反应）的内在加工过程，是应激反应的中间环节。包括心理中介机制和生理中介机制。

1）心理中介机制

心理中介机制是指个体觉察到情景对自身影响的认知评价过程，觉察和认知评价是决定个体对环境刺激是否引起防卫和抵抗的关键，涉及个体对信息处理的水平，取决于气候、饮食、药物、生物关系以及特异环境等外部条件，也受到个体的遗传和既往经历等内在因素的影响。因此，每个个体会对同一应激源产生不同的认知评价，并且采用不同的应对反应，这取决于个体的认知及应对能力。通常，将个体对应激源的认知评介分为两类：即积极的应激和消极的应激。前者可以适度地提高皮层的唤醒水平，调动积极的情绪反应，这些反应有助于对传入信息的正确评价以及应对能力的发挥。后者引起过度唤醒（焦虑），过度的情绪唤起（激动）或低落（抑郁），认知能力降低，自我概念模糊，这种状态妨碍正确判断的作出及积极应对的选择。

2）生理中介机制

生理中介机制是探讨当应激源的信息被认知评价后，是如何转化为生理反应的。过去的研究将其分为神经系统、内分泌系统和免疫系统，近年的研究则更倾向于将其作为一个整体去看待，统称为“应激系统”。

生理中介机制的神经功能区域：包括新皮质边缘系统中的多巴胺系统、杏仁/海马复合体系统、弓状体前阿黑皮素神经元。如感觉皮质-边缘系统联系、额叶-皮质下系统联系、边缘系统-新皮质联系。在上述脑区中，杏仁核被认为是关键部位，杏仁是边缘系统的特殊机构，起着中介环境变化对躯体及内脏运动施加影响的作用，杏仁中央核是向脑干植物神经中枢投射的主要传出部分。电刺激清醒动物的杏仁核可唤起完整的恐惧与焦虑体验，这种知觉极为现实，并与既往经历过的特殊刺激与事件相关，在情绪体验同时伴有心率加快、血压升高、瞳孔散大、面色苍白等植物性反应及面部表情变化。当前的脑科学研究发现，杏仁有许多神经肽存在，多数参与应激反应。

生理中介机制的主要神经通路：下丘脑-垂体-肾上腺皮质是对各种外环境应激反应的主要通路之一。下丘脑室旁核中的促肾上腺素释放激素神经元合成促肾上腺素释放激素分泌入垂体门脉，促肾上腺素释放激素在中枢推动各种适应应激情境下的行为及生理学的变化，在外周则通过刺激垂体前叶释放促肾上腺素，促肾上腺素再刺激肾上腺皮质系统，使其释放糖皮质激素。推测糖皮质激素的主要作用之一是逆向调节或限制应激反应以防其过度激活；当察觉应激源对机体生存构成威胁的最初反应就是交感-肾上腺髓质系统被激活，它是体内许多稳态维持的反射性反应的传出部分。但是，这些反应都是由高位脑中枢根据外界传入、生理需要及情绪状态来调节的。交感-肾上腺髓质系统在不同的应激状态下的反应是不一样的。此外，在应激情况下，它还要与副交感神经系统、下丘脑-垂体-肾上腺皮质轴及其他神经内分泌反应相协调。

4. 应激反应

当个体经认知评价而觉察应激源的威胁后，通过心理和生理中介机制所产生的行为、心理和生理变化，称为应激反应。当应激源作用于机体时，中枢神经系统对应激信息接受、整合，传递至下丘脑，下丘脑通过交感-肾上腺髓质系统，释放大量儿茶酚胺，增加心、脑、骨骼肌的血流供应。同时，下丘脑分泌的神经激素可兴奋垂体-肾上腺皮质系统，广泛影响体内各系统的功能。但较强或较为持久的应激反应，可引起机体生理功能的紊乱和失衡，严重时可引发病理性的改变。

应激可导致动物焦虑、恐惧、愤怒和抑郁等各种不良表现。当把幼仔与母亲完全分离饲养时动物会表现出明显的忧伤呼叫，分离 24h 后血浆中糖皮质激素较基础值升高 10 倍。将鼠放置在一个新的环境中，可使其血浆皮质类固醇明显增加，但对电击引起的反应只增加 50%；其血浆中儿茶酚胺对新环境的反应比较小，而对电击引起的反应强度敏感。噪声可引起动物血浆去甲肾上腺素立即上升，而皮质酮缓慢上升。社会的对抗使冲突的小鼠，不论胜败都出现皮质酮的升高，败者升高的幅度与持续时间都超过胜者，获胜的小鼠去甲肾上腺素含量明显增加。当反复使用应激源时可引起预期反应，如每天将大鼠定时暴露于寒冷环境 10min，连续 3 个月，可引起预期反应，即在暴露之前升高的皮质酮超过暴露期间。两只大鼠单独饲养 30～60d 后，将任何一只大鼠移入另一只大鼠的笼内，这就构成入侵者与定居者的冲突，两者冲突时，都是定居者为攻击方并最终获胜，而入侵者为防御方以失败告终。

二、疼痛和痛苦的发生

虽然痛的感觉在人类是很普遍的，但是，要清楚地确定它在其他动物身上是否存在就困难的多，因为动物不能陈述它们的主观体验。然而，也有若干种动物，它们对那些使人感到很痛的刺激的行为反应同人非常相似，看来，说这些动物有痛的感觉并不仅仅是拟人论。狗、猫、某些有蹄类动物和鸟，它们的叫声和动作即使同人不相同，也是非常相似的。低等脊椎动物，如鱼和蜥蜴，通常是沉默的动物，所以它们对这种刺激的反应只限于运动行为。在这种情况下，痛知觉似乎也是存在的。

1. 不适和痛苦

不适是动物生活中必不可少的事情，并且调节着机体的各种功能。动物的不适、需求和功能障碍的经历都是具有生物学意义的现象，这种经历是动物调节自身的各种功能以摆脱这些状态的行为产生的因素。对于一个个体来讲，饥饿、干渴、丧失配偶和恐惧都是不适的表现，这种状态促使个体产生进食、饮水、求偶、防卫或逃避等行为。当这种状态持续存在时，尤其是当动物不能或丧失了适当的纠正不适状态的行为特性时，不适转变为在应激的情况下出现的病理状态的行为，如刻板和破坏性行为。在没有可利用的行为来达到期望的结果时，动物也可能会表现为无行为冲动，变得消极、被动、冷漠和倦怠。

2. 疼痛

疼痛是一类不愉快的感觉和情绪上的感受所造成的痛苦，伴随着现有的或潜在的机体损伤。疼痛是由于机体内外较强的刺激而产生的，经常是主观的感觉和体征，包含有生理和精神情绪经验等心理各方面的因素。疼痛的生理反应包括疼痛感觉和疼痛反应，疼痛反应可以是局部的或是全身性反应，机体在不同环境、不同生理和心理活动状态下，其感觉和反应均不同。

疼痛的主要作用是机体对一定程度的疼痛通过痛感觉和痛反应，迅速作出适应性的防御反应，其具有保护作用。猫和大鼠在当它们要作出吃喝反应就会遭到电击的情况下，只需一两次试验就会不去吃喝，表现出逃避和防御反应。恐惧也是对疼痛的条件反应，羚羊在刚看到猎豹时就会急忙奔逃，这种恐惧和逃避反应，是动物经过千百万年进化形成的生存机制的一部分。

疼痛自感受器出发经过传导纤维向中枢神经传导，动物的纤维根据不同的直径、传导速度、有无髓鞘及主要传导的功能，分为A、B、C三种纤维。其中Aδ及C纤维与疼痛传导有关。Aδ纤维较粗，有髓鞘，又称粗纤维，传导速度较快。其远端末梢主要分布于体表，对强机械刺激和热刺激起反应，疼痛感觉表现为锐痛或快痛，一般持续时间短，定位明确，分辨清楚，也称急性痛或原发痛，精神及情绪表现为兴奋焦虑有防御反应。C纤维直径较细、无髓鞘，又称细纤维，传导速度慢。其远端末梢分布于皮肤、关节、肌肉和内脏，除对强机械刺激和热刺激起反应外，同时传导包括化学刺激的复合型伤害感受器的刺激，对疼痛感受为灼性痛、钝痛、慢痛，定位不清，疼痛程度一般以轻中度居多，也称为慢性痛或继发痛，精神及情绪表现为抑制状态，精神忧郁和逃避行为。

疼痛的产生起源于外周，感觉却在中枢。迄今，对疼痛的原理提出了各种学说，对疼痛本质的认识逐步深入提高。1965年，Melzack和Wall提出了闸门控制学说，并在1982年结合新的事实和观点对闸门学说进行了修改，该学说认为在脊髓背角内存在一种类似闸门的神经机制，躯体传入冲动在诱发痛知觉和痛反应之前就已受到闸门的调控影响。闸门机制的增强和减弱感觉传入的程度，由粗纤维和细纤维的相对活动以及脑的下行性影响所决定。其基本论点是：粗纤维（Aδ）和细纤维（C）的传导都能刺激激活脊髓后角的上行的脑传递细胞（T细胞），但又同时与后角的胶质细胞（SG细胞）形成突触联系。当疼痛发生时，粗纤维传导到达中枢，疼痛信号一方面先期向高位中枢投射，形成快痛，另一方面兴奋抑制性SG细胞，使其以突触的方式抑制T细胞的传导，形成闸门关闭效应，使疼痛很快减轻。中枢的调控也可以通过下行的控制系统作用于脊髓的闸门系统，也形成关闭效应。而细纤维传导在向高位中枢投射的同时，兴奋了兴奋性SG细胞，解除了对T细胞传导的抑制作用，形成闸门开放效应，就形成慢性钝痛并持续性增强。

疼痛的过程中，机体内许多内源性致痛物质也参与神经冲动传导为神经递质，如5-羟色胺，在外周组织中，它作为致痛物质来自解体的血小板，低浓度即可致痛，主要参与血管性疼痛和饿损伤性疼痛。在中枢神经系统中，5-羟色胺以神经介质的形式起到抑痛作用，其神经元的下行传导纤维形成突触前抑制，降低了疼痛冲动，此为疼痛中重要的下行调控机制。缓激肽是一种较强的致痛物质，在周围组织中有较强的致痛效应，极微量即可致痛，它参与一切类型疼痛。此外还有前列腺素、脑啡肽、内啡肽、P物质及钾等内源性致痛物质。疼痛的内源性生化机制是机体复杂的动态过程，实际上在痛反应过程中涉及的生化问题更加广泛，其中还包括多种酶类，内分泌系统和免疫系统的变化。

3. 疼痛的认识

中枢神经系统是一种经过异化的相互作用的神经结构，它具有处理疼痛的感知和反应活动的功能。动物在对疼痛的处理方面，分为3个阶段。

首先是感觉分辨阶段，动物在接受了大量的恶性刺激的传入信息，如针刺、热刺激和电休克，这种传入的信息不仅速度快，而且定位准确，其功能与快速痛有关，并且有对疼痛的空间-时间及强度等特性予以整理加工的能力。

其次是情感激动阶段（防卫阶段），对疼痛感觉的分辨促使机体，或机体的某一部分产生快速收缩反应，并对疼痛刺激源产生防卫反应。这种类似于反射反应在与大脑的联系被切断后仍有部分保留下来，其与主观感觉分离，形成一种简单的条件反射，用这种疼痛经历作为动物实验的客观指示是不可信的，因为它并不能包括痛感觉。在这个阶段动物对疼痛诱发因素非常敏感，而且对刺激的特点形成条件性反射。

第三阶段是认识评价阶段（恢复阶段），动物的认识功能在于对体感信息进行分析，与其他感觉冲动相互协调激起记忆印象，准备做出进一步反应，选择性地作用于感觉的整理加工或激动机制，并把反应影响到慢传导通路。此时，动物可能采取逃跑、躲避、休息、疗伤等，而其他的功能都暂时停止，动物的行动或姿态均可受到抑制，可被认为是一种生物学的适应性反应，保证动物安静并等待机体恢复或是情况有所改变。

4. 疼痛反应

当伤害性刺激作用于机体时，除可以产生痛觉外，还引起痛反应。前者是一种主观感受，后者则主要表现为机体各种生理机能的变化。动物是无法用语言表达它是否具有痛感受的，于是痛反应在应答伤害性刺激时，便可以假定痛的主观经验同样在它们身上表现出来。

痛反应取决于感觉分辨、情感激动和认识评价等生理心理机制的活动对运动机制产生的作用。伤害性刺激引起的疼痛反应，涉及整个机体，导致各系统的病理变化，包括心理情绪的异常，其反应机制包括两个方面：一方面是疼痛冲动传导的扩散，当冲动传入时，可波及其他感觉神经同时向中枢传导，因此可以影响到血管、内脏、躯体出现肌紧张、缺血、缺氧及内源性致痛物质的释放；另一方面是疼痛的投射性反应，包括应激反射行为，如躯体受伤害刺激后的逃避行为和发出求助信号，心跳呼吸的变化，心理情绪的变化，以及体液生化的改变，如儿茶酚胺、血糖、甲状腺素、5-羟色胺升高，氧耗量增加，免疫球蛋白降低，吞噬细胞功能下降等。

痛反应主要包括局部反应、反射性反应和行为反应三种类型，其中局部反应是最简单的一种，而行为反应则是十分复杂多变的。

局部反应是指无需中枢神经系统参与就能完成的、局限于受刺激局部对伤害性刺激作出的一种简单的反应方式。如受刺激局部出现程度不等的红、肿及血管扩张等。

反射性反应是指在中枢神经系统的参与下，机体对刺激所作出的有规律的应答活动。反射性反应可区分为躯体反射性反应和内脏反射性反应两种。伤害性刺激无论作用于机体的任何部位，都可以引起躯体反射性反应，主要表现为骨骼肌收缩，其结果是动物得以逃避伤害性刺激对机体的进一步伤害，其反应的强度和伤害刺激作用的空间范围有关。如果伤害性刺激是持续的，则所引起的骨骼肌收缩也是持续的，并通常牵涉到远离部位。当作用于体表的伤害性刺激作用强烈和突然出现时，往往在引起躯体反射性反应的同时，还会诱发一系列内脏反射性反应，机体内部产生广泛和普遍的动员，包括心率加快、外周血管收缩、血压上升、瞳孔散大、汗腺和肾上腺髓质分泌增加，其生理意义是尽可能使动物处于防御、逃避或攻击的有利地位。

行为反应是指机体表现为对伤害性刺激所作出的躲避、逃跑、反抗、攻击等整体的反应，它由一系列躯体的和内脏的反射性反应组合而成。疼痛初发时所引起的行为反应是收缩性、保护性反应，反应的同时在某些动物种群中可引起声音反应，反应出现的迅速、明显、很容易被观察到。在认识评价阶段（恢复阶段），动物会有各种不同的行为反应，逃避是最常见的一种行为方式，有时动物不得不改变自己的运动模式以使受伤害的肢体得以恢复，如跛行等。有时动物会退缩到比较安全的地方，并且避免除必需的活动以外的一切活动行为。声音反应也具有一定的提示意义，如急性痛会引起动物的尖叫和怒吼，而慢性痛则使动物呻吟和叹息，声音反应可以唤起其他动物，尤其是其同类的注意和同情。

动物的疼痛反应所表现出来的行为、生理和病理的改变，将很大程度地干扰动物实验的观察结果。所以，我们必须仔细和认真地应用镇痛药和抗焦虑药，同时，应熟悉这些药物的应用方法，因为给药后对实验结果的影响是非常复杂的。

5. 疼痛的助长和抑制

疼痛区别于机体感受其他刺激的一个显著的特征，是它的强烈的情绪色彩。机体受伤后必然产生疼痛，疼痛的强度与当时损伤的程度成正比。但是证据表明，至少是在较强的疼痛过程中，痛觉和痛反应不仅仅取决于伤害性刺激的刺激量，动物实验证实，过去的经验，特别是个体早期的生活经验，对于痛的产生和发展起了主要的作用。从出生到成熟期一直饲养在隔离笼里的狗，由于失去正常条件下所能获得的环境刺激，在成熟后便不能正常地对伤害性刺激作出反应。它们可以多次去接触点燃的火柴，每次反射性退缩后复又去接触。它们还能忍受针刺而并无行为和情绪的变化。相反，在自然环境下饲养的狗则能很快地察觉潜在的危险性，以致实验者往往无法用火焰或针接近它们。由于缺乏在幼年期正常状态下获得相应的经验，因而不能从各种刺激中区分出具有损伤性威胁的刺激，并作出相应的选择性的反应。

巴甫洛夫的经典条件反射实验证明了情境意义在疼痛反应中的重要性。在通常情况下，电击狗的一只爪垫能引起动物的强烈反应，但如果电击后给予食物，经多次重复后，电击却使动物流涎、摇尾、奔向食物而无任何痛反应的迹象。伤害性刺激在这样的情境中失去了原有的意义而变成食物即将来临的信号，只要电击是作用于同一爪垫。应用高温作为条件性刺激，也可得到类似的结果。

6. 疼痛的评价标准

目前，就实验动物疼痛和痛苦的划分标准有许多研究报告，所有的研究者都试图对疼痛和痛苦进行分级，区别疼痛和痛苦的成分，并且以数字形式评价反映的可能范围。但不同的实验方法中所用的疼痛评判标准不同，所有目前的评判方法，均因为过于主观而不尽满意。

虽然，疼痛的评价比较困难，但应激和疼痛以及痛苦可以引起动物体内内分泌系统、神经系统的剧烈变化，从而影响动物实验结果的正确性这一事实不容忽视。因此，在动物实验过程中，应考虑使用一切手段来减少动物所遭受的应激、疼痛和痛苦。

第三节 动物实验伦理学

一、对待实验动物的态度

自从 PeterSinger 出版其《动物解放》(*Animal Liberation*)(1975 年)的著作后，就有很多关于动物实验中伦理学问题的文章和评论发表。Singer 的主要观点是用有知觉的高等级脊椎动物进行实验和用人类进行实验的方式和态度存在截然的不同，这是不争的事实。在 Singer 看来，接受用动物做替身做那些在人类身上不允许做的实验就是一种不公正的歧视，这种被他称为“物种主义”的歧视和种族主义及性别主义的歧视都属于与道德无关层面的歧视。Singer 的观点随后遇到传统伦理学家的反对，他们认为只有人类才具有直接的义务感，有自我承担义务和责任的意识并有能力履行。所有人类的潜能都是一样的理应平等对待。相反，动物是无道德意识的一类，不应与人类在同一道德水平上考虑。

这类对 Singer 的批评意见，激起 Tom Regan 写了名为《动物权利辨析》（*The Case for Animal Rights*）一书。他反驳道：就像我们有义务保护孩子、老人和精神障碍患者一样，人类对高等的脊椎动物有直接的保护义务而不是伤害它们的生活。所有的动物都有它们自己的价值，高等的非人类脊椎动物应该享有和人类同样道义上的尊敬。

这里我们不讨论动物实验在道德层面的问题，而是集中讨论在科学研究中有道义限制地使用动物这种主流观念引发的问题和规定。每一个研究人员在用活的动物进行研究工作时都需要对实验的伦理合理性进行评价，怎样进行这种评价，有哪些容易犯的错误是我们讨论的重点。

二、关注科学研究中使用动物的道德伦理学问题

在科学研究中把动物仅仅作为解决问题的一种方法，而对它们的死亡却漠不关心。一般在科研论文里，所用动物放在“材料和方法”部分描述，研究中实验动物只不过是实验过程中的一个物体，被说成是活的仪器，其价值仅仅在于他们能提高科学实验的重复性和有效性。在伦理学领域，如何评价动物此时的价值已经深深烙上了“人类中心论”的固执观念，此时的动物也只是具有相当于仪器的价值就不奇怪了。但是近 20 年的进步，“人类中心论”遭到了越来越多的批评。在许多专业的伦理学文献中，大量讨论涉及动物使用的道德伦理问题与人类道德伦理的关系。按照一般西方文明大众的观点，只有人类才有道德伦理意识，他们认为只有人类有自我意识，有为自己行为负责的能力，有调整自己的决定和作出承诺的能力。越来越多的反对意见认为：尽管以上特征可能是道德伦理主角的典型特征，但伦理学应关心道德伦理主体本身周围更广泛的客体，这些客体可能并不是道德伦理的主角，只不过和人类一样需要同等的道德伦理关照。一个简单的例子是：有些人群的那些特征和能力已到了很低的程度，如精神障碍的病人当然是道德伦理关注的对象，当这些人作为实验研究的对象时，他们可能没有或完全没有维护自己权利的能力。由于这类人群的绝对弱势，在这种情况下都会接受特殊形式的保护，但这种保护并不是为这些人提供充分的训练和准备使其达到能独立和有意识地做出自愿作为实验对象参与科学研究的决定。然而，当病人和老年人作为实验对象时，他们如果发现自己所处的情况和精神障碍患者一样的话，这种实验会受到严厉的批评和调查。

任何对动物道德伦理学地位的认真研究都必须对人类和动物之间的相同和不同之处进行细致的分析。如果我们认为动物不具备道德伦理主角特征，就接受动物是与道德伦理无关这一观点时，我们必须有足够的理由说明同样缺少道德伦理主角特征的那一类人群，不予以道德伦理方面的考虑是正当的。如此推判显然说不通，所以，应该对动物的福利和健康予以关照。动物道德伦理地位的问题也可从人权宣言的角度加以说明。人权中最基本的一点就是每个人不管他的种族、性别和文化背景如何都是平等的。因此，本着尊重基本人权的观点，那些在道德伦理方面对男女和不同肤色人群的不公正是没有理由的。同样在与动物道德伦理地位有关的争论中，焦点问题是将人类与动物的外观特征差异上升到道德伦理关联的高度，然后作为不平等对待的正当理由。与此非常相关的一个问题，是否存在一个普遍性的权利适用于人也适用于动物，如果有这种特定的权利，出于尊重这种权利的要求，平等对待动物和人原则上才是无可非议的。“原则上”意味着平等对待是再不考虑有可能否决这一共享权利的基本伦理学要求。权利通常赋予整体，一个整体的内在价值通过整体才表现出来。很多人认为承认动物的内在价值是讨论动物权利的必要逻辑前提。还有一些人虽然承认动物的内在价值，但反对把权利推广到动物的观念。他们认为只要我们承认人类对动物的责任就足够了，没有必要承认动物的权利。

生命中心论强调所有的生命体都具有内在的价值。动物中心论更是强调动物的内在价值。这意味着不应将动物只作为一种工具，他们应该得到尊敬和保护。要阐明这一观点就要寻找有利于有机体具有相当程度自主意识的证据。不管对内在价值承认与否，动物是种属专一重要性的主体，而这种种属专一重要性非常容易受到人类的损害。动物的内在价值，如所有的价值是由人来“赋予”的，这一观点是错误的。其实恰恰与动物的仪器价值相反，动物的内在固有价值并不源于人的兴趣和目的。因此，许多人认可动物固有的内在价值而不是强调动物的特殊性质。就是说动物的固有内在价值是我们评价动物的必要前提，如果反过来说动物的固有内在价值是人类评价动物的结果那就是谬误了。

认可动物的固有内在价值就是承认我们对动物有直接的道德伦理学方面的责任，这和传统的直接责任完全不同。承认动物自身固有内在价值的观点，被越来越多的人纳入到价值体系当中。这种趋势反映在对不同动物保护法的改革和修订方面。

对动物固有内在价值的认可，在研究者中已有所反响。下面是一些这方面的例子：

（1）虽然实验的科学性是必需的前提，但在进行动物实验前对实验的伦理学评估也是很重要的，如有些实验过程方法被认为是伦理学上所不能接受的，必须加以禁止。

(2) 当有替代的方法可以采用时，就没有必要用动物做实验，即便是替代的方法很昂贵也应如此。

(3) 如果没有可行的替代方法，同时又存在人和动物的利益冲突，必须权衡各方面的利益。如果这种情况下，动物实验仍然是无法避免的，我们必须清醒地认识到，从道德伦理角度出发没有理由破坏动物内在固有价值。

(4) 在用动物进行实验被认为可以接受的情况下，实验动物在实验前、中、后都不应被打乱种属专一的行为。

(5) 从事动物实验的研究人员有道义和伦理上的责任，去寻找替代的方法以减少实验动物的使用达到他们的科学研究的目的。

认可动物固有内在的价值被有些伦理学家解释为道德伦理公平原则。它的意思是动物保护不能依赖于人类对动物的同情和怜悯，而应该依赖于人类对动物直接的道德伦理学责任，出于对动物内在价值的尊重。与动物关系的平等常被误以为要求对待动物要和对待人一样。尽管动物和人类有某些类似的特征和需求，但他们在许多方面还有较大的区别。平等的原则要求它们在某些相似情形下接受与人同样的待遇，如动物能和我们以同样的方式感觉疼痛和痛苦。

长时间以来，一直有这样的观点，即动物接受的平等公正待遇不断提高，应该越来越接近人的待遇。但实际上，作为动物本身并不要求按人的生活方式像人一样生活，它们只是要求以自己种属的生活方式生活。每一种动物都是一个独一无二的种类，并不是如我们认为的那样它们仅仅是单细胞生物和人类之间的过渡生命形式。如果我们始终按有些什么特征像人类去评判动物，按它们对人类是否适宜来评价动物的内在价值，那实际上是在继续人类中心论的思想。“动物权利”(animal right) 的提倡者同样会说“动物有权利被如此对待”，他们反对出于人类的目的对动物进行功利性的利用。这意味着他们认为那些只是对人类利益有重要性的行为是不能接受的。

三、动物实验资格讨论

认可动物的内在价值使人们接受，人类和动物在道德伦理学方面有一些相同的东西。坚持这种观点的结果是以人为对象进行的实验所要求的医学伦理学原则被仿效到动物实验中。要求在动物实验中的标准应达到和以人为研究对象时的标准，如评价实验的科学价值标准，对象的选择标准，投资和利益分析标准等。但是，应该认识到在动物实验中不可能从实验对象得到主动的配合和应答。最好的办法就是委任一个动物实验评审委员会以保证动物的利益完全被考虑。委员会对动物实验的评估是通过伦理学对话的形式进行伦理学推理的。

1. 伦理学对话中的道德问题

以认可动物内在价值为出发点，就意味着研究人员必须为动物的利益留出空间并作出考虑。当利益冲突在人和动物之间出现时，道德伦理主角（即能作出道德伦理决定的一方）就是公正道德伦理的责任方。当面临所做决定是否恰当时，必须从两个方面仔细审视。首先，仔细审视作出判断的过程，谁应该在作出决定的过程中起作用；其次，审视判断作出的论据如引用论据的有效性。

规范伦理学的重要观点是每一个个体的人都是道德伦理的主角，能在不同的行为方式中自由选择自己的行为方式。这一选择应该基于对相关事实、价值和常规原则的合理考虑，并且这一选择的作出应该本着公正和非偏见的态度。这不是能用“这是我的选择”的话随便解释的。相反，任何另外的道德伦理主角在相同的情况下，都应该得到非常一样的选择和判断。这就是规范伦理学常提到的统一化的趋势（一般通用性）。

对于有效的伦理学考虑和选择，不仅对自己，同样，对其他的个体在相同的情况下而言，出于对其他人自主权的尊重，在决定过程中引用的论据，应该提供给其他的道德伦理主角评论调查。这也就是我们在本文中常说的——一个人必须为他自己的行为找到正当的理由和原因。这种伦理上的义务并不需要回答地位高的人、权威部门和单位的责任。也就是说，伦理学的义务基于承认所有道德伦理主角，不管他的社会地位如何，他们从根本上是相等的。只要涉及到道德伦理学的问题，任何道德伦理主角都可自由地参与讨论和决定。

尽管伦理学自主的概念是一个前提，但很明显，它在规范伦理学中的定义和地位时带有很强的社会元素。一方面，决定一个伦理学的问题可能是非常个人化和个体化的过程，这个个体的觉悟、人生观和道德伦理修养（德行）对做出决定起了非常重要的作用。另一方面，统一化的趋势又把规范伦理学带入一个社会的过程，在这个过程中每个个体考虑中的理性成分被称作交换意见中的疑问。因此，涉及伦理学问题的对话机制的建立是规范伦理学的重要组成元素。

自从研究中用动物进行实验的伦理学问题被提出来，研究者就一直在进行这种交换意见的对话。只要研究者还没有经过培训，不能将伦理学应用到他们自己的研究工作当中，参加这样的意见交换的对话将需要一个重新调整自己的过程。科学研究的主观偏见很容易导致对伦理学问题的拒绝或回避。在自然科学里，这种偏见表现在将活生生的动物本质降到成为一个材料对象，强调动物的非道德伦理和仪器价值。这里科学代表着客观、理性和普遍性。而相反，伦理学代表着主观、非理性和偶然性。换句话说，道德伦理强调的仅仅是感情的东西。从这一观点出发来看，科学和伦理学简直就是截然相反、完全不同、水火不相容的东西。但是，伦理学在推理基础上的意见一致可被认为是双方具有达成一致的可能性，由争论支持的对话机制也许是一个好的权宜之计。需要明白的是，如果将科学研究者的伦理学观点排除，可能会导致公众认为只是个道德说教，导致毫无区别地拒绝动物实验和对听取争论意见的厌恶。结果取代对话机制的将是一个对抗的过程。即使谈判，这也只不过是花言巧语和歪理连篇，争取在交易中得到最多。结果只能是双方带着不满互相妥协，而双方的观点的差距依然没变。如果双方换一种解决矛盾的方式，为了从方法而不是根本的策略上互相接纳，为了将涉及矛盾的内容放到讨论中，不妨将所有现实的目的都认为是必须的，然后分析他们不同观点各自的前提是什么，分歧的关键是什么。这个过程需要双方努力在没有教唆和恐吓的情况下，在道德伦理的是非方面达到一致。

在从事科学研究人员和非科学研究工作的人员之间进行这种伦理学对话的一种方法是建立一个伦理学委员会，如动物实验委员会或实验动物管理和使用委员会（IACUC）。这种委员会的成员需要在指导伦理学对话方面有一定的经验。为相互学习和达到认识一致性，各地方委员会在讨论的程序、所用的伦理学标准等方面的互相交流是很重要的。不用说，这种源于伦理学本质的对话其结果应该是大众所能接受的。

2. 伦理学推理模型

伦理学对话的初期，争论的成分较多。如果一个对话讨论是关于一个动物实验的允许性，所有的争论都是和对象有关的，那么，弄清对话中出现问题的本质是什么，在双方观点不同时也可找到一种解决矛盾的方法。

就一个动物实验的计划，从伦理学角度是否可行的争论，所涉及的问题不仅仅是同意或不同意的一个随机投票，它涉及评价一个精心策划的行动。一个人会有意为其行为找出理由，这些理由有可能是研究人员背后的推动力，也可能是他想要达到的目标。前面提到研究者的原因称为动机，后一种情况被叫做目标。在对话中这些理由应该是非常明确的，应该讨论是否研究非常重要，以致做动物实验是合理的。

为什么能否进行动物实验的足够理由要研究者提出，为什么解决矛盾的办法是通过争论？决定动物实验允许或不允许是一个有关这个动物实验的道德伦理学判定的过程。找到决定的理由，意味着有站得住脚的理由支持决定，有足够的理由使决定正当。可能有好的理由倾向允许实验，但也可能有不好的理由决定反对实验，例如某个实验会引起实验动物严重的不舒适感和痛苦或者实验的科学价值很低。在对话中这些批评的意见不能简单的丢弃。倾向动物实验的理由要加以详细说明并相对反对的意见占上风。总之，对话的目的是达到对品行公正规范说明。争论可最大限度地提供足够的品行公正规范说明的理由。

伦理学推理也可以对客体的有关质量进行评价。好的论证应该是有根据的，并且支持这种论证和结论的论据是站得住脚的和有关联的。

为得到品行规范说明的好理由，下面几点值得考虑：

（1）符合动物实验的必要科学质量标准已经建立了吗？

（2）实验中用的动物预计会有痛苦和有害的作用吗？有害作用的评估应该包

括有害的程度、持续时间长短和频率。

(3) 有替代，减少或优化动物实验的可能吗？

(4) 动物实验的重要性的程度如何？是非常重要还是仅有点重要；还是实际或仅为可能重要？

(5) 动物实验的重要意义将能补偿动物遭受的有害作用吗？

对这些问题需要详细检查，考虑的过程应该体现双方平衡。首先，必须清晰地表达出实验中有关争论问题的直观道德伦理判断，然后找出我们遵循和思考相关问题的伦理学法则，最后，我们还必须努力在这些法则和直观的道德伦理判断之间建立联系，由这种联系进行有利的推理得到最终的结论。下面我们用急性毒性实验是否是伦理学上可以接受的来说明这个过程。如一家私人公司要检验一种杀虫剂的毒性，否则按国家法律它就不能上市，这种实验要用大鼠做，而且假定实验过程会引起大鼠的不舒适带来痛苦。首先，明确这里直观的道德伦理判断是什么。在杀虫剂被消费者使用前检测它的毒性是对的，另一个方面由于它引起大鼠的痛苦又是错的，在这种直观的道德伦理判断互不相容的情况下，它们对做出最后决定来说明显不够。这时可能必须对我们直观的道德伦理判断进行批评性的检查，在委员会进行的对话中，对这些直观的判断和推理的线索的适用性进行检查，找出与这种情况相关的伦理学法则。如这里涉及的伦理学法则有：应促进他人健康的法则；应当尊重动物的自主权并保护他们免受痛苦的法则；不为坏事的法则；行善的法则；公正的法则。这些法则通过在他们之间建立联系的方法，用来对直观的判断进行批评性的检查。推理的过程有3个连续的步骤。第一，对直观的判断从某一伦理学法则的观点进行审视，和将它与相应的道德伦理事实比较来进行批评性的评价。例如使大鼠痛苦是错误的直观判断用在这儿是否合理，如果能有好的理由说明使大鼠免受痛苦是应该的，则以上直观的判断是误用。第二步，相反，从直观判断的眼光和与该问题有关的信息对伦理学的法则进行批评性的检查。伦理学的法则不应该和直观的判断和经验分离，因为它来自于这些判断和经验。一个讨论的主题有可能被延伸，如是否公正的法则意味着动物和人类应该同等对待？或者是否可以理解为只要大鼠具有感知痛苦的能力就不应该考虑用大鼠进行实验？后一种观点一揽子地强调同等对待动物和人并不是对公平法则的正确解释。第三步，在伦理学法则和直观判断之间建立关联的过程一直继续，直到达成不偏不倚的决定。对直观判断进行批评性的检查和对伦理学法则进行交互的检查，直到在可接受的直观判断和伦理学法则之间达成某种程度的一致。在上面的例子中，引起大鼠痛苦是错误的这个直观判断是有效的，但是也应该承认这个判断如果比起减轻人类的痛苦还要重要就是不能接受的了。因为，我们应当承认促进其他人健康法则的有效性。但不能推论到由此法则而来的义务就大于保护大鼠免受痛苦的义务。因此，最后的结论是我们有责任允许进行毒性检测。这个结论的做出还应该根据这个毒性试验结果对预期改善人类健康有多重要来定。如果不进行这个检验只是将官方同意杀虫剂上市拖后几个月，如几个月后，官方可根据另外可用的信息同意杀虫剂上市。那么，这里直观道德伦理判断倾向于否定杀虫剂的动物实验。被认可的直观道德伦理判断和权威性的伦理学法则一起可组成足够的理由给出一个否定的决定：在当前的情况下，毒性检测试验被认为是伦理学上不允许的。一般来说现实的情况要复杂得多。如果杀虫剂比现有的类似产品优越得多，或者它的进入市场对生产它的公司经济存亡而言至关重要，那么行善的伦理学法则也应考虑，增加了重新裁决原已认可直观道德伦理判断的可能性。

四、生物技术的进步引发新的道德伦理学问题

转基因和基因打靶技术是目前对生物医学研究产生巨大影响的生物技术方法，但是，这些技术的开展正对3R原则中的“减少”提出挑战。为了得到3～4只基因工程动物的“起始者”（founder)，培育所用的动物是大量的，可能超过100～150只。而且转基因动物起始者表型还不同，因此经常需要保持一个以上的传代系，这样在最近一段时间饲养转基因动物的房屋设施急剧增加，所需的开支急剧增加。同时转基因动物的产生也引起了新的伦理学的质疑。关注的焦点是动物自然本质（野生型或传统的近交系）变形产生一种新的动物（转基因动物)。与前面关于动物福利和科学目的之间平衡的争论不同，这里争论的恰恰是制造转基因动物的行为。

在动物痛苦和研究目标之间寻求特定平衡，所用的3R原则，在转基因动物这类技术的情况中就不适用了：

（1）为建立一个成功的转基因动物起始者，大量的动物需要杀死时，减少动物用量仍然有一个伦理学相关的问题需要裁决，但它被忽略了。

（2）当这些技术已经使用卵母细胞和胚胎培养时，再提什么用细胞体外培养的方法代替那就不合适了，道德伦理学关心的遗传修饰改变是在细胞水平的行为。当然按替代原意，仍保留对在建立的新的转基因动物品系用于传统的后续动物实验（毒力学、血清研究、诊断性的检验、基础研究）中的选择。

（3）与优化根本没有关系，因为对卵母细胞或胚胎的操作根本不会引起痛苦。利用这些生物技术的研究人员还认为，这些技术就是对动物实验的优化。他们的理由是比起那些直接甚至残忍的诱发突变的技术（如通过放射线和化学方法诱发癌症)，转基因技术更符合道德伦理学的要求。相反的情况是显微注射的低成功率和基因敲除低预期结果。生物技术专家把使用微小工具当成优化，而批评家认为保证高水平的可控制性和预期性才是优化。两种定义都有正确性，但当他们不分辨清楚就会得到一个糊涂混乱的结果。

(4) 不做坏事的法则，假定一个个体被伤害（有些学者认为动物在实验的情形中已经是这样的问题），或一个个体有引起伤害的行为。很清楚，是否在小鼠的基因组中引入一个另外的基因符合不做坏事的法则，用这个法则的传统定义很难回答。

(5) 做好事的法则降到了在痛苦达到无法忍受的程度时，进行安乐死也符合这一法则的地步。转基因是否可以被认为是做好事的行为，这个基本的问题比起任何关于使用转基因动物进行动物实验益处（对人类）的讨论要重要。换句话说，改变动物的遗传组成的行为从道德伦理学角度看是否是对的这个问题，必须从社会的文明准则考察，而不是简单地在科学研究团体中得出结论。

在几个欧洲国家动物固有的内在价值已经在关于使用动物的辩论中得到承认。这种承认的结果之一是动物天性（例如小鼠的鼠性）的每一个改变在道德伦理意义上必须是正当的。把另一个物种的基因导入到小鼠的基因组中就属于这种改变。

既然基因工程的动物已经被创造出来用于实验当中，那么和其他所有的动物实验一样要进行同样的伦理学评价。与动物创造技术本身而不是它们在实验中的应用有关的新的道德伦理学问题是个复杂的问题，需要更广泛的社会对话，通过这种对话，我们将发展新的伦理学规范来评价应用这些生物技术的可接受性。

当使用动物进行研究工作时，研究人员清楚地了解动物实验已经成为研究生命的科学过程。从动物实验的角度，动物的仪器价值是取得实验成功的关键。随着承认至少是脊椎动物具有其自身的价值，从伦理学的角度，动物实验不再被看成自己认为正当就可以做的事情了。此外，在动物实验的代替、减少和优化方面，每一个人都有责任努力去实践，研究人员也将必须着手考虑是否自己的研究结果对使用的方法能有所补偿。解决这个问题将需要有进行伦理学推理的能力和检查伦理学争论中他们与其他人的一致性。这种“伦理学对话”应该有伦理委员会指导进行。伦理学的推理无论在内容还是形式都必须满足某种标准，这样研究人员才能在伦理学的意义上握有好的理由，心安理得地进行他们的研究。尽可能地尊重公众对道德伦理关注的天性，学习和广纳群言，带着忧患的意识在动物和人类利益之间做好权衡。反对忽视动物内在价值的做法，得到公众社会的接纳，为社会的安定做出贡献。对从事动物实验的研究人员来说，得到伦理学委员会的肯定及那些对有关研究没有直接兴趣和知识的公众的支持，精神上一定是愉快的。

第四节 3R 原 则

一、动物实验 3R 原则的形成

Russel 和 Burch 于 1995 年在其《实验技术的人道主义法则》(*Principles of*

Human Experimental Technique）著作中首次完整地提出科学研究中动物实验的 3R 原则。即用其他方法代替（replacement）动物实验；减少（reduction）动物使用的数量；优化（refinement）实验过程，减轻动物痛苦。这里指的科学研究实际包括 3 个方面，一是新知识的获取；二是生物医学教学传授知识；三是使用动物对化学物质、药品及仪器的安全性和有效性的检测。体外实验技术的进步和发展，为实践 3R 原则提供了空间和条件。

对动物实验中伦理学问题的争论和讨论，结论之一是每一个从事研究的人员有义务和责任寻找替代动物实验的其他研究方法。但在目前情况下，完全不进行动物实验又是不现实的。因此，对于动物实验的伦理学评价机制建立了起来，努力在人类利益和动物利益之间找到相对的平衡。在动物内在价值越来越受到尊重的今天，人类面临动物实验不能做又不得不做的两难境地，符合伦理学法则的 3R 提出，也许是一个必然的事情。

尽管动物实验替代方法的概念被广泛接受是近几年的事情，但动物实验中的 3R 原则却早有人实践。麻醉方法用于动物实验的优化是非常重要的。1846 年Ether 是第一个将麻醉用到病人身上的人，随后不久同样的麻醉药也在动物实验中应用。自 1876 年在英国按照防止虐待动物法，在引起动物疼痛的实验中，使用麻醉方法是强制性的。有很长历史的组织培养是另一个替代的方法。1885 年，Wilhelm Roux 在温热的盐溶液中成功地将鸡胚胎细胞保持存活。体外玻璃器皿中细胞的成功生长是由 RossHarrison 于 1907 年第一次报道的。在抗生素加入到培养基中以后，细胞培养技术迅速发展起来，目前已经成为一个非常标准的技术。今天替代的方法正应用于生物医学、兽医学研究和检验以及教学的方方面面。发展替代方法的动力很大程度上是伦理学原因，但其他因素也发挥了一定的作用。如使用实验动物很贵，很费时间，很难标准化。代替整个动物的替代方法一般系统不复杂，容易控制实验条件达到标准化。需要指出的是替代方法的简化性尤其是在器官/组织/细胞水平研究其机制时是它的优点。但是，在简单系统的反应与在整体水平的反应事实上还是有差别的。这又是替代方法简化性的不足。

代替（replacement）是指在不使用活的脊椎动物进行实验和其他科学研究的条件下，采用一些替代的方法，达到某一确定的研究目的。代替可进一步分为相对代替和绝对代替，前者指应用体外培养的脊椎动物细胞、组织或器官等，而后者则是指完全不使用动物，如采用培养的人和非脊椎动物的细胞或组织、计算机模型等。科学家只有在用其他代替技术尝试失败后，才可使用动物进行实验。减少（reduction）的含义是指如果某一研究方案中必须使用实验动物，同时又没有可靠的代替方法选择，则应考虑将使用动物的数量降到实现科研项目目标所必需的最小量。减少动物用量的伦理和经济目标，是使遭受疼痛和不安的动物数量减至最少，避免动物、药品和实验用品等资源的无谓浪费。一般在保证实验结果科学性的前提下，减少动物用量的途径大致有三种：一是不同的科研实验项目尽可能合用动物；二是使用高质量的实验动物（如SPF动物），“以质量代替数量”；三是使用合理的实验设计，控制实验中的生物学变异来源。优化（refinement）是指通过改善动物设施、饲养管理、实验条件和实验操作技术，尽量减少实验过程对动物机体的损伤，减轻动物遭受的痛苦和应激反应。优化的原则不但符合伦理学的要求，从实验的技术和科研的角度出发，在开始前查阅大量的文献，优化动物实验的过程，对动物实验结果的科学性、重复性也是非常有价值的。

3R原则的提出，对一些西方发达国家有关实验动物法律法规的修订和补充产生了积极的影响。同时3R原则还在生物医学科研计划和实验程序的伦理学评估和论证中普遍被采用。科研人员尽管有按自己独特方法开展研究的权利，但他们只能在动物福利法规的框架范围内享有学术自由和最优化地使用动物。在西方国家普遍实行对申请和实施研究的方案进行伦理学评价，颁发许可证的制度已经成为在科研中实践3R原则的重要组成部分。目前，3R的概念和理论已经被越来越多的科研工作者所接受，相应出现了一些有关的基金组织、出版物以及举办国际或地区性的学术会议，还有专门从事研究3R的机构和人员队伍。如果说过去人们强调3R主要出于对动物福利的考虑，那么近年来明显的变化是人们逐渐认识到应用3R不仅是适应动物保护主义和对动物伦理学负责任的一种需要，也符合生命科学发展的要求。

二、3R理论的应用和发展

1. 体外技术

体外技术是目前最重要的一类替代动物实验的方法。但应该注意的是并不是每个体外的方法都能被看成是一个替代模型。在有些研究领域里，体外方法本来就是和研究本身不可分割的，这种情况下，体外方法对动物实验并不会产生什么影响，因而也就不认为是对动物实验的替代。

体外方法包括对细胞器、细胞、组织和器官的研究。组织培养这个词是这些技术的广义称谓，是指含有营养物质的培养基中体外使细胞、组织、器官或器官的一部分存活至少24h以上的技术。也就是说在体外为细胞或一部分器官尽可能地创造一个类似正常体内生理条件的环境。组织培养可以分成两大类：器官类型培养和细胞培养。器官类型培养又包括部分组织或器官的培养和整个器官的培养。器官类型培养的目的是维持有关器官中细胞和组织之间的结构和功能关系。但是完整三维结构的器官培养妨碍了营养物达到每一个细胞和及时排除代谢废物。因此，培养的器官一般只有有限的生存时间，而且，这种技术需要每次从动物或人身上取得新鲜的材料。

如今，现代组织培养技术能在体外进行器官重建。如将不同的皮肤组分分离，将细胞培养得到大量皮肤细胞，在适当的条件下将细胞接种在合适的基质上可以重建三维结构的皮肤。重建皮肤的技术已经拓展了我们对皮肤生物过程的认识，也用于代替对皮肤进行腐蚀和放射照射筛选的动物实验。细胞培养和器官类型的培养不一样，细胞和细胞之间的联结可以用酶解或机械的办法破坏。当从组织得来的分散细胞放入培养液中培养时被称为原代培养。当细胞培养进行两代以上时称为继代或传代培养。根据所用细胞的类型和培养技术又分为单层贴壁培养和悬浮培养。原代细胞的生存时间是有限的，但在有些情况下，通过自发或诱发的转化细胞可以不断分裂永远生存下去，形成细胞株继续培养。某种细胞给予适当的物理或化学刺激，它可以进行分化。分化过程中或多或少地恢复它原来的特性；如果细胞是干细胞，它可以像在体内发育的情况一样，表现出它的分化潜能。低代的细胞可以保存在液氮中以备后用。细胞株具有的长久性和均质性，使它的应用减少了对细胞供体动物的依赖。应用分子生物学技术对细胞进行修饰还可以改进细胞株的应用。基因改造后的细胞可带有新的生物学特征，如带有人的受体蛋白。用这些细胞可以成为受体-结合实验研究模型，用来进行药物的筛选实验。

细胞培养还经常用于疫苗的生产，如脊髓灰质炎疫苗通常是用猴的肾细胞培养生产的。在荷兰，随着技术的不断改进，生产这种疫苗所用的猴子的数量越来越少（表 6-1）。

表 6-1　荷兰疫苗技术的进步对使用猴数量的影响

年代	技　术	使用猕猴数量
1965	使用进口的猕猴	4570
	用胰蛋白酶体内消化分离细胞	
	单层贴壁细胞培养	
1970	用微型 SEPHADEX 器代替贴壁培养	1590
1975	用捕获繁殖的猕猴代替进口猕猴	463
1980	用三级培养代替原代培养	
	用体外胰蛋白酶消化代替体内消化	47
	灌注渗透技术的改进	20
现在		0

2. 使用低等动物

在实验中有时使用低等的生命形式，如细菌、真菌、昆虫或软体动物，可以减少脊椎动物的使用量。这种实践的最好例子就是在检测化合物可能引起癌症的致突变性质时，采用细菌代替动物做的检查致癌物质的 Ames 试验。一些微小的有机体——像酵母——被广泛地用来作为特定基因表达的载体，这些特定的基因可以编码抗体片段甚至疫苗抗原。转基因植物有时也适合用来进行疫苗生产。另一个用低等有机体的替代方法是进行热原检测微量细菌内毒素鲎的试验检查法（LAL 试验）。直到今天，兔仍然是专门用于检测所有非肠道使用药物热原试验的动物，如兔在静脉注射某种物质后体温上升就被认为是热原。在 LAL 试验，变形细胞裂解液由鲎（马掌蟹）的血液抽提得到，这种裂解液可被一种最重要的热原物质——细菌内毒素——转变成胶状体。目前，虽然大量的产品检测由于技术原因还不能完全使用 LAL 试验，但 LAL 的应用已经使用于热原检测的兔大量减少。

近些年，用鱼类这种低等的脊椎动物代替热血的脊椎动物，在毒理学、肿瘤学和基因突变筛选、血液等器官疾病方面的研究取得了很大的进展。如培育出的斑马鱼近交品系大量用于基因突变筛选和发育缺陷的研究方面，剑尾鱼在毒理学研究中的应用，减少了高等脊椎动物在这些领域的使用数量。

3. 免疫学技术

免疫学技术形成了许多体外方法的基础，在诊断试验、疫苗质量控制和基础免疫学研究方面尤其有用。熟知的技术有酶联免疫吸附测验（ELISA）、血细胞凝集试验和放射免疫试验（RIA）。这些体外检测方法非常灵敏，但有些情况缺乏专一性，如在分辨有关的抗原和抗体时。因此动物试验有时还避免不了。

1975 年，Kohler 和 Milstein 通过将抗体生产细胞和骨髓瘤融合形成可传代培养的杂交瘤细胞，在挑选和克隆后，每个克隆的杂交瘤细胞可产出一种抗原专一的抗体，称为单克隆抗体，这就是他们发明的单克隆抗体技术。至今，许多动物，尤其是小鼠用来生产单克隆抗体。这些动物通过腹腔注射杂交瘤细胞，10～14d 以后就可回收含有单抗的腹水了。由于腹水加大了对腹腔和胸腔内器官的压力，动物是非常痛苦的。现在这个体内生产的过程可以用几种体外技术代替，如用体外发酵系统或空心纤维系统培养杂交瘤细胞。通过对培养系统不断的改进，现在单抗的生产在产量和成本方面比起体内的生产方式都很有竞争力。因此，在一些欧洲国家，如荷兰、瑞士、英国都颁布了法规指南，仅除几个少有的例外，都对用动物生产单抗进行了限制。

4. 化学-物理方法

纵观生物医学研究的替代方法，如果没有物理-化学的方法那是不完整的。这些方法一般用来从一个复杂的多成分混合物中解析它的组成。高压液相色谱（HPLC）就是这类技术中最典型的例子。这类方法代替动物试验的检测是应用在激素质量控制方面。直到最近，许多产品如胰岛素、降钙素和催产素效价的测定都需要动物模型，大量的动物被用于这方面的检测。现在大部分的天然结构的激素由重组 DNA 技术生产，产品品质和纯度都很好。这就使 HPLC 技术派上用场。实际上已经有一些激素制剂的效价测定，HPLC 被官方指定为必须采用的技术。

5. 数学和计算机模型

我们知道，一个化合物的分子结构、物理化学性质以及生物活性之间存在一定的关系。利用这方面的知识预测许多类型的新化合物的生物活性是可能的，包括它们的毒性，或通过引入微小的分子结构变化提高药物的药效。当分析一系列相关的化合物时这种方法也可用来筛选和排序。从大量的后备化合物中按这种方法初筛，然后剩下少量的药物用动物试验来确定。

在开发新药时，精深丰富的知识是非常重要的，如关于受体的三维结构或引起药效的生物过程，特定基团的原子、基团在分子中的位置、电荷等都会对药物的生物活性产生影响，必须了解这些知识并应用到实践中。通过对已知物质的动物实验研究和人的经验而知，生命系统的功能只能由化合物之间的相互作用反应决定，而体外的研究进一步支持这个观点。计算机随后用来设计所需结构和性质的新化合物。这个技术被称为计算机辅助药物设计，或理性药物设计，在开发治疗艾滋病的药物中已经应用了这项技术。在药物的发现阶段，总是遵循着体外试验和动物试验的过程。但是通过计算机辅助药物设计技术的应用，对药物生物活性的初步筛选后，真正用来做动物试验的化合物就减少了许多。

在有机体内发生的许多过程能用数学方程式表示，即许多生理、生化、病理和毒理过程能建立数学模型。大多数情况下，这些模型是在计算机上建立和使用，所以这些模型也被称为计算机模型或计算机模拟。生理学基础的药物动力学（PBPK）模型能在有机体生理学参数、药物的物理化学特性、药物可能的代谢这些基础上预测药物在体内的吸收、分布、代谢和排泄。这个方法还可预测药物作用的体内组织和它可能的药效和毒性。

6. 人类模型

大多数由动物实验得到的结果都将推论到人的身上。由于动物和人之间在解剖学、生理学、代谢、药理和毒理反应方面的差别，还有人特有的如昏眩、情绪变化等在动物身上探测不到或很难探测到。因此，由动物身上得来的数据外推到人可能会引起一些问题。这就意味着人类是进行实验和测试的最好研究模型。但是，由于伦理学的、法律的的原因用人类进行这类实验是不可行的。然而，越来越多的情况下人类或他们的组织可正当地作为试验的对象。

越来越多的人类材料用于体外研究实验。例如，人类皮肤和肝脏模型就引起了人们的极大兴趣。器官型的皮肤模型由人类的皮肤组织建立并用于测试和基础研究。由于人类和动物的代谢之间存在极大的差异，因此人类的肝脏用于药品的测试和开发得到的数据更具有说服力。人类血液用来筛选热原的方法正在进行合法化，可能不久就能代替兔试验和 LAL 试验。其原理是当热原物质加入到人类血液中后，白血细胞开始产生一类细胞因子，这些细胞因子可以通过 ELISA、生物检测或 RNA-探测方法检测到。

不利的是，人类材料不总是能得到或不总是能足量得到。也许建立一个能保存组织的人类组织库，来调节供求，就能解决人类组织在科学研究中的供应问题。另外一个问题是人类像实验动物一样作为研究的对象必须符合严格的法律规定。通过处理所冒的风险必须排除，得到的益处要表现出来。当对健康的志愿者进行临床试验时，必须把风险降到可以忍受的程度，处理必须没有不可逆转的副作用。病人和健康人志愿者在实验前一定要完全被告知，而且要得到医学伦理学委员会的同意和授权。

7. 遥测技术

遥测技术可以从自由运动的动物身上连续测到几个参数。动物体内被装上可以发射电波的测量装置，通过无线接受装置收集数据。装置已经可以测定体温、血压、心率、心电图等。遥测技术在不干扰和不人为引起动物紧张的情况下对一只动物进行长时间连续的测定。另外，这项技术减少了动物的用量和痛苦，是一个很好的方法。

8. 分层分析

每一个新的方法对动物实验的替代作用都有限，不能完全将动物实验代替。替代的方法一般将现实的情况简化，对反映事物的全面有所限制。因此，许多替代的方法多用在分步检测方案的开始阶段，在这些方法研究结果的基础上再决定是否或怎样进行下面的研究。下面进一步的研究有可能采用动物实验，也有可能采用其他的替代技术。这种思路就形成了应用一个或多个恰当程序化的分步进行研究的方案，叫分层分析。下面是一个利用分层分析对一个化学物质进行皮肤腐蚀性评价的例子（图 6-1）。

开始，用计算机模型来评价这个化合物的物理化学性质，如果得到阳性结果，这个化合物就被标为有腐蚀性。如果得到阴性结果，就接着测定其 pH。如果其 pH 在 11.5 以上或在 2.0 以下，就被认为有腐蚀性。如果其 pH 在 2.0～11.5 之间，该化合物就用有效的非动物的替代模型试验，如果结果仍然是阴性的，则用动物进行进一步的测试。接着这个化合物的皮肤刺激性还要通过眼睛刺激试验来检验。在这个简单的分层分析方法中，在有必要做动物试验前，用了三个预试方法。实际上在药物工业中应用这种分层分析方法可以使实验动物的用量减少 50%。

9. 其他替代方法

在有些情况下，如教学演示，就可以用从屠宰场得来的器官代替实验动物。另外，像用屠宰场得来的牛眼提供角膜进行眼睛刺激试验，取代用活体兔进行的 Draize 眼睛试验。兔眼刺激试验的有些参数可以用屠宰的鸡的眼离体试验得到。

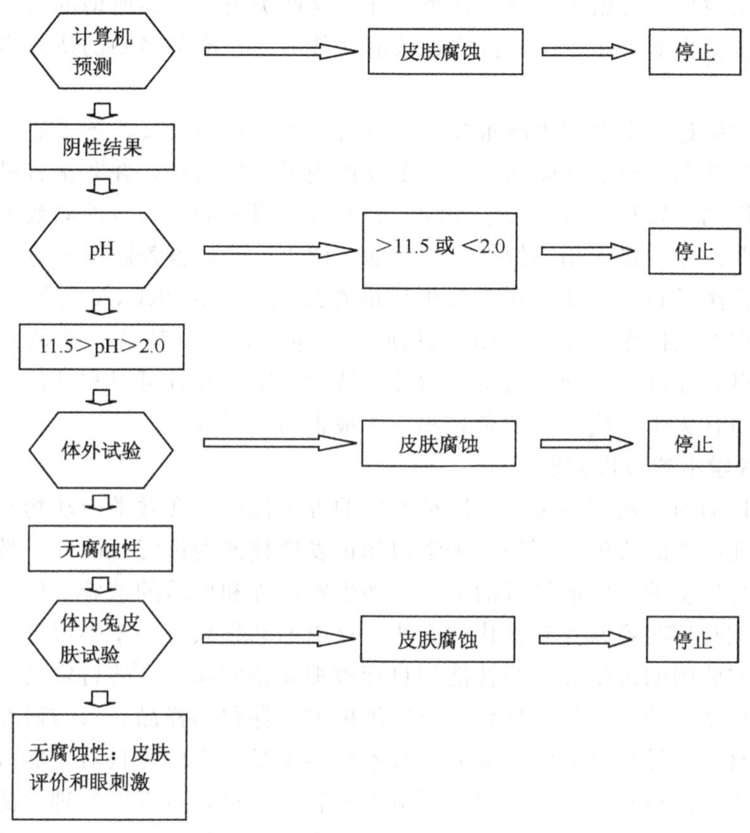

图 6-1 分层分析的步骤

要完全取代兔眼刺激实验找到可以反映这一试验其他方面（如炎症和损伤的恢复）的模型。为了达到这一目标，非动物试验需要扩展到使用其他的方法，如鸡胚绒毛-尿囊膜和细胞培养系统。还有，另一个用屠宰材料替代动物实验的例子是用猪耳检测皮肤刺激和渗透性的试验。

10. 储存、交换和共享研究数据

在许多情况下，是否需要进行动物实验都是在以前动物实验结果的基础上决定的。这就意味着正如在其他学科的情况那样，对研究数据容易收集得到是进步的前提条件。没必要重复以前做过而没有多少科学价值的研究。如果这种没必要做的研究是用动物做的，就更没有价值了。因此，对于科学家和动物来说保存相关的数据和容易共用是非常重要的。由于科学杂志包含了最新的研究成果，因此它是信息最重要的来源，也是信息的最初级的来源。越来越多的杂志现在变成可以容易快速得到的数字化形式。由学术会议得来的信息也属于这种初级来源信息。次级来源信息包括著作、研讨会、综述文章、报告和网络得来的信息。参考手册、引用数据、数据库也属于这类。除了这两类还有一类所谓的灰色文献，即非正式出版报告如讲座、国际报告、政府文件等，在准备当中的待发表文章也属此类。

数字化信息正变得越来越重要。计算机技术的迅猛发展改善了这类信息的储存、交换和获取。通过互联网可以远距离得到最新的信息，并非常容易从很大的数据库中得到比较和参考。关于动物实验和替代研究的很多方面的数据库都已建立起来，非常容易得到相关的信息。例如，PREX 就是服务器位于荷兰乌特勒之大学关于兽医学和实验动物科学数据库的在线信息。NORINA 是关于教学中替代方法的在线数据库。ALTWEB 数据库非常重要，可以从这一个地方得到不同类型的信息，如可以得到动物实验的各种替代方法，并且可以和其他信息源进行链接，还包含关于替代研究的杂志和工作报告的电子版。

11. 教学中的替代方法

教学目的的动物实验常常可以被替代的方法代替。在教学中动物实验的目的并不是验证科学的假说，而是一个学习知识发展技能的过程。因此，教学中的动物实验都是反复重复以前做过的关于一些生物过程和性质的试验。就因为这个原因，这些试验相对容易找到替代的方法。这里的动物只是一个学习的工具，可以根据教学实验阐明理论和训练技能的目标模拟动物实验。一些特定的替代方法在教学中是行之有效的，如物理化学或三维模型、保留的样品、参与研究工作以及通过音像材料和计算机教学。非介入技术对学生是安全的并且对发展替代方法也是有利的。音像材料是教学中最广泛应用的替代方法，对发展伦理学的价值观非常有利。新的计算机技术在教学中引入了许多不同的替代方法，如互动式的学习程序、模拟、数字化录像和网站。这一技术可以满足许多学习目的。使用多媒体可以演示实验过程和结果，甚至可以做得非常逼真。

动物也常用来训练手上的技巧，这时替代的方法不一定有效。但屠宰场的材料配合模拟血流的装置可以用来训练腹腔镜技术。人工大鼠可以用来训练显微外科技术。

三、替代方法的有效性

在过去的 20 年间，对动物实验的替代方法的研究给予了特别的关注和强调。因此从理论到实践发展了不少可代替、减少或优化动物实验的方法。一个替代的方法究竟能否被认可和应用有赖于对该方法进行大量有效性的研究和评价。有效性的定义是指实现特定研究目的的方法的可靠性和可信性。可靠性指的是由模型能得到正确的所测参数。因此，像体外致突变试验应该能分辨出致突变和非致突变化合物。为了验证可靠性，常常将由替代方法得来的结果与经典的方法进行比较，经典方法常常被称做“黄金标准”。可信性指的是在与黄金标准比较的基础上替代方法的敏感性、专一性、重复性、准确性和实用性的综合。新方法的可信性是应用这个方法在精确和标准的条件下，通过实验室内部和实验室之间相互比较研究来评估。

几个国际组织，如世界卫生组织（WHO）和经济合作与发展组织(OECD)，已经发布了关于用于常规研究试验有效性的指南。而在替代方法有效性上，欧洲中心的指南已经被广泛地认可。按照这些指南，有效性研究应该分成几个连续的阶段。第一是有效前期，主要目标是将替代的模型和方法最适化，产生标准操作规程，将试验结果转换成体内毒性试验的格式，在别的实验室也容易进行，并且用参考的标准化合物来评价试验操作过程。第二个阶段，是正式的有效性研究。在这个阶段编号的化合物在多个实验室独立地进行并对其结果进行分析。最后一个阶段，是方法认可性的评价并编制出试验方法指南的草稿。然后这个指南交给一个公认的权威，考虑在他的研究工作中验证。总之，方法有效性的验证是基于国际的合作研究，需要许多实验室的参与。在所有提交的数据中强调的是实验室内和实验室之间结果的误差和实验方法的可靠性。

很明显，这些合作研究是费时、代价高和逻辑上很复杂的工作。关于有效性研究的这些问题正是目前为什么只有少数的替代方法为人们所接受的原因。另一个原因是对有关动物模型（黄金标准）对应的那个替代方法是否有效还有疑问。这些动物模型是用不同的检测参数或者数据范围大，因此证明它们与替代方法之间有很好的一致性比较复杂。

四、替代方法对实验动物使用的影响

自从 20 世纪 80 年代开始，在大多数欧洲国家，实验中使用动物的数量已经有所下降。这可能是几种因素协同影响的结果：控制和限制动物使用法规的修订、效率的增加、实验动物质量的改善提高、经济因素以及动物伦理学方面的进一步强化如动物伦理委员会的活动。替代方法的应用也是一个原因。在荷兰，动物用量大约减少了 50%，主要是由于替代方法的应用。

有些替代方法的认可受到限制可能是由于比起应用完整的有机体它们的不完整性。生理学的过程如吸收、生物转化和分泌等只能在组织培养中模拟到一定的程度，而计算机的模拟是将现实简单化。因此，这些方法所得结果外推的可能性和用在人身上是有限的。当把实验动物的结果信息外推到人时，一定要考虑物种和物种之间的差异。更何况计算机模拟、低等物种和体外系统模型与人的距离更大。这就意味着为了对替代方法所得的结果进一步确定，有时候动物实验是避免不了的。为了考虑应用替代方法，一定要将研究的性质确定，是基础性研究，还是应用性研究。一般地讲，在基础研究中研究者可以根据自己的倾向自由选择研究的方法，这时应用 3R 方法相对容易。其认可通常基于其领域内的有效性和公开发表在权威杂志上。应用研究，尤其是用于常规检验的方法认可基于必须满足的一系列条件和指南。替代方法只能在其被有国际义务的组织（如 OECD）认可的情况下才能应用。其认可是基于多个实验室对其有效性的广泛研究。因此，在常规检验中推行 3R 的方法是繁琐和费时的过程，甚至在取得成功的有效性研究后，由于各组织之间指南上的不协调，在常规检验中广泛推广应用替代方法也受到阻碍。但是一旦替代的方法被认可，在这些常规的检验中使用的动物数量就会大量减少。

转基因动物在研究中使用数量的增加对整个动物用量的影响正在考察中。总的来说，一方面，建立一个新的转基因动物品系本身就需要大量的动物，而越来越多的领域需要使用转基因动物进行研究，这说明在生物医学研究中动物的用量再一次增加；另一方面，转基因动物的使用可以优化科学研究，最终导致动物用量的减少。同时，转基因动物可以繁育人性化的动物模型，从而减小了动物模型和人之间结果外推的障碍。

五、替代方法的未来

开发组织培养、计算机技术、免疫学技术和物理化学方法作为对动物实验的替代，已经取得了较快的发展。通过在人类组织中应用基因芯片技术，可以得到关于疾病相关基因的知识。在这个研究领域可部分避免使用动物。这一领域的进展，伦理学的考虑并不是唯一的原因，可能还有探索以合适的方式进行替代的愿望。预计将来动物实验仍然是不可缺少的，但是动物实验的目标可能从最初的研究转向对体外试验数据的验证上。而且，生物医学研究中最终的验证研究要在人身上进行。

很难预测替代方法对将来实验动物使用的影响。也许用于解决科学问题的动物越来越少，而另一方面，替代方法产生一个新的问题就是它们需要动物试验去验证。

第五节 动物实验的仁慈终点

“疼痛是病人共同经历的一部分：非缓解疼痛对病人身体和生理都具有有害的效应”。上面这句话说明在病人身上或多或少都会发生疼痛，并且医学界和社会对减轻缓解疼痛的重要性都有非常清楚的认识。同样，在多年前对实验动物的疼痛管理的重要性就已经引起人们的重视。疼痛管理的目标在人类和动物都是力求非缓解疼痛的最小发生。但是，由于减少疼痛的药物在一些动物实验中不能使用，这是一个一直没有很好的解决办法的问题。

实验动物的疼痛经历来自于疾病诱发、实验操作和毒物给予。虽然相关的法律已规定引起动物短暂或轻微疼痛和痛苦的操作应该适当地使用镇静剂、镇痛剂和麻醉剂。但是，实验中引起的动物疼痛常不能使用药品来缓解，因为这些药物对实验的对象和结果有干扰作用。因此，法规规定非缓解疼痛和痛苦只能在为完成科学研究目标的阶段内允许存在（USDA，1998）。否则，对经历严重或长时间痛苦的动物应该在实验结束时或在实验过程中采用无痛处死。

是否有办法减少经历非缓解疼痛和痛苦的动物的数量呢？最近人们在国际会议上进行了讨论，认为可以通过尽早结束实验，而又不影响科学研究目标的实现和有效性。最理想的仁慈终点其标准是在动物的疼痛和痛苦发生前就结束实验。当疼痛减轻药物不能使用的情况下，仁慈终点的发展和使用可以减轻和缩短动物经历疼痛的程度和时间。

一、实验动物的疼痛和痛苦的认定

前面已经讲过，疼痛和紧张能引起痛苦，并且其生物效应能干扰实验结果，由于这个原因我们一直都在实验过程中努力做到控制和减缓实验动物的疼痛和紧张引起的效应。疼痛和紧张是生活的一部分不能完全消除。动物如何由非威胁的紧张发展成痛苦？这儿重点讨论的是疼痛、紧张和痛苦的生物学意义以及他们的认定和评价指南。

1. 疼痛

行为表现，肢体回缩反射，发出叫声，朝向刺激的方向，逃跑和进攻，颤抖，摩擦，抓，咬，舔受刺激部位，还有一些植物神经系统反应，如血压升高、心跳加快、被毛立起、瞳孔扩大。

2. 痛苦

周围神经或中央神经组织受损伤后，或呈持续性疾病状态（如癌症），疼痛会一直发展下去，并一直表现出慢性的疼痛，当可适应的值消失不再存在时，就引起痛苦。

二、将垂死状态作为实验的终点

许多实验伴随着高死亡率或产生进行性或严重的疾病导致动物死亡。确定垂死状态，并将其作为有效的实验终点，避免用死亡作为实验终点，减少不必要的疼痛和痛苦。

垂死状态如能准确确认，那么无疑对动物福利是有益的，同时由于实验目标连贯对实验本身也直接带来益处。如果人们能准确预测动物死亡的时间，安乐死就可按时间表的安排进行，这样可以按准确时间规定搜集那些由于动物意外死亡而不能得到的样品。如最近对患有柔脑膜肿瘤的大鼠的研究用后肢麻痹而不是死亡作为实验终点，因而可以收集用于研究肿瘤范围和可能对治疗的反应组织学记录必需的组织。另外，存在一个明显的问题，迫近死亡可以改变许多重要的生理学变量，在这种条件下使得收集的数据在整个研究的整体中成为不正常的甚至不可解释的数据。如微生物感染的小鼠接近死亡时，会出现明显的体温过低并有不正常的脑电路扫描记录（EEG）出现，这时所测得的一些实验就不可用。

因此，先发制人式的安乐死对研究工作有几方面的好处：在出现严重的生理功能打乱后，收集的数据可能对有些实验目的来讲是无用的或起误导作用的，并且为死后分析收集的组织可能会消失。如果研究团队对在研究的终点时准时进行安乐死的意义都有充分认识的话，那么无疑按照已有的终点标准较容易建立起实验的终点。最终，临死状态的明确定义也能提高兽医和动物饲养管理人员对动物健康管理和有效收集高质量数据的能力。

临死状态可通过辨别在动物迫近死亡前几个不同的变量值来定义，并可将它们作为进行先发制人安乐死的信号。为了在实际中很好地应用，这些值应该来源于并特定于一定的实验模型，而且所评价的值应该正是正常数据获得的一部分。研究的数据一般都被研究团队仔细地研究过，可以辨别出关键变量值先兆性变化增加的迹象。因而，这一策略使得常规的信息收集包括与临死相关的信息成为实验的一部分，而不是多余的工作。监测许多形形色色的临床症状可能是一种高强度的劳动，并且研究者使用一般化系统的要求评价的变量还可能比较主观武断，甚至根本与动物严峻的身体状况无关。但是，如果测量的变量与研究的目标相关，那么研究者达到目的的可能性增加。进一步讲，考虑很多的无关变量可能会混淆所属因素的影响，正如在评价疼痛的系统中发生的那样。最有用的办法是，应该确定特定的变量并衡量它们预测性的价值。重要的是要知道哪个因素在特定的情况下是最要紧的。

将从死亡动物身上收集的数据与从活着的动物身上收集的数据比较可以揭示迫近死亡前变化的实验变量，这些变量可能成为死亡或临死状态的有效指示。有关频率信息的一些关键观察或测量应该去做，在特定条件变化和死亡发生的时候，这些有关频率的信息是相当有用的。这类评估常可在初期或小规模预实验中加以指导进行，但是，在实用但微弱的临死指示被确认前，利用动物模型进行这些指标的相关研究工作，熟悉这种指标是很必要的。

第七章　动物实验设计

正确的动物实验设计对提高科学研究质量、发表高水平学术论文都非常重要。目前，在生物医学研究领域的动物实验方面还存在不少低质量的研究工作，一方面是所用动物的质量不高，级别低的动物给实验结果的科学性带来不小的影响；另一方面，研究人员在实验设计和统计学分析方面的训练不足，也是导致研究工作质量低下的重要原因。一个好的实验设计，对统计学分析来说帮助很大，可以使问题变得更容易解决，而一个不正确的实验设计，可能使我们不能从实验结果中提炼出任何有用的信息，因此这一章我们将要介绍和强调实验设计方面的知识。

动物实验通常是研究某种类、品系或性别动物的生物学特性，并间接推断人或其他研究对象的相关方面。因此，实验动物通常被当作其他物种的模型来进行研究。模型的应用有 3 个重要的步骤：①基于对研究对象和模型（候选）动物中疾病发展方面掌握的已有知识，选择适当的模型；②进行一个或多个实验，观察模型对所施加的处理是如何反应的；③考察模型实验的结果与研究对象物种的相关性。

任何动物实验的计划，应首先考虑它涉及的伦理学规范的问题。在这方面，3R 原则提供了一个很好的框架，即动物模型可否用较少或没有知觉的其他对象代替（replacement），如昆虫、原虫、细胞培养或计算机模拟。如果不能，就尽可能考虑优化（refinement）实验，努力把每一个实验动物的疼痛和紧张降到最小。动物应饲养在一个好的环境，没有病原的侵害。外科手术应适当使用麻醉剂和镇静剂，并选择适当的仁慈实验终点。最后，在实验中使用动物的数量要减少（reduction）到能完成实验得到有效数据的最小数目，通过选择适当的动物模型可以减少动物的使用数量，另外，通过良好的实验设计和统计学方法也可减少动物使用数量。3R 对满足动物实验的伦理性和经济性要求都有重要的意义。

第一节　差异的控制

进行动物实验设计时，需要考虑的一个重要控制因素就是实验中的非研究目的差异。前面我们已经讲过，在一个动物群体内遗传差异是引起表型差异的重要原因之一，实验动物的遗传学质量控制可以帮助解决这个问题，但同时引起差异的其他许多原因常不为我们重视，如分组因素引起的差异常被忽视。由于实验动物是一个活的生命体，它对实验过程的反应，甚至饲养条件的微小差异也会引起反应上的不同。这不是我们通过感觉就能控制的，而正是这些差异可能会使我们得到错误的实验结论，或在实验中引入了太大的"背景噪声"掩盖了我们在实验过程中研究的目的差异。因此，在实验设计时，认真考虑这些因素的影响，并采取恰当的策略对它们进行控制是必须做的工作。

一、概述

有机体的形态行为特征要适应环境，正是这种适应性的不同导致有机体产生个体之间的差异，因而，动物的适应性的倾向对一个精确的实验设计来说是不可回避的挑战。我们知道，生物医学的观察是在可变的一个背景上进行的，而且，这个可变的背景比起传统的物理化学实验所遇到的要大得多。一方面是由于生命形式的化学过程（代谢）非常复杂；另一方面是动物对环境影响的积极适应，从遗传学方面讲，动物的稳定性也是较差的。一般用一个群体内存在较大差异的动物进行实验，要检测到我们感兴趣的目的生物学变化，就必须用大量的动物进行实验。用活体动物进行实验，差异的来源有 3 个：①实验者带来的差异；②动物固有的差异；③动物与所处环境相互作用产生的差异。下面我们就这三种差异进行介绍，并就如何对他们进行控制提出一些策略。

二、实验者带来的差异

实验者带来的差异主要有两种：一是动物实验实施的过程（如注射、口服、外科介入等）不规范；二是缺少准确测量的方法手段。这两个因子结合到一起，常常是引起实验结果差异的关键原因。可以说，影响特定研究工作质量和使用动物多少的关键还是在于对实验的设计是否周到全面，动物实验和饲养人员的能力和培训是否到位。

1. 实验过程的实施

实验过程的控制首先应考虑的是确保实验过程的一致性、准确性和完整性。如动物注射给药时，每只动物应使用一套新的注射器和针头，如果用一个注射器一次抽取注射几只动物的药物，这种操作会降低操作的精确度。如果选择一个大针筒的注射器，注射的精度就更难掌握了。正确的操作应该用称重量的方法确定剂量，即吸入药品的注射器重量减去空针重量等于剂量。同时，良好的技术操作也是非常必须的，应避免给药过程中药液溢漏和前后不一致的操作。如应避免在静脉注射过程中针头的拔出，不能始终保证注射部位的无菌条件，以及皮屑进入皮下干扰影响药物的吸收。

实验操作应小心，以减轻动物在实验过程中的紧张情绪，否则不仅会影响动物的代谢，也会改变动物局部血流的速率从而影响药物的吸收率。即使对动物进行一个简单操作过程，也应该经过适当的培训以提高实验人员的操作质量。外科操作要求所有的步骤应按对待患者一样的要求进行。尽管动物本身解剖学方面的差异，使得到高重复性结果非常困难，但操作的标准化应尽可能地去做到，这样出现的残留差异才是可测的，并能用于以后统计学分析中的计算。这些测量可能包括失血量、切除组织的重量、介入的准确位置以及和解剖学标记的关系。这时甚至技术操作上的微小差异，例如阻断血流的结扎不一致，都会影响术后的恢复和组织内血流的最终类型，这种情况肯定会造成在不同生理条件下血流收缩控制的变化，从而将这种意外的差异引入到了实验结果中。

2. 不准确的测量

尽管现在的测量技术和手段越来越先进，可以借此得到大量的有用信息，但许多测量方法本身就存在内在的不准确因素。如在电泳胶上点和带的迁移率、密度和大小受许多微妙因素的影响，不是人为能控制的。另外，像光密度扫描由于色彩饱和的影响可使结果呈非线性。在显微镜视野中对某一类特定细胞记数，其结果受到样品制备差异的影响。颜色和荧光测量方法往往在其极限分辨率的时候很不准确。这些方法技术的不准确产生的差异将严重降低研究中对所研究效应统计学分析的意义。除了采用适当的测量技术方法并正确操作外，控制这类测量差异的主要办法就是对观测数据进行多次的测量。

在动物实验中还有许多与观察动物自然行为有关的测量，这类测量上的差异，控制起来更为困难，却又是不能忽视的问题。研究工作中如果遇到这类的测量，一般是通过定期对不同观察者的观察结果进行交互式的检查来保证一致性。实验中客观观察动物行为的要求，需要不同的观察者之间观测的一致性和同一观察者观测的一贯性。这种情况下，减少观测差异的办法是通过对人员的培训和技能比较，从而使观测结果的精确度达到最高，得到的结果才能用于学术报道。同时，这种方式也为重复实验再评估和比较不同研究者结果提供了有用的信息。2001 年，Nystrom 等提出了一种生态学观测的方法，要点是在一连续的时间点重复观测，用来检查观测的一致性，提出了整个研究过程中观察数据最佳个数的指导意见。换句话说，“差异分组”分析可以用来对对象内和对象间的差异性进行定量。这一技术可以估计需要多少重复的观测才能达到一定的实验精确度。

在许多生态学的调查中，关键是要决定行为测定的最适方法。如动机状态是以进行的行为类型为载体，对其进行测量很困难。通常可采用自由选择参数观察来推断动机状态，观察结果一定是训练有素的观察者处理原始观测数据，并产生他们自己的专门术语来描述目标行为的模拟等级。这种定性的等级随后被用来对目标行为半定量的测定，我们称之为行为的描述性计算。在严格的条件下，这种方法可以在观察者之间达到高度的一致，并导致可以将统计学检验用于复杂的行为学元素。行为类型被分解成更加数量化的组分，必须确定这些行为组分是什么，如一个特定的动作的发生可以由它的频率、个体动作持续的时间或一次这种动作的周期和动物表现的强度来确定。所有这些组分可能随时间变化且相互关联，也可能根据时间和周围触发的环境而定。这些数据的收集需要细心和训练有素的观察者在不断复习巩固打分评判标准后去完成。尽管如此，检查观测者之间的差异和一致性还是经常要做的工作。

甚至在这样的控制条件下，在不同的观测者之间建立一个统一的打分标准仍然是很困难的。一个解决的办法是将动物的行为分解为元素，每一个元素定一个二分打分（存在或不存在），依照这种办法不同的观测者之间或同一观测者在不同时间的观测达到一致的可能性是非常高的。利用发明的动物活动记录仪或附着在动物身上的自动记录仪，来收集有关行为学的参数，是一种重复性更好的办法。这些记录装置的使用使科学研究发展起了行为学研究的数字化数据技术，有利于统计学分析的应用。另一个策略，是将动物放入一种情景中，在这个给定的情景中，动物的目标行为肯定被唤起，动物的反应被准确记录下来。T 和 Y 形迷宫、条件化的小室和各种不同的学习测定装置都属于这类。这类实验中，动物通常经过一段时间的训练，然后在同样的实验中，动物的表现就由改变的生物学条件来决定了。

在用整体动物进行生物医学研究中，行为学和生态学观测的差异是可以控制的。GLP（good laboratory practice）观念的提出和普及，就是一个有效的办法。GLP 是美国 FDA（Food and Drug Administration）在 20 世纪 70 年代提出的为保证用于药品登记的数据可信而建立的标准，现在已被全球的生物医学界认可。GLP 最根本的基础是实验中得到数据和信息的可信性是通过人员的工作质量来保证和实现的。因此，在实验观察的每一个步骤，GLP 要求必须按照被称为标准操作规程（standard operating procedure，SOP）的文本执行，并且这个过程的确认是通过收集数据的人和独立质量保证人员双方签名并定期核查记录来完成的。GLP 的引入大大减少了科学研究中由测量和观测方法带来的差异，说明控制操作使其标准规范可极大提高实验的精度，直接的益处是用较少的动物就可以有效地评价某一化合物的效应，因为“杂音”减少了。

三、固有的动物之间的差异

动物之间除了遗传组成的差异外，许多其他方面的影响也能增加动物间的差异，是我们进行实验设计时需要加以重视和考虑的差异来源。

1. 动物来源不同

我们在写论文的时候都要标明动物提供的单位，这是因为由于遗传漂变，来源不同供货商的动物遗传组成上可能存在差异，而且由于饲养环境的不同，表型上的不同得以显现。许多实验已经证明，产后是动物幼仔发育行为类型的敏感期，它决定随后的成年期保持的行为类型和社会相互关系。而就目前来讲，还没有两个供货商是采用完全一样的动物饲养管理程序或完全一样的环境来饲养动物，如不同的光照周期、不同的微生物背景等。因此，动物来源不同意味着潜在的动物之间差异的存在。

2. 动物饲养管理的差别

动物饲养管理方面的微小变化可能会对动物的行为、生理、生化产生巨大的影响。如在其他环境条件恒定不变的情况下，只更换饲养技术人员，就可使小鼠群体的繁殖性能显著下降一段时间（约几个星期），如果原饲养人员离开很短时间就回到岗位继续工作，这种性能的下降就很小。有人认为这种影响群体性能的原因与视觉、听觉或嗅觉有关。因此，在进行动物实验时，明智的做法是保证动物进入实验的新饲养环境和更换饲养人员后，至少让动物调整一个星期甚至更长时间，才开始实验。

3. 动物生活在不同的环境

动物对其生活的环境是敏感的，一个微小的变化都可影响到它们的行为和生理学特征。而我们这里讲的生活环境不同主要指的是动物所占据的空间——微环境，可能与房间的其余空间是不一样的。饲养笼盒放在笼架上相对进气口和排气口的位置，在笼架中的垂直位置、笼内是否存在内含物（包括垫料和食槽中饲料的多少）等都可能影响到动物生存的微环境。如在一个饲养小鼠的房间内，靠近排气口空间比靠近进气口空间的温度要高 3～4℃，相对湿度要高 5%～10%。当然在同一房间内，本身也存在化学、微生物组成的空间差异。另外，放在笼架上层的大、小鼠，感受到的光强度要比底层的强。一般来说，白化的动物不能对达到视网膜的光线进行限制性调节，可导致视网膜的伤害，因而可能改变松果体的功能，甚至可能影响动物对心理活性药物的反应。还有，大、小鼠和其他许多动物听觉范围、频率比人大得多。对啮齿类动物影响的声音范围一般为 20～40kHz，产生这样噪声的原因很多，如器具笼盒的碰撞落地，送风系统、空调机和电子设备发出的声音等。但我们对这些噪声的测定重视并不普遍，因为人的耳朵不能听到这些声音，就没有引起注意。一般这些声学问题引起的后果最早表现在对动物进行操作时，动物紧张不安的程度增加，繁殖性能改变，如交配推迟、幼仔小或不产仔、哺乳期幼仔死亡率上升或生长速度改变。垫料的特性也会影响动物代谢的特点，包括影响动物对实验处理的反应，如用松木和桉木做成的垫料含有能诱发较大动物肝脏酶活性和细胞毒效应的物质，直接影响动物对药物代谢的特点。

温度、湿度、光照、噪声水平等动物面临的微环境因素的影响一般不容易预测，但在动物实验设计时，必须清楚地认识到它们对提高实验设计完整性所起的重要作用。

4. 动物健康状况

临床疾病会引起明显的疾病症状，患病的动物是不能用来做实验的。而亚临床疾病由于不表现出疾病症状，不容易判断它的存在，因此它对实验结果的影响是非常严重的。这种类型的疾病主要有两个结果，一是疾病可能影响特定的器官，抑制它们的功能，根据疾病的发展情况改变动物的生理和生化状态。当某一疾病改变某一特定器官功能或特定生化代谢途径时，而实验过程又涉及该功能或生化生理的测定，那么实验结果很可能产生偏差。二是这种疾病从广义上对动物健康造成不利影响，使动物对研究中的实验操作变得敏感。

不管是临床还是亚临床的感染带来的更大问题是疾病的严重程度根据动物个体的体质不同而有所不同，表现出在一个群体中，一部分动物被严重影响，一部分可能没有明显地影响，而绝大部分处于以上两种极端情况的中间状态，造成在实验动物的群体中个体差异被大大加大。目前，一般用啮齿类动物进行的研究要求使用排除了大多数啮齿类动物自然情况下侵入感染因素的 SPF 动物。这一要求保证了将感染因素引起动物个体差异的最小化。遗憾的是目前许多种实验动物还没有达到 SPF 水平。

四、动物与环境之间相互作用引起的差异

在实验中我们除了需要考虑并控制动物之间固有的差异以及实验操作相关、动物饲养相关和操作方式相关的差异外，还有一些复合的差异需要我们加以重视。它产生于动物对环境应激或应激源的生理反应、行为反应和生化反应。如果这几个反应可以简单相加，那么结果会导致群体差异比预想要大得多。

环境差异的主要原因是使用环境丰富物，即增加生存环境的复杂性，这样将伴随在动物群体产生严格的社会等级制度。因此，在使用环境丰富物时，应根据动物的群体特点来分别对待。如不同种甚至同种不同品系的动物，对群居的忍耐方式是不一样的，地鼠是一种独居动物，在实验时不宜在分组后群养。同样，有些品系的雄性小鼠如 SJL、BALB/c 和 C57BL/6，群居时表现出很强的攻击性。但大多数品系大鼠或小鼠独居对它们来说是一种应激情形，这时通过提供丰富生活物品、遮掩物、玩耍物等环境丰富物可以改善这种应激情形。有时，如果实验设计需要将测试动物单独分关，也可以提供同一种属的非实验“伴侣”，将由于孤独造成的动物应激降到最小。

群居因素比较复杂，但确实对动物的特性有重要的影响，却常常不为人们所重视。有证据表明小鼠每笼 2 只、4 只或 8 只群居，在体重方面的差异比单独关养要小。并且当动物群居时，大多种属会建立一个相对清晰的优势阶层，即一个统治地位的动物在居住环境四周是绝对的主宰，发挥主要的支配作用，其他动物则处于服从的地位，这种动物群体内阶层的分化会导致动物个体之间其他方面的

差异，处在最底层的动物必须花费相当多的时间来避免与其他动物个体发生矛盾冲突。特别在动物建立社会等级制度的过程中，动物之间会存在相当高的侵略性，这种情形可以引起动物持续性的应激和明显影响动物的行为、生理和生化特征。Haemisch 和 Gantner 报道一个笼盒内 3～5 只雄鼠群居容易形成一个稳定的等级社会，攻击性行为表现最轻。如果这时放入丰富生活的物件，会明显增加持续性的攻击行为。因此，丰富生活的物件在实验当中使用时，应考虑对动物实验的具体影响，是改善还是恶化。一般动物之间的攻击性水平为几个小时最长几周，当动物等级社会形成后，会显著下降，并且应激状态的内分泌指标（如血液肾上腺皮质激素浓度）也下降。因此，实验者在将动物分组群居时，不要马上进行实验处理，而是经过一段时间，让动物等级社会完全建立稳定后再进行实验，这一点非常重要。为了避免动物之间的攻击性行为，我们应该知道社会等级在一个相对小的动物群体中相对稳定，而大的群体中这种稳定性很容易被打破。另外，如果一个群体中一只动物被从群体中拿走或变得生病不健康，竞争就会增加，攻击性水平升高，直到创造一个新的社会结构。因此，建议在实验过程中不要改变动物群居社会的组成成员。还要注意在一个群体内对动物的操作也可能重新触发一段时间的攻击性。动物的这种社会等级制度影响我们在实验中应用环境丰富的策略，因为环境丰富物件的使用增加了环境的复杂性，而动物对喜好环境区域的争夺会加剧动物群体内的应激情形。如在群居的兔群中，占统治地位的兔常占领喜好的位置很长的时间，而其他个体无法享受丰富物件带给的改善，反而容易受到统治者的攻击。因此，如果要采用环境丰富的策略，在兔笼内的饲养区域提供群居的一些改善条件，应提供各种类型的环境丰富物件，并保证在群居的空间内有足够多的“喜好”位置。环境丰富物件的设置应既简单均一并具有吸引力和有效性，又不增加笼内动物之间的竞争。同样重要的是，在更换笼具时不要更换环境丰富物件，以免将其他不熟悉动物的残留气味引入，而发生新的问题。明显的攻击性多发生在天黑后的几个小时内，这时工作人员无法观察到。其结果是第二天表现为被咬伤和其他身体的损伤，甚至有时看不到这种外伤，行为变化也不明显，但群体应激造成结果的差异是客观存在的，必须加以重视。

动物与实验操作过程之间相互作用诱发产生的差异被证明是存在的。首先，动物对不同实验操作者和饲养者表现出不同的反应，说明人造成的动物应激有小有大，这和动物在实验过程中遭受的痛苦水平有关。如果实验要求对动物在连续的多个时间点，不断给药或进行操作，那么这一过程应由同一技术人员来操作完成，并保证环境条件恒定，动物每天处理的时刻一致，不破坏动物的节律。另一个容易忽视的因素是实验工作的时间安排与饲养程序之间的关系。如，如果更换笼具前给药和更换笼具后马上给药，其结果是不一样的。甚至动物给药的顺序也是引起差异的原因，而这一点常常被忽视。当动物从居住的笼内被移出，它们可以发出声音（一般为我们人类听不到的超声波），这种声音尽管可能不是痛苦的喊叫，但它是发出的警戒信号，可使在同一房间的其他动物有所察觉。因此，如果一个实验技术操作能引起动物的不舒适，另外还没接受处理的动物会逐渐变的焦虑不安，结果操作变得非常困难，同时这些动物比起前面处理的动物内分泌状况也有所改变。经过训练的研究人员都应清楚认识到正确操作动物的重要性。例如一群小鼠反复被一个未经训练，没有经验的人员操作，那么实验中对动物的操作部分就会越来越难进行。又如一个实验中动物的操作总是以一个特定的顺序进行，实验结果很可能出现偏差。如对照的化合物先给，信息会被非应激的动物接受，当随后给测试的化合物时，实验组动物的行为举动和生理学已经改变，对照组和实验组的对应性降低。如果给药的顺序是随机进行，那么群体差异就会增加，使得应用于统计学处理的动物数量增加。当这种给药顺序对实验的结果有重大影响时，我们应该考虑使用随机化模块设计来减少这种影响。如，如果设立 4 个剂量组的给药方案，那么将 4 只动物作为一个模块，第一个模块的 4 只动物随机安排顺序分别给 4 个剂量的药物，然后再进行下一个 4 只动物组成的模块，同样进行，如此下去。

控制这类差异最有效的方法就是确保操作动物的人员经过相当水平的训练。还需要的是在动物开始实验前，让动物适应实验室的环境和操作的过程，以降低它们在实验过程中的紧张程度。还有一种技巧是对能坚持服从实验的动物在操作完将其送回笼盒前给一些它喜欢吃的东西或让其放松舒适，以示奖励。

一个最有效减少由于不专业操作带来结果差异的方法是在单位建立专业化的实验中心，在那儿有专业的操作能手替研究者进行操作。一个典型的例子发生在英国的 Sheffield 大学，在那儿为制作单克隆抗体而免疫 BALB/c 小鼠，一个常规的小鼠免疫程序是对 5～10 只动物反复多次地注射，理论上由于这些动物是近交系，又在标准的环境中饲养，动物个体之间的反应应该极为一致。但实际上实验室得到的结果是动物的反应并不都一样，有的产生相对高水平的抗体，有的则对抗原反应相当弱。这样的结果对单克隆抗体的制作影响非常大，后来他们建立了一个实验中心，通过对技术的标准化，尤其是雇佣能熟练操作又不引起动物应激的技术工作人员，在后来的两年研究中一直很成功地得到每一个动物个体的强免疫反应，使得随后挑选单克隆抗体分泌细胞的培养工作顺利进行。

第二节 动物实验设计的内容和步骤

对于任何研究课题来说，实验设计是成功的关键，如果实验设计时，各方面没有考虑周全或没有充分考虑，科学家可能会得出一个错误的结论，造成研究的时间和资源浪费，动物实验更是如此。因而，科学正确地设计实验和标准地进行实验操作才可能得到可重复有效的数据。实验的设计直接关系到实验数据的质量，也直接关系到研究文章的水平。下面我们就动物实验设计的实际过程和主要包括的内容做简单的介绍。

一、实验设计的最初步骤

1. 文献查阅

现在研究工作可查阅文献的方式和渠道是很多的，通过查阅数据库可以查阅各个时期的书刊杂志，如 MEDLINE、TOXLINE、PUBMED、NCBI、SOC-PUS 等。一个研究项目开始前广泛查阅文献是为了明确你所研究的焦点问题都已经知道些什么了，明确相关研究使用的方法，明确适当的动物模型，以及排除不必要的重复研究。另外，这个阶段动物实验的 3R 也应纳入考虑，文献查阅也为证明替代动物实验的方法不可行、引起动物疼痛的操作已经得到评估认可并提供证据。

2. 科研方法

实验设计的中心就是科研方法即研究的路线。一般科研方法由 4 个基本步骤组成：①观察和描述科研中的现象；②系统地陈述问题和解释问题的假说；③利用假说预测新的观察结果；④验证假说。

3. 问题的陈述、研究的目标和提出假说

明确提出问题并对其进行必要的陈述、阐明研究的目标、提出假说是进行实验设计的关键前提。问题的提出应包括实验将说明的问题是什么，它的意义是什么，如应用来改善人类和动物健康的可能性，增加对生物学过程理解的知识等。研究目标的阐明应包括对总目标概括性的描述和对特殊问题加以的阐明。假说是对每一个实验方案的给出至少两个肯定清晰明确的预计结果（如一个无效假定和一个预备假定）。这些结果可以看成是对某特定研究问题的两个实验答案，即无效假定明确两实验组间没有差别，预备假定则明确在实验组之间存在真实客观的差别。尽管可能随着实验的进行这些假说会被修改，但明确提出问题和假说是进行实验设计的基础和前提，下面我们举个这方面的例子。

提出问题：哪种饲料引起大鼠体重增加，是饲料 A 还是 B?

无效假说：各组实验预期得到同样结果（大鼠用饲料 A 和 B，体重增加相同）。

预备假说：实验组之间预期出现不同的结果。

不可检验的假说：结果不容易明确或解释，如饲料 A 看起来好像比 B 好一些，不能明确表达。

4. 动物模型的确定

在选择最佳的动物模型方面，我们提供以下几点建议：①使用系统发育水平最低的动物，符合3R原则中的替代原则。②使用的动物具有研究要求的种属或品系专一特点，或者具有特定研究目的必需的特点。③考虑在实验期间动物模型维持的条件。④充分查阅文献，与同一研究领域的同事讨论，与供应商或动物模型资源库联系，确定动物模型的来源渠道。⑤在最终决定动物模型前征询实验动物兽医的意见。

5. 实验合作者的确定

在研究的过程中，明确应用的实验技术操作，并确认具有相应操作专长的人员来完成。让合作者了解实验的整个设计、计算、样品收集的要求对得到有效数据是必需的。一个大型研究单位的实验动物中心设施可以提供动物实验有关的实验技术操作和培训以及昂贵的设施装备等服务。

二、动物实验设计

1. 研究方案

研究方案是针对提出的问题、研究目标和假说，提出实验操作安排的计划并文字化。它包括确定研究的变量、可控的实验操作、适合的测定参数（可准确反映实验变量控制的效应）、获得样品和产生试验数据的最佳方法等，以及研究中所有实物和数据收集和测定的时间安排。

这时需要讨论的实际操作问题包括动物模型持续的时间，模型中预期疾病的进程（决定测定的最适时间点），人员参加项目的时间、实验花费。如果动物是接受化学或生物学的处理，首先必须确定给药的最适方法（如通过饲料口服或可溶性物质通过饮水口服，通过强制性灌胃或注射）。然后确定已知或潜在的危害因子是否存在，采用危害因子最小风险措施预防。所有实验操作步骤应通过SOP详细规定，满足GLP标准的要求。最后数据分析的方法应该明确，如果组间差异必须通过统计学计算，那么恰当的统计学检验在设计阶段就应明确。

2. 实验单元

研究的对象实体就是实验单元，也是获得数据的单元，可以是一个动物个体，也可以是一组动物群体。例如，当测试药物治疗效果和外科手术时，一只动物个体就可以被认为是一个实验单元，但当测试环境因子致畸时，一整窝动物才是一个实验单元。

3. N因子；实验组别的动物只数

将适当数量的动物分配到每一个实验组别也很重要。尽管在一般的统计学教科书中，我们可以找到计算动物数量的公式，但应该考虑动物实验的特殊性，在实验设计时，确保能得到具有统计学意义的结果。每一实验组动物的数量一般是通过预期各组间结果差异的可能程度和采用的统计学检验方法来定的（在后面的章节有详细的介绍）。另外，一个标准笼盒能容纳动物的数量也是实验动组动物数量确定的实际考虑因素。如一个 460cm^2 的笼盒最多能容纳 4 只成年小鼠，那么每组动物数应该是 4 的倍数。

4. 对照

过多的变量（如遗传、环境、感染因子等）对动物实验的结果产生影响，因此为消除这些外来变量或可能存在的未知变量的影响而设置对照动物。总之，每个实验都应使对照组动物与实验组动物有一个直接对应的关系。对照的种类包括，阳性对照、阴性对照、空白对照、媒介物对照、比拟物对照等。

1）阳性对照

一般在阳性对照组希望有变化。阳性对照的作用是作为一个标准测量各实验组间差异的程度。例如，动物给予毒物作为对照，其结果是产生可重复的生理学改变或损伤，然后新的处理实验组可用来测定是否这些毒物引起的改变或损伤能被阻止或治愈。阳性对照也用来证明动物反应是可探测的，为实验方法提供质量控制。

2）阴性对照

阴性对照是期望由正常状态不产生变化。例如，上面的例子中阴性对照组的动物不给予毒物处理。阴性对照的目的是保证未知变量对实验组动物引起相反的效应不存在，即排除假阳性结果。

3）空白对照

空白对照是模拟处理组的过程而实际上没有给予动物以受试物或处理。例如，将物质 X 植入动物腹腔测试其特性的试验，处理组动物植入 X 受试物，而空白对照一样进行了打开腹腔的手术操作，但无受试物 X 的植入。

4）媒介物对照

在测试化合物溶于一种媒介（如生理盐水或石蜡油）时，这种研究要使用媒介物对照。媒介对照组动物仅给无毒的溶媒，操作方法与给测试物的实验组一样。媒介物对照与非处理组对照比较时，可以确定溶剂是否会引起什么效应。

5）比拟物对照

比拟物对照常常与阳性对照的性质一样，即用一个已知的处理来对比待测处理。例如，用一个癌症动物模型评价一种化学治疗药物，就选用一个现行临床应用公认的药物与待测药物比对实验，以此来确定新的药物在这个模型中是否有治疗作用的提高改善。

5. 动物分组的随机化

动物分组时必须将动物随机分配到实验各组，以确保研究的变量在每一组中不会导致偏差数据。为达到随机化，必须在开始时将动物群体限定，即选定同源的动物群体（如同一近交系或品种的动物）和生物学特征一致的动物（如年龄、性别、体重等），这样限定好的动物群体影响实验数据的变量少。

随机化的方法常用的包括以下几种：

(1) 每只动物有一个固定的编号，进行“暗箱”抽号操作，并将每次抽到随机编号的动物分配到实验各组中。例如，第一个抽出的动物分到1组，第二个抽出的动物分到2组，第三个到1组，第四个到2组，如此下去。

(2) 对于动物只数多，组数多的实验可以利用随机数字表或计算机随机程序来分组。

三、实验设计最后的考虑

实验设计完成后最好要经过进一步的确认和审查，并在正式实验前进行小规模的预实验，初步检验实验设计的合理性，并为进一步的完善提供依据。

1. 实验操作步骤的确认

在美国和欧洲国家动物实验开始前必须经实验动物管理和使用委员会(IACUC) 或动物实验伦理学委员会的确认。这种确认的过程对是否能进行动物实验起决定性的作用。它包括对动物饲养管理和使用的具体操作方案，按照相关的法律（如美国的动物福利法、英国的科学实验法）确认许可。实际上许多提供研究经费的基金组织要求在报送项目申请书时，附上项目中涉及动物实验的部分得到 IACUC 认可的证明。如果研究中还涉及具有危害作用的材料，那么方案还必须需要其他委员会或部门的确认。如，如果感染性因子或重组 DNA 用于实验，还需生物安全委员会的确认；如果放射性同位素或放射物用于实验，那么还需得到放射安全委员会的确认。

2. 人员

我国的《实验动物管理条例》以及美国的《动物福利法》和美国公共卫生署(Public Health Service，PHS) 有关实验动物的法规都强制规定动物饲养管理和使用实验动物进行研究的人员必须经过适当的相关培训，掌握有关动物饲养管理和操作的技术。参加研究项目的所有人员必须经培训取得资格认可，方能进行实验。培训工作的进行在美国是由单位 IACUC 认定的单位承担，在我国是由省级科技管理部门认定的单位承担。

3. 小规模预试验

小规模预试验是使用少量的动物得到预示性的数据或通过预试验将操作和技术固定并完善，以便进行大规模的正式试验。探索组内个体之间在实验系统中的差异，为正式实验确定实验动物使用数量提供依据。另外，通常在操作或测试新的化合物时，小规模预试验的重要性更能体现出来，这里预试验的数据是申请资助项目时证明其合理性的重要依据，从而增加中标的机会。值得提醒的是，所有预试验也要经过 IACUC 确认同意。

4. 数据的输入和分析

研究者对数据的正确收集、输入和分析负全责。事先我们要意识到，当研究中处理的数据量很大时，很容易发生数据收集或输入的错误。例如，组的标识或动物个体标识意外调换。因此，在实验设计时应该规定在数据分析前，制定保证数据质量的措施和程序，确保实验后数据收集或输入发生的错误能被及时辨别出来。这个措施可以设计为通过计算机输入数据直接与动物个体原始数据比较，发现有无数据调换，或每个个体数据与整组的汇编数据比较，辨别出可能的“局外”数据，或与同组数据偏差很大的数据。

5. 讨论

实验设计完成后，广泛征求意见的讨论有时是非常重要的。只有通过更多人的讨论，才可能发现设计中的缺点，得到有益的完善。例如，项目资助组织和IACUC的评价实际上为我们提供了许多来自专家的信息，可以纳入到设计中。其他科研人员发表的文献，以及和同行的讨论也可以为实验设计提供有用的信息，这些都是评价实验设计的可用资源。由于数据的质量决定了由此产生的文章是否具有发表的价值，因此在实验设计阶段就接受同行的建议，并把讨论的重点放在如何得到高质量的数据上，对今后研究工作有效、可重复和可发表是非常有帮助的。

第三节　样本大小的确定

在实验设计中确定样本大小即每组动物数量是非常重要的，它既要满足科学研究有效性的要求，又要符合各国法律法规对使用动物数量的限制。在美国和大多数欧洲国家，一个科研人员在申请项目时，必须提供给动物管理委员会关于实验中动物使用数量的解释，以保证恰当的动物数量被应用。这一节就介绍在实验设计时如何科学地计算使用动物的数量。

由于科研目的不一样，采用的实验种类就不一样，计算实验样本大小的方法也就不一样。

一、小规模预试验

由于前期资料信息的缺乏或实验是否成功的把握不能肯定，有些实验样本的大小是无法计算的，如制作产生转基因动物。而一般其他类型的实验，其复杂的统计学设计都可以简化成一个重要事件的比较，此时样本的量应足够大，达到可以发现统计学意义的结果。小规模预试验是为探索一个新的研究领域，确定在不同的实验条件下对研究的变量是否能以足够的精度测得它的值。同时检查所要进行实验的必备条件是什么。如假定某科研人员要确定 X 因子是否在炎症动物模型中升高。已具备的条件是实验室有测定X因子的技术方法，现在要做的是确定一群小鼠中X因子的差异。研究预实验中，该研究人员设计用10只小鼠分别在诱发炎症前和后测定X因子的浓度。像这样的小规模预实验，由于没有任何前期的数据可用来估算实验中所需动物的数量，使用动物的数量只能是根据经验和推测来定。而这个预实验的结果可以为进一步正式实验提供对实验标准误差和炎症效应程度的一个粗略估算，为计算正式实验样本量的大小提供依据。如果10只动物测得的X因子浓度的标准方差比起该因子的浓度来说相当小，再假如在炎症诱发后X因子的平均浓度增加了2倍（很明显），这种情况下，说明实验进行下去的意义和可能性非常大，X因子的变化很容易检测出来。研究者可以进一步研究追踪X因子全程增加的情况，并测定不同治疗方法中这个因子浓度的变化。

二、基于目标成功或失败的实验

由于实验过程成功的机会相当不稳定，因此这类实验所用动物数量很难计算。例如，通过基因插入到受精卵或ES细胞制作转基因动物，就需要大量的动物。其原因之一是基因或DNA片段整合到细胞基因组中的成功率变化很大，之二是移植后受精卵着床的成功率不一，之三是DNA随机整合到基因组其表达随整合位置和拷贝数的不同变化也很大。这些变化不定因素的综合，使得不同品系小鼠对此操作表现出很大的反应不一，不同基因整合到基因组中的百分率不一。假定制作一个转基因动物系的每个步骤成功率都为5%，根据这个领域专家的经验用单组实验样本量的计算公式［见式（7-1）］，需要用50只动物，如果每个步骤的成功率为1%，则需要300只动物。用ES细胞同源重组制作基因敲出或敲入小鼠的情况，结果变异性要小，因此，比起基因插入转基因动物制作的方法，使用动物的数量要少，但样本量的多少完全是靠经验估算，而非正规的统计学计算。

三、检验假说的正式实验

大多数的动物实验属于检验一个假说的正式实验，与上面描述的实验不同，一般实验前都可以得到一些有用的信息，可以用来计算实验所需要的动物数量。在这类实验中，一般科研人员可以测定三种类型的变量：①二分变量，表现为是/否结果的百分率，如在某一给定时间疾病或死亡的发生率；②连续变量，如某一物质在体液中的浓度或生理功能（如血液流速或排尿量）；③一个事件的发生时刻，像疾病或死亡出现的时间。下面给出计算三种变量研究所需动物数量的方法，之前提出一些所需统计学指标相关的知识。

1. 确定检验的假说

实验设计尽管说起来比较复杂，但一般都可将假说简单归结成一个或几个问题，两组或几组数据的比较。然后可以计算在某种几率水平测定某一效应（或组间期望的差别）的样本大小。注意，研究人员看到的组间差别（效应）越小，或群体变异性越大，观察到显著性差异的样本量肯定越大。

2. 效应大小、标准误差、力度和显著性水平

一般，要计算样本大小，必须提供 3 或 4 个已知因素：①效应大小，一般为两组之间的差别；②对连续性变量而言的群体标准误差（SD）；③测定假定效应的期望力度；④显著性水平。前两个因素对特定实验是对应的，而后两个因素一般为惯例固定的。效应大小是研究者希望检测效应的程度必须以定量的形式陈述表示，研究的目的变量之群体标准误差（SD）可以由小规模预试验的结果得到，也可以由同一实验室以前的结果或科研文献中得到。统计学分析方法如双样 t 检验或通过 χ^2（卡方）比较比率的应用是由实验设计的类型决定的。为避免偏差，假定动物被随机分配到不同的测试组，饲养在相同的环境中，这时实验的力度是指实验效应被测出的概率，一般定为 0.8 或 0.9，即科研人员在假定效应存在的情况下，有 80%或 90%机会发现统计学意义上的结果。而此时 1 减去力度（符号表示为 β）是指得到一个假阴性（false-negative）结果的概率，即不能拒绝否定一个不真实无效假说或不能测得某特定处理效应的概率。阳性结果的规定概率即显著性水平用 α 表示，一般选择在 0.05 或 0.01。换句话说，科研工作者错误表明差别“显著”（而此时事实上不存在差别）的机会不会大于 5%或 1%。一旦力度值和显著性水平选定，统计学模型（如 χ^2、t 检验、差异分析、线性回归）选定，然后给出研究者期望效应的大小以及群体 SD 因子，就可以计算实验所用样本（动物数量）的大小。

3. 二分变量数据的样本大小计算

生物医学研究中有时涉及对二分变量的测定，例如，一个事件的发生表现为频率或百分率。涉及二分变量测定的实验计算样本大小不需要 SD 的前提条件。典型的实验目的是比较两组某特定变量的百分率，只要给出力度值、显著性水平和想测出的差别，用以下的式（7-1）就可计算出样本大小。

$$N=C\frac{p_cq_c+p_eq_e}{d^2}-\frac{2}{d}+2 \tag{7-1}$$

式中：p_c是对照组中某事件发生百分率；p_e是实验组中某事件发生百分率；$q_c=1-p_c$；$q_e=1-p_e$；d 是 p_c和 p_e之间的差别，以一个正值表示；C 是一个常数，根据 α 和 β 选定的值而定，可通过查表而得。

举一个例子来说明该公式的应用。假如，以前的研究告诉我们，某一品系的大鼠老年时肿瘤的发生率是 20%，而实验设计解决的问题是同一品系大鼠经某化合物处理是否会在老年时增加肿瘤的发生率。这时假定化合物处理动物后，在老年时肿瘤发生率增加到50%，探测到这种增加的概率为80%，测试是在$P=0.05$的显著性水平进行（即力度为0.8，$\alpha=0.05$），查得常数$C=7.85$，用式(7-1)可计算出实验每组用动物数为31.07或约32只，总共64只动物。

4. 连续变量数据的样本大小计算

生物医学研究中不少实验常设计测量连续变量，如体液内某种物质的浓度或血流速度等。尽管这时应用的统计学模型较为复杂，但也可通过比较变量平均值的差别达到比较组间差别的目的。这种情况下，只要给定力度、显著性水平、平均值差别的大小、群体变异性或群体平均值的标准误差。就可以根据实验类型利用下列式（7-2）和式（7-3）计算出所需样本的大小。

如果研究工作是比较两组的平均值可用式（7-2）：

$$N=1+2C\left(\frac{S}{d}\right)^2 \tag{7-2}$$

式中：S是变量的群体标准误估算值；d是研究者期望测得的差别即所说的效应水平；C是一个根据α（显著性水平）和β（力度）查表得到的常数。

举个例子，假定在一个影响体重的实验中，大鼠在某一个年龄的平均体重是400g，SD为23g，某一减少食欲的化学物质用来进行实验以了解该化合物是否会改变大鼠的体重。同时假定研究人员在处理组和对照组之间能以90%的力度测得大鼠体重20g的减少，并且显著性水平为5%，查得常数C为10.51，用双侧非配对t检验（用双侧是因为化合物也可能增加体重），可根据式（7-2）计算出每组所用动物数量为28.8只，即大约整个实验需要用60只大鼠（30×2）。

如果研究是比较在同一只动物身上处理前和处理后的值（即所谓的配对研究）可用式（7-3）来计算样本大小，数据可用配对t检验来分析。

$$N=2+C\left(\frac{S}{d}\right)^2 \tag{7-3}$$

5. 单组实验样本大小计算

如果实验的目的是确定一个事件是否已经发生，像是否在一个动物群体中病原体是否存在。那么所需动物数量可以用式（7-4）计算：

$$N=\frac{\lg\beta}{\lg P} \tag{7-4}$$

式中：β是指选择的力度（通常为0.05或0.1）；P是非感染动物占的百分率。例如，如果30%的动物被感染，并且研究者希望有95%的把握检测出感染，那么所需动物样本量是

$$N=\frac{\lg 0.05}{\lg 0.7}=8.4 \tag{7-5}$$

即总共应需9只动物做检查，就可有95%的把握在一个30%动物感染的群体中

检测出感染。如果感染流行低，如只有10%，用式（7-4）计算那么大约动物样本量为30只。

单组实验还有其他几种情况，其样本大小计算的方法也有所不同。例如研究者感兴趣的是建立一个非零的百分率或与以往研究而知的特定值的差别。这类单组实验所需要的动物数量可用式（7-1）计算，可知使用动物的一半数量。这种情况，P_e是假定的百分率，P_c是0或者是以往研究而来特定的值。另外一种情况是，研究者可以在一个单组中测定一个连续变量，并希望建立一个非零或与以往研究所得特定值不一样的值。这类实验样本大小可以用式（7-2）计算然后一半而得，这里d是特定值与假定平均实验值之间的差别。还有一种特殊情况的单组实验，如两个连续变量在单组动物中都被测定，探讨的问题是这两个变量是否显著相关，式（7-6）提供了一种计算方法。

$$N=3+\frac{4C}{\left[\ln\left(\frac{1+r}{1-r}\times\frac{1-r_0}{1+r_0}\right)\right]^2} \tag{7-6}$$

式中：C是和上面公式一样的常数；r是假定的相关系数；r_0是特定的相关系数。

6. 给某一事件定时的样本大小计算

给某一事件定时的统计学分析涉及复杂的统计学模型，但为这类变量估算样本大小有两个简单的方法。第一种方法是利用在两组某固定时刻事件发生的百分率来估算样本大小。这个方法将时间对应事件转换成二分变量，然后用式（7-1）就可计算出样本大小。这种方法得出的样本大小比用结果时间曲线精确计算出的样本大小要大。第二种方法是将时间对应发生的事件作为连续变量处理，样本的大小就可以用式（7-2）计算得出。这种方法只有在所有动物都会发展到事件发生的阶段，如直至死亡或到时间表现为疾病（如肿瘤）的情况下才能用，如果在研究期间有些动物不能达到事件发生的阶段，这个方法就不能用。

7. 关于样本大小计算中的注意事项

在本节中讨论的样本大小的计算方法，尤其是对连续变量计算样本大小的几个公式都是假定变量为标准分布也称正态分布。但如果变量在一个方向有很长的尾巴（通常是向左），就会严重影响我们对样本大小的正确计算。这时可采用数据变形的办法来修正，一个让分布尽量呈正态的共同方法是用lg或平方根或其他的转换形式来分析数据。然后利用变形的变量来计算样本大小和进一步的统计学分析。

对本节中给出的几种计算样本大小的方法存在不同的意见是在所难免的。尽管最后实验数据的分析可能用到的统计学模型比较复杂和尖端，与计算样本大小时用的模型有一定的出入，但我们提供的用简单模型进行计算得出的值是研究最适动物数的大约值，具有非常高的指导价值。

另外，根据我们的经验，在动物实验中使用动物数量方面有两种错误的倾向，一是过少，二是过多。而这两种倾向性的错误中过少占据了很大的比例。这种工作的倾向性导致探测有意义或生物学显著性结果的力度太小。有人对44个有关苏醒剂的动物实验结果进行分析，发现没有一个对半数死亡率的测定具有足够的可信力度。为避免这种错误，必须选择适当的力度、显著性水平、探测效应的大小，并估算研究对象变量的群体差异大小。

目前一些很有帮助的网站提供了动物实验计算样本大小和数据分析的统计学方法，给我们的研究带来了很多的方便。

http://www.biomath.info

http://www.davidonlane.com/hyperstat/power.html

http://www.zoology.ubc.ca/krebs/power.html

http://www.stat.uiowa.edu/rlench/power/index.html

http://www.lal.org.uk/hbook14.htm

第四节 动物实验设计、分析和解释中辅助变量的应用

在动物实验过程中除了实验者特定研究的主要反应变量外，也常常记录许多其他变量。如年龄、几个时间段的体重、食物和水消耗、血液学特征及临床生化特征等。这些附加的变量在动物实验的设计和解释中具有特殊和重要的作用。有时可被引入到正规的设计和分析中，从而增加实验的精确度和力度。即便在正规的设计分析中没有采用，但它们仍可以以一种辅助或探索意义的方式加以利用，为动物实验提供非常有价值的指导信息。合理利用辅助变量还可以减少达到实验目的所用的动物数量，并得到额外的科学信息甚至另有所获。不幸的是，这类信息的科学价值不被实验者重视，常常被遗弃。实际上一个动物实验中我们得到的所有信息都应该恰当地利用和报告。

这里辅助变量的定义与统计学中辅助变量不一样，一般是指除实验中限定或目标反应变量外，可以收集的其他变量的总称。它们和目标反应变量不一定直接有关系，包括被记录但不在实验设计中利用的变量，以及不参与对主要实验反应变量正规分析过程的变量。对于辅助变量的利用需要依赖于研究者丰富的实验动物知识背景，以及对实验预期目标、实验设计、变量值范围等因素的准确把握。有些变量可以被作为实验过程的一部分并用于实验的统计学分析；另有些变量可以作为动物反应的一部分（如当反应特定为器官的体重比时）；还有许多变量可以在不同的探索性分析中起作用，即辅助变量在实验分析中起到的辅助作用。

所有动物实验中都包含了一些有关动物的共同变量来描述，如性别、体重、品系、食物、年龄等。这些变量被认为是普遍的，是不同实验进行比较时主要的

相关因素。这些普遍的变量有些可以被引入到实验设计中作为分模块的因素，有些可以引入到统计学分析中作为伴随变量、协变量、补充信息、条件变量、辅助变量。其中，辅助变量这个词最近出现，并与特定的统计学方法一起使用，在动物实验中越来越广泛。动物实验过程中记录所有动物个体的信息作为实验过程的一个组成部分，保存所有动物个体信息作为实验记录的组成部分是非常重要的。因为不能确定动物及其相关的个体信息会严重限制信息用于实验的可能性，尽管可能这些信息属于关于辅助变量的信息，对解释特定的实验可能没有直接的贡献，但它们在进行全面考虑、解释不同实验之间的差别时就可以起重要的作用了。

一、实验设计中辅助变量的应用

实验设计的主要目的之一是将实验处理分配并用于有效的实验单元，保证所测变量的任何差异是由处理造成而不是其他非对照变量引起。另一个目的是通过控制确定的变量，减少所测反应的变异性使其在可能的范围内，使对处理效应的评价更准确。

如果动物实验中所用动物都是相似的，那么动物数量从 1 到最大随机分配处理就可达到实验设计的主要目的。但是，实际上动物实验所用动物已知或从外观特征（如年龄、体重、性别等）知道有明显区别，那么如果不将这些特征引入到设计当中就会增加反应的变异性，其后果是无法区分处理的效应。

1. 完全随机化设计

完全随机化设计是建立保证每只动物有均等机会接受任何处理的一个程序，将处理分配给实验动物。要注意处理动物的顺序也应是随机化过程的一部分，以保证所有处理动物和处理时间以及反应测量之间的差别以均等的概率散布在所有的处理组中。只有这样才有可能对实验差异和可能的偏差减到最小，从而得到可靠的结果。也就是说，这是在每个方向随机化的不预料性即对偏差的不预见性的最好防止。但是，如果实验用动物之间本身就有很大差别，用于实验的动物数量又少，那么实验差异可能很大以至于在处理之间不能检测到什么差别。这种情况下，由于动物数量较少，随机化过程本身就已经在组间引入了不能接受的差别。例如，对 4 只动物（2♂，2♀）进行两种处理，那么随机化过程很可能分配两只雄性接受一种处理，两只雌性的接受另一种处理。这样的实验会让人们提出一个问题，即实验的结果是否会受性别的影响。大多数动物实验都是用数量有限的动物，那么在完全随机化过程不适用的情况下，在动物分组时引入辅助变量就可以给我们很大的帮助。

2. 随机化模块设计

分模块是实验者控制一个或更多独立变量用来指导分组操作的方法。这些独立变量可能是实验动物的特征如性别或体重，或者是实验环境特性赋予的因素如笼具在笼架上的有效空间位置。实验者按照这些特征将动物分成模块（组），各模块内动物之间在这些特征方面尽可能一致。这种分组相关特征的选定是根据实验者对于这些特征可能效应的知识而定。

例如动物可以分成雌性组（模块）和雄性组（模块），然后再分别将两个模块的动物随机分配到各实验组。当然，遗传背景不同的品系、体重大小、年轻或年长都可以作为实验分组的模块。而在大多数医学实验中使用的动物开始就是一个相似的均一群体，如使用年龄一致，体重在有限范围内的某个小鼠品系，这时其他影响动物实验结果的因素可能成为分组时考虑的模块因素。例如，由于每笼饲养动物的数量有一定的限制，如每笼不超过 10 只小鼠，那么笼盒就成了一个重要的辅助变量，饲养在一个笼盒内的小鼠个体之间相似的程度比起与饲养在别的笼盒内的小鼠个体更高，笼盒就成为实验分组时考虑的模块因素。另外，在同一天的同一时间同时处理所有的动物或测量反应是不可能办到的。这种情况下，处理或测量的时刻就成为可能影响结果的重要变量，是实验者应该考虑直接控制和在分组时成为模块因素。

3. 其他设计

拉丁矩阵设计是为动物实施两种类型模块限制（通常描述为“行”和“列”）提供的设计方法。对于一个长期的实验过程，每天的时刻，每周的天可能是考虑的行和列因素。如果一个实验者想要同时控制几个因素（如品系、性别、年龄），那么可以考虑用因子实验设计的方法。在此，我们不讨论这种复杂的设计方法，请参阅相关的文献。

二、统计分析中辅助变量的应用

有些变量虽然可被测定但又很难控制，并且影响处理的结果。这种情况可以以某种方式对这些变量进行“调整”或“补偿”，目的是提高对反应变量分析的精确度。协变量分析和多变量分析为将辅助变量引入到实验数据统计学分析提供了一种办法。

1. 协变量分析

一般来说，协变量影响目标变量，可测量但不容易控制。那么在对目标变量数据进行统计学分析时如何引入和利用协变量来提高实验数据分析的质量。Fisher 给出了一个既简单又能说明问题的例子，在用一定年龄但初始体重（难控制的协变量）不同的动物进行增重实验时，可以考虑引入初始体重调整动物重量增加的表达形式，如用百分率而不是绝对增加重量数来进行数据统计学分析。当然在所有统计学分析中，引入协变量来调整数据都需要确定一个协变量与反应变量之间的数学关系，并对由此可能产生的有关解释问题加以重视。其中重要的考虑是协变量的引入是否会影响将处理随机分配给动物。因此在使用协变量分析前必须仔细考虑实验所处的生物学情形。

2. 重复测量

实验中，对动物的观察和测量都是天天进行。这是因为重复测量实际上可以将测量的错误“平均掉”而增加数据的准确度。一般情况下，数据分析时将重复测量的数据简单总和就可以了，例如，整个实验期间动物体重的增加可将每天体重增加的测量数据总和。还有另外一些情况，反应线的斜率、反应峰值时间、曲线下的面积可以是实验数据的总和。我们对动物实验中测量的数据应该建立一个观念，即动态测量数据的完整集合，形成实验结果的一个部分，对这些数据集合的适当分析可提供有用的相关信息。

3. 变量分析

在有些动物实验中，每只动物要观测好几个不同的特征数据。例如，每只动物测定 10 项或更多的血液学特征参数。在涉及基因微阵列的实验中，甚至一只动物的几千个特征要被测定。随着过去 30 年计算能力的快速增加、统计学软件实用性的提高，加之人们对许多生物现象内在多变量本质的兴趣，多变量统计学分析方法的使用在增加。

三、探测分析中辅助变量的应用

实验设计时变量的数目（包括非独立变量和独立变量）应予以确定，并以不同的方式纳入实验计算。例如，一旦决定某一品系只用雄性小鼠，那么实验者已经控制了种属和性别这两个辅助变量。对于实验者控制了的变量不再以探测性的方式利用。

1. 利用辅助变量探测局外数据

局外数据或者极端数据对于分析产生巨大的不利影响，扰乱统计分析的结果，导致产生错误的结论。有些局外数据是记录或转抄错误可以通过回查记录加以纠正。但其他情况探测和判断局外数据产生的原因是统计学的一个困难问题，目前还没有一个明确的解决办法。在动物实验中辅助变量的引入和应用可以为判定局外数据和解释它们可能产生的原因提供一种有效的方法。例如局外数据产生的一个原因是动物感染，这种情况可以通过体重这个辅助变量的分析加以判断。像实验中发现个别明显极端的反应测定值如器官重量或血液生化值，与个别动物体重的异常有关，即产生极端数据的个体动物在实验过程中与其他所有动物增重相反表现出体重下降，那么这只动物给出的反应数据在分析时就可以被去除。当局外数据被探测出来，对它们的去留应该从统计学和生物学角度同时加以考虑。第一，对实验的记录应该严格检查，确定数据记录过程和数值是否正确，如果没有证据证明转抄或记录发生了错误，那么应将这个数据包括或排除作两种情况的数据分析，了解这个数据对结论的影响如何。如果这个数据被排除，那么应明确表明并对排除的原因和理由如实报告记录。

2. 应用辅助变量评价随机化过程

对结果分析解释的统计技术其有效性是基于每个观察在统计学上是相互独立的前提，对这个前提条件的违背会严重影响结果的有效性。这个前提条件实际就是我们所称的随机将处理分配给动物的过程。辅助变量为评价这个前提条件的有效性提供了一种简单的方法。在动物实验进行中要做到完全随机化是非常困难的，例如，在许多实验中动物被随机分配到处理组，但接受特定处理的动物为了方便，一般放在同一个笼子内。不同笼内的动物可能放在不同的位置，感受光有强有弱，气流和其他环境因素也是如此。这种安排导致的结果是同一笼内的动物之间相似性增加，但笼与笼之间动物的差别加大。同样，笼盒的不随机放置可能让一种处理的几个笼子以序放在一起，另一种处理的几个笼子跟着排在一起，这种安排的结果是同一种处理的动物相似性加大。

如果随机化过程做得很好、很恰当，没有其他非随机化的因素引入，那么动物组别之间不会在不受处理影响的辅助变量方面存在明显的差别。例如，如果体重或其他辅助变量不被处理影响，那么最终体重和体重的变化在组之间不应该有显著性的差别。如果发现辅助变量表现出显著性的差异并似乎与处理效应显著性差异相关的样子，那么实验中可能存在非随机因素。

3. 利用辅助变量评价观测的一致性

在整个实验过程中GLP和动物饲养规范要求在许多时间点观察动物，并将这些观测的结果作为每一只动物个体实验记录的部分。由于在每个实验过程中人员的变化是存在的，因此进行此项工作的人员应签名确定。一般，最终的观测是目标反应的测量，但是所有前面所做的观测对评价同一人员和不同人员观测之间的一致性是非常有用的信息。

4. 利用辅助变量解释实验之间的差别

为了能使实验独立地进行重复，实验的条件必须进行限定和清楚地描述。但世界范围内要做到实验室之间的结果严格重复非常困难，实际上也是做不到的。那么对实验室之间结果的差别作出合理的解释是科学研究中一个非常重要的问题。2001年一项国际性的研究（Storring and Gaines Dos）提出了一个设定动物实验辅助变量范围的建议，在这个范围辅助变量可以用于解释实验室之间结果的差异。例如，欧洲药典对使用小鼠的年龄范围的规定是17～28d，并提出要设立类似阳性对照的实验组，以确定实验的有效性。

总结起来，有效的生物医学实验需要正确地记录辅助变量并将它们与实验数据联系在一起考虑，综合有关辅助变量的信息，解释实验的结果。

第八章　动物实验组织和管理

从科学理论上讲，实验研究是人们获得科学知识的两个重要途径之一。在实验研究中动物实验扮演着极其重要的角色。通过动物实验研究取得正确的结论，依赖于正确的实验方法，其中涉及动物实验的理论依据、动物实验的设计、动物实验的标准化、动物实验的组织和管理等。

第一节　系统观察和实验研究

科学信息的获得一般有两个途径：系统观察和实验研究。前者即“描述性研究”，着重于确定数量或关系。众所周知，在一般情况下，通过系统观察能帮助我们理清各种事物间的相互关系。例如，估计各国人的平均年龄，或因冠心病引起死亡的人数等。通过系统观察，才能理清事物间的关联性。如吸烟和肺癌就有很大的相关性，但我们不能就此肯定吸烟能引起肺癌，还必须通过大量的实验研究来证实这一点。

实验研究的方法是截然不同的，可分为多个不同的步骤，其中很重要的两个是：实验设计和实验过程中各组所得数据的分析。通过分析，就很容易得出结论。实验研究的基础是系统观察或一些简单的实验。做这些实验一方面是为了揭示生物规律和生命现象，另一方面是因为一些法规的要求。例如，一种新药在投放市场之前，我们就必须通过大量的实验来研究它可能对人的毒副作用，从而确定人每天的用量。

对于获取新知识的途径，哲学家们的意见并不是完全统一的，但至少有一个共同点，就是实验研究在早期调查的基础上，通过不同的观察而形成一种或更多解释性学说，逻辑和直觉在此起了重要的作用。根据“归纳—假说—演绎”学说（The inductive-hypothetic-deductive philosophy），在此阶段用到归纳推理的方法。例如，若是一组相似的化学药品在不同种类的实验动物中都无法诱导癌，通过归纳推理即可得出一般性的假设：所有这些相似的化学药品对所有的动物（包括人）都是非致癌物质。然而，某些动物种类不适合这一般规律或是新的化学药品不遵守它也是可能的。在一般假设的基础上，一个具体的有效的假设就产生了。例如，这种新的化学药品不会导致人类产生癌症，或者它对于大鼠是非致癌物质。这种假设包括推理（或是预测）让人或大鼠服用这种化合物不会导致癌症。从假设推理未知我们称之为演绎（deduction）。

现在，假设可以被实验所证明。当一个假设没有在实验结果的基础上被否定，它将会被接受。实验结果，也包括一些经常偶然并发的实验现象，可能对一个完全新的“归纳—假设—演绎—实验—归纳”螺旋有一定作用（一种哲学观点），或者是推翻当前的假设而形成一个新的假设。

一个动物实验的目的是用来论证某一个确定的假设。在动物实验中，有一个概念经常不能被很好的理解，即“从动物类推到人”。一些科学家认为，先在动物上进行实验研究，然后把实验结果类推到人类。至于是如何准确的完成这一过程却很少描述。然而，潜在的哲学来自归纳推理，或者从一系列我们已做的观测（例如某种药物对小鼠和犬是安全的）到我们未做的观测（该药对人也是安全的）结论得来的。归纳—假设—演绎学说认为上述整个过程是违背逻辑的。许多反对动物实验者同样认为这是不符合逻辑的。他们能够列举出一些特例来说明动物实验的结果并未在人类得到证实（例如，青霉素可以杀死豚鼠）。从这个观点可以看出，未来趋势似乎是，体外实验会越来越难以被证明是合理的。很显然，如果难以解释如何从小鼠到人类的外推，那么就更难去证实从细菌到人类的类推是合理的。

一个毒理学家将会做出一系列的假设，并且用实验去检验它们。第一个假设可能是这种化合物没有毒性。这个假设可以用细胞毒性实验和其他的体外技术去证明。失败就说明这种化合物是有毒性的，意味着这个假说暂时被否定了。当然，实验应该尽可能的科学、严格。从这一点出发，另外一种假说可能会出现：这种化合物不是哺乳动物的致癌物质。这种假设可以在大鼠和其他实验动物身上被验证。如果证明它是大鼠的致癌物质，那么这种假说就会被排除。在大多数病人身上这种复合物就会被放弃。然而，可能会继续有另外一种假说提出。根据这种观点，很明显没有外推过程。一种假说提出后，在实验开始之前已经确定了相应的作用。

在哲学思想影响下，在考虑动物实验的时候会有很多方便之处。外推不需要解释，体外实验和使用低等生物能够得到结论，因此，使用更多的灵长类的压力会大大的减少。为了获得可靠的实验数据来支持检验假说，我们应该考虑，怎样恰当、合理的安排动物实验。

第二节 动物实验结果的推演

进行动物实验研究时，一定要对可能的研究结果进行充分的分析论证。因为动物实验的结果或结论，根据对应原则，最终将主要应用于人类疾病研究中。在这里，对应指不同动物种间（包括动物与人类之间）的形态结构和生理现象，在进化意义上的相似性。尽管不同动物种之间存在着进化上的差异，大多数实验动物还是与人类有相似之处。对应原则要求我们在研究问题时，依据一定的目的、路线，选取相应的实验动物，而后对研究结果进行对应外推，就可以达到我们期望的结果。

动物实验结果的推演有两种形式，即从数量和质量方面分别进行外推。质量外推是指将实验动物对处理的病理、生理变化过程推演至其他动物或人类。数量外推是在动物实验的基础上，评价一定剂量的化合物对其他动物或人产生的有益或有害反应。动物的数量性状和质量性状对生理反应的影响是相对的。例如，温血动物的基础消化率和动物体表面积成一定的比例关系。动物的器官越小，相对表面积越大，因而消化水平越高。体形较小的动物，肝、肾和心所占体重的比例大。因而，我们在研究剂量效应关系时采用更为合理的消化体重（绝对体重的0.75），而不是绝对体重。

实验动物的不适程度也会影响动物实验结果的推演。如表8-1所示，结合实验动物模型和目标动物的相似性以及实验过程中不舒适程度，得出动物实验结果推演的一般参考意见。对同种动物而言，动物实验结果推演的可靠性主要由实验设计决定。此外，动物实验结果的推演也受动物基因型、性别、年龄和生理状态等影响，尤其是要注意基因对不同种类动物的决定性影响。

表8-1 动物实验结果的推演

动物模型和目标动物	实验期间动物的不适程度	推演类型	
		质量型	数量型
匹配	轻	+++	+++
	重	+++	++
不匹配	轻	++	+
	重	++	+

注：表中“+”表示动物实验结果推演可靠性差，“++”表示一般，“+++”表示推演可靠性好。

在工业、农业、食品和药物生产过程中，常会涉及产品安全性的评价，为减少对人类的危险，动物实验是一种积极有效的方法，但动物实验结果并不能绝对保证人类的安全，一种动物实验的安全结果对另一种动物甚至可能是灾难性的。如美国FDA要求进行毒理学检验时，通常使用两种不同的实验动物，以最大可能获得可靠数据。

动物实验的结果不能绝对推演到人类，因为动物实验的结果不可能在人类研究中得到一一证实。动物实验结果是在特定条件下得到的，动物实验结果的外推只是为了减少同样处理带给人类的危险性而进行的一种实验研究。

第三节 动物实验过程

一、选择研究题目

从广义的来讲，科学研究选题是由社会的发展和人们的生活水平决定的（例如，癌症的发生就和人们所处的环境有很大的关系）。从狭义的来讲，科学研究的选题是由研究机构的目标和能力来决定，或由研究者的兴趣来决定。

动物实验有时也是因为现代社会的需要或政府的一些法规的要求，特别是一些新的化学制剂（生物制品、药品等）在得到认证前，必须做一系列的动物实验。对于动物实验的方法，各国法规里都做了相应的规定。

二、提出假设

实际上，一个完整假设的提出必须经过以下 3 个阶段：

(1) 观察和记录所有的相关信息。

(2) 分析和归类这些信息。

(3) 在这些信息的基础上提出假设。

在实践中，判断哪些信息是相关信息是很困难的。在这个判断过程中，直觉起了很重要的作用。我们必须查阅大量的文献资料，这时借助于计算机和文献库就显得特别有效。

通过对相关信息进行分析和归类，就形成一个初步的假设。

一般的假设包含着对我们观察到的现象和可能发生的现象两者之间的关系的一种推测。大胆的设想显得非常重要，特别是当我们提出的假设已经打破了传统观念的时候。这样我们才会有伟大的发现。这一点是很容易得到证实。我们往往都希望自己的大胆推测能够成为一个事实，从而取代人们现有的一些理论。这就需要通过一些动物实验来验证。

证实富有成效的假设的方法是多变的，有时表面看起来很不科学。这是很容易理解的，因为对于一个新的假设要形成一种理论，必须经过严格的、公认的程序进行检验。

各种最初的假设都要通过大量的实验得以检验，这就要求我们必须认真地挑选正确的实验方法来进行检验。对于这些预实验结果要进行认真分析，如果不这样做你会发现，好不容易得到的实验结果，反而反驳了我们最初的假设。

例如，在判断一个假设时，很明显的一点是先完成实验，否则人们很容易在实验开始不久就事先得出结论，这就使得实验不能像我们预先设计的那样如期进行。人们在刻意设计实验时，处于浓厚的科学兴趣，使得我们获得一些意外的发现。然而，在极少数的情况下，这些发现会使得目前的假设不能被接受，对目前假设的鉴定就显得很重要。

通过以下三点我们就可以得出合理的假设：

（1）具有专业化的条件，能够进行假设的检验。例如，实验包括使用一种特殊品系的大鼠，或实验期间需要特殊的处理。实验中如果出现错误，有时会使假设得到反证（如要证实一种化合物对大鼠无毒），也许是因为仅仅用错了动物品系，就得到了相反的结论。好的实验设计可以避免这些问题，通过选择几种不同品种、品系的实验动物、实验过程、给药方式、饲养管理条件等，得到一致的实验结果。

（2）实验能力。一个小的或糟糕的实验设计，只用到了一些明显的实验材料，没有注意到一些细微因素的影响，而这些影响可能对生物医学研究显得非常重要，用于检验假设显得非常恰当。我们应当清楚，对待假设科学的态度应该是不但要有大胆的假设，而且又要有严格的、具有独创性的推翻这个假设的想法。一个好的实验设计，应该具有足够多的对于生物医学研究显得很重要的证据，从而保证实验结果的可靠性。

（3）假设要能被实验更好地证明。如果实验结果不能证明现在的假设，我们就要对假设进行必要的调整，使我们的假设更符合实际。

三、选择研究材料

当我们选择适当的实验材料的时候，我们应当接受许多事物，包括动物甚至人类。在这里主要是指用于制作实验需要的动物模型。要得到通用的实验结果，选择实验动物就显得很重要。因为我们最终要将这个结果推及到另外一种动物，包括人类。

四、准备研究方案

在准确叙述假设的过程中，我们应当充分考虑实验过程中实验操作的可能性。研究者往往对于选择适当的实验方法显得很自如。然而，实验样本大小的确定却受到实验统计水平的影响，有些影响往往是客观因素引起的。例如，在选择实验动物时，许多都是由对现有的动物品种的实验操作技术经验来决定的。

下面列举出设计研究方案时应该注意的几个方面：

（1）由事实和推论得出一般的假设。

（2）简洁概括假设。

（3）准确地辩论推理能够检验假设。

（4）示意性的实验设计，包含了实验过程中的各种处理。

（5）对实验操作过程的解说和测量方法的描述。

（6）简述可能对动物造成的不适。

（7）应用动物的数量和所用的统计学的方法都应当加以说明。提供相关的统计分析和所用的统计学方法及对实验可行性进行讨论的结果。

（8）简述实验准备情况，包括准备的方法、过程和分析的资料。

（9）实验中的一些实际情况，诸如人员需求、实验负责人的姓名、所需要的经费等。

正确的研究方案的确定，一是对评判实验目的能否被伦理所接受有益，二是对于同行审查研究成果有益，三是对申请各种基金有益，再就是对准备详尽的实验方案、评价和报告实验结果都有益。

五、实验实施时的详尽方案

需要准备一个动物实验的日程表，写上简单明了的实验方案，但实验过程应该描述清楚，注明对实验动物品种、品系的选择，动物的营养、饲喂方式和时间的选择，样本的采集和动物的安乐死等。详细的草案应该包括实验者、实验动物和实验技术几个方面的问题。实验者还应该经常关注用于检验科学假设的条件。

实验结束时，收集所有的实验资料，运用数学统计的方法进行分析处理，最后看看结果是否证明了原来的假设。

六、评估和报告（论文的写作）

在对实验结果进行统计分析的基础上得出的结论，正好可以证明我们最初的假设，这也许比较困难，特别是对一些更一般的假设。

并不是所给的任意一个实验都能严格地检验假设。实际上进行实验研究时，经常需要选择特殊品系的实验动物、特别的管理机制、特制的饲料和特殊的装置等。如果实验证实假设有明显的错误，而实验本身又是成功的，研究者有可能对实验的其他条件产生怀疑，如不同的动物品系、饲养方式和实验的其他设备等。对于带有普遍性的假设，在一个广泛的、不同种条件下进行严格的检验。如采用不同品种品系的实验动物、不同的饲养管理方式等，所得到的结果基本上应该是一致的。例如，要证明“某种化合物对哺乳动物（包括人）不会产生致癌作用”这样的假设，用不同的动物和不同的给药方式得到的结果基本上应该是相同的。这样的假设是能够检验的。如果我们换用了另一个品系的大鼠实验时，发现这个物质可以致癌，那么我们的假设就被反证了。但对于有的假设需要在不同的条件下，换用不同品系的实验动物进行多次实验来验证，这样的假设验证起来就比较困难一点。也可能要做一系列的实验来验证。

最后一个阶段是得出结论并对这些实验结果进行分析。在国内以某种形式进行报道或在一些科学杂志上以论文形式进行发表。论文的格式由投递到的杂志的要求来决定。所有正式的研究报告通常包括以下几个方面：

1. 标题和实验者

包括与所有参与实验研究的人员。所有的参与者都应该在实验的过程中都做出了自己的贡献。

2. 摘要

简要的介绍实验研究的目的、实验的设计、实验方法和结论。

3. 导论

简单地介绍一下相关的背景知识、国内外类似研究现状，提出可能的假设。如果假设不成立的话陈述一下预期的结果。

4. 材料和方法

动物实验的结果应该具有可重复性。因此，在报道实验结果时，应该详细说明所用的实验动物和动物实验条件，以便在相同条件下能被重复。以下几点应加以详细说明：

（1）实验动物。遗传背景、品种、品系（近交系、封闭群、其他遗传质量控制）和正确的命名，模型的制作，动物的年龄、性别、体重，微生物控制等级等。

（2）动物实验条件。实验设施的类型（屏障、隔离、层流）、温度、湿度、气流、光照（白天、黑夜明暗交替）、笼具类型（大小、形状、材料、过滤帽情况等）、每笼中的动物数、垫料（类型、更换次数）、运输和喂养的时间等。

（3）营养。饲料（包括厂商、成分、配方、灭菌、质量控制方法等），采食情况（自由采食、限制饮食，还是二者兼有）、饮水情况（自由饮水、自动化供应、瓶装、消毒、水质等）。

（4）实验程序。化学物质、药品（剂量、厂商、纯度、添加剂）、实验时间、动物发情周期、生理状况、给药途径（口服、静脉注射）、样本的采集（血液、尿液、粪便）、麻醉方法（麻醉的程序、麻醉的类型、麻醉剂的剂量、麻醉持续的时间、给药途径）、动物处死的技术、安乐死（方法）、标本的采集、处理和组织器官的保存等。

（5）实验设计。正式的设计（按照完全随机化的原则，随机分组、拉丁化设计等）、评估方法和统计分析方法（参变量、检验、差异分析、回归性和相关性、有无参变量）等，都应该交代清楚。另外，还应当注明实验动物管理委员会对实验方案的审批情况。

5. 实验结果

通过图形、表格和文字等将实验结果展示出来，文字简洁扼要。

6. 实验结论

简单扼要地得出结论性的实验结果，说明实验假设被证明的情况和取得的科研成果，为将来的研究提出好的建议。

7. 致谢

对于在研究过程中给予帮助的人和单位表示自己的谢意。

8. 参考文献

列出研究中所引用文献的题目、作者出处等。

一篇论文从投稿到出版常常需要一定的时间。编辑首先会将文稿交给一些专家审阅，他们会对一些实验设计的质量和工作假设提出一些中肯的建议，对实验方法给予指导，对取得的成果加以肯定。一般情况下，编辑会将文稿返回给作者，让其根据专家提出的建议进行必要的修改，或补充实验。这时，有的作者会根据专家的建议修改文稿，有的作者可能会坚持自己的观点。

仲裁机构常常做一些实验来验证论文的真实性，他们有时也会让作者解释他们实验设计的合理性和实验结果的正确性。通过这样，这些研究成果就有机会在一些知名杂志上发表。

一旦论文在一些国际杂志上发表之后，特别是在国际英文期刊上，实验结果就会引起很多人的兴趣，由此论文也会引发一些新的假设，或使验证原有假设的实验设计更加严密。

第四节 动物实验组织和管理

使用实验动物进行生物医学研究计划不是一个人能够实施的，是一个涉及很多人、复杂的研究过程。如果，不能很好的组织和管理动物实验项目，可能得不出正确的结论，验证不了研究者的假设。

一个成功的进行动物实验研究的专家就像一个经理，必须深刻理解动物实验的结构（组织）和过程（管理），以便利用有利因素，克服不利因素。

动物实验研究的工作量决定了一个科研人员根本不可能管理整个项目，需要项目内各种人员进行适当的分工、配合。研究人员设计、组织、实施动物实验和经费管理，撰写研究报告；有动物实验资格的技术员，按照实验设计进行具体的实验操作；动物饲养员负责动物日常饲喂、管理；实验动物管理委员会检查实验中动物的福利是否得到保障，实验方法是否人道等。

一、动物实验的特殊条件

研究人员的优化和物质资源的利用，使动物实验研究的组织结构正在发生变化。动物实验具有的特殊性已经超过了实验本身对人员和物质资源的需要。科研人员在设计动物实验时，除了要考虑科学性和有效性外，还有义务限制使用动物的数量，尽可能的避免在实验中给动物造成疼痛和痛苦，这种附加的要求在很多国家已经以法律形式要求科研人员无条件执行。实验动物管理委员会时刻监视动物实验过程，使研究者在实验时受到道德的约束，以至于任何时候使用有关动物的实验方案，都要保证使用动物的数量为最小，尽可能使方法技术精确。有很多方法可以达到这一目的：增加研究机构之间的信息交流；培训时以死动物代替活动物；招用经验丰富的、技术熟练的管理员和技师。值班记录在很多国家已成为法律规定，它可以防止不必要的和无法控制的动物实验研究发生，对实验对象和动物数量加以限制，以及对动物痛苦水平加以评价。

许多国家要求研究机构成立实验动物管理委员会（IACUC）或类似机构，其任务就是判断一个动物实验计划有无必要进行，如有必要，动物实验计划实施中是否遵守相关法律。所以，在这些国家，一个动物实验项目必须预先呈交给实验动物管理委员会，并得到其认可，才能够进行。

当设计一个动物实验时，项目负责人必须了解相关法规，充分考虑以下内容：

（1）动物实验方案是否符合国家法律？应该注意，在很多国家，不是所有关于动物实验的方案都可以实施。

（2）该研究机构是否是政府部门认可的有权进行动物实验的机构？

（3）该研究人员是否有资格设计或进行动物实验？

（4）是否有充分的理由解释使用动物进行研究的必要性？

（5）是否有足够的专业人员（饲养员、技术员等）以保证实验的顺利进行？

（6）实验动物的来源是否合法？

（7）动物的饲养条件是否符合要求？

（8）实验中是否有适当的设备、试剂用于动物的麻醉和安乐死？是否所有相关人员都知道如何使用？

（9）当地的动物福利机构是否了解本实验？在实验开始前，他们是否被事先告知？

（10）本研究计划的进行是否得到实验动物管理委员会许可？

（11）是否记录了实验动物的使用，并保存了值班记录？

提倡动物福利的呼声越来越高，使得许多国家动物实验的法规不得不反复修正。总的发展趋势是，对于参与动物实验人员（包括设计、指导、实施的研究人员和饲养人员）资格的要求越来越高了。

上面提到的因素对于动物实验的组织和管理者来说，可能有些严厉，涉及范围也太广。但是，一个良好的设计方案不仅会得出准确的实验结果，而且可以避免使用过多的动物，既符合道德约束，也节约了时间和金钱。所以，严格的实验设计，对动物实验实施是非常有利的。

二、动物实验的影响因素

动物实验的重复高度依赖于动物实验的标准化。在设计一个动物实验项目时，注意表 8-2 中所提到的影响动物实验的因素，并尽可能满足那些条件，使实验和动物的变异降到最小。动物实验标准化的要求是，尽可能使用同一供应商提供的动物，相同的管理人员和技术员，相同的动物房舍，在每天的同一时间进行相同的实验过程，等等。这也就意味着研究者和辅助人员（包括管理员、技术员）之间要亲密无间地合作。

表 8-2　影响动物实验结果的因素

影响因素	注意事项
遗传质量	品系、繁殖系统、供应商
生物学状态	性别、年龄、体重
健康状态	供应商、健康状态、屏障系统
营养	供应商、营养成分、饮水
饲养条件（饲养盒）	类型、垫料、饲养数量
饲养条件（房间）	通风、温度、相对湿度、照明、噪声、其他动物
运输	运输方法、运输盒、饲料和饮水
动物饲养	合格的饲养员
实验技术	合格的技术员、标准技术、时间安排

三、GLP 规范和动物实验

动物实验是使用动物进行研究的一个特殊领域，其中组织和管理非常重要，实验中我们经常会遇到一些诸如动物的管理，化学物质、药品使用，医学实验方法的探讨，饲料供应等问题。这些管理程序应该遵循国家有关法律、政策。很多国家在研究中遵守 GLP 要求。GLP（Good Laboratory Practice）是国际上通用的具有良好的质量管理规范的简称，是药品安全性评价过程中就组织管理、项目实施、记录报告、资料保存等方面所制定的法规，其目的在于保证药品安全性评价的完整性、可靠性和重复性。

美国 FDA（Food and Drug Administration）1978 年 12 月最早颁布并实行 GLP，指出凡不符合 GLP 标准的实验室没有资格从事为新药申报而进行的毒理实验，对所提供的安全性实验资料，FDA 一概不受理。欧盟于 1980 年制定、1981 年实施 GLP。日本 1982 年制定、1983 年开始实施。我国 1993 年 12 月首次颁布 GLP，1999 年 10 月进行了首次修订，2003 年再次修订。

随着科学技术的发展和人们对药品安全性的重视，GLP 条款逐步增加和完善，逐渐被各国认同。各国的GLP原则基本一致，内容也十分接近，GLP已经成为新药开发的国际性规范。美国FDA已经和英国、德国、法国、瑞士、意大利、日本、瑞典及荷兰等国家相继建立了两国间的GLP协议，相互认可，互通情况，一个国家的实验结果可被对方国家认可、登记，从而减少不必要的重复实验。

因为新药安全性评价需要使用动物进行毒理学研究，所以GLP中对于实验动物的使用和管理有详细、明确的要求。如GLP要求，在新药开始研究之前，必须要有一个明确的动物实验研究计划，这个计划中要详细阐明实验的性质和范围，包括为达到预期目的而设计的实验流程，也包含负责该项实验的研究者的姓名和资质，以及所有观察记录的时间。实验过程涉及的所有步骤都要详细记录，遵守工作条例和标准操作规程（standard operating procedure，SOP）。对动物饲养、卫生、实验技术、观测方法、动物检查、数据收集和处理等都要有标准的操作方法。GLP原则也考虑到实验室和动物房的设计和配备，对动物房的结构和环境条件有一些具体要求。另外，实验动物的质量必须达到研究者要求，证实所有这些条件的证明材料一定要保存妥当。

尽管GLP最初目标是为了保证动物实验在药物毒性研究中的准确性，将GLP规则推广至其他涉及动物实验的研究领域中，有利于这些研究项目的标准化，增加实验结果的重复性。

当然，GLP规则并不能适合所有的动物实验研究，因为每一类型动物实验对于标准化都有其自身特殊的含义。

四、动物实验集中化

许多研究机构将动物实验研究的空间和设施集中管理和使用，为本单位科研人员服务。

动物实验集中化有以下3个层次：

第一，“实验动物供应室”，进行实验动物生产、采购、饲养、检疫等。

第二，“实验动物旅馆”，除了第一服务范围外，也是安置、喂养不常用动物或需要特殊安置的动物。如羊、犬、猫、灵长类。也包括整个实验期间饲养所有动物。这样管理，即使一个研究室没有自己的动物房，也没有关系，研究者可以使用“实验动物旅馆”的设施。但是，如果动物要进行外科手术、照射、X射线等项目时，动物还需要从“实验动物旅馆”搬出来。

第三，“动物实验中心”，是动物实验集中化的最高形式，不仅包括第一和第二的全部功能，而且，还在“中心”实施整个动物实验过程，动物不用搬来搬去。

对于研究者来说，动物实验的集中意味着将不属于一个部门的合作者、动物房、设备集中起来。动物实验的集中管理，要求该部门的工作人员必须有明确的目标，丰富的知识，并能积极投身于动物实验工作。“动物实验中心”与其他的研究部门有很大的不同，他们特别关注实验动物的质量和健康状况。集中可能带来一些麻烦，如意味着更多的人员进进出出这些公用设施，可能对动物房的卫生、设备保养等带来更多的问题，也不能保证每一个研究人员单独使用动物房，使用动物房需要申请等。但集中的优点在于更大限度地发挥有经验工作人员的作用，这会导致更有效的工作分配，更广泛领域内知识和技能的增长，更有效地利用动物，为创造最佳空间和技术设施提供更好的机会。还有，动物实验的集中，加强了研究者和研究机构之间可以互相联系，提供了了解和交流动物实验信息的机会。

五、最佳的实验安排

安排动物实验计划时，关键的因素之一是要计划好动物实验的时间。所有动物实验从开始、实施到结束，都是在一定时间内、按一定程序进行，必须充分考虑到实验的每一个阶段的实验安排。

除了考虑适应于所有类型实验研究的普遍因素以外，也要考虑一些特别适应于动物实验的因素：

（1）必须留出足够的时间购买动物。购买的动物必须符合实验条件（性别、年龄、体重、数量等）。当订购不常用的实验动物品种或品系时，或向非商业性的单位订购动物时，尤其要注意这一点。

（2）必须留出必要的检疫期以确定动物的健康状况。对于从外面新购买的动物或来自同一实验动物中心动物，都应该经过检疫。

（3）实验计划可能会因为不可预料或动物的自然死亡而耽误。

（4）必须留出足够的时间来学习和掌握新的技术。

（5）必须留出足够的时间来准备特殊的动物饲料。

（6）引进新方法、新技术时，小规模预实验是必要的。

（7）留出足够的时间得到实验动物管理委员会或权威机构的许可。

（8）落实动物实验所必需的后勤资源保障也需要消耗时间。如动物房、人员（饲养员、技术员）、购买动物、试剂的经费、实验所需配备特殊的设备（如隔离器、层流架）等。

实验前必须起草一个各项成本估计和支出预算计划书。如果经费不足或经费可能要超出预算，需要筹集足够的资金满足预算的话，这一点更加重要。动物实验的技术人员和动物专家，在动物实验研究期间都会给予宝贵的帮助，必须向他们咨询。

六、与他人一起工作

几乎每一个动物实验都离不开学科间和部门间的合作。研究者必须充当指挥员的角色，确保所有必要的活动能在恰当的时候由指定人员以适当的方式完成。如果遵循以下的原则将会有更大的机会获得成功：

（1）与参与实验研究的所有人员商谈后，再决定每个人的职责。在做出最后决定时必须考虑具体实施这个决定人的观点。参加研究的所有人员应该预先了解：必须做什么、怎样来做和必须在什么时候做。

（2）激励合作者。告诉他们这个动物实验研究的目的，让合作者知道自己在研究中所起的重要作用。告诉合作者实际的研究进展和结果（包括肯定的、否定的发现以及挫折），解释方案改变的原因。也可以通过征求建议、进行讨论来激励合作者。

（3）对所有的会议、讨论、建议都进行记录，签订协议、做好日常记录。

对每一个咨询会都要做一个简短的笔录，记录清楚在会上如何形成共识或保持意见；打印一份书面协议，请参与动物实验的技术人员签名，内容包括相关项目开展的日期、所需动物的数目、给药途径及剂量等；制作原始研究数据记录表，包括动物的品种、品系、性别、数目、体重、健康状况、瘤体尺寸、死亡日期、麻醉、安乐死等，由相关人员每天填写；给相关人员复印研究计划、研究报告和相关资料。

（4）及时沟通，尽可能少的改变实验计划。动物实验可能会由于准备工作不充分而浪费大量的时间，实验方案的调整、改变有时是必须的，但在改变之前要充分讨论，并且记录下来，确保所有相关人员都知道并理解这些改变。

（5）自己遵守并确保其他人也要遵守实验协议。

七、动物实验的安全性

实验动物设施的集中使用，给管理工作提出了更高的要求。动物实验中心的负责人应是兽医或相关专业的专家并具备相关的管理资格，他应对动物实验中心的全盘工作了如指掌，这样才能在保证工作人员的安全、防止意外事件及动物感染方面发挥重要作用。设计动物实验项目不仅仅局限于动物自身，实验者可能把对人和动物有害的一些化学物质带进动物实验设施内。如放射性同位素、致癌剂、细胞毒性物质或其他有害物质。作为实验的一部分内容，有时候给动物使用这些有害试剂诱发疾病、或给动物接种传染病原诱发动物感染，来制作生物医学研究所需要的动物模型。有害试剂可能危害工作人员健康，动物传染病原有时候也能感染工作人员。还有，有的动物实验中给动物使用动物源物质可能使人产生过敏。

计划一个动物实验研究项目的实施地点时，要求研究人员和动物设施管理人员双方共同参与。研究人员常常忽视了动物实验设施内整体环境对研究结果的影响，最典型的例子是动物可能感染了不利于实验研究的病原体（如病毒、细菌或寄生虫）。研究人员不可能、也没有必要对实验动物进行微生物控制、对兽医等知识进行深入研究，动物实验中心的人员在这方面会起主导作用。动物感染疾病是动物实验研究中一个最显著、最严重的事件。因此，设计动物实验时要牢记，请教实验动物专业人员。

大多数常用的饲养在专门设施内的实验动物，一般不会影响研究人员健康、干扰实验结果的传染病。但使用 SPF 动物，更能有保障。当使用野生动物（如灵长类动物）进行研究时，需要特别注意，有些严重的疾病（动物源传染病），能通过野生动物传染给人，其中的某些疾病还可引起感染者死亡。当设计使用这些动物进行实验时，一定要特别谨慎，与兽医和医疗专家密切合作，把实验中可能出现的各种问题充分估计到，诸如使用什么样的笼具饲养动物也要征求意见，不要自作主张。

用抗原免疫动物进行的实验研究值得注意。如用 HIV 或病毒性肝炎抗原免疫动物时，实验人员不敢有半点懈怠。类似的动物实验要在 P3 实验室（生物安全三级实验室）内进行。动物饲养在完全密封、处于负压状态的特殊房间内，实验室内部的气体不会跑到实验室外，造成污染，对实验人员也相对安全。

第五节 动物实验标准化

动物实验标准化（standardization of animal experimentation）指使任何给定动物（或动物群体）的质量及其所处环境保持稳定，即动物质量和实验条件标准化。标准化动物实验可以增加实验结果的重复性，使实验室内和不同实验室之间的动物实验结果具有可比性。标准化也可以减少给定动物实验中同种动物定量度量值的变异，从统计学观点来看，减少动物个体间度量值变异，可以降低每次实验所需动物的数量。

一、变异分析

动物实验的标准化只涉及当时已知可能的变异。度量值的变异来源于两种情况：一是我们所知的实验间变异（between-experiment variation）或组间变异，二是实验内（within-experiment ）变异或动物个体间差异（inter-individual variation)，也叫组内变异。事实上，两种变异都来源于动物本身以及实验过程中环境的影响。

1. 实验间变异

重复一个特定的动物实验，不管使用同一组或不同组动物，结果总是得到不同的度量值。处理会使对照组和实验组平均度量值发生变化，即组间变异。组间变异可以剖分为：动物个体度量值间变异和实验条件间变异。如果处理因素和实验条件之间发生交互作用，还有一个额外的因素使处理在每次实验中发生变化，可能会导致对实验结果错误的解释。为了精确地评价处理效果，必须进行重复实验。处理效果应该是真正的效果，系统误差或干扰对它既不削弱、也不夸大。

降低实验间效应变异将减少对同一实验的重复性，因而使实验动物的使用量减少。从科学的观点来看，实验结果不应依赖于动物实验进行的时间和地点，必须是建立在可重复实验的基础上。

2. 实验内变异

在一次实验中，相同的动物之间的定量度量值属于个体间的变异。这种实验内变异包括：实施实验过程造成的变异、分析变异、个体内变异（intra-individual variation）和固有的个体间变异（intrinsic inter-individual variation）。固有的个体间变异来源于每个动物个体的度量值，每个动物固有特性不同，而且基本上不依赖于动物所接受的处理。个体内变异是一个动物体不能标准化的变异组成，这种变异会使动物每天度量值上下波动。

如果统计学效能（即测出真实值的概率）保持持续地给度量值增加个体间变异（即增加标准差），那么每次实验所需要的动物数量将会增加。通过明显的减少实验结果中个体间变异来减少实验动物数量是可行的。

3. 动物实验间和实验内变异的来源

动物实验中变异的一个重要来源是实验动物自身。一个实验组中动物的差异或两个不同组间动物的差异来源于动物的年龄、体重、同窝动物的数量及其他可能在实验前就已经存在的差异。这些差异可以增加实验间或实验内度量值的变异，如果这个变异影响到对照组和实验组差异，将影响实验结果。个体间基因型的差异（包括性别），同样会增加度量值的变异。动物实验中的生物因素（动物携带微生物状况、性周期等）、物理因素（光照、温度等）、化学因素（营养、睡眠等）、群体因素（饲养密度、个体的相互作用）等环境因素也会增加实验结果的组间和组内变异。

动物实验获取的度量值基本上是由遗传和环境的相互作用决定的。遗传和环境的相互作用表现在各个层次上：环境对受精、胚胎发育到性成熟期的影响，被称作初期环境（primary milieu），初期环境和基因型的相互作用决定了动物的表型。初期环境后、动物实验前环境继续影响表型，形成演出型（drama type），这是二期环境（secondary milieu）。动物受到实验过程和处理因素的影响，即为三期环境（tertiary milieu）。

根据度量值的类型，基因型和环境之间的相互作用对实验间和实验内变异以及处理有不同的影响。

二、动物和环境的标准化

理论上讲，由于基因造成的个体差异可以通过使用基因型相同的动物来排除。近交系或 F_1 代是同基因型动物，动物实验中观测度量值的个体间变异比不同基因型的动物（如封闭群动物）要小得多。当然，遗传只是影响度量值众多因素中的一个因素。如造成同性别、同日龄小鼠体重差异的原因中，有 20% 是由分娩前后的环境决定，总变异中 30% 由分析误差（analytical error）和不确定误差（intangible error）引起的。即使对基因同一型的每一个动物进行相同环境的控制，不确定误差依然存在。不确定误差是动物在不同发育时期由于基因和环境相互作用造成的。

控制遗传因素、减少个体间变异最好的办法，是在不同动物实验中使用同一遗传背景的动物（如近交系动物）。但不是所有的动物实验都要求使用同基因型动物，有相当一部分实验（如毒性实验）要求使用有一定程度遗传变异的动物。

实验动物携带的微生物能够影响度量值的多种变异。一些微生物隐性感染的动物，可以明显的增加不同实验之间和同一实验个体之间度量值的变异。通过使用携带微生物背景明确的动物（如 SPF 动物），可使这类变异减少到一定程度。

在购买动物、运输、实验一系列活动中，由于动物生活环境的改变可能影响实验动物结果。不管是哪一种运输工具，运输都会引起动物自身内分泌和新陈代谢的反应，这种所谓的运输应激（transportation stress）在一定范围内影响不同的个体，增加个体间度量值的变异。至少要经过一周的时间动物才可能达到一种新的稳定的生理状态。动物到达一个新的地方，涉及物理、化学、微生物等环境的改变，不管这个环境是暂时的还是长久的，新环境会增加个体间度量值的变异。因此，有人建议，根据动物实验研究的类型，做好实验计划，从外面购买的动物使用前在新的环境最好有 3 周的适应期。

虽然一些国家对实验动物的饲养密度有具体规定，但在屏障系统中，如果多采用顶送风、四角回风的通风系统，动物笼架 1.5m 高的位置上可能比 0.5m 位置动物饲养盒内温度高出几度。动物单独饲养饲料的摄入量比群体饲养明显增多，原因是群体饲养的动物挤作一团，减少了身体热量的丢失，结果造成能量需求的减少（表 8-3）。动物饲养盒内的微环境（micro-environment）包括：动物数量、相对湿度、垫料类型等，都是动物实验应该考虑的可能引起度量值发生变异的因素。

表 8-3　饲养密度对小鼠饲料摄入量的影响

每个盒子饲养小鼠数量	每只小鼠饲料摄入量/（g/d）	
	雄性	雌性
1	7.6	6.8
2	6.2	5.9
4	4.9	4.6
8	4.2	3.6

在实验过程中，饲养条件不同的动物应被均等的分配到对照和实验组中去，这样在对照组和实验组群体之间的处理就不会因饲养条件的不同而产生偏移。动物房内部的局部环境条件应该在不同的实验中保持一致。理想的状况是所有的环境因素从一个实验到另一个实验保持一致。

当使用实验动物进行实验时，环境因素标准化是必要的。理想、标准化动物实验环境要考虑结合动物福利和工程学原理，虽然有时这样做并不能减少实验内度量值的变异。

另外，实施动物实验标准化时，应该标准化对动物的健康没有任何负面影响。在力求标准化时，应考虑到动物生理和行为需求，否则，标准化可能达不到预期目标。一般来说，研究人员从供应商那里获得动物，不可能在实验前决定或控制标准化，但是，可以要求供应商提供动物明确的遗传质量和微生物控制等级等方面的资料，在设计动物实验时参考。

三、标准化和实验结果的推理

从原则上讲，设计好动物实验后，动物实验的结果正确与否取决于实施实验的条件（动物、环境因素等）。对于常规的验证性实验（如疫苗活力的检测）不成问题。然而，一些实验可能需要从得到的实验数据总结出结论。实验的标准化意味着是对实验条件的一种限定。所以，实验的标准化不能与总结推断结果相提并论。现在的问题是，在什么情况下认为实验所用动物能代表所有的这一特定动物群体呢？即使认为该动物的确能代表某一种特定动物群体，实验的结果也只限定这个动物群体（相同的品系、相同的性别、相同的体重）和限定的条件（生物、理化、环境特性）。当从实验动物身上得到实验结论要推断到其他物种身上（甚至人）时，问题就会变得更为复杂。这里必须注意：从动物实验结论到常规结论的推断，特别是以一种动物到另一种动物时，由于采用标准化动物实验，有利于限定概括出的实验结果，所以，标准化对于实验的结果推断也很重要。

参考文献

范志勤．1988．动物行为．北京：科学出版社

方喜业．1995．医学实验动物学．北京：人民卫生出版社

顾为望，黄韧，潘甜美．2002．实验动物屏障设施建设与管理．西安：陕西科学技术出版社

郭志勤．1998．家畜胚胎工程．北京：中国科学技术出版社

郝光荣．1999．实验动物学．上海：第二军医大学出版社

贺丹军．2002．医学心理学．北京：科学出版社

霍仲厚．1998．医学实验动物标准化管理指南．吉林：吉林科学技术出版社

姜乾金．2002．医学心理学．北京：人民卫生出版社

李厚达．2003．实验动物学．北京：农业出版社

李仲廉．2000．临床疼痛治疗学．第二版．天津：天津科学技术出版社

刘恩岐．2002．实验动物育种学．兰州：甘肃民族出版社

刘恩岐．2004．医学实验动物学．北京：人民卫生出版社

刘俊杰．1997．现代麻醉学．北京：人民卫生出版社

卢耀增．1995．实验动物学．北京：北京医科大学中国协和医科大学联合出版社

罗满林，顾为望．2002．实验动物学．北京：中国农业出版社

苗明三．1997．实验动物和动物实验技术．北京：中国中医药出版社

南开大学实验动物解剖学编写组．1979．实验动物解剖学．北京：人民卫生出版社

任晓明．1994．实验动物技术．北京：北京农业大学出版社

施新猷．2001．现代医学实验动物学．北京：人民军医出版社

宋思扬，楼士林．2002．生物技术概论．北京：科学出版社

孙敬方．1993．实验动物学技术．北京：科学技术文献出版社

孙敬方．2001．动物实验方法学．北京：人民卫生出版社

田小利．1994．转基因动物原理、技术与应用．吉林：吉林科学技术出版社

王荫槐．1999．实验动物与动物实验．北京：中国建材工业出版社

王治乔，袁伯俊．1997．新药临床前安全性评价与实践．北京：军事医学科学出版社

魏鸿．1997．医学实验动物学．成都：四川科学技术出版社

谢慧胜．1990．小动物疾病防治手册．北京：北京农业大学出版社

许钟麟．1998．空气洁净技术原理．上海：同济大学出版社

颜昰准，刘瑞三．1998．实验动物科学管理实用手册．昆明：云南科技出版社

杨德森．1990．行为医学．长沙：湖南师范大学出版社

岳文浩，潘芳，张红静．2001．医学心理学．北京：科学出版社

赵俊等．1999．疼痛诊断治疗学．郑州：河南医科大学出版社

郑光亮．1994．疼痛的诊断与治疗．北京：人民军医出版社

钟品仁．1983．哺乳类实验动物．北京：人民卫生出版社

朱清华．1991．实验动物学．广州：广东高等教育出版社

長澤弘，藤原公策，前島一淑等．1983．実験動物ハソドブック．東京：養賢堂

富田武，江崎孝三郎，早川純一郎．1984．実験動物の遺伝的コソトロール．東京：株式会社三越

前島一淑．1983．实验动物的无菌技术．张静容，张曙译．北京：科学出版社

前島一淑. 1994. 新実験動物学. 東京：朝倉書店

日本建築学会 . 1989. 実験動物施設の設計 . 東京：株式会社彰国社

日本実験動物技術者協会. 1996. 実験動物技術大系. 東京：丸善（株）

日本実験動物協会. 1991. 実験動物の基礎と技術（技術編）. 東京：丸善（株）

山内忠平. 1989. 实验动物的环境与管理. 沈德余译. 上海：上海科学普及出版社

田嶋嘉雄. 1991. 実験動物学. 東京：朝倉書屋

Flecknell P A. 1996. Laboratory animal anesthesia: A practical introduction for research workers and technicians. New York: Academic Press

Harkness J E, Wagner J E. 1995. Clinical procedures. The biology and medicine of rabbits and rodents. 4th Edition. Baltimore: Williams & Wilkins

Herbert C, Morse III. 1978. Origins of inbred mice. New York: Academic Press

Hogan B, Beddington R, Costantini F. 2003. Manipulating the mouse embryo: A laboratory manual. Third edition. New York: Cold Spring Harbor Laboratory

James G Fox, Lynn C Anderson, Frank M Loew et al. 2002. Laboratory animal medicine. Second Edition. New York: Academic Press

Manning P J, Ringler D H, Newcomer C E. 1994. The biology of the laboratory rabbits. San Diego: Academic Press Inc

National Research Council Laboratory Animal Management: Rodents. Washington: National Academy Press, 1996

National Research Council. 1996. Guide for the care and use of laboratory animal. Washington : National Academy Press

National Research Council. 1991. Education and training in the care and use of laboratory animals. Washington: National Academy Press

National Research Council. 1992. Recognition and alleviation of pain and distress in laboratory animal. Washington: National Academy Press

National Research Council. 1992. Science, medicine and animals. Washington: National Academy Press

National Research Council. 1995. Nutrient requirement of laboratory animals. 4th Edition. Washington: National Academy Press

National Research Council. 2000. Definition of pain and distress and reporting requirement for laboratory animals. Washington: National Academy Press

Paul A Flecknell, Avril W P. 2000. Pain management in animals. Philadelphia: W B Saunders

Sharp PE, LaRegina MC. 1998. The laboratory rat. New York: CRC Press

Van Zutphen L F M, Baumans V, Beynen A C. 2001. Principles of laboratory animal science. Revised Edition. Amsterdam: Elsevier Science Publishers

索　引